20세기
이데올로기

20세기 이데올로기

자유주의 보수주의 공산주의 파시즘, 1914~1991

윌리 톰슨 지음
전경훈 옮김

Ideologies in the Age of Extremes

Liberalism, Conservatism, Communism, Fascism 1914-1991

산처럼

친구이자 동지였던

더글러스 베인(1939~2010)을 기리며

감사의 말

이 책에 대한 착상은 뉴캐슬어폰타인의 노섬브리아대학에서 내가 기획하고 가르친 역사 수업에서 비롯됐다. 그러므로 이 책에서 다루는 주제들을 함께 토론했던 대학 안팎의 동료들과 학생들에게 먼저 감사를 전한다. 특별히 키스 쇼 교수에게 감사드린다. 조직적인 도움을 주신 덕분에 이 책을 완성할 수 있었다.

플루토출판사의 편집자이자 통찰력 있는 비평가 데이비드 캐슬과 상무이사 앤 비치에게도 주신 도움과 격려에 무한히 감사드린다. 또한 원고를 읽고 소중하고 유익한 의견들을 제시해준 마이라 맥도널드에게도 고마움을 전한다. 물론, 사실과 해석에 오류가 있다면 모두 나의 잘못이다.

| 일러두기 |

1. 이 책은 Willie Thompson의 *Ideologies in the Age of Extremes: Liberalism, Conservatism, Communism, Fascism 1914–1991* (Pluto Press, 2011)를 번역한 것이다.
2. 외래어 인명과 지명은 국립국어원의 외래어 표기법에 따라 표기했다.
3. 본문에 설명이 필요한 부분에는 괄호 안이나 각주로 옮긴이 주를 달았다.

20세기 이데올로기
자유주의 보수주의 공산주의 파시즘, 1914~1991

차례

| 제3부 |

위기, 1973~1991

서론

개념 정의 및 개요

개념 정의

이 책은 이데올로기를 다룬다. 그러나 총체적으로 다루기보다는 특정한 시기의 —에릭 홉스봄이 '짧았던 20세기', '극단의 시대'라고 부른 제1차 세계대전 발발에서 소비에트 블록의 붕괴에 이르는 시기의— 특정한 이데올로기들 즉 20세기의 지배적 정치 이데올로기 네 가지를 다룬다.

18세기에 만들어진 이데올로기라는 말의 개념은 상당히 모호하다. 18세기 말 데스튀 드 트라시가 처음 사용했을 때는 단순하게 관념의 과학을 의미했다. 하지만 그 뒤로 시간이 흐름에 따라 긍정적 의미와 부정적 의미를 아우르는 여러 다양한 함의들이 추가됐다.

중립적으로 정의하자면, 이데올로기란 특정한 사회·문화 집단에 적용 가능한 근본 신념의 상호 연관 체계 또는 구조라고 간주할 수 있는데, 여기에는 의식적인 신념과 가정 그리고 생각 없이도 작동하는 지각의 방식들이 포함된다. 그 신봉자들은 이데올로기를 통해 주변의 세상과, 자신들이 관여하고 있는 상호 관계 및 삶의 과정들을 바라본다. 하지만 이데올로기라는 개념이 이러한 중립적 의미에서 사용될 때가 있긴 해도, 이것이 이 개념의 가장 빈번한 용례는 아니다. 테리 이글턴이 표현한 대로, "으레 누구도 자기를 가리켜 뚱보라고 하지 않듯이, 누구도 자신의 생각이 이데올로기적이라고 주장하지는 않는다. 이런 의미에서 이데올로기란 마치 나 아닌 다른 사람에게서만 나는 입 냄새 같은 것이다."[1]

19세기에 카를 마르크스는 이데올로기란 개념을 허위의식을 의미하는 것으로 사용했다. 일반적으로 인간은 있는 그대로의 현실을 올바로 지각하지 못한다는 맥락에서, 이데올로기란 "실제로 해결될 수 없는 모순들을 정신에서 해결하는 방안"[2], 즉 현실에 대한 신비화神秘化라는 것이다. 그러나 마르크스를 역사적 영감의 원천으로 삼은 20세기의 소련에서는 이데올로기라는 용어를 긍정적 의미로 사용하여 소련 고유의 지각 및 사고의 형식들에 적용했다. "부르주아 이데올로기가 허위인 것은 이데올로기의 특성 때문이 아니라 그것이 부르주아에게서 기인했기 때문이다."[3] 공산주의의 가장 지독한 적수 중 하나였던, 다소 으스스한 느낌을 주는 도덕재무장운동Moral Re-Armament(MRA)에서는 공산주의에 성공적으로 맞서려면 1960년경 소비에트의 전략을 거울처럼 그대로 반영하여 서방에서도 그에 상응하는 강력한 이데올로기를 채택해야 한다고 (이것이 곧 그들이 말하는 도덕적 재무장이다) 선언했다.

이데올로기가 중립적인 개념으로 다루어져야 한다면, 어느 문화에나 있는 '상식'—당연하다고 여겨지는 가정과 습관 및 형이상학·사회·정치에 관한 신념의 틀—을 이데올로기로 볼 수 있다는 강력한 주장도 있다. 이때 이데올로기란, 너무나 만연해 있어서 우리 중 누구도 빠져나갈 수 없는 의식의 기제mode of consciousness를 의미한다. 우리가 정치적으로 좌파든 우파든, 종교적 믿음이 있든 없든, 열성적인 세속주의자든 아니든, 문화적 소양이 있든 없든, 축구를 미친 듯 좋아하든 싫어하든, 유명인에게 집착하든 아니든, 혹은 이 모든 것에 대한 생각이 있든 없든 우리는 이데올로기에서 벗어날 수 없다.

그러나 이데올로기가 전체 역사의 어느 때 어느 곳에서나 누구에게든 적용될 수 있는 개념이라는 생각은 20세기에 이데올로기가 취하게 된, 대체로 부정적 함의를 지닌 의미와는 상당히 다른 것이다. 여기서 문제가 되는 이데올로기의 특정한 차원은 바로 정치적 차원이다. 더 구체적으로 말하자면 정치적 대결의 차원인데, 이 대결에 걸려 있는 문제는 누가 은수저를 물고 꿀을 빨 것이냐가 아니라 전체 사회질서에 도전할 것이냐, 아니면 그것을 옹호할 것이냐 하는 것이다.

> 가장 일반적이며 유순한 의미에서, 이데올로기란 조직된 사고, 즉 가치와 지향 및 성향의 총합으로서, 기술적으로 중개되는 소통과 개인 간 소통을 통하여 표현되는 관념적 시각들을 형성한다. … **그러나 조직된 사고란 절대 순진무구하지 않다.**(강조는 저자)[4]

이데올로기는 오히려 권력에의 의지와 결부되어 있다.

그러한 신념 체계가 정치적 추진력을 갖는 것은 물론이고 경제, 사회, 문화의 차원들을 포괄하는 것은 당연하다. 이를테면 (이것이 불변의 법칙은 아니지만) 정치적으로 보수적인 사람들은 전체적으로 사회 관계의 안정과 예술 생산의 전통 양식을 선호하는 반면, 정치적 혁명가들은 사회와 문화의 새로운 현상들을 긍정한다.

짧았던 20세기

이 책에서 다루고자 하는 것은 20세기의 정치 이데올로기 네 가지다. 물론 이 네 개의 이데올로기는 필연적으로 20세기 이전의 계보들을 지니고 있다. 이 이데올로기들은 모두 좌우 스펙트럼 위에 놓여 있으며, 각각의 이데올로기는 매우 상이한 방식을 통해서이기는 하지만 종교적 신념이나 종교적 신념의 부재, 여성혐오나 페미니즘, 특히 민족주의와 같은 이데올로기적 세계관으로 간주될 수 있는 것들을 포함한다. 민족주의는 분명 20세기에 널리 스며들어 있던 이데올로기였다. 어떤 측면에서 민족주의는 모든 이데올로기 중에서도 가장 강력하고 가장 만연해 있던 근대 이데올로기라고 볼 수 있다. 민족주의와 충돌하면 어떤 경쟁자도 '상대가 되지 않았다.' 1914년, 민족주의는 국제 사회주의를 즉각 침몰시켜버렸다. 민족주의는 심각한 도전에 직면한 정부와 지배계급 엘리트들의 비상수단이었으며, 때로는 그 적들의 준비된 무기이기도 했다. 이언 커쇼(영국의 사학자이자 저술가. 특히 20세기 독일 역사와 히틀러 연구에 가장 뛰어난 전문가로 평가된다—옮긴이)는 '통합적 민족주의'가 1914년에서 1945년 사이의 극도로 폭력적이었던 시대를 유발한 주범이라고 판단했다.[5] 그러나 나의 주장은 여기서 다루는 네 개의 이데올로기가 문제의 열쇠가

되는 정치 이데올로기라고 하는 것이다. 이를테면 정치화된 종교는 좌파와 우파 어느 쪽에도 설 수 있고, 성경을 그대로 따르려는 보수주의자는 물론 해방신학을 지지하는 사람에게도 동기를 부여할 수 있다. 민족주의도 이와 같아서, 서로 맞서 싸웠던 나치와 레지스탕스조차 양쪽 모두 민족주의를 그 특성으로 지니고 있었다.

이 책에서 민족주의는 절대 간과되지 않는다. 다만 민족주의를 따로 분류하지 않는 것은 그것이 다른 모든 이데올로기에 스며들어 있으며, 그러한 탓에 계속해서 언급되기 때문이다. 극단적 민족주의는 오직 하나의 소소한 예외만 빼고는 언제나 모든 파시스트 운동과 유사類似 파시스트 운동을 나타내는 뚜렷한 표시다. 민족주의는 유럽 전역의 보수주의 정부와 정당의 내재적 본질이었다. 19세기 비스마르크는 민족주의를 이용해 정치적 경쟁자들을 측면공격했다. 이는 민족주의가 주로 제국 정서라는 형태로 나타난 영국에서도 마찬가지였다. 시민사회와 경제적 국제주의의 발전에 몰두하는 자유주의는 아마도 민족주의라는 마약에 덜 중독됐겠지만 이는 다만 상대적인 차이일 뿐이다. (정치나 문화의 관점에서는 그렇지 않더라도, 경제 측면에서는) 현저하게 자유주의적인 미국 사회보다 더 민족주의적인 곳이 있겠는가? 공산주의 또한 여기에서 제외될 수 없었다. 1945년 이후 중국과 동남아시아의 공산당들이 민족주의로부터 큰 힘을 얻었을 뿐만 아니라, 1941년에서 1945년 사이 소련에서조차 스탈린은 (추축국에 점령당한 유럽의 공산주의 레지스탕스 운동 진영에서 그러했듯이) 전쟁 수행을 위해 민족주의를 부추겼으며, 그 뒤로는 자신의 정치를 뒷받침하기 위해 거리낌 없이 대大러시아(대러시아라는 말은 '진짜' 혹은 '원조' 러시아에 가까운 의미로 사용되어왔다. 17세기 후반 모스크바공국이 러시아제국으로 확장되면서 우크라이나 지역(소小러시아) 및 벨라루스 지역(백白러시아)과 구분하여 원래는 모스크바공국 지역을 부르는 말로 사용됐으나, 1922년 소련이 성립된 이후에는 연방을 구성하는 나머지 공화국들과 달리 1917년 러시아 혁명으로 성립되어 소련의 모체가 됐으며 소련 공산당의 직접 통치를 받은 러시아소비에트연방사회주의공화국을 특권적으로 가리키는 말이 됐다—옮긴이) 민족주의를 이용했다. 냉전 시기 서유럽의 공산당들은 민족적인 반미反美 정서에 호소했다.

독자들은 또한 이 책에서 좌익 이데올로기에 대해 논의할 때 사회주의나 마르크스주의보다는 공산주의라는 용어를 사용한다는 점에 주목하게 될 것이다. 여기서 공산주의가 의미하는 바는 러시아혁명으로부터 탄생했거나/탄생했고 그 혁명의 원칙들에 귀속되어 있음을 선언하는 정권과, 이데올로기적으로 그 원칙들에 귀속되어 있는 야당의 이데올로기다. 이러한 정의가 논쟁을 불러일으킬 만하다는 점은 인정한다. 실제로, 이에 대해서는 다양한 정당과 단체 및 개인들이 맹렬하게 이의를 제기해왔고 계속해서 이의를 제기하고 있다. 이들은 공산주의를 구현해냈다고 주장하는 정권들에 의해 공산주의가 오히려 왜곡되고 모욕당했다고 본다.

그러나 좋든 싫든 이것이 극단의 시대를 지배한 공산주의의 정의였으며, 그래서 나는 지금 이 정의를 사용하고 있다. 물론 어떤 반체제 집단들은 '실재하는 사회주의' 정권들이 공산주의라는 용어에 대한 독점권을 주장하는 것이 정당하지 못하다고 말한다. 하지만 이러한 집단들까지 고찰하기에는 지면이 충분치 않다. 다만 관련된 적절한 지점에서 이들 집단을 언급하기는 할 것이다. 마르크스주의 역시 공산주의에 적용한 것과 같은 방식으로 다룬다.

독자들은 또한 좌익 진영에서 초기에 공산주의의 주요 경쟁자가 됐던 이른바 사회민주주의가 목록에 들어 있지 않아서 놀랄지도 모르겠다. 사회민주주의에 대한 논의는 완전히 새로운 것은 아닐지라도 논쟁의 여지가 있다. (1914년 이후 사회민주주의의 의미는 그 이전과 매우 달라졌다.) 사회민주주의는 제1차 세계대전 기간과 직후 시기에 자유주의의 한 종류로 진화하여 자유주의 이데올로기의 좌익을 형성했다. 20세기 후반까지 사회민주주의는 원천적 요소들과 저항적 특성의 잔존물을 그 내부에 간직하긴 했으나, 자유주의 전통 안에서 완전히 굳어져버리고 말았다. 이에 대한 논의는 이후에 다시 전개할 것이다.

이데올로기에 대한 이러한 식의 정치적 정의들은 불분명할 수밖에 없으며, 그렇기 때문에 빛의 가시적 스펙트럼에서 드러나는 색채들—결국 각자의 경계에서는 서로에게 겹쳐드는 색채들—에 비교될 수 있겠다. '좌익'과 '우익'이라는 용어 또한 논쟁의 여지가 없지 않다. 그러나 폐기하려는 시도가 반복되어왔음에도 계속 사용되고 있다는 사실은 이 두 용어가 정치적 관계의 실제 형태들에 부합하며 역사 이해에 필수적이라는 점을 증명해준다.

좌·우파 정당과 이데올로기만 있는 것이 아니라, 각 정당과 이데올로기의 내부에도 좌익과 우익이 있다. 두 세계대전 사이에 파시스트들과 우익 보수주의자들의 상호 침투는 악명이 높았다. 이를테면 영국 보수주의 내부의 지배층은 우익 자유주의자들과 거의 구분되지 않았다. 또한 노동당에 있던 대부분의 영국 사회민주주의자도 좌익 자유주의자와 구분되지 않았다. 사회민주주의 내부에도 우익과 좌익이 공존했고 서로 심하게 다투었다.

그럼에도 나는 각 이데올로기의 추종자들을 서로서로 구분해주는 타당한 특징들이 있다고 주장하고자 한다. 네 개의 이데올로기 중 공산주의는 가장 정확하게 정의됐다. 1940년대 후반에 이르면 소비에트의 지도부가 제기한 현실 정치의 정의를 수용하지 않는 사람은 공산주의자가 아닌 게 됐다. (여기서 마르크스의 이론을 채택하는 것은 바람직하나, 필수적이지는 않았다.) 하지만 1948년의 유고슬라비아와 1960년대 이후 중국 지도부에서는 소비에트와 경쟁하는 대안적 공산주의를 제시했다.

이 책에서는 네 가지 이데올로기의 지적 토대들도 다루지만, 주된 관심은 이데올로기들의 역사적 적용과 작용을 고찰하는 데 있다. 이론을 논의하긴 하겠으나, 강조하고자 하는 것은 실천praxis이다.

대중의 봉기

몇 백 년에 걸친 근대 시대는 '이데올로기의 시대'라고 일컬어지는데, 20세기의 이데올로기들은 100년이 넘는 잉태 기간을 거쳐 태어났다. 프랑스혁명 동안에 발생한 좌·우익의 구분은 처음에는 아무런 함의도 지니지 않은 듯한 순전히 우연한 환경에서 비롯됐다. 1792년 공포정치를 시작한 국민공회에서, 급진적인 대표들은 의장 왼쪽에, 전통주의적인 대표들은 오른쪽에 앉았을 뿐이다.

1789년에서 1794년까지 진행된 프랑스혁명은 수 세기에 걸친 민중들의 알력과 상위 계층의 내분이 막장에 이른 사건이었고, 새로운 의제가 설정된 사건이기도 했다. 역사상 처음으로 에드먼드 버크(1729~1797. 아일랜드 출신의 영국 정치인, 정치철학자로 보수주의의 시초로 불린다—옮긴이)가 말하는 돼지같이 더러운 하층 대중이 사회적 격변의 무대에 등장했을 뿐 아니라 —이전에도 자주 등장했었으나 과거와는 달리— 잠깐 동안이긴 하지만, 지도자 역할을 맡아줄 대변인들을 갖추고서 사회 변화를 추동하는 세력으로 부상했다.

핵심적으로 그들은 정치적 평등을 요구했다. 그리고 전 세계에서 반향이 일었다. 대중들은 자유, 평등, 박애의 이름으로 지난 1천 년 동안의 종속과 착취를 비난하고 그에 도전했다.[6] 물론 자유, 평등, 박애라는 개념들은 절대로 단순명료하지 않았다. 1793년 채택된 민주적 헌법이 조금이라도 적용됐더라면, 자코뱅당이 선거에서 승리하리라곤 장담할 수 없었을 것이다. 자코뱅당이 정부를 조종하고 있었기 때문에 헌법이 적용되지 못했다. 도시와 시골의 일반대중들은 정국이 전환되는 양상을 보고 모두 공포에 사로잡혔으며, 그 결과 전통적인 경외감과 충성심이 물자 부족과 혁명정부의 물질적·이데올로기적 요구 사항들과 결합하여, 교회와 국왕의 이름을 내세운 봉기와 반란에 불을 붙였다.

1789년 격변이 촉발됐을 때만 해도 혁명 이데올로기란 존재하지 않았다. 그러나 그러한 이데올로기를 빚어낼 수 있는 요소들은 이미 공공 영역에 존재하고 있었다. 혁명가들은 상징이나 수사修辭를 써서 고전고대 세계—고대 그리스와 로마, 특히 로마—를 돌아보길 좋아했다. 하지만 좀 더 구체적으로 보자면, 존 로크와 같이 17세기 전제정치에 반대하던 이들의 사상과, 20년 정도 앞선 미국 독립 혁명가들의 정신, 그리고 장자크 루소의 저술들이 자유주의라는 하나의 일관된 이데올로기를 구축했다.[7]

자유주의

혁명 이데올로기로서 자유주의가 지닌 강점과 매력은 정당하게 평가되어야 한다. 궁극적으로 자유주의는 17세기 영국에서 등장한 '소유적 개인주의possessive individualism'에 기초한다. 당시 영국에서는 정교한 상업 사회가 그에 상응하는 법률 및 정치 구조와 함께 부상했다. C. B. 맥퍼슨이 표현한 대로 "사회는 소유주 간의 교환관계로 구성된다. 정치적 사회는 재산을 보호하고 교환관계의 질서를 유지하기 위해 고안된 장치가 된다."[8]

일반적으로 존 로크는 17세기 후반에 자유주의의 이데올로기적(혹은 철학적) 토대를 놓은 인물로 간주되는데, 그의 논의는 경제적인 고려 사항들과 긴밀하게 엮여 있었다. 맥퍼슨에 따르면 "로크에게 상업 정책과 개별 기업의 목표란 토지와 화폐를 자본으로 이용하는 것이었다."[9] 그러나 경제적·정치적·사회적 자유주의가 공존할 수 있다 하더라도 (그리고 그 대변자들에 의해 이들 사회주의가 상호의존적이라 선언될 수 있다 하더라도) 이들 사이에는 긴장이 내재되어 있다.

설명할 수 없는 권위에 종속된 사회에서는 자유주의가 하나의 저항 프로젝트로서 탁월한 이데올로기적 힘을 갖는다. 논리적으로 볼 때, 자유주의는 엄격하게 규정된 환경에 놓인 경우만 아니라면 정부든, 민간 독점 기업이든, 혹은 자칭 윤리 중재자들이든 시민의 개인적 행위에 대한 참견을 당연히 거부한다. 따라서 자유주의 이데올로기는 사람들의 마음을 끄는 수많은 매력을 가지고 있다. 사회의 상급자들로부터 받는 임의적인 강제나 강요 사항들 혹은 그들에게 취해야 하는 의무적 경외심으로부터 벗어나, 자기만의 삶을 살 수 있는 자유를 비롯하여 개인의 생활양식, 직업, 섹스 파트너, 이데올로기를 선택할 자유를 준다. 그리고 불만족스러운 정부에 압력을 가할 수 있는 가능성과, 관심이 있다면 시장에 진입하여 자신의 부富와 지위를 향상시킬 수 있는 가능성을 준다. 그러므로 지대한 영향을 끼칠 변화를 요구하는 대중운동들이 빈번하게 자유주의의 깃발 아래 결집하는 것은 놀라운 일이 아니다. 역사적으로 자유주의는 저항운동이 가장 먼저 의지하는 이데올로기가 되어왔다. 자유주의의 고무적인 원칙은 정부란 핵심적으로 계약에 의해 성립된다는 것 —원칙적으로 정부가 권한을 남용하고 계약의 조건들을 위반할 경우 계약은 강제로 무효가 될 수 있다는 것이었다.

따라서 자유주의는 전제 정부와 세습적 특권으로부터 벗어나려는 해방운동 전반全般의 초기 이데올로기였으며 수십 년 동안 그 역할을 계속 수행했다. 그러나 해방 이데올로기로서 자유주의가 지닌 모순들은 혁명 시기에조차 명백해 보였다. 재산이 없는 사람들은 절대왕정 때보다도 더 유산자들의 전횡에 휘둘렸다. 자코뱅당의 선임자들과 후임자들이 취한 첫 번째 행동 중 하나는 상당한 재산을 소유한 사람들에게만 선거권을 한정함으로써 일반대중들을 정치적 국민에서[10] 제외시켜버린 것이다. 대부분의 모순은 자유주의가 지닌 두 가지 차원 즉 경제적 자유주의와 사회적 자유주의의 현실로부터 발생한다.

자유주의와 민주주의

그리하여 민주주의라는 이슈와 (남성들의) 보통선거권 요구 때문에 유럽의 앙시앵레짐Ancien Régime(구체제라는 뜻의 프랑스어로 1789

년 프랑스혁명 이전의 절대군주정을 가리킨 데서 비롯하여 근대 시민혁명 이전의 봉건적 정치체제 일반을 지칭한다—옮긴이)에 저항하는 사람들 사이에 최초의 중대한 이데올로기적 균열이 드러났다. 물론 대중들이 선거권을 갖게 됐을 때 그것을 가지고 과연 무엇을 할 것인가 하는 문제가 쟁점이 됐다. 19세기 초에는 보통선거권에 대한 반감이 가장 뚜렷해졌으며 자유주의자가 민주주의자인 경우는 거의 없었다. 그러나 시민들 모두가 정부에 대한 궁극적 통제권을 자신들이 갖고 있으며 다른 정당에 투표하여 집권하게 할 수 있다고 믿게만 되면 —그러한 선택권이 단지 유산자들의 정당에 있는 서로 다른 파벌들 안에서만 제한된다 하더라도— 정치의 정황은 오히려 더 고요해질 것이 분명해 보였다. 따라서 유산자들을 위협하지 않는 한 보통선거권은 용인될 수 있었고 거기에는 분명한 이점들도 있었다. 19세기가 지나는 동안 엘리트들은 선거권 확대가 소유관계와 엘리트 정부의 제도들을 위협하지 못하도록 통제하는 법을 익혔고, 그 결과 1914년 프랑스, 독일과 같은 주요 국가들을 포함한 몇몇 국가의 통치자들은 공공질서를 저해하지 않는다고 생각되는 방식으로 남성들의 보통선거를 실시했다.

20세기에는 자유주의가 민주주의와 강력한 제휴를 맺는 경향이 지속됐다. 19세기 영국에서 새롭게 형성된 자유당은 한편으로는 자유무역을, 다른 한편으로는 선거권 확대를 포용하는 복합적 특성을 띠고 있었다. 그러나 자유주의와 민주주의의 관계는 언제나 모호하고 상충적이었다. 민주주의라는 이슈는 보통선거를 찬성하거나 반대하는 어느 한 쪽에 의해 대표될 수 있을 만큼 단순한 문제가 절대 아니었다.

경제적 자유주의는 민주주의 없이도 완벽하게 잘 돌아갈 수 있으며, 빈번히 그래왔다. 대영제국과 미국 남부연합의 여러 주로부터 시작해서 20세기를 관통하여 파시스트 이탈리아와 남아프리카의 아파르트헤이트 정권 및 독재적 본질을 지닌 다른 정권들에 이르기까지, 경제적 자유주의는 민주주의 없이도 제대로 작동해왔다. 더욱이 경제적 자유주의는 독점을 발생시키고 노동자와 소비자 모두의 경제적 자유라는 현실을 무화시키는 경향이 있다. 민주주의는 대규모로 집중된 자본의 운용에 간여할 수 있기 때문에 대규모 자본에 방해가 되는 경향이 있다. 미디어 조작과 로비 활동 등의 기술을 이용해서 민주주의를 통제할 수 있긴 하지만 그렇게 하려면 많은 자원을 투입해야만 한다.

반면에 민주주의라는 개념 그 자체가 지닌 문제들도 간과할 수 없다. 직접민주주의에 관한 문제라면, 집단 폭력을 사용해 범죄자를 처단하려는 군중이 한 예가 될 수 있을 것이다. 대의민주주의에 관한 문제라면, 그것이 국가 차원에서 제대로 작동하기 위해서는 기본적 차원의 합의가 요구된다는 점을 들 수 있다. 다시 말해, 선거에 패했더라도 승자에 의해 목이 베어지거나 극빈자로 추락하지 않고, 정해진 시간이 지난 뒤에는 유권자들을 설득하여 정부를 교체할 수 있는 기회가 다시 주어지리라는 신뢰가 보장되어야 한다. 그러한 정도의 합의는 모든 층위에서 상당한 물질적 풍요를 누리고 있는 사회에서만 (인도의 경우는 예외지만) 획득될 수 있다는 것이 하나의 법칙이다. 그렇지 않을 경우 자원을 둘러싼 투쟁이 정치적 분파를 발생시켜 경쟁자들을 토론 상대가 아닌 제거해야 할 적으로만 보는 정치집단이나 정당을 형성할 가능성이 높기 때문이다. 이것이 두 세계대전 사이에 독일의 보수주의 법학자 카를 슈미트가 민주주의에 반대하여 전개한 주장의 근간이다. 당시 자유주의적이었던 바이마르공화국에서는 사회가 붕괴되고/되거나 공산당이 선거를 통해 정권을 장악할 것처럼 보였다. 오늘날 중국에서는 마르크스의 수사修辭를 계속 사용해야 하는 압박만 없다면 자유주의를 채용하는 것도 무리는 아닐 것이다.

이러한 이슈들이 일련의 문제들을 모두 샅샅이 다루는 것은 절대 아니다. 가장 우호적인 환경에서조차, 완전히 복잡한 현대 정부, 정당 조직들, 내부 혹은 외부의 압력 그리고 음모 또는 로비 활동 등 자유주의 이데올로기가 허가하는 모든 것이 아마도 민주주의적 의지를 좌절시키도록 작동할 것이다. 불완전한 점들을 부인할 수는 없다. 그러나 자유주의에 대한 최종적인 판단은 처칠이 다소 환멸을 느끼며 관찰한 바가 되지 않을까 한다. 즉 자유주의 정치의 전형인 대의민주주의는 —다른 모든 정부 체계를 제외했을 때— 실현 가능한 최악의 정치 조직이다.

보수주의

1914년 이전 영국을 포함한 유럽에서 그리고 어느 정도까지는 라틴아메리카의 국가들에서도, 그 정도는 다르지만 경제적으로 자유주의적인 모든 사회에서 자유주의 이데올로기에 맞선 주요한 정치적 도전자는 보수주의였다. 보수주의라는 용어는 1830년대에야 발명된 것이지만, 보수주의는 그보다 수십 년 전에 이미 실재했었다. 보수주의는 상당 부분 향수鄕愁의 정치라 특징지을 수 있다.[11] 자유주의의 로크에 해당하는 보수주의의 상대자는 로크보다 한 세기 뒤에 저술 활동을 했던 에드먼드 버크인데, 그의 저서들 중에서는 1790년에 쓴 『프랑스혁명에 관한 고찰*Reflections on the Revolution in France*』이 가장 유명하다. 보수주의라고 알려지게 된 사고 체계의 기원은, 프랑스혁명의 경위와 전망, 특히 국왕 살해와 자코뱅당의 공포정치로 겁에 질린 지배계급과 영국의 '교회와 국왕' 일당(1714년 버밍엄에서 성공회에 속하지 않은 프로테스탄트들을 공격한 도시 주민들을 이르는 말—옮긴이)과 같은 그 추종자들의 반동에서 비롯됐다.

실지로 보수주의는, 토지 소유 및/또는 그와 연결된 교회와 장교 군단과 같은 전통 기관들로부터 수입을 얻고 있으며 기존 상황의 변화를 결사반대하는 사회 계급 및 지위의 이데올로기에서 기원했다. 그러나 정당의 이름에 '보수'라는 말을 쓴 것은 1830년대 말 로버트 필(19세기 전반기에 총리직을 두 번 역임한 영국 보수당의 정치인—옮긴이)이 처음이었다.[12] 그는 프랑스혁명의 반동분자들이 '보수'라는 용어를 사용한 것을 따랐으며, 이는 토리당의 경쟁자이면서 원래부터 자유주의적인 휘그당이 영국의 귀족적 입헌 체계에 가져온 혁신들을 토리당에서도 뒤집지 않겠다는 의미였다. 대신에, 특별히 광포한 추문이 돌 때는 최소한 개혁의 필요성을 인정할 준비는 되어 있지만, 할 수 있는 한 현존하는 사회구조와 실현 가능한 정치 구조를 '보전하여 지키'겠다는 것이었다. 보수주의자들은 또한 하층민들의 반대에 맞서 시장 관계의 신성함을 유지하는 데에서도 대부분 충분한 만족을 느꼈다.[13]

영국과 독일을 제외하고 이 용어가 정당의 이름으로 사용된 경우는 많지 않았으나 (독일의 경우에는 1918년까지 있다가 사라졌다) 그것이 구현하는 정서는 모든 주요 국가의 상당한 소수집단들 사이에 팽배해 있었다. 지역적 특색에 따라 보수주의는 (영국에서처럼) 눈에 띄게 자유주의적이거나, (프랑스에서처럼) 강력한 반동적 색채를 띠기도 했다. 보수주의의 기본 원칙은 (신이 승인한 것이라는 이유로 인정받는) 전통적 위계질서에 대한 경외와, 그러한 질서를 어지럽히고 혁명의 공포를 초래하는 경제 또는 사회의 변화에 대한 반감으로 정의될 수 있었다. 모든 국가에서 보다 지적인 보수주의자들은 이러한 변화를 막을 수 없음을 인정하고 로버트 필의 대처 방안에 따라 변화에 적응하면서 사회적 충격을 최소화하려고 노력했다. 자유주의자들과 보수주의자들 모두 세기의 전환기에 거세게 일어난 노동운동을 싫어하고 두려워하여 노동운동의 요구에 맞서는 불편한 동맹 관계를 빈번히 형성했다. 하지만 영국은 이러한 현상에서도 예외였는데, 자유당과 보수당 모두 노동운동을 당 내부로 흡수하고자 힘썼기 때문이다. 여기에서는 자유당이 보다 큰 성과를 거두었다.

손 안에 든 새

정치 및 사회 해방 이데올로기로서 자유주의가 지닌 매력을 기억하면서 대중적 보수주의의 호소력 또한 간과하지 않는 것이 중요하다. (반계몽주의적 편견 또한 이성적이기만 하다면 매우 중요한 것이기 때문이다.) 그것은 핵심적으로 '손 안에 든 새'라는 원칙에 기반을 두고 있다. 사람들이 빠듯하게 살아가는 상황에서, 생활환경에 중대한 변화가 일어난다면 아마도 더 나쁜 결과가 초래될 것이다. 더 나은 결과가 나올 가능성도 있긴 하지만, 상황이 안 좋게 돌아갈 경우 발생할 재난의 위험성보다는 충분히 크지 않다. 예외적인 경우가 아니라면, 농업 사회는 대부분 사회적으로나 기술적으로 모두 전통적이고 보수적이기로 악명이 높다. 그리고 거기에는 그럴 만한 이유가 있으니, 실험의 실패는 곧 굶주림을 의미할 수 있는 까닭이다.

현대 세계는 부단하고 영속적인 변화의 세계이며, 그렇기 때문에 우리는 부단하고 영속적으로 변화하는 세계를 현대 세계라 간주한다. 지대한 영향을 끼칠 변화는 수렵 채집 사회나, 농업 사회, 혹은 산업 사회 어디에서든 대체로 수많은 사람에게 나쁜 소식을 의미한다. 물론 여기서 물질적인 변화만이 문제가 되는 것은 아니다. 삶에 의미를 부여하고 우주와 우주 안에서의 개인의 위치를 설명해주거나, 혹은 단순히 오락과 여흥을 제공하는 제도와 관습이 진보나 해방이라는 이름으로 제거되거나 사라질 위협에 놓이면 그에 대한 반동은 사납고 결연해지기 마련이다. 특히 부모와 자녀 혹은 남자와 여자 사이의 아주 오래된 관계들이 도전을 받을 때에도 같은 일이 벌어진다.

수 세기에 걸친 중세 유럽이나 20세기 초의 농업 사회에서는 지주의 억압이 시골에서의 반란과 봉기들을 촉발시켰다. 대체로 (그리스도교에서 종말을 기다리는 것과 같은 예외들이 있긴 하지만) 이러한 저항들은 '좋았던 옛날'로 복귀할 것을 요구하는 데 초점을 맞추었다. (그리고 보통 해당 지역의 압제자보다 높은 지위에 있는 군주에게 호소했다.) 달리 말하자면, 그들은 스스로의 보수적 정신의 틀을 드러내 보였던 것이다.

현대 보수주의의 전략은 기존 권력자들의 손 안에 권위(와 재산)를 유지시켜주는 사회구조에 대한 옹호에다 그러한 공포 및 사고방식들을 연결시킨다. 그리고 엘리트들의 특권을 서민들의 안녕에 대한 염려와 연결하고 변화를 약속하는 수사修辭를 내세운다. 물론 이때 변화의 약속은 변화가 꼭 필요하다고 하는 경우에, 이미 인정되어서 누가 봐도 '안전한' 구조 **내부에서만** 변화를 진행하겠다는 것이다. 20세기 보수주의의 기저를 이루는 논지는 빈번히 가톨릭교회와 연결되는 '통합주의integralism'(민족이나 국가를 하나의 유기적 통일체로 보는 이데올로기로 사회적 분업과 위계를 정당화한다. 주로 민족주의와 결합되거나 종교 특히 가톨릭교회와 결합되어 여러 지역에서 다양한 양상으로 나타났다. 우리나라에서 인테그럴리즘이라고도 하는데 이 책에서는 '통합주의'와 '통합된'이라고 번역했다—옮긴이)다. 이는 사회계층들 간의 상호 의무에 기초한 사회관으로 하층민들이 신과 교회, 사회와 상위 계층에 대한 의무를 다하면, 이들은 종교 및/또는 명예에 고무되어 하층민들의 물질적이거나 문화적 몰락을 막고 안녕을 보장하리라는 것이다. 이 주제는 아래에서 더 자세히 검토할 것이다.

공산주의/사회주의

자유주의 이데올로기는 가장 민주적이었을 때조차도 내부에 모순이 많았다. 이 때문에 19세기 중반 유럽에 새로 등장한 이데올로기에서는 자유주의를 유산 부르주아지의 계급 이데올로기로 낙인찍고, 스스로도 계급에 기반을 두고 있음을 공개적으로 드러내는 한편, 그와 동시에 보편성을 주장했다. 이 새로운 이데올로기가 바로 사회주의인데, 특히 마르크스주의적 변형태가 그러했다. 19세기 중반 마르크스와 엥겔스는 유명한 『공산당 선언*Communist Manifesto*』에서, 공산주의자들이 정치적 선봉대가 되어 산업 프롤레타리아의 정치적 지배가 도래하리라 선언했다. 당시에 공산주의자들은 당대의 사회주의자들을 계급 갈등을 인식하지 못하는 유토피아적 이상주의자들로 간주하고 자신들과 구분했다. 하지만 실패한 1848년 혁명에 대한 기득권자들의 사나운 반동 때문에 '공산주의'라는 말은 너무 위험하거나 도발적인 용어라며 사용할 수 없게 됐고, '사회민주주의'(즉 민주주의란 순수하게 정치적일 수만은 없다) 또는 그냥 단순하게 더 오래된 용어인 '사회주의'로 대체됐다.

19세기 후반 유럽 전역에서 산업화가 진행됐고 그 강도는 서로 달랐지만 어디에서나 산업 노동운동 조직들이 생겨났으며, 사회주의는 주로 이들 사이에 기반을 두고 있었다. 물론 노동운동이 매우 단단하게 뿌리내린 독일에서조차 상당수의 산업 노동자들은 사회주의 이데올로기의 궤도 바깥에 남겨져 있었으며, 많은 사회주의자, 특히 사회주의 정당의 지도부에 있던 사람들은 산업 노동자들이 아니었다는 것이 강조되어야 한다.

러시아에서는 노동운동이 여전히 불법이어서 지하에 숨어 있어야 했다. 하지만 러시아 이외의 유럽 대륙 전역에서는 노동운동이 정치적으로는 여전히 저항적이지만 합법화된 문화의 일부를 이루었다. 그와 동시에 노동운동 조직들은 계속해서 비협조적인 정치적 대결의 자세를 유지했으며, 민주주의에 대해서는 궁극적인 사회주의 연방을 향한 디딤돌이라고 선언했다. 그러나 겉으로 드러난 결과는 기만적이었다. 각 나라에서 일어난 개별 노동운동 조직들은 규모가 커졌고 재산을 취득했으며 합법적인 정당, 노동조합, 소매 및 제조 협동조합, 신문과 잡지, 청년 조직, 여성 조직, 기타 온갖 종류의 사회 활동 조직들을 설립했다. 각각의 조직은 방대한 관료제와 전략들을 양산했으며, 결국 이 모두는 어떠한 형태의 진지한 혁명적 위협이나 시도에 의해서라도 심각한 타격을 받게 될 것들이었다.

노동운동의 지도자들이 스스로 인정을 하든 안 하든 이러한 현실을 해명하라는 압력을 받은 것은 당연한 일이었다. 20세기 초 독일에서는, 수정주의의 지적知的 아버지가 되는 에두아르트 베른슈타인이 노동운동 지도자들에게 현실을 인정하고 마르크스의 도식이 이제는 시대에 뒤떨어진 것임을 받아들이라고 요구했다. 독일사회민주당SPD(사민당)과 국제노동운동기구인 사회주의인터내셔널Socialist International에서는 베른슈타인의 생각을 비난했다. 독일 사회주의의 지도적 이론가 카를 카우츠키는 자신이 속한 정당인 사민당이 확실히 혁명에 찬동한다고 —그러나 혁명을 일으키지는 않는다고— 선언했지만 결국 불가능을 가능케 하려는 시도에 불과했다.

다른 사회주의자들은 사건들의 추이를 인정하는 동시에 격렬히 저항했다. 유럽 남부와 제정러시아에서 강하게 이어져오면서 활발히 움직이고 있던 아나키즘 전통을 제외하면, 사민당 내부의 경향을 가장 강력하게 대표한 것은 로자 룩셈부르크였다.[14] 그녀와 사민당 당원들은 마르크스의 혁명적 시각들을 부차적인 것으로 조용히 밀어내려는 데에 극렬하게 저항했다. 러시아 사회민주주의 정당의 두 파벌인 볼셰비키와 멘셰비키는 혁명이 무엇을 의미하는지에 대해서 의견을 일치시키지 못했지만, 둘 다 타협의 여지없는 혁명에 전념하고 있었다. 미국의 사회주의노동당이나 영국의 동명同名 정당과 같은 다른 지역의 사회주의 소수 정당들도 비슷한 태도를 공유하고 있었다.

그러나 어떤 나라들에서는, 특히 앵글로색슨 세계에서는 20세기 초 가장 위협적인 혁명 세력은 혁명적 생디칼리스트들syndicalists(생디칼리슴은 19세기 프랑스에서 시작된, 의회와 정당정치를 불신하고 노동자계급의 직접 활동을 통해 자본가 사회를 붕괴시키려는 운동이다—옮긴이)이었다. 이들은 정통 노동조합주의와 정통 정치를 경멸했으며, 산업 노동자들에게 초점을 맞추었다. 즉 생디칼리스트들은 개별 **직업** 노동조합 대신에 전체 **산업** 노동조합을 목표로 했으며, 궁극적으로는 총파업을 일으켜 부르주아지를 전복하고, 노동자들의 국가에서 노동자들의 협의회에 의해 행사되는 노동자들의 권력을 성립시키려는 수단으로서 '하나의 거대 노동조합'을 만들고자 했다. 미국, 프랑스, 영국, 오스트레일리아에서는 이들 혁명적 생디칼리스트들이, 직접적으로나 기존 조합 내부의 영향력을 통해서나 상당한 정도의 지지 세력을 구축했으며, 특히 영국 광부들의 노동조합을 통한 지지가 두드러졌다. 혁명적 생디칼리스트들의 견해는 20세기 공산주의에 의미심장한 기여를 했고, 20세기 공산주의는 전쟁의 도가니에서 부상했다.

파시즘

전쟁으로부터 부상한 또 다른 도전자는 바로 파시즘이었다. 파시즘의 개념과 명칭은 앞으로 지대한 영향을 끼칠 운명을 지니고 있었다. 하지만 역사에서 파시즘의 범주로 분류되는 정당이나 운동 중에 실제로 그런 이름을 사용한 경우는 (영국의 경우는 예외이긴 하지만) 매우 드물다. 파시즘이란 말이 나타내는 것은 극적으로 새로운 어떤 것이었지만 (영국파시스트연합BUF의 또 다른 이름은 현대운동Modern Movement이었을 정도였다), —제2 인터내셔널의 사회주의에서 개발되어 나온 레닌주의보다도 훨씬 새로운 것이었지만— 그것이 동원했던 편견들은 결코 새로운 것이 아니었다. 무엇보다도 파시즘 자체는 위기 즉 전쟁과 부차적 사회 혼란 그리고 경제 붕괴 및 문화적 불안이라는 위기에서 나온 결과물이었다. 그러나 파시즘에는 본래부터 파시스트적인 전신前身들이 있어왔고, 실제로 파시즘을 이름에 내걸고 사용한 조직들이 거의 없기 때문에, 잘 알려진 바와 같이 파시즘이라는 이데올로기와 극우 보수주의 이데올로기 사이에 경계를 짓기란 무척이나 어렵다. 독자들은 이 점에 있어 내가 특정 이데올로기와 운동을 위치 짓는 데 동의하지 않을 수도 있겠다.

대홍수 그리고 그 이후

1914년 이전에는 앞서 다룬 세 개의 정치 이데올로기만큼 커다란 중요성을 지닌 다른 이데올로기는 존재하지 않았다. 이들 세 이데올로기 안에는 당시 사회와 문화의 가치들까지 포함되어 있었다. 물론 각각의 이데올로기 구조 내부에서는 격렬한 갈등이 일 수도 있었다. 하지만 1914년에 발발한 전쟁은 그 어떤 의미에서도 이데올로기 때문에 일어난 전쟁은 결코 아니었다. 러시아만 예외일 뿐 전쟁에 참여한 모든 유럽 국가의 경제 질서와 사회구조는 자유주의적이었다. 경제 질서에 있어서는 나라마다 자유주의의 정도에 차이가 있었지만, 사회구조에 있어서는 모두 그 수준이 비슷했다. 독일의 대의민주주의 제도는 실제로는 그렇지 않았다 하더라도 형식적으로는 영국만큼이나 민주적이었다. 전제적이며 극도로 반동적인 러시아의 차르와 동맹을 맺으면서도 영국 정부와 프랑스 정부는 아무런 불편을 느끼지 못했다.

일반적으로 역사의 전환점이라고 인정되는 사건들을 다시 불러와 의문을 제기하는 방법을 빈번히 사용하는 20세기 역사학자들은 이 사건들이 이전까지 생각해왔던 것보다는 덜 갑작스레 일어났으며, 사실은 기존의 역사와 같은 선상에 놓여 있던 것임을 증명해 보이려고 했다. 그러나 가장 회의적인 역사학자들조차도 1914년이 세계사에 새로운 시대의 시작이 됐다는 점에 대해서는 의문을 제기하지 않는다. 그로부터 5년 동안 3천만 명이 전투와 전투의 끔찍한 여파 속에 죽었으며, 사회 및 문화에서 광대한 변화가 뒤이어 일어났다. 유럽과 아시아에서는 제국들이 몰락하며 내는 굉음이 메아리쳤다. 이들 제국은 모두 넷이었으며 그중 셋은 수백 년이나 된 제국이었다. 세계 경제는 동력 장치를 잃었다. 서유럽 열강들의 해외 제국들은 (겉으로 보기에는 절정에 이르렀지만) 그 기반이 숙명적으로 약화됐다. 산업 노동운동의 가공할 세력은 혁명의 열정에 물들어 지구 전체를 가로질러 행진하고, 아니면 적어도 존재를 드러내고 있었다. 이전 시대의 세계가 남긴 많은 조각이 심한 타격을 받고도 여전히 건재하기도 했지만, 그것들의 시대는 영원히 사라져버렸다.

이런 일들이 반드시 일어나야만 했던 것일까? 아마 그렇지 않았을 수도 있다. 1815년에서 1914년에 이르는 동안 유럽은 전면전의 피해를 입은 적이 없었다. 전쟁이 일어나긴 했지만 기간이 짧았고, 몇몇 교전국에만 한정됐으며, 민간인 피해는 상대적으로 가벼웠다. 이후

세계대전으로 번져갈 전쟁이 처음 발발했을 때만 해도 이 같은 상황이 반복되는 것일 뿐이라 예상됐고, 실제로 전쟁 초반에는 거의 그러했었다. 독일인들은 몇 주 만에 거의 전쟁에서 승리한 것과 다름없는 상황이었다. 행여 그들이 성공을 거두었더라면 그 이후의 역사는 매우 달라져 있었을 것이다.

이전과 달라진 것은 어느 쪽도 전쟁에서 확실한 승리를 거둘 수 없었다는 점이다. 산업화된 군사기술은 전선에서만 수백만 명에 이르는 유례없이 많은 사상자를 낳았고, 교전국들의 모든 국민까지 전쟁의 소용돌이로 몰아넣었다. 이로 인해 젊은이들은 총알받이로 동원되고, 노동자들은 무기 생산을 위해 노동해야 했다. 국민의 경제와 사회적 관습 및 기대들이 붕괴됐으며 시민으로서 누리던 자유는 불만을 억누르기 위해 폐기됐다. 요컨대 총력전이 벌어진 것이다.

결국 영국과 프랑스가 마침내 미국 군대의 지원을 받아 군사적 승자로 부상하긴 했지만 결과가 어떻게 됐든 그리고 어느 쪽이 승자가 됐든, 유럽 사회와 정치의 틀은 보수할 수 없이 산산이 부서졌으며 이러한 경험은 사회의 정신 상태와 문화에서 근본적인 변화를 일으켰다. 존 그레이(영국의 정치철학자로 런던정치경제대학LSE의 교수였다—옮긴이)는 "제1차 세계대전은 자유주의 질서를 부수어 산산조각 냈다"라고 표현한 바 있다. 이 전쟁은 물질적 현실 및 사회적 현실과 함께 정신 상태에도 영향을 끼치고 이전과 다르게 바꾸어 놓았다. 당대의 환경 속에서 자유주의 이데올로기는 그 추종자들 사이에서 자명한 현실 해석으로서 지녔던 아우라를 상실했다. 세계대전 이전 유럽을 지배했던 이데올로기들은 이제 강력한 도전에 직면했다.

이데올로기와 대참사의 시대

세계대전이 제1차 세계대전이 되는 데는 20년이 조금 넘게 걸렸을 뿐이다. 제2차 세계대전이 벌어진 1939년부터 (혹은 1941년부터) 1945년까지 유럽과 지구 전역에서 훨씬 더 격렬한 전투가 벌어졌으며 수천 만 명이 죽었고 그중 다수는 전투원이 아니었다. 그 후 45년 동안 전 지구의 인류는 핵으로 인한 재난과, (아직 멸절하지는 않았지만) 멸절의 위험이 곧 닥치리라는 불안을 안고 살아왔다.

19세기의 세계질서가 붕괴된 이후부터 소련과 동구권이 무너지고 공산 진영의 또 다른 강대국인 중국이 시장에 의해 주도되는 세계화에 굴복한 뒤 '신세계질서New World Order'(이 말은 짧은 기간 동안 긍정적인 의미에서 통용됐다)가 등장하기까지, 세계정세는 역사적 관점에서 볼 때 유별나게 스스로의 이데올로기적 토대와 특성에 대해 (그러한 이데올로기적 토대와 특성을 인정하고 싶지는 않았겠지만) 자의식이 강한 정치 및 사회운동들에 의해 지배됐다. 이러한 운동들은 단지 정당과 그 보조 집단들 안에서만이 아니라 문화적 형성물이나 지적인 전파자들 그리고 많은 경우에 국가를 통해서도 구현됐다. 이들은 보편적인 기반에서, 아니면 적어도 지정학적 기반에서 세계를 변화시킬 것을 목표로 삼았다. 그래서 현 상태를 유지하려는 비슷한 기관들로부터 저항을 받았는데, 이러한 저항은 자신들 스스로의 이데올로기적 특성을 보다 명확히 정의해야 하는 도전 때문에 추동된 것이기도 했다. 이런 종류의 이데올로기들이 지닌 특성은 J. 아치 게티가 아래와 같이 매우 적절하게 묘사한 바 있다. (특별히 스탈린의 대숙청과 관련하여 쓴 글이다.)

종교와 마찬가지로 이데올로기는 "상호작용하는 상징들의 체계이며, 상호 연동하는 의미들의 패턴과도 같다." 따라서 이데올로기란 복잡한 현실을 조직하고 성형하기 위한 형판型板, '시각' 혹은 '방향 설정 도구'다. 그리고 이데올로기는 본래부터 무언가를 주창하는 성격을 지니고 있기 때문에 "정서를 의미로 변형시켜 사회적으로 사용 가능하게끔 만들어준다."[15]

이 책의 이어지는 장들에서는 앞에서 언급한 바와 같이 극단의 시대를 지배했던 이데올로기들에 대해 탐구하고 해석한다. 특히 이 이데올로기들을 당시 시대 상황에 연결하는 사회적 행동의 실체들이 무엇인지 규명하고자 한다.

제1부

대참사의 시대, 1914~1945

제1장

경제 및 사회의 새로운 국면들

국제적 분쟁과 살육의 총성이 마침내 잦아든 것은 1918년 11월이었다. 그러나 혁명(사회 혁명과 민족 혁명 모두)과 반혁명 그리고 국가와 국가 사이의 유혈 사태들이 멈추지 않았다. 때로는 이러한 분쟁들이 서로 결합되기도 했다. 루마니아 군대는 공산정권 진압에 일조하는 한편 넓은 영토를 장악하고자 헝가리를 침략했다. 폴란드인들은 자신들의 서부전선에서 독일인들과 맞서 싸우고 있으면서도, 루마니아인들이 헝가리를 침략한 것과 똑같은 목적에서 소비에트러시아(러시아소비에트연방사회주의공화국RSFSR. 1917년 10월혁명을 통해 성립됐다가 1922년 소비에트사회주의공화국연방USSR(소련)이 형성되면서 그 일부로 편입됐으며 1991년 소련 해체 후 현재의 러시아연방이 됐다—옮긴이)를 침공했다. 이에 대응하여 소비에트러시아는 자신들의 혁명을 전파하려는 의도를 가지고 폴란드를 침략했다. (만약 여기서 소비에트의 붉은 군대가 성공했다면 계속해서 베를린까지 진군했을 것이다). 합스부르크제국은 붕괴되어, 매우 거칠기는 하지만 대체로 민족 구성에 따라 분할됐다. 하지만 세르비아 왕가는 민족국가를 가장하면서도 사실상 제국인 국가를 발칸 지역에 건설했다. 모든 신생 민족국가에는 소외되고/소외되거나 적대적인 소수민족들이 내부에 포함되어 있었다.[1]

사회혁명과 반反혁명 사이의 분쟁은 주로 민족들 사이에서 일어난 분쟁들보다 훨씬 더 처절했다. 볼셰비키는 권력을 잡자마자 그들을 몰아내려는 내부의 공격과 외세의 침략에 맞서야 했다. 전투와 학살로 인해 수백만 명이 목숨을 잃었으며, 곧이어 기아가 닥쳐와 사람들이 인육을 먹는 지경에 이르러, 소비에트는 다른 나라들에 구호를 요청해야만 했다. 소비에트 지도자들이 기대했던 것과는 반대로, 그들의 혁명은 서방으로 전파되지 못했다. 다만 바이에른과 헝가리에서는 러시아혁명에 영감을 받아 이를 모방함으로써 휘청거리는 소비에트 정권이 간신히 들어서기도 했지만, 두 곳의 정권 모두 극도로 흉포한 방식에 의해 금세 무너지고 말았다. 한 미국 작가의 말에 따르면, 헝가리의 반혁명주의자들은 "빨갱이든 분홍이든 좀 심한 살색이든" 잡히는 대로 모조리 처형했다.[2] 수도를 포함한 독일의 다른 지역에서는 좌익 봉기가 시도됐으나 철저하게 진압됐다. 신생 독립국인 핀란드에서는 전면적인 내전이 벌어졌으며 적은 인구에 비해 엄청난 사망자가 발생했다.

서유럽의 전승국들조차 민족적·정치적·사회적 격변을 피해가지 못했다. 아일랜드에서는 도시와 지방 모두에서 게릴라전이 일어나, 차후에 폐기되는 혁명가들의 양해 조건들을 심히 분개하면서도 수용해야 했고, 섬의 4분의 3을 내주었다. 본국(영국을 말한다—옮긴이)에서는 산업 노동자들의 불만, 군인들의 반란,[3] 경찰의 파업 등으로 동요가 일었으나, 정부가 강경한 진압과 영리한 묘책을 교묘히 섞어 사용함으로써 이 모든 문제를 극복해냈다. 나라의 정치 지도가 다시 그려졌고 가장 큰 정당 하나는 돌이킬 수 없이 망가졌다. 프랑스는 민족주의 무장봉기 말고도 비슷한 상황들을 겪었다. "산업 노동자들의 마른강"(마른강은 세계대전 때 독일과 프랑스 사이의 격전장이었다—옮긴이)[4]이라고 묘사될 정도로 위협적이었던 노동운동이 좌절된 것이다.

이 지점에서, 우호 협약을 맺고 있던 승전국, 즉 영국과 프랑스의 형식적 제국들이 (전쟁을 종결하려는 것만큼이나 소비에트러시아를 고립시키려는 의도로 맺은) 1919년의 평화조약 체결 후 최고로 고양됐다는 것은 놀라운 역사의 아이러니다. 사실 이러한 결과는 패배한 동맹국 독일과 터키를 희생시키면서 얻어낸 것이었다. 독일은 모든 식민지를 내놓아야 했고, 승전국들은 이 식민지들을 다시 나누어 가졌다. 뿐만 아니라 독일에 속했던 대도시 지역들이 프랑스, 덴마크, 벨기에로 넘어가면서 독일의 인구 및 경제적 잠재력 또한 상당 부분 함께 넘어가버리고 말았다. 이제 공화국이 된 터키는 제국 시절에 아랍 지역에서 거느렸던 속주들을 모두 잃고, 상대적인 인종적 동질성을 지니고 있는 아나톨리아 핵심부와 발칸반도 남동쪽의 한 귀퉁이만 남았다. 그러나 이렇게 식민지들을 전리품으로 만든 바로 그 전쟁의 부산물로 러시아혁명이 일어났고, 그럼에도 러시아혁명은 결국 제국을 몰락시킬 식민지 민족주의 운동들에 초점과 동력을 제공했다. 아일랜드에서 일어난 일들은 이에 대한 맛보기였다고 할 수 있다. 그러는 사이 유럽에 새로 그어진 국경들은 타오르는 민족적 분노에 기름을 부었으며, 이후 군사적 위협이나 실제 군사행동을 위한 지속적인 구실을 만들어냈다.

세계경제

피바람이 부는 혼돈의 소용돌이 속에서, 산업혁명이 세계를 탈바꿈시켜 놓은 이래 일찍이 경험한 바 없는 경제 위기가 터져 나왔다. 유럽의 전승국들은 전쟁에서 비롯된 막대한 양의 빚을 지고 있었다. 전 세계적 채권국이 된 미국은 채무국들을 너그럽게 대할 마음이 없었다. 미국은 부채의 상환을 요구했을 뿐 아니라, 관세 장벽을 높이고 이민을 제한했다. 이로써 19세기 내내 유럽의 안정을 유지하는 데 일조했던 사회적 안전밸브는 차단됐다. 전승국들은 전쟁의 적국들로부터 (혹은 오스트리아의 경우처럼 전후에 남겨진 국가로부터) 배상금을 받아냄으로써 부채 상환에 필요한 돈을 마련하려 했으므로 패전국들의 경제는 완전히 폐허가 됐고, 결국 1923년 독일 통화를 붕괴시킨 악명 높은 하이퍼인플레이션이 촉발됐다. 결국 독일의 중산층에게는 사회적 비통함만이 남았으며, 이는 당시 상황에서 주로 독일국가인민당DNVP으로 대표되는 정치 우파의 힘을 강화시키는 데 기여했다.

소비에트러시아의 경제는 중유럽이나 서유럽에서 마주치는 그 어떤 상황과도 비교할 수 없이 황폐해졌으나 자기만의 길을 추구하고자 세계경제로부터도 철수했다. 또한 차르 시대에 졌던 모든 부채의 상환을 거부했기 때문에 돈을 댔던 투자자들에게는 엄청난 파괴적 결과를 안겨주었다. (프랑스의 투자자들 중에는 부유층뿐만 아니라 상당수의 하급 중산층도 포함되어 있었다.)

전쟁이나 전쟁의 결과와 상관없이 지배적 흐름이 됐다 해도 당연했을 당시 세계경제의 암류暗流는 공업 생산품 대비 1차 생산품(농산물과 지하자원)의 가격을 지속적으로 낮추는 것(시장 용어로는 과잉생산이라고 하는 것)이었다. 이로 인해 두 부문 사이의 교환관계에서 악순환이 나타났다. 1차 산업 생산자들은 소득이 줄어들고 있었으므로 공업 제품의 소비를 늘릴 수 없었고, 그 결과 공업 생산자들은 판매를 늘릴 수 없었다. 자본주의에서는 결국 성장이 전부이므로, 정체는 재난을 의미했다.

1920년대에는 세계의 많은 지역이 10년이나 되는 불황에 사로잡혀 있었으며, 1차 산업 생산자들이 가장 큰 타격을 받았다. 물론 이러한 현상이 시간과 장소에 상관없이 균일하게 일어난 것은 아니어서 몇 가지 예외도 있었다. 미국은 몇 년 동안 근거 없이 주식시장이 과열되어 호황을 경험했다. 어떤 산업 분야에서는 효율성이 낮은 생산국들의 시장—대표적인 예로는 인도의 면화 생산과 일본의 조선업—을 장악함으로써 상대적인 성공을 누리기도 했다. 1924년에서 1929년 사이에 독일 경제는 미국이 양허 조건에 따라 제공한 차관에 기대어 부분적으로 회복됐다. 영국에서는 석탄, 조선, 면화 생산, 제철, 기관차 제조와 같은, 더 오래되고 덜 효율적인 수출 산업들이 휘청거리고 있었으며 이로 인해 심각한 실업 사태가 빚어졌다. 반면에 식품과 원자재 가격이 떨어짐에 따라 실소득이 늘어난 중산층이 부상한 덕분에 내수 소비 시장에 의존하는 화학물질 및 화학제품, 전력 및 전기 제품, 자동차 등 새로운 산업들이 그런대로 성공을 거두었다.

경제적 대참사

1929년 10월, 부실한 장부상의 자산으로 넘쳐나던 월스트리트의 주식시장이[5] 극적으로 폭락하자 재난 수준이었던 경제마저 무너지는 대참사가 닥쳤다. 빠르게 증발해버리고 있는 신용에 근거하여 승인한 불건전 대출이 이미 위험을 드러내고 있었던 탓에, 채권자들이 디폴트 상태에 빠지고 은행의 지급 불능 상태가 미국 전역으로 퍼져나가며 은행 시스템이 가장 먼저 충격을 받았다. 곧이어 재앙은 중유럽으로 확대됐다. 독일 통화 복구 이후 제공된 단기 대출이 사전 공지 없이 회수되자, 뒤이어 오스트리아와 독일의 주요 은행들도 연달아 도산했다. 공업과 대규모 농업도 곧 파산했다. 과중한 부채를 지고 있던 농부들은[6] 담보로 잡아두었던 농장을 잃었다. 공업 노동자와 사무직 노동자들은 일자리를 잃었고, 실업률은 치솟았다. 프란츠 노이만(독일 출신의 유대인 법률가이자 정치학자였으며, 좌익 정치 운동가, 마르크스주의 이론가로 활동했다—옮긴이)은 나치 정권에 대한 고전적 분석서인 『거대한 괴물: 국가사회주의의 구조와 실행 1933–1944*Behemoth: The Structures and Practice of National Socialism 1933-1944*』에 다음과 같이 썼다.

> 오직 소수의 일부 사람만이 실업보험금을 받았을 뿐, 훨씬 더 많은 대다수의 사람은 아무런 지원도 받지 못했다.
>
> …
>
> 일자리를 가져본 적 없는 사람이 수십만 명이나 됐다. 실업 상태가 하나의 사회적 신분이 됐고, 성공이 최고로 여겨지는 사회에서 실업은 하나의 낙인이 됐다. 대규모 토지 소유주들이 재정 지원을 요구

하며 소리치던 북부에서는 소작농들이 봉기했다. 소규모 상공인들은 파멸에 직면했다. 주택 소유주들은 임대료를 받을 수 없었다. 은행들은 파산했고 연방 정부에 인수됐다. 산업계 반동 세력의 근간이었던 철강 연합마저도 붕괴 직전에 있었으며, 연방 정부에서 그 주식들을 시장가격보다 훨씬 높은 가격에 매입했다. 예산 상황도 위태로워졌다. 반동주의자들은 대규모 건설 사업을 지지하지 않았는데, 이런 대규모 사업이 쇠퇴하고 있던 노동조합의 힘을 되살리지 않도록 하기 위해서였다. 노동조합들은 자금이 마르고 회원이 줄어들고 있었다.[7]

미국과 중유럽의 시장이 불황과 완전한 혼란에 빠져들자, 1차 산업 생산물의 가격이 전 세계에서 곤두박질쳤다. 1차 산업 생산자들은 급락한 가격을 상쇄하고자 생산을 늘리는 방법을 썼으나 가격을 더욱 떨어뜨리는 역효과만 낳았다. 모든 산업국가에서는 실업률이 유례없이 증가했다. 최악의 한 해였던 1932년 영국에서는 실업자가 전체 노동자의 4분의 1에 달했으며 독일의 상황은 이보다 더 심각했다. 그러나 이러한 상황에서도 영국은 1920년대에 누린 이점들이 계속해서 쿠션 역할을 해주어 최악의 상황에 빠지지는 않았으나, 애초에 독일은 이러한 이점들을 하나도 누려본 적이 없었다. 물론 소련은 국경 바깥에서 진행되고 있던 일들로부터 전혀 영향을 받지 않은 지구상의 유일한 지역이었다. 왜냐하면 소련은 경제적으로 전혀 다른 행로를 추구하면서 표면적으로는 산업화 추진과 성장에서 큰 성공을 누리고 있었기 때문이다. 자연스레 이러한 상황은 소련의 체제가 모방할 만한 가치가 있는지 고민하던 소련 바깥의 많은 이들을 끌어들이는 요인이 됐으며, 마찬가지로 그러한 전망을 두려워하던 이들을 밀어내는 요인이 되기도 했다.

부실한 회생

전 지구가 경제적 혼돈을 겪은 뒤 3년이 지나자 경제 회생의 기미가 어느 정도 보이기 시작했다. 이러한 경제 회생의 일부는 —그 비중이 얼마나 컸는지는 말할 수 없을지라도— 여러 정부의 개입이 있었기 때문에 가능했다. 하지만 이들 정부를 고무시킨 동기들은 서로 달랐고, 그 배경이 되는 이데올로기적 방향성은 상이할 뿐 아니라 적대적이기까지 했다. 미국에서는 1933년 1월 루스벨트의 대통령직 인수에 뒤이어 뉴딜 정책이 실시됐다. 스웨덴에서는 사회민주주의자들이 주도하는 연립정부가 경기순환 경향에 반하는 경제 조정 정책을 실행했다. 영국에서조차 매우 신중한 방식이긴 했지만 정부의 개입이 시도됐는데, 대표적인 예는 농산물유통위원회가 설립된 것이다. 가장 장관을 이룬 것은 깊은 침체에서 벗어나 고속 성장으로 전환된 독일 경제였다. 이러한 변화는 정부가 정치와 노조 양쪽에서 노동운동을 모두 분쇄하고, 제국이 되려는 목표를 가지고 전쟁 준비를 추진한 데 기반을 두고 있다. 전쟁 준비는 전제적이며 군사화된 케인스주의라고 묘사될 만한 매우 불건전한 토대 위에서 이루어졌다. 스웨덴이 거둔 성공의 큰 부분은 독일에서 형성된 시장 (특히 철광석 시장) 때문에 가능했다. 이탈리아와 일본의 정권들은 이미 제국이 되기 위한 모험을 시작했으며, 이는 세계대전 이후 설정된 국제 관계의 연약한 구조를 무너뜨렸다.

1939년에 이르면 경기회복의 흐름이 약해지고 새로운 불황의 조짐이 보이기 시작했다. 독일의 전쟁 지향 경제가 이룬 '기적'은 값싼 토지와 노동 및 원자재를 새롭게 획득해야만 해결할 수 있는 어려운 모순들에 빠져들고 있었다. 나치 통치자들의 이데올로기적 관점을 고려해볼 때, 이러한 상황이 어디를 향해가고 있는지는 너무나도 명백했다. 동유럽의 독일 식민지화는 히틀러의 정신 구조에서 절대적 핵심을 이루고 있었다.[8] 그가 독일에서 권좌에 오르지 못하고, 그래서 그의 적국들이 전쟁을 위해 자원을 동원할 필요가 없었다 하더라도 유럽과 미국에서 경제 혼란이 가중되고 사회 갈등이 심화되리라는 것은 충분히 예견 가능한 상황이었다.

세계대전

그러나 정작 다른 형태의, 훨씬 더 치명적인 형태의 분쟁은 나치의 제국적 야망에서 비롯됐다. 그리고 그것은 매우 역설적인 결과를 가져왔다. 제1차 세계대전은 번성하고 있던 안정된 세계경제체제의 붕괴를 촉발시켰던 데 반해, 제2차 세계대전은 오히려 만성적 마비 상태에 있던 경제를 궁극적인 번영 상태로 회생시켰다.

모든 주요 교전국은 중앙집중적 지휘 체계와 자원—원자재, 공장, 노동자— 분배 체계에 의존하여 전쟁에 총력을 기울였으며, 미국조차 어느 정도는 그러했다. 물론 소련의 경우에는 이제 전쟁 물자 생산이 우선순위에 올랐을 뿐 지난 10년 동안 적용해왔던 원칙들에는 변함이 없었다. 계획경제 모델에 가장 가까워진 마지막 교전국은 바로 영국이었다. 영국에서는 사유재산제를 유지하는 기본 틀은 그대로 있었지만, 생산, 원자재, 소비와 노동은 엄격한 통제를 받았다. 여기에는 젊은 독신 여성들을 노동이나 보조적 군복무에 강제 징집하는 것까지 포함됐다.

1930년대 군사화된 독일 경제가 그러했던 것처럼, 전시戰時경제 체제는 영국의 실업 문제를 확실히 해결해주었다. 오히려 문제는 노동력이 부족해졌다는 것이다. 또한 전쟁 수요는 미국을 견인하여 공황과 위협적 침체기로부터 벗어나게 해주었다. 미국은 전쟁에 참여하기 전부터 이미 영국의 전시경제에 공산품은 물론 식량과 원자재를 대는 중요한 공급처였다. 그러면서 이에 대한 대가로 영국 자본주의 경제로부터 해외 자산을 모조리 벗겨가는 것도 잊지 않았다.[9] 1941년 12월 이후 이러한 경향은 훨씬 더 확장됐으며, 미국 역시 자체적인 전시 동원 체제에 돌입했을 뿐 아니라 영국과 소련의 연합군은 미국으로부터 무기 대여 방식을 통해서도 전쟁 물자를 공급받았는데, 미국 정부가 무료로 운송해주었다는 것이 핵심적이다. 미국의 산업은 회복됐고 번성했으며, 중유럽과 소련이 겪은 대대적 파괴나 영국에 가해진 심각한 피해를 입지도 않았다. 실제로 전쟁의 결과, 미국은 1919년에 비해 훨씬 더 큰 전 세계의 채권국이 됐으며, 주요 국가들 중 번영하는 산업 기반을 갖춘 유일한 나라가 됐다. 소련을 제외한 다른 모든 국가를 제압할 수 있는 군사적 우위에 선 것은 말할 것도 없었고, 그나마도 소련은 이미 심각한 타격을 입은 상태였다.

사회적 맥락

17세기 이래로 세계의 다른 지역들은 물론 유럽에서도 이와 같은 일련의 사태들로 인한 사회적 혼란과 공포를 경험한 적이 전혀 없었다. 제2차 세계대전 동안 나치가 벌인 유대인 학살은 칭기즈칸이나 티무르가 벌인 학살이나 20세기 이전 제국주의가 벌인 원주민 몰살과도 비교할 수 없는, 역사상 어느 곳에서도 전례를 찾을 수 없는 비극이었다. 8천만 명에서 1억 명에 이르는 사람이 1914년에서 1945년 사이에 정치군사 활동의 직접적인 결과로 목숨을 잃었다. 절대적이지는 않지만 비율상으로 따져보면 14세기의 흑사병으로 인한 인명 손실이 이에 가장 가깝게 상응할 것이다.

이 시기의 새로운 특징 중에 하나는 이러한 참사들이 닥친 곳이 주로 산업화되고, 매우 잘 통합되어 있었으며, 문자 해독률과 교육 수준의 관점에서 선진화된 문화를 지닌 사회들이었다는 점이다. 기본적으로 농업 사회이며, 문맹률이 높고 느슨하게 통합되어 있는 사회들은 피해가 덜했다. 기아, 빈곤, 공포, 위험, 환멸로 인한 전례 없는 고통이 때로는 강렬한 묵시적 희망과 결합되어 새로운 형태의 개념과 사고를 산출했으며, 이들 중 다수는 이전에 생각하거나 상상할 수 없는 것들이었다. 이전에는 알려지지 않고 주변부에 머물던 조직과 인물이 어둠 속에서 나와 중앙 무대를 차지했다.

독일

독일은 20세기 전반기 폭풍의 핵이었으므로 먼저 검토하는 것이 적절하겠다. 1914년 8월의 선전 포고에 대한 열광이 얼마나 광범위하게 일었는지를 두고 역사적 논쟁이 있기는 하지만, 학교 교실[10]과 군대 막사(독일은 다른 유럽 국가들과 마찬가지로 평시 징병제를 활용했다)에서 행해지는 민족주의 주입 교육이 전쟁에 대한 두터운 지지를 형성했던 것은 의문의 여지가 없어 보인다. 대다수 사회민주당원도 이에 동조하여 1914년의 선전포고를 러시아 제정帝政의 폭정에 맞선 방어전으로 묘사했다. 지배계급을 이루는 모든 이와 중산층의 상당수가 승리에 목말라했으며 획득할 수 있는 광대한 영토를 머릿속에 그리고 있었다. 엘리트들 사이에서는 서유럽과 중유럽 양쪽에서 영토를 확장하고 독일의 헤게모니를 대륙 전체에서 확립시키는 계획들이 마련됐다. 여러 문서 기록[11]과 1918년 패전한 러시아에 독일이 강요한 브레스트-리토프스크조약이 이러한 프로젝트에 대한 증거로 남아 있다.

동부전선에서는 대단히 큰 성공을 거두었지만, 서부전선에서는 교착상태에 인명 학살이 끊임없이 계속됐다. 그리고 전쟁 물자 수요가 커진 데다 연합국들이 독일을 봉쇄함에 따라 일반 국민들은 심각한 물자 부족과 기아를 겪었다.[12] 그래도 이후 20세기에 벌어질 다른 전쟁 장면들과 비교하면 극도로 심각한 상황은 전혀 아니었다. 점점 쌓여만 가던 전쟁의 피로와 불만은 1918년 초 몇 달 동안 이어진 광범위한 파업으로 표출됐으며, 그해 11월에는 결국 혁명이 일어나 전쟁을 종결시키고 군주정을 전복시켰다.

이러한 혁명의 선례는 러시아에서 이미 1년 전에 벌어졌으며, 이후에 진행된 상황을 보면 도시의 상당수 노동자계급 구역들에서는 전면적인 혁명의 분위기가 조성되어 있었음이 명백하다. 그럼에도 실제 일어난 일들을 보면 이러한 분위기가 다른 사회계층들은 말할 것도 없고 압도적 다수의 프롤레타리아계급에게도 공유되지 않았다는 것이 명백하다. 대다수 민중은 여전히 사회주의 지도자들에게 매달려 있었는데, 이 지도자들은 첫날부터 애국심을 고취시키는 수사를 사용하며 전쟁을 지지함으로써, 가능한 한 빨리 전쟁을 종식시키기 위해 노력하겠다는 (이 전쟁은 절대 예측하지 못한 재앙이 아니었다. 전쟁은 10년 전부터 예견되어왔다) 인터내셔널의 이전 약속들을 저버린 자들이었다. 이들은 스스로 원하지는 않았지만 —그들 중 대다수는 군주제 대체를 원하지도 않았었는데— 군대의 격려를 받아 국가를 떠맡는 자리에 앉게 됐다. 그들의 시야는 완전한 민주주의 정치체제를 확립하고 노동운동에 대한 규제를 완화하는 것, 특히 법적 효력을 갖는 하루 8시간 노동과 경영 참여권을 보장하는 데 한정되어 있었다.

권력을 잡은 사회주의 지도자들의 망설임은 이해될 만했다. 독일 노동운동 조직은 서론에서 지적한 바와 같이 엄청난 자산을 축적해 놓고 있었는데, 사회적 격변을 겪게 된다면 자산 전체가 심각한 위기에 놓일지 몰랐다. 게다가 전면적 혁명이란 혁명에 참가한 이들과 그 가족들에게는 결국 목숨을 잃거나 장기간 옥에 갇히는 결말을 맞을지도 모를 매우 위험한 일이었다. 일이 올바르게 진행되는 경우에도 혁명은 자신의 자식들을 잡아먹는 못된 습성이 있었다. 그래서 사태를 진정시키고, 일어난 일들로 인해 즉각 손해를 보는 계층들을 달래며, 안정을 회복하려고 하는 동기는 모든 개인에게 다 있기 마련이었다. 독일어로 래테Räte(충고, 조언 및 협의회 등을 뜻하는 Rat의 복수형—옮긴이)라고 부른, 러시아의 소비에트soviet(러시아혁명기에 등장한 노동자농민평의회. 혁명 이전부터 러시아 각지에서 노동자와 농민들의 자치기구로서 생겨나 혁명의 주된 세력이 됐으며, 혁명 이후에는 지방자치 기구의 역할을 했다. 공산당 및 노동조합과 함께 공산국가의 3대 권력기관을 이룬다—옮긴이)를 모방한 평의회들이 설립됐으나 곧 중심에서 밀려나 많은 어려움을 겪는 가운데 해체되고 말았다.

종전 이후 군대의 사병들은 대부분 해산했다. 그들은 혁명의 경로를 따라가지 않고 크리스마스를 즐기기 위해 집으로 돌아갔다. 그러나 대부분 지주계급 출신인 지휘부 군인들은 온전히 남아 있었으며—핵심 인물이었던 루덴도르프(제1차 세계대전을 이끌었던 독일군 장군으로 혁혁한 전공을 인정받아 1916년 이후 황제로부터 위임받고 사실상 독일을 통치했던 인물—옮긴이)는 공황 상태에서 도망을 가버리긴 했지만— 무장을 잘 갖춘, 훈련된 반혁명주의자들을 모집하여 새로 군단을 구성하고, 기존에 남아 있던 기강이 잘 잡힌 부대들과 연합하여 베를린과 바이에른 및 여타 지역에서 있었던 좌익 혁명 시도들을 분쇄했다.[13] 1919년 이후, 베르사유조약이 허락하는 범위에서 독일 군대는 재빨리 재편성됐다. 규모는 작았으나 공산주의자들을 잡아 없애는 데는 최적화되어 있었고, 실제로 1921년과 1923년의 혁명 시도를 그렇게 제압했다.

도시 바깥에 살던 농민들은 —아마도 동프로이센의 융커Junker(프로이센의 지배계급을 형성한 토지 귀족—옮긴이)들의 영지에서 일한 자기 땅이 없던 노동자들은 예외였겠지만— 보수적인 사회적 관점을 견고히 유지하고 있었으며 프로테스탄트든 가톨릭이든 보수적인 신앙심에 깊이 결부되어 있었다. 바로 이 점이 러시아의 상황과는 무척 대조적으로 독일의 혁명가들이 직면해야 했던 불리한 조건들 중에서도 가장 어려운 것이었다. 분명히, 사회적 조건상 혁명이 성공할 가능성이 전혀 없었다는 것을 그들은 시간이 지나고 나서야 깨달았다. 혁명주의자들의 입장은 분리된 오스트리아와 헝가리에서도 다를 게 없었고, 독일의 역사는 헝가리에서도 반복됐으며 전면적인 내전 형태를 띰으로써 더 많은 피를 흘렸다. 그나마 전반적으로 부다페스트에 한정되어 있던 혁명의 사회적 기반은 다시 한 번 완전히 무력해졌으며, 루마니아 군대가 개입하여 진압하지 않았다 해도 공산주의 혁명론자들이 승리할 가망은 전혀 없었다. 이번만큼은 오스트리아에서는 전면적인 무장 분쟁이 일지 않았지만 사회적 적대감이 남긴 유산 때문에 생겨난 문제들은 독일에 버금갔다.

전쟁의 즉각적인 여파는 매우 심각했다. 최전방에 있던 병사들은 승리를 도둑맞았다고 느꼈으며 위대한 독일 군대가 군사적으로 패했다는 사실을 받아들일 수 없었다. 다수의 다른 군인들도 그러했지만 —히틀러는 고작 일등병이었지만— 장교들은 특히나 '배후중상설Dolchstoßlegende'(독일어 직역으로는 '비수 꽂기 전설'이다. 독일이 제1차 세계대전에서 패한 것은 독일 군대의 잘못 때문이 아니라 독일 내부의 배신자들, 특히 군주제를 전복한 공화주의자들 때문이라는 것으로, 이런 믿음이 전후 독일 우파에 만연해 있었다—옮긴이)을 믿는 데 그리 오래 걸리지 않았다. 독일군이 전쟁의 승리를 손에 쥐려는 순간 배반을 일삼는 공산주의자들과 유대인들이, 즉 히틀러의 우아한 표현대로라면 '11월의 범죄자들'이 독일군의 등에 비수를 꽂는 바람에 독일이 전쟁에 패하고 말았다는 것이다. 이 때문에 군인들은 무산된 혁명과 결부된 모든 것을 증오하며 부글부글 끓어올랐다. 하지만 그들은 '우리는 강도를 당했다'는 강박관념을 갖게 된 것과는 별도로, —연합국에서는 오직 10만 명의 군인만을 허가했으므로— 기대했던 진급과 승리의 영광 대신 실업과 가난이라는 현실에 직면해야 했으며, 장교들은 사회적 지위를 잃는 수모를 겪었다.

이러한 군인들의 정서는 독일 중산층 전체에 쉽게 공유됐다. 이들은 전쟁 발발 당시에 잠깐 동안 국가적 연대에 참여했을 때 말고는 언제나 노동운동을 몹시도 싫어했었다. 그런데 이제 더욱 안 좋은 것들이 다가오고 있었다. 암살이 횡행하는 정치권은 격렬하게 요동쳤고, 사설 군대들이 폭력을 행사했으며, 1923년에는 (전쟁배상금을 받아내기 위해) 프랑스가 다시 쳐들어오는가 하면, 약간 회복됐던 경제가 붕괴한 뒤에는 통화 가치가 폭락하고, 국회는 교착상태에 빠져 아무 일도 하지 못했다. 결국 이 모든 상황은 다른 어떤 주요 국가에서도 볼 수 없었던 좌우 진영 사이의 증오와 그로 인한 양극화를 낳았다.

1929년과 1933년 사이에는 공화국을 전적으로 거부하는 세력들이 급속히 약진하며 지지를 얻었다. 우파 진영에서 등장한 히틀러의 국가사회주의 즉 나치는 핵심적으로 하위 중산층에서 일어난 현상이었다.[14] 물론 그들 가운데에는, 특히 돌격대SA(이탈리아 무솔리니의 검은 셔츠단을 모방해서 1920년 히틀러가 설립한 나치의 준군사조직—옮긴이)라는 불법 무장 단체 안에는 상당수의 노동계급이 포함되어 있었고, 상류층도 있기는 했는데 이들은 주로 2급 지도자들 사이에서 우세했다. 나치의 세력 확장은 전반적으로 '존경할 만한' 반동 정당이었던 독일국가인민당을 희생시킨 대가로 얻은 것이었다. 특히 나치는 토지에서 대규모로 축출당하고 있던 농민들의 지지를 획득했다. 시장원리만을 고수하고 있던 독일국가인민당은 소작농들을 위해 당장 해줄 수 있는 일도 없었고, 약속해줄 수 있는 것도 없었다. 이러한 상황 덕분에 나치는 1930년 처음으로 의회에 진출하면서 공화국의 종말이 시작됐음을 알렸다. 좌파 진영에서는 독일공산당KPD이 독일사회민주당의 지지율을 잠식하면서 꾸준히 세를 넓혀가다 1932년 선거에서는 독일사회민주당보다 많은 표를 얻었다. 이후 더 큰 성공을 거둘 수도 있었을 테지만, 스스로 잘못들을 저지르면서 그렇게 하지는 못했다. 공산당의 성장은 증대하는 실업률의 위기와 크게 관련되어 있었다. 공산당 지지자들이 주로 실업자였다는 사실이 입증된 반면, 일자리를 유지하고 있던 육체 노동자들은 계속해서 사회민주당을 충직하게 지지하는 경향이 있었다. 결국 공산주의자들이 성공을 거둘지도 모른다는 두려움 때문에 사회 엘리트들과 나치 지도자들 사이에 거래가 이루어졌고, 이들이 도모하여 결국 1933년 1월 히틀러가 권좌에 올랐다.

국가를 손 안에 넣자 나치는 노동운동을 완전히 격멸하고, 다른 모든 정당을 폐지해버리는 한편 나치를 제외한 다른 어떤 정치 활동도 불법화시키는 절차에 착수했다. 그렇지만 1918년 11월을 마음속에 품고 있던 히틀러는 모든 사회계층이 적어도 소비자로서 최소한의 만족을 계속 누릴 수 있도록 노력을 기울였으며 (완전고용은 여기에 크게 도움이 됐다) 이러한 정책은 이후 전쟁이 마지막 단계에 이를 때까지도 유지됐다. 그러는 동안에 독일 사회의 교육받은 상류층에게는 유례없이 확대된 국가 관료제에서 일할 수 있는 기회가 활짝 열렸다.[15]

그 밖의 유럽 국가

독일에 견줄 만한 경험을 한 나라는 없었다. 독일 이외에 자생적인 그리고 정말로 독창적이기까지 한 파시스트 정권이 있었던 유일한 국가인 이탈리아마저도 독일과 같은 경험을 하지는 않았다. 구체적인 방식에서는 차이가 있었지만 경제 붕괴라는 일반화된 맥락 속에서 여타의 유럽 국가가 모두 직면했던 문제는 '하위 계층'이 정치적·사회적·문화적으로 사회 엘리트들에게 도전했다는 점이었다. 산업화라는 맥락 속에서 민주주의의 정치 형식이 상당히 진전됐는데도 불구하고 1914년까지 유럽의 정치, 경제, 사회는 엘리트들이 지배하고 있었다.[16] 이들에 대한 도전은 다양한 국면들을 만들어내며 진행됐다. 그 양상은 경제가 안정된 정도와 정치제도의 특성에 따라 상당히 달라졌다.

세 가지 예를 들어보면 다음과 같다. 생활수준이 상대적으로 높고 사회적 차별 또한 상대적으로 크지 않았던 스칸디나비아 국가들은 핀란드를 제외하고는 대단히 (전체적으로 완전하게는 아니지만) 평화로운 방식으로 그럭저럭 문제를 해결해 나갈 수 있었다. 아일랜드를 제외한 영국에서는 합헌적인 해결 방안을 찾아냈으나 그 결과는 분쟁에 뒤덮여버렸다. 헝가리, 핀란드, 아일랜드자유국(아일랜드 독립운동 세력이 1919년 아일랜드공화국을 선포함에 따라 1921년 영국-아일랜드조약이 체결되어 북아일랜드 6개 주를 제외한 아일랜드의 26개 주가 대영제국의 자치령이 됐다—옮긴이), 스페인에서는 내전이 발발했다. 그 밖의 나라들 역시 정도는 다르지만 폭력 사태를 겪어야 했다. 고유의 혁명 전통이 있는 프랑스에서는 오히려 심하지 않았지만 이탈리아, 오스트리아, 루마니아에서는 격렬한 폭력 사태가 일어났다.

소련

러시아제국이었다가 1924년부터 소련이라고 불린 광대한 지역에서 발생한 문제들은 완전히 다른 것이었다. 이는 단지 내전에서 비롯한 엄청난 손실과, 500만 명이 죽어간 기아 때문만은 아니었다. 도시 지역의 사회 역시 산산조각이 나버렸던 것이다. 두 개의 주요 도시 페트로그라드(레닌그라드. 오늘날의 상트페테르부르크)와 모스크바는 최악의 전투는 면했지만 시민들이 사망하거나, 군대에 징집되거나, 시골 친척집으로 피난을 떠난 탓에 인구가 40퍼센트에서 60퍼센트까지 줄어들었다. 산업은 사실상 멈추어 섰고, 인플레이션이 만연했다. 그러나 이 나라는 압도적일 만큼 농업 국가였으며, 농민들은 학살, 기아, 물자 징발을 겪으면서도 수 세기에 걸친 오래된 삶의 리듬과 일상을 반복하며 그대로 남아 있었다. 근소한 차이이긴 했지만, 이들이 다른 경쟁자들보다 볼셰비키를 지지한 것이 볼셰비키가 승리하게 된 주요 원인이 됐다.

전쟁이 끝나갈 때 농민들은 여러 차례 봉기를 일으켜 자신들의 위협적인 힘을 보여주었고, 이에 대한 보상을 받았다. 농민들에게 토지 소유권이 주어졌고(공식적으로 토지는 국가에 귀속됐다), 규제가 있긴 했지만 개방된 시장에서 자신들의 생산물을 거래할 수 있게 된 것이다.[17] 하지만 사회적 차별이 급속히 뒤따라왔다. 더 많은 성공을 거둔 소수의 사람이 이웃들보다 더 많은 토지를 통제하고 재산을 축적했으며, 마을들을 지배하고, 운이 없었거나 혹은 부지런하지 못했던 형제들을 고용하면서 이 나라의 농업을 떠받치는 중심 세력이 됐다. 이 부농들을 가리켜 '쿨라크kulaks'라고 불렀는데 러시아어로 '주먹'

이라는 뜻이다.

그나마 남아 있던 국가 산업에서 '노동자 관리workers' control'(노동자들이 자신이 일하는 기업의 경영에 직접 참여하는 것을 말한다—옮긴이)는 결국 처참한 결과를 가져왔다. 볼셰비키 지도자였던 A. G. 실랴프니코프는 1918년 3월 이렇게 불평했다. "철도 매점에 만연해 있는 무질서와 문란함은 이루 말로 다 할 수 없을 정도다. … 한마디로, 철도 노동자들은 최소한의 임금을 보장받게 된 바로 그 순간부터 최소한의 효율성도 보여주지 않았다."

그리하여 '1인 관리' 방식이 다시 시행됐다. 능력 있는 관리자를 많이 찾아낼 수 있었던 것은 아니지만, 그런 사람들은 당연히 적절한 보상을 받아야 했다. 트로츠키는 노동자들을 군대의 규율 아래 두고 싶어 했지만 이러한 제의는 거절당했다. 물론 노동조합은 노동자들의 국가에서는 대체할 수 없는 것으로 간주됐으며, 그 때문에 공식적으로 높은 지위가 주어졌으나, 실제로는 노동자들을 대표하기보다 통제하는 수단으로 쓰였다. 하지만 아직 이 단계에서 노동조합은 어느 정도 묘책들을 가지고 있었으며 톰스키와 같이 정력적이고 헌신적인 지도자들은 당의 경영에 영향력을 행사할 수 있었다.

'전시戰時공산주의'는 러시아 내전 동안 소비에트가 지배하던 지역의 정권을 가리키는 용어였다. 이들 지역에서는 당이 통제하는 정부가 잉여 생산된 식량에 대한 전적인 통제권과, 다른 모든 재화 생산 및 배분에 대한 전적인 지휘권을 쥐고 있었다. 시장은 사실상 폐지됐는데, 이는 다수의 볼셰비키 지도자들이 긴급조치로 처리한 일이었다. 그들은 전쟁 중 혁명이 일어나 그들의 문제들을 해결해주리라는 기대 속에 살고 있었던 것이다 (물론 이러한 기대가 정말로 실현될 경우 정확히 어떤 방식으로 국가를 재건할 것인지에 대한 명확한 생각이 그들에게 있었던 것은 아니었다.)

그러나 당 지도부의 일부는 이런 형태의 조직을 영구적인 것으로 만들 수 있으며, 일단 물적 토대가 회복되고 나면 이 조직을 통해 만개한 공산주의 사회의 문을 활짝 열 수 있으리라 주장했다. 달리 말하자면 E. H. 카가 말한 것처럼 "사회주의로 향한 길 위에 반갑고도 시의적절한 발걸음"[18]을 내딛으리라는 것이었다. 하지만 이들은 정치적으로 패배했으며, 그 원인은 이들이 주장한 내용의 질이 떨어져서가 아니라 여러 차례 일어난 농민 봉기와 1921년 크론시타트 군항에서 일어난 해병들의 반란 때문이었다. 같은 해에 신경제정책NEP—더 나은 이름을 생각해낼 수 없었을 경제정책—이 서둘러 실시됐다. 이 정책은 국가 자본주의의 형식을 띠고 있었는데 (레닌 자신이 그렇게 묘사했다) 농업과 소규모 제조업의 생산 및 거래는 시장에 맡기고 국가는 무역과 금융 그리고 당연히 중공업에 대한 최종 통제권을 독점했다. 하지만 그렇다 하더라도 이에 대한 운영은 시장 기준을 따라야 했는데, 이는 실업이 발생할 수도 있음을 의미했다. 어려움이 있긴 했지만 마침내 통화가 —적어도 통화로서 적절한 기능을 수행할 만큼은 충분히— 안정됐다.

신경제정책은 눈앞의 경제 위기에 그런대로 대처를 잘해냈지만, 새 정권이 맞서 싸우고 있던 만성적 문제들은 물러가지 않았다. 이 문제들은 가장 본질적인 측면에서 보면 폐쇄 경제에서[19] 일어나는 불균형에 기인하는 것이었다. 이런 환경에서 공업 제품에 대한 농민들의 수요를 충족시켜주면서, 농민들에게 도시에까지 공급할 수 있을 만큼 충분한 곡식과 가축을 생산하도록 하는 동기를 어떻게 제공할 수 있었겠는가?

이러한 문제는 소비에트러시아에 있던 모든 주요 딜레마와 마찬가지로 이데올로기 분쟁의 형태를 띠었다. 1920년대 중반에는 '일국사회주의socialism in one country'(세계혁명을 주장하는 트로츠키의 영구 혁명론에 반대하여 스탈린이 주장한 사회주의 건설 이론. 소련만으로도 혁명 정권을 유지하고 사회주의를 건설할 수 있다는 주장—옮긴이)가 가질 수 있는 대안들에 초점이 맞추어졌는데, 이는 '영구혁명'이라 명명된 세계혁명에만 계속 전념하는 것에 반하는 것이었다. 결국, 여러 다양한 이유 때문에 스탈린과 부하린이 주요 대변인으로 활동하고 있던 '일국사회주의'가 승리를 거두었다. 그러나 딜레마는 여전히 남아 있었다. '일국사회주의'가 프로젝트라고 한다면, 그것을 어떻게 달성해야 할 것인가?

처음에는 신경제정책을 계속해 나가는 방안이 채택됐다. 여기에는 농업에서 발생한 잉여가 제조업과 광업 그리고 도시 건설 및 교통 분야로 흘러들게 하는 방식으로 산업화가 진행되어 근대화된 경제를 창조할 수 있으리라는 희망이 있었다. 그러나 이러한 시도는 성공하지 못했다. 국가에서 곡물 공급을 의존하고 있던 농민들, 아니 그보다는 쿨라크들이 자신들에게 주어지는 보상이 너무 적다는 이유로 협조를 거부했기 때문이다. 이들은 1928년 효과적으로 파업을 중단하면서 농업 시장의 완전한 자유화와 개선된 공산품 공급을 요구했는데, 이는 결국 세계경제에 참여함으로써만 이룰 수 있는 것이었다. (하지만 이제 막 미국에서 일어나려고 하던 일을 생각해보면 세계경제에 참여하는 것은 결코 행복한 조치가 될 수 없었을 것이다.)

당시 스탈린이 주도적인 지도자였고 부하린은 주변으로 밀려난 상황에서, 국가가 취한 대응 방안은 농민들의 재산을 몰수하는 것 그리고 '하나의 계급으로서의 쿨라크들을 제거하는 것',[20] 또한 농촌을 국가가 직접 경영하거나 사실상 국가의 손발이었던 '조합'이 경영하는 농업 공장으로 바꾸어 놓는 것이었다. 이것이 이른바 '집산화collectivisation' 과정이다. 당연히 농민들은 필사적으로 저항했으며 가축들을 집단 폐사시키는 일이 빈번하게 벌어져 대표적인 저항 방식이 됐다. 정부는 잉여 생산된 만큼의 곡물을 가차 없이 몰수했고, 때로는 생산량 전체를 빼앗아가기도 했다. 우크라이나에서는 기아가 발생했다. 몇몇 지역에서는 저항하는 농민들을 무장한 경찰들이 기관총을 사용하여 제압했다. 이런 일들이 소비에트 농업에 미친 영향은 대참사에 가까웠다. 곡식과 다른 농산물의 생산량이 급격히 줄어들었고, 이후에도 소비에트 농업은 이때 입은 상처로부터 완전히 회복하지 못했다. 그러나 어찌 됐든 목표는 달성됐다. 국가가 곡식 공급에 대한 통제권을 확보한 것이다.

이와 동시에 위험할 정도로 맹렬한 산업화 계획이 실시됐다. 스탈린의 지령에 따라 급조된 국가 주도의 경제개발5개년계획이 실시됐으나 전문가들이 보기에는 몹시도 비현실적인 계획이었다. 계획을 실천하는 데 필요한 엄청난 노동력은 집산화된 마을 주민들로부터 모집했다. 원래 일자리에서 추방된 개인들이 농업에 필요한 노동력을 채우고도 남는 상황이 되어 있었다. 그 결과 도시화된 지역의 사회적 조건들은 매우 절망적으로 변해갔다. 식량 공급이 제대로 이루어지지 않자 전반적으로 배급이 제한됐다. 도시 지역의 교통, (특히) 주택, 의료 등을 계속해서 같은 수준으로 공급하고자 하는 노력이 있었으나 별수 없이 실패했다. 따라서 모든 사회 편의 시설과 업무가 엄청난 긴장 속에 놓였다. 대규모 암시장이 형성된 것은 당연한 결과였다. 직장에서는 '자발적' 추가 노동이 요구됐으므로 전반적인 노동시간이 길어졌다. 생산량을 측정할 수 있는 곳에서는 개인별 할당량이 정해져 있었으며 이를 충족시키지 못할 경우에는 제재가 가해졌다. 기계나 장비에 해를 입혔을 경우에는 그것이 고의적이든 우발적이든 혹독한 벌칙을 받아야 했다. 노동자들이 여전히 누리고 있던 최소한의 노동조합의 권리들마저 사라졌으며, 스탈린의 말대로 노동조합은 이제 국가와 당을 위한 '전동傳動 벨트'일 뿐이었다.

그러나 산업화 정책 추진은 집산화 과정과는 달리 정책의 영향을 받는 이들 사이에서 보편적으로 인기가 없지는 않았다. 소비에트의 산업 노동자들은 지난 몇 년 동안 불만을 터뜨릴 만한 충분한 이유를 가지고 있었다. 이들은 자신들이 일하던 기업이 시장의 기준을 충족하지 못해서 망하면 실업자가 될 수 있었다. 그리고 핵심적인 최소한의 생필품을 넘어서는 소비재들은 희귀할 정도였고, 그래서 매우 조잡했는데도 대단히 비쌌다. 사회 편의 시설들은 거의 원시적 수준이었으며 작업 규율은 엄격했다. 노동조합들은 아직 모든 힘을 잃지는 않았으나 서유럽의 노동조합들과는 비교할 수 없을 정도로 힘이 없었다. 더욱이 당시에는 억압의 수준이 그리 높지 않았음에도 노동자들이 살고 있던 곳은 경찰국가였다. 노동자들 중 다수가 혁명이란 무엇을 위한 것이었는가를 대놓고 물었던 것도 놀랄 만한 일은 아니었다.

1928년 시작된 스탈린의 혁명 체제 아래에서는 이러한 특성 대다수가 심각할 정도로 악화되긴 했지만, 이제 더 이상 실업이라는 문제는 존재하지 않았다. 반대로 심각한 노동력 부족 현상이 발생했으므로, 한 개인이 제대로 된 자격증만 가지고 있다면 크게 성공하는 것도 가능했다. 놀랍게도 정권에서는 노동력 배치를 통제하지 않았던 것 같고, 그래서 일자리를 옮기는 것이 불가능하지 않았다. 다른 것들과 마찬가지로 노동자들의 봉급도 규제를 받았지만, 신뢰할 수 있는 성실한 근로자를 구하는 데 필사적이었던 관리자들은 암암리에 추가적인 보수를 기꺼이 지급했다. 자신의 교육 수준을 높이고자 하는 의지와 그에 합당한 재능이 있는 이들에게는 숙련된 육체노동이나 행정 관리를 할 수 있는 수많은 일자리가 기다리고 있었다. 정권에서는 이를 장려하고자 고의적으로 소득 격차와 부가 혜택들을 늘렸으며 이를 반대하는 이들은 프티부르주아 몽상가라는 이름으로 비난받았다. 이에 대해 콤소몰Komsomol(청년공산동맹)의 젊은이들은 특별히 진정한 열정과 희생적 헌신을 표명하기도 했다.

공식 통계와는 반대로 경제개발5개년계획은 처음에 의도했던 목표 대부분을 이루지 못했으나 (특히 소비재 생산 부문에서), 핵심 목표만큼은 달성했다. 기초 수준의 중공업 분야에 한정되긴 하지만 나라가 산업화되기는 한 것이다. 물론 말할 필요도 없이 알코올중독, 매춘, 범죄, 가정 폭력 같은 모든 문제가 낮은 소득수준과 과밀한 주거 환경으로 인해 심화됐으며, 보고도 되지 않고 계속 창궐했다.

그리하여 1930년대 중반에 이르면 잉여 농산물은 국가의 통제 아래 놓이고, 산업 경제가 자리를 잡았다. 스탈린은 이제 새로운 헌법을 (어쩔 수 없이 '스탈린 헌법'이라 불린다) 반포할 정도로 멀리까지 나갔다. 비록 부하린이 대체적인 초안을 쓰긴 했지만, 이 헌법에서는 온갖 종류의 민권을 보장하고, '일국사회주의'라는 프로젝트가 완성됐음을 선포했다. 그런데 앞으로 10년 동안 계속될 대숙청이 시작된 것도 바로 이때였다. 이 시기의 특징을 가장 잘 드러내 보여주는 것은 군대에서 극적인 숙청 사업을 벌이면서 대부분의 고위 장성들을 처형한 것은 물론이고 구舊볼셰비키들을 재판에 회부한 일이었다. 여기에는 당 내부에 있던 스탈린의 옛 정적들뿐 아니라 협력자들까지 포함됐는데, 이들은 스탈린을 너무 많이 공격했거나 너무 많이 알고 있었던 자들이다. 그러나 숙청 사업은 훨씬 더 멀리까지 뻗어갔다. 소비에트 시민은 수백만 명까지 체포됐으며, 처형을 면했다 해도 굴라크Gulag(소련의 도처에 흩어져 있던 강제노동수용소—옮긴이)의 노예 노동자가 됐다.

기소를 당한 모든 이는 군중이 볼 수 있는 공개된 재판장의 피고석에서나, 아니면 지방 판사 한 사람 앞에서, 공식 문서 외에 다른 아무런 기록도 남기지 못한 채 반혁명적 반역이든, 첩보 활동이든, 아니면 태업이나 그 무엇이든 간에 가상의 범죄를 고백해야만 했다. 최종 결과에 반드시 필요했던 것은 아니었지만 절차와 예의는 지켜야 했던 것이다.

전시(戰時) 사회

1941년 독일이 침입해올 때쯤에는 대숙청 사업이 느슨해져 있었다. 물론 숙청이 중단됐던 것은 절대 아니며, 굴라크에는 계속해서 새로운 수용자들이 투입됐다. 이들은 자유로운 노동자들이라면 절대 수용하지 않았을 조건 아래서 고생하며 노동력을 제공하는 데 (정권의 입장에서 보기에는) 꼭 필요한 사람들이었다. 나라가 적군의 침략을 받고 생존을 위한 투쟁에 들어가자 물질적 여건은 더 가혹해졌지만, 정권의 탄압 정도는 (적군에 동조하는 집단이나 외국인들 즉 캅카스 지역의 국가 출신들이나 크림반도의 타타르인에 대한 억압을 제외하고) 더 느슨해져야만 했다. 일반대중의 사기를 유지하고 승리를 위한 헌신을 고취해야 했기 때문이다. 당연히 사람들 사이에서는 전쟁에서 승리하기만 하면 삶의 모든 측면에서 더 좋은 시기가 찾아오리라는 희망이 퍼져 나갔다.

이보다 2년 반 앞선 1939년 9월, 영국과 프랑스가 독일에 선전포고를 했다. 모든 문헌 자료에 따르면, 불안과 우려 속에서 선전포고를 받아들였던 독일인들은 전쟁 개시 후 처음 2년간 나치가 승리를 거듭하는 동안에는 전쟁이 끝날 때까지 절대 동요하지 않을 것처럼 보였다. 하지만 곧이어 군사적 재난들이 이어졌고, 연합군의 공습으로 독일의 주요 도시가 파괴되면서 대규모 사상자가 나왔다. 영국이나 소련과 비교했을 때 나치 정권은 1918년에 일어난 일을 의식하고 있었고 가차 없이 약탈할 수 있는 영토들이 있었기 때문에, 소비수준을 유지하고 제국 내부 소비사회의 뼈대를 가능한 한 유지하기 위해 애썼다. 중산층 가정에는 정복당한 동유럽 주민들이 가정 노예노동을 제공하고 있었다. 괴벨스가 주도하여 민간인들까지 전면전에 동원하기 시작한 것은 전쟁이 말미에 이르렀을 때였다.

독일과 반대로 1940년에서 1945년 사이 영국의 연립정부는 우리가 앞에서 다루었던 통제경제뿐 아니라 제1차 세계대전의 경험 위에 서 있었으므로, 생산 자문회의들을 통해 노동조합과 노동자 조직들에 관여하려고 비상한 노력을 기울였다. 그리고 일반인들을 위해서는, 여러 종류의 소비재들, 특히 식재료들이 가게에서 아예 사라졌거나 아주 드물게 구할 수 있었기에 기본 생필품을 제공하는 종합적 배급 체계를 마련해 실시했다. 그 결과 전체 인구가 평균적으로 이전에 비해 더 잘 먹게 됐고 건강해졌다.

당시 사람들이 공개적으로 인정한 것보다 훨씬 더 정부에 불만이 많았음을 보여주는 증거가 —보궐선거의 결과 말고도 (그러한 선거에서 세 개의 주요 정당은 서로 대립하지 않기로 휴전협정을 맺었으므로 그 밖의 정당들은 대립할 수도 있었다)— 있었다. 당연히, 전시 정부에서는 정보와 공공 담론의 통제와 규제가 우선 사항이었다. 점령된 유럽과 소련에서는 개별 정권들이 신문, 라디오, 영화를 모두 규제할 수 있을 만큼 거의 총체적인 통제가 가해졌다. 영국 정부는 정보부를 설립했고, 정부에서 쉽게 이용할 수 있는 유일한 방송국이었던 BBC는 사실상 정부의 대리기관처럼 움직였다. 명백한 거짓을 방송하거나 뉴스 자체를 통제하는 일은 대체로 삼갔지만, 오늘날 우리가 '보도지침'이라는 용어로 부르는 것이 통용됐다. 정부는 전체 언론을 규제할 수 있는 권한을 차지했지만, 이 권한을 차별적으로 사용했다. 공산당 일간지가 금지됐고 —공산당의 다른 출판물들은 금지당하지 않았지만— 파시스트 단체들만이 불법화됐다. 정부는 『데일리 미러 *Daily Mirror*』와 격렬한 논쟁을 벌인 뒤에 이 신문을 억압하려고 했으나, 신문의 대중적 인기를 고려해서 결국 그렇게 하지 않았다.

그 정도가 매우 다르긴 했지만, 유럽의 모든 전쟁 참여 국가는 (그리고 일본 역시) 소비재가 부족하고 정부가 사회생활을 엄격히 통제하는 체제를 경험했다. 어떤 나라들에서는 이미 익숙한 현실이 심화된 것이었고, 다른 나라들에서는 전혀 새로운 경험이 시작된 것이었다. 이런 상황에서 미국은 그야말로 커다란 희망이었다. 앞서 언급한 것처럼 전쟁을 통해 미국은 공황에서 빠져나올 수 있었고, 경제의 모든 분야가 번창하자 노동 수요가 증가했다. 전장에서 복무 중인 남성들을 모두 대체할 만한 규모의 여성들—'로지 더 리베터Rosie the Rivetor'(세계대전 시기에 여성들을 산업 노동력으로 동원하기 위한 선전에 등장하던 만능 여성의 대명사—옮긴이)—이 산업 분야 노동시장에 진입했으며, 이는 고용주와 노동자 모두에게 이득을 안겨주었다. 노동조합의 입지와 협상력이 강화됐으며, 미국공산당CPUSA 또한 영향력이 강화되긴 했다. 그러나 그 정도는 미미했다. 공산당은 공식적인 적대감을 불러일으킬 뿐이었고, 일반 민간인들의 생활은 나름대로 이전과 거의 변함없이 계속되고 있었다. 그것은 이 극단의 시대 다음 단계에서 일어날 일들에 대한 불길한 전조였으며, 바로 그 토대가 됐다.

제2장

자유주의

20세기가 시작됐을 때 자유주의는 헤게모니를 장악한 세계 이데올로기였다. 아니면, 적어도 존 그레이가 영국에 대해 언급하며 쓴 것처럼 지배적 분야들의 지배적 이데올로기로서 "정치 계급 거의 전체를 망라하는 정치적 스펙트럼을 가로질러 퍼져 나가고" 있었다. 하지만 당시 자유주의에 대한 묘사는 사실상 이것보다 훨씬 더 넓게 펼쳐졌어야 한다. 당시에는 러시아제국조차도 정치적으로는 아니었을지라도 사회적으로는 자유주의에 양보하는 조치들을 취했다. 자유주의의 외양이 반드시 인간적이거나 사랑스러운 모습이어야 한다고 오해하지 않는 게 중요하다. 그렇기는커녕, 이해하기에 따라 자유주의에는 폭력, 인종차별, 권위주의를 비롯하여 살짝 변장한 노예제와 집단 학살에까지 자리를 내어줄 여지가 많다.[1]

19세기 자유주의에서는 인간 해방이라는 교의를 재산 보호와 재산 교환의 자유라는 핵심 고려 사항과 결합시키고자 했다. 분명한 것은 그 두 가지 핵심 고려 사항 모두에서 경제 주체들 즉 농업, 산업, 상업 또는 금융 주체들이 좋아할 만한 외양을 제시하고 있었다는 점이다. 이 경제 주체들은 그들의 이익과 축재를 촉진하는 시장 세력들이 방해받지 않고 활동하는 데 의존해 있었기 때문이다. 따라서 자유주의의 핵심 목표들, 아니면 적어도 자유주의에서 바람직한 목표가 된 것은 재산의 안전성, 계약의 신뢰성, 명확하고 공평하게 정립된 민법 체계와 이를 불편부당하게 운영하는 사법 체계, 상대적으로 투명한 공공 소통 체계, 대체로 능력에 따라 성취할 수 있는 경력, 공개경쟁이 일반화된 문화 등이었다.

이러한 자유주의의 목표들 중에서 순서상 가장 앞에 있을 뿐만 아니라 치명적일 만큼 중요한 것은 바로 상업적 재산의 안정성이었다. 이것이 보장되기 위해서는 자의적 정부들과, 그러한 재산을 신성한 것으로 여기지 않는 무산無産 대중들 양쪽 모두의 간섭을 받지 않는 정치체제가 전제되어야 했다. 자유주의의 자유에 대한 태도와 재산에 대한 태도는 서로 모순됐는데, 특히 여성이 관련될 때 그 모순은 더욱 심해졌다. 재산 상속의 문제에는 성행위에 대한 엄격한 통제가 내포되어 있었기 때문이다. 대중들을 대표하는 의원들이 법령을 입법하여 재산을 재분배하거나 재산 상속을 제한하는 법률을 통과시키는 일을 막기 위해서 계속 대중들에게 참정권을 부여하지 않는 것이 자유주의의 핵심적 고려 사항이 된 것도 당연하다. 따라서 자유주의는 권위주의 정부에 필연적으로 반대하는 것은 아니다. 권위주의 정부라도 토대가 되는 헌법이 있고, 법의 지배를 존중하며, 따라서 권위주의적 조치들을 자의적으로 시행하지 않고 규칙에 따라 통치한다면 문제될 것이 없었다.[2]

그러므로 자유주의는 20세기 초 유럽 국가 대부분의 상태를 규정지을 수 있었다. 그리고 같은 의미에서 20세기 초 일본 또한 핵심적으로는 자유주의적이었다고 볼 수 있다. 경제 질서와 제도라는 의미의 자유주의와, 시민과 개인의 권리라는 의미의 자유주의 사이에 괴리가 일어날 수 있음을 잊지 않고 기억해두는 것이 중요하다. 19세기와 20세기에 대중들로부터 가해지는 위협이 특히 심해져 비상사태가 발생했을 때는 언제나 이러저러한 종류의 독재 정부도 수용 가능한 것으로 여겨졌지만, 그럼에도 자유주의 사회질서는 그대로 유지됐다. 말하자면, 자유주의 경제가 초깃값으로 주어져 있었던 것이다. 정부의 권한들이 원칙적으로 제한되는 사회에서는 사회적 고충과 경제적 실패에 대한 비난을 정치 기관이 아니라 시장이 뒤집어쓸 수 있다는 추가적 이점이 있었다. 그러나 19세기 말부터는 '사회자유주의'의 경향이 등장하고 있었다. 특히 통제받지 않는 시장의 거래 관계들이 사회에서 일으키는 부작용을 수정하기 위해 국가가 상당 부분 관여해야 한다는 주장이 옹호되던 영국에서 (미국에서는 포퓰리즘이라고 알려졌을 뿐이지만) 사회자유주의의 등장이 두드러졌다.

자유주의의 승리와 역경

1918년의 마지막 몇 달과 1919년의 처음 몇 달 동안 실질적으로 미국이 주도한 가운데, 표면적으로는 자유주의의 승리가 완성된 것처럼 보였다. 유럽에서는 공산주의자들의 봉기나 소란스러운 노동운동이 일기는 했지만 넓은 의미에서 자유주의는 역사적으로도 공고해지는 것 같았다. 제1차 세계대전의 동맹국들은 더욱 전제적으로 변해갔다. 이들 국가들은 전쟁 패배의 상처로 고통을 겪고 있었으며, 오스트리아헝가리제국과 오스만제국은 아예 해체됐다. 독일에서 제정帝政이 전복된 자리에는 흠잡을 데 없이 자유주의적인 (그렇게 보이는) 정권이 들어섰고 개혁된 사회민주주의자들이 일시적으로 정부의 운영을 맡았다. 이전의 러시아제국에서 자유주의가 완전히 사라진 것은 사실이지만, 그것은 일식과 같은 일시적 현상으로 예상됐다. 1919년 초에 볼셰비키들은 거의 멸종 직전 상황에 놓인 듯 보였기 때문이다. 게다가 1919년에는 전쟁 동안 억제됐던 소비 수요가 일시적으로 풍선처럼 부풀어 오르면서, 단기적 경기 반등까지 나타났었다.

무엇보다도 위대한 자유주의의 모범인 미국이 세계경제를 지배할 만큼 부상했으며, 자유주의의 이데올로그인 우드로 윌슨 대통령의 조치를 통해 미국은 몇 개월 동안 세계 정치의 중심지가 되기까지 했다. 윌슨은 소련이 1917년 말에 발표한 소비에트 평화 강령에 대한 응답과 도전으로 1918년 초에 '14개조' 평화 원칙을 발표했다. 여기에서 윌슨이 제기한 핵심 프로젝트 두 가지는 중유럽과 동유럽에서 민족자결권을 고취하는 정책들을 채택하는 것이었다. "민족의 자결이란 단순한 관용구가 아니다. 그것은 명령형의 행위 원칙이다. 하지만 이제부터 정치인들은 위험을 무릅쓰고라도 이를 무시하려 할 것이다. … 이 전쟁에 관련된 모든 국경 조정 합의는 관련된 주민들과 그들의 선의를 위하여 이루어져야지, 경쟁 국가들 간의 조정이나 타협의 일환으로 결정되어서는 안 된다."[3] 윌슨의 두 번째 주요 목표는 회원국들로 구성되는 국제조직, 즉 전쟁을 과거의 일로 만들 '민족들의 총연합회'를 설립하는 것이었다. 물론 '경제 장벽의 제거' 역시 윌슨의 프로젝트 목록 상단에 (실제로 세 번째에) 있긴 했다.

윌슨은 파리에서 진행된 협상에 직접 참석했으며, 협상의 결과 체결된 베르사유조약에도 참여했다. 그는 협상에서 언제나 자기의 뜻을 관철시킬 수는 없었고, 극단적인 타협안들을 어쩔 수 없이 수용해야 할 때도 있었다. 그 결과, 베르사유조약은 그가 발표한 14개조 평화 원칙과 그에 관련된 다른 선언문들과는 상당히 다른 것이 됐다. 그럼에도 그는 여전히 지배적 영향력을 행사하고 있었고, 베르사유조약을 비준했다. 윌슨이 고집하지 않았더라면, 국제연맹은 실현되기 어려웠을 것이다. 관건은 윌슨 개인의 성격이 아니라 —그의 동료 협상가들이었던 여타 연합국의 지도자들은 그에게 내줄 시간이 거의 없었다— 미국이 행사하게 될 (재정을 비롯한 다른 분야의) 권력이었다.

경제 불황과 빈곤, 국가적 압제와 국제적 분쟁이 끝나자 자유주의의 기대들이 곧 실현됐다. 하지만 그러는 동안에 일어난 볼셰비키의 승리는 세계 육지 면적의 6분의 1을 차지하던 제국에서 자유주의적 질서를 제거해버렸다. 자유주의 사회들은 세계대전이 끝날 때에도 신구新舊 이데올로기들의 도전을 상대할 수 있는 여력을 상당히 갖추고 있었고, 대영제국과 특히 미합중국은 경제적 힘과 제도적 힘을 지니고 있었지만, 전쟁이 끝나고 거의 25년 동안은 의심할 나위 없이 수세적 입지에 놓여 있었다.

확실히, 노골적으로나 암시적으로나 좌파와 우파 양쪽 모두에서 전쟁과 전후 상황의 참사를 두고 가장 혹독한 비난을 받는 것은 자유주의 정치와 사회질서였다. 그러나 자유란 인류가 오직 벗어던지기만을 간절히 바라는 짐이라고 한 호세 오르테가 이 가세트(1883~1955. 스페인의 철학자로서 그의 철학은 관념주의적 생生의 철학에 기반을 두고 있다—옮긴이)의 냉소적인 말은 매우 부적절하며, 자유에 대한 선별적 시각만을 드러낼 뿐이다.

자유와 자유주의는 모두 실제로 공격당하고 있었다. 대중들이 너무 많은 자유를 누리고 있다고 생각하는 파벌들은 자유를 공격했다. 그리고 마찬가지로 자유를 보증하고 있다는 이유에서나, 그렇지 않으면 재산의 안전을 보장해줄 수 없다는 이유에서 자유주의를 공격했다. 그들이 보기에 자유와 자유주의는 서로 연결된 것이었다. 그러나 자유주의는 상이한 정치적 방향에서도 도전받고 있었다. 자유주의가 의미 있는 자유 또는 기본적인 물질적 필요를 보증하지 못했기 때문이다. 일반적 의미에서 자유주의의 가치들에 집착하고 있던 영국과 프랑스의 정치인들은 (어느 정도까지는 독일 정치인들까지도) 홍보 담당자들과 선전원들이 비타협과 총승리라는 메시지를 울려 퍼트리는 동안 국민들을 지옥으로 끌고 들어갔다. 영국과 프랑스에서는 이 정치인들이 입힌 손실의 규모와 사회적 혼란 및 환멸의 여파로 마침내 쟁취한 승리의 축하연이 빛을 잃고 말았다.

미국을 포함해 주요 참전국들에서는 모두 '국내 전선'에서 벌어지는 전쟁이 상당히 권위주의적 방식으로 시작됐다. 중앙정부의 통제에 따라 자원이 편성됐을 뿐 아니라 반대자는 재빨리 제압되고, 언론과 학문의 출구들은 이 전쟁 활동을 선전하며 일반 시민들의 사기를 유지하도록 유도됐다. 그리고 이 전쟁이 끝날 무렵, 모든 연합국에서는 전쟁에 협조적이지 않았던 반대자들을 감금하고, 출판 활동을 억압했다. 가장 극단적인 경우는 독일이었다. 그곳 시민들은 사실상 군부독재 아래에서 살고 있었다. 유럽 전역에서 권위주의가 지닌 효율성에 대한 가르침은 잊히지 않았다.

러시아에서는 어떤 관점에서 보더라도 자유주의가 참담하게 실패했다는 게 분명해졌다. 1917년 3월[4] 차르의 제정이 전복됐을 때 곧이어 러시아 자유주의자들에게도 기회가 찾아왔었고, 그들은 임시정부 초기 몇 개월 동안 우위를 차지할 수 있었다. 자신들의 수도에 와 있던 삼국협상(1894년에서 1907년까지 계속된 러시아, 프랑스, 영국의 외교 협약으로 제1차 세계대전이 발발하면서 공식적 동맹 관계로 강화됐으나 1917년 러시아혁명으로 해체됐다—옮긴이)의 외교관들의 영향을 크게 받은 러시아 자유주의자들은 서유럽의 헌정憲政 체계에 기초한 러시아의 헌정 체계를 구축하려는 희망을 품었다. 하지만 이들은 러시아 국민들의 절박한 요구들을 다루기에는 총체적으로 무능하다는 것만 드러냈다. 자유주의자들은 영국과 프랑스의 지령에 따라 계속 참전할 것을 주장했지만, 러시아의 입장에서는 이미 전쟁에서 패한 것과 다름없었으므로, 결국 헛된 공격을 계속하다 인명 손실만 몇 배로 늘어나고 말았다. 그들은 농민들을 설득과 폭력으로 제지하여, 조상들이 지주들에게 강탈당한 땅을 탈취하겠다는 수백 년 된 소망을 이루지 못하도록 막았다. 특히 도시 지역에서 붕괴되어가던 물자 공급 체계를 감당할 수 없을 만큼 정부 행정은 무능했고, 물자 부족은 보편적으로 팽배해 있었다.

모든 측면에서 반감을 사고 무시당하기만 하던 임시정부는 그해 11월 볼셰비키들에 의해 손쉽게 교체됐다. 러시아의 자유주의 실험은 전쟁의 긴급한 상황들과 붕괴되는 사회를 전혀 감당할 수 없었음을 입증하고 끝이 났다. 설령 레닌의 고집스러운 사회주의 혁명가들에게 넘어가지 않았더라도, 우익 권위주의자들에게 제압됐을 게 분명하다.

베르사유와 국제연맹

4년 동안 중립국들을 제외한 유럽 전역이 군국주의에 깊이 잠겨 있었다. 무력武力의 구조와 기능은 자유주의의 안티체제를 나타내는 것이다. 사회 전역에 팽배해 있던 전쟁과 권위주의에 대한 기억이 경제 위기와 결합되어, 정부에서 이제까지 유지됐던 자유주의 원칙들은 평가절하됐다. 그 원칙들이 단단하게 자리 잡지 못했던 곳에서는 어디에서나 같은 현상이 일어났다. 전쟁이 끝나고 유럽의 정치적 재건을 위해 취해진 수단들은 별 도움이 되지 못했다.

이런 상황에서도 1919년 한 해 동안 맺어진 여러 조약은 —베르사유조약을 따라— 집단적으로 베르사유체제라고 알려지는데, 명시적으로 표현하지는 않았다 하더라도, 전반적으로 자유주의 원칙들에 기초한 것으로 보인다. 이것이 현실정치Realpolitik의 차원을 배제하려는 것은 아니었다. 현실정치가 의미 있는 역할을 담당하기는 했지만, 순수하게 현실정치라는 개념에 기초해서 합의가 이루어졌다면, 그 결과는 연합국들의 협상으로부터 실제로 도출된 결과와는 매우 다르게 보였을 것이다. (패전국들은 어떠한 방식으로든 논의에 개입할 수 없었다.) 베르사유체제가 등장하자 합의 결과에 통합된 자유주의 원칙들은, 소비에트러시아의 뚜렷하게 반자유주의적인 정권을 최대한 고립시키기로 한 승전국들의 결정에 매우 잘 그리고 매우 편리하게 들어맞았다.

만약 프랑스의 정치적·군사적 감정이 미국과 영국 지도자들에 의해 차단되지 않았다면, 독일에게 '카르타고식' 평화(패자에게 혹독한 조건을 부과하는 평화조약—옮긴이)가 강제됐을 것이다. 독일은 철저하게 약화되고 팔다리가 잘려나갔어도 여전히 응집되어 있는, 온전한 공식 주권국가로 남았다. (그 주권이 제한되기는 했지만) 내부의 반란을 진압할 수 있는 충분한 군사력도 그대로 유지됐다. 미국 대통령 우드로 윌슨은 20세기 초 자유주의의 화신이었다. 정전협정 이전에 그는 이미 독일 정부의 '대표자 지위'를 보장해줄 것을 주장했었다. 가장 영향력 있는 참석자였던 윌슨은 민족자결에 대한 신념이 있었으므로 독일을 해체하거나, 라인란트를 떼어냄으로써 '알자스로렌이라는 하나의 국가'를 만드는 것에 동의할 준비가 되어 있지 않았다. 영국인들 또한 독일이 지나칠 정도로 가혹하게 훼손되는 것을 원하지 않았다. 그들에게는 제대로 기능하는 무역 상대로서 독일이 필요했다. 게다가 모두가 그렇게 믿었듯이 —그리고 프랑스 협상가들도 동조했듯이— 독일에서 혼란이 일면 독일 내부에서 공산주의의 확장을 부채질할 가능성이 있었다.

베르사유체제에서 체결된 다른 조약들의 주된 관심은 동유럽의 국경 재조정이었다. 새로운 오스트리아는 이전에 비해 영토가 축소됐고 독일은 축소된 오스트리아로부터 강제로 분리된 것처럼, 동유럽의 국경 재조정은 거의 어떤 예외도 없이 '현장에서' 이미 발생한 일을 확정짓는 것에 불과했다.[5] 마지막 합의 단계에서 윌슨 대통령이 열정적으로 채택했으나 같은 연합국인 프랑스와 영국을 번번이 실망시킨 민족자결이라는 오래된 자유주의 원칙이 전면에 부상하기도 했다.[6] 하지만 패전국에는 합당한 형벌을 내려야 한다는 주장이 제기되자 이 원칙은 간단히 무시됐다. 게다가 현실적으로 다양한 민족들이 뒤섞여 공존하는 곳에서 민족자결의 원칙을 적용한다는 것은 훨씬 더 복잡한 문제가 됐다.

따라서 새로운 유럽의 경계 대부분을 결정한 것은 잔인한 현실과 무력이었다. 더욱이 새로 만들어졌거나 더욱 커진 국가들은 유럽에서 소비에트사회주의공화국연방USSR(소련)을 떼어놓으려는 반공주의 정권들의 **방역선**cordon sanitaire을 형성했다. 공산주의의 확산을 막는 것이 조약을 맺었던 당사자들의 가장 우선적인 관심사였었다. 이를 정당화하는 데 동원된 사유들은 자유주의 이데올로기에 기반을 두고 있었다. 이들 국가들은 군주정 국가들을 포함하여 참혹한 내전을 겪은 핀란드와 헝가리까지도 모두 처음에는 자유주의적 헌정 체제의 기구들 즉 선거, 의회, 대의정치, 독립적 언론 등을 갖추고 있었다.

결국 이것은 '전쟁을 끝내기 위한 전쟁', 침략과 비밀조약과 자의적 권력에 종지부를 찍는 전쟁이 됐다. 패전국들로부터 몰수되어 승전한 식민 제국에 덧붙여진 영토들은 식민지라 불리기보단 '위임통치령'이란 이름이 붙었고, 공식적으로는 국제연맹의 관리 감독 아래 놓여 있었다. 베르사유조약에 명시되어 있는 이 국제연맹이란 기관이야말로 국제 관계의 자유주의적 구상을 드러내는 전형이었다. 이를테면 그것은 주권국가들로 구성된 의회였으며, 이는 이들 국가 사이에서 평화를 유지하고, 국제적 친선을 증진시키며, 국경을 넘어 침략하는 행위를 처벌하고자 마련된 것이었다. 보수주의자들은 이러한 국제연맹을 좋아하지 않았다. 국가의 주권에 제약을 가한다는 이유 때문이었다. 정치 스펙트럼의 반대편 끝에 놓인 레닌은 국제연맹을 '약탈자들의 모임'이라 불렀다. 하지만 영국과 프랑스의 민중들이 압력을 가하고, 윌슨의 열의가 더해져서 국제연맹은 확실하게 설립됐으며, 그 본부는 중립국 스위스의 제네바에 설치됐다.

국제연맹과 관련된 여러 협상 중에서 다소 덜 알려진 것이 있는데

이를 잘 살펴보면 20세기 초 자유주의의 한계를 해명하는 통찰이 가능하다. 국제연맹의 설립 문서인 연맹의 규약이 마련될 당시 다음과 같은 조항이 포함되어야 한다는 제안이 있었다.

> 민족들의 평등성은 국제연맹의 기본 원칙이므로, 국제연맹의 가입국들은 가능한 한 빨리 국제연맹 회원국들의 모든 국적자에게 모든 면에서 동등하고 정당한 대우를 하며 법률에서나 실제에서나 그들의 인종이나 국적 때문에 차별을 두지 않겠다는 데 동의한다.[7]

이 조항은 제21조로 상정된 다른 조항에서 구체화한 종교 관련 원칙을 확장한 것이었다. 그런데 역설적이게도 이 조항을 제시한 사람은 지구상에서 가장 인종차별적인 문화의 대표자라고 할 수 있는 일본의 전권대사 마키노 노부아키牧野伸顯 남작이었다. 오스트레일리아 대표 윌리엄 휴스는 공개적으로 인종차별적 이유들을 들어 이 조항에 격렬하게 반대했다. 그가 보기에 일본 대표가 이 조항을 제시한 것은 당시 오스트레일리아에서 실시되고 있던 '백호주의白濠主義'를 방해하려는 시도였다. 그리고 오스트레일리아 대표에게는 적도 이남의 태평양 섬들에서 일본의 접근을 막겠다는 목표가 있었다.

휴 퍼셀이 주목한 것처럼, "백인 자치령White Dominions'(원주민보다 유럽에서 이주해온 백인 정착민의 수가 압도적으로 많은 식민지를 이르는 말—옮긴이)이란 거의 그 본질에서부터 인종차별적인 것이었다."[8] 이누이트, 오스트레일리아의 어보리진, 마오리족, 아프리카인들은 모두 차별받고 학대당했다. 물론 미국 남부의 상황은 따로 언급할 필요조차 없었다. 휴스는 전화통화를 통해, 제안된 조항이 이제 수정되긴 했지만 이 조항에 따라 미국인들은 일본인들이 캘리포니아에 정착하는 것을 허락해야 할 것이라고 암시함으로써 인종차별적인 미국 언론들을 자극했다. 윌슨의 참모였던 하우스 대령은 수정안을 통과시키면 "전 세계에서 인종 문제가 쟁점이 될 게 분명하다"고 말했고 윌슨도 이에 동의했다. 국제연맹 규약위원회에서 진행된 투표에서 자신의 의견에 반대하는 결과가 나오자 윌슨은 간단히 투표 결과를 거부해버렸다. 국제연맹의 주요 옹호자들 중 한 사람이었던 영국 대표이자 위원회의 부의장 로버트 세실은 이렇게 언급했다. "권리에 관한 이들 질문에 연맹의 규약은 침묵하는 편이 낫다. 침묵은 많은 논의를 방지할 것이다."[9]

1920년대 좋지 않은 출발

신생 국가기관들과 국제기구들 모두 출발이 전혀 좋지 못했다. 베르사유조약의 조건들은 확실히 악의적이었고 —전체 조건들을 모두 합하면 훨씬 더 그랬겠지만, 특히 경제적인 측면들에서 악의적이었으므로— 독일의 민족적 정서는 분노로 불타올랐다. 특히 독일 대표들이 강제로 수용해야만 했던 '전쟁 범죄' 조항에 대한 반감이 컸다. 독일은 국제연맹의 가입을 허락받는 데만도 몇 년이 걸렸다. 연합국들은 놀랄 만큼 광범위한 전쟁배상을 요구했고, 이 때문에 황폐해진 독일 경제는 1923년 결국 붕괴됐다.

끓어오르는 분노가 널리 퍼져 나가면서 과격한 민족주의적 권위주의 정치선동가들이 손쉽게 활동할 수 있는 원천이 마련됐다. 이들은 서너 차례 공화국 전복을 시도했고, 1920년에는 거의 성공할 뻔했다. 독일이 처한 곤경에 대해서는 자유주의 정부와 자유주의 정치가들을 비난했으며, 유대인들 또한 이들의 비난 대상이 됐다. 그리고 이들은 좌파 진영에서 '반민족적' 요소들이 일어나고 있음을 감지했다. 정치 계급을 이루는 매우 큰 집단 하나가 그 안에 속한 유권자들과 함께 독일공화국에서 완전히 유리되어 있었는데, 그 적들이 우파에서만 발견되는 것은 아니었다. 성장하고 있던 독일공산당은 이 부르주아 공화국에 적대적이었으며, 이 공화국을 생성하고 유지하는 것은 사회민주주의적 계급 반역자들이라고 보았다.

바이마르공화국은 매우 불안정하긴 했지만 적어도 10년이 넘는 시간을 버텨냈다. 그러나 경제 위기와 전쟁의 다른 유산들에 병든 자유주의는 이탈리아의 오래된 주요 정치체제에서는 물론 동아시아의 신생국가들에서도 모두 침몰했다. 대부분의 경우 입헌 정치체제들은 유지가 됐다. 1926년 설립된 폴란드의 입헌 정치체제는 피우수트스키(1867~1935. 폴란드 독립에 크게 기여하여 1918년 정권을 잡았다가 1923년 실각한 뒤, 1926년 쿠데타를 일으켜 죽을 때까지 독재 정치를 했다—옮긴이) 독재 시절에도 유지가 됐으며, 가장 공격적인 우익 국가였던 헝가리에서조차 입헌 정치체제는 보존됐다. 하지만 단 한 곳만 예외로 하고 모든 입헌 정치체제는 중성화되어 속이 빈 형식으로 전락했으며, 제거 불가능한[10] 우익 권위주의 정권들을 앞면에 내세우게 되고 말았다. 이들 정권은 체면을 차리느라, 절제된 저항만은 용인해주었다. 폴란드에서는 서로 다른 정당 이름표를 달고서 끊임없이 으르렁거리며 싸우고 있는 당파들을 피우수트스키가 평정했다. 이들 당파 중 어느 곳에서도 감히 그에게 도전하지 못했지만 그가 자신의 후계자를 스스로 선택하도록 내버려두지는 않았다. 예외가 된 단 한 곳은 체코슬로바키아공화국이었다. 체코슬로바키아는 가혹한 경제적·정치적 압박과 소수 민족주의자들이 일으키는 긴장이 있었는데도 민주주의의 기준들을 그런대로 지켜낼 수 있었다.[11] 서유럽에서조차 이베리아반도에서는 자유주의 정권들이 스스로 붕괴되거나, 극단적 보수주의 및 파시즘과 제휴한 세력들에 의해 참혹하게 파괴됐다. 비슷한 세력들이 유럽 자유주의의 모범인 프랑스에서도 심각한 위협을 가했다. 정치체제는 불안정하게나마 자유주의적이었지만, 사회질서는 그렇지 않았던 신생 아일랜드자유국에서는 이러한 자유주의 전통들이 간신히 유지됐다. 오직 북서유럽—영국, 저지대 국가들(네덜란드, 벨기에, 룩셈부르크를 가리킨다—옮긴이), 스칸디나비아 국가들(핀란드 제외)—에서만 정치적 자유주의가 당분간 안전하게 유지되는 듯 보였다.

유럽 너머에서도 미국 말고는 상황이 나은 곳이 없었다. 제국의 식민지들(실제로 아프리카 대륙 전체가 여기에 포함된다) 그리고 서로 경쟁하는 군벌들과 공산주의 반란군 사이에서 갈기갈기 찢긴 극동의 중국은 차치하고, 라틴아메리카와 일본에서는 서로 매우 다른 양상이긴 했지만 자유주의 경제와 전혀 자유주의적이지 않은 정치체제가 공존하는 현상이 벌어졌다. 19세기 후반 메이지유신明治維新 이래로 일본의 지배적 엘리트들은 자본주의 시장경제 틀 안에서 일본을 기술적으로 근대화하려는 작업에 성공적으로 착수했다. 그리고 그와 동시에, 상속받은 봉건적 가치들 또한 최대한 유지했다. 그들은 입헌정치 형식들을 채택했지만, 언제나 그 일을 담당한 것은 서로 겹쳐드는 전통 엘리트들과 군부 세력이었다. 그리고 1930년대의 경제 위기를 거치면서 군부의 직접 통치 시대가 도래하자 중국을 대상으로 제국주의 원정을 시작했다. 이러한 일들은, 경제적 고려 사항들을 제외하더라도, 일본인이 (일본 사회에서 차별 당해온 원주민 아이누족과 소외 집단인 부라쿠민部落民은 제외하고) 인종적으로 우월한 존재이기에 동아시아의 지도자 자리에 오를 자격이 있다고 선언하는 이데올로기를 통해 정당화되고 선전됐다.

남아메리카의 상황은 표면적으로는 매우 달라 보였다. 불완전하게 근대화된 한 무리의 국가들이 내부와 외부의 갈등으로 고통을 겪고 있었고, 세계적 경제 재난이 닥쳐올 때면 고통은 더욱 심해졌다. 그러나 이러한 인상은, 비록 부정확한 것은 아니지만, 전체 이야기의 한 부분에 불과한 것이었다. 남아메리카 국가들은 당시 세계경제에 완전히 통합되어 있었고, 그렇기 때문에 이 국가들이 의존하고 있던 1차 상품들의 가격이 떨어질 때 찾아오는 위기의 강도도 셌다. 제1차 세계대전 때까지 영국과 미국은 둘 사이에 맺어진 비공식 합의에 따라 영국은 남아메리카의 원뿔 지역(브라질, 아르헨티나, 칠레, 파라과이, 우루과이로 이루어진 지역을 말한다—옮긴이)에서 —부에노스아이레스는 라플라타 강변의 런던으로 여겨질 정도였다— 그리고 미국은 보다 북쪽에 있는 국가들에서 상업 활동을 장악했다.

서로 격렬하게 경쟁하는, 전통적으로 토지를 소유해온 상업 및 군사 엘리트 파벌들이 거의 모든 국가를 지배했다. 그들 사이의 분쟁을 해결하기 위해 빈번하게 군사적 개입이 이루어졌고, 농부, 목부牧夫, 광부를 비롯한 여타 1차 상품 생산자는 극심한 가난 속에 종교적 미신에 의지하며 겨우겨우 살아갔다. 자유주의적 입헌정치 형식들이 대체로 보존되기는 했지만, 깊숙이까지 보수적이고 엘리트주의적이며 억압적인 사회를 덮는 포장에 불과했다.

미국의 자유주의와 뉴딜 정책

국제연맹은 약속을 전혀 실현하지 못했다. 비교적 평온했던 1920년대에도 이루어진 것은 없었다. 물론 국제연맹의 주요 단점은 미국이 회원국이 아니었다는 사실이다. 전쟁과 전쟁의 결과 덕분에 20세기의 남은 기간과 그 너머에 이르기까지 세계경제에서 미국의 헤게모니 장악이 보장됐지만, 미국인들은 국제연맹에 아주 잠시 열광했을 뿐이다. 국제연맹은 미국 대중들에게 전혀 인기가 없었다. 1916년 윌슨이 대통령에 재선됐던 것도 결국은 '우리를 전쟁에 말려들지 않도록 지켜준 사람'이어서 선출된 것이었다. 유럽의 정세에 가까이 관여하는 것은 정치 계급과 일반대중을 이루는 상당히 많은 집단에게 매우 불쾌한 일로 여겨졌다. 팽창주의자들 또한 경제 및 정치적 관점에서 남북아메리카 대륙과 태평양 너머를 바라보았을 뿐 대서양을 향해 있지는 않았다. 따라서 공화당이 상원을 지배하게 되자마자 윌슨의 외교정책들은 폐기됐고 미국의 국제연맹 가입안도 거부됐다. 1920년 대통령 선거에서는 공화당이 승리했고, 워싱턴은 고립주의로 물러났다.

1920년대 미국의 정치체제를 특징짓고 공화당이 두 번 더 대통령 선거에서 승리하도록 이끌어준 미국식 자유주의는 1929년 10월 주식시장이 붕괴되고 경제가 호황에서 불황으로 급격히 전환되면서 제지됐다. 미국식 자유주의에 내재되어 있던 모순들은 (딕시 스테이트Dixie States라고 불리는 남부 여러 주에서 흑인들에게 가해진 테러는 차치하더라도) 규제받는 것과 규제받지 않는 것을 구분하는 영역에서 특히 잘 드러났다. 모든 형태의 사업이 허가된 것은 아니었다. 이후 10

년 동안 주류의 제조, 판매, 유통이 모두 불법화됐다.

일반대중이 깊은 불황의 시대를 주재한 정권에 대한 환상으로부터 깨어났고, 그 결과 1932년 11월 대통령 선거에서는 뉴딜 정책을 공약으로 내건 프랭클린 루스벨트가 당선됐다. 뉴딜 정책의 이데올로기적 내용이 무엇인지를 규명하는 데는 몇 가지 난제가 있지만, 여하튼 그것은 확연히 미국적인 것이었다. 타협의 여지가 없는 미국의 자유시장 옹호론자들은 이 정책에 대한 혐오를 멈추지 않았다. 그들이 보기에 뉴딜 정책은 역겨울 만큼 사회주의적인 것이었고, 정말로 공산주의에 닿아 있는 것이었다. 하지만 반대편에 있는 공산주의자들은 처음에 뉴딜 정책을 사회적 파시즘의 한 형태로 보고 묵살해버렸다. 아마도 뉴딜 정책은 사회자유주의의 미국식 형태이거나 대서양을 건너온 사회민주주의의 변형—사회민주주의의 특성에 대해 중요한 무언가를 실제로 드러내 보여주는 것—이라고 할 수 있겠다.

루스벨트

뉴딜 정책 배후에 있는 이데올로기적 전제들은 루스벨트가 직접 출연하여 미국 대중에게 자신의 생각을 설명한 '노변정담爐邊情談'(fireside chats. 난로 옆에서 나누는 한가로운 대화. 국민들과 직접 소통하기를 원한 루스벨트는 1933년부터 1944년까지 노변정담이라는 제목으로 자신의 이상과 정책을 친근한 어투로 설명하는 연설을 서른 차례에 걸쳐 라디오 방송했다—옮긴이)에 잘 예시되어 있다. 1933년 5월 7일, 루스벨트는 이렇게 선언했다. "위급 상황에서는 그 순간에 요구되는 심각하고 다급한 사항들에 적합한 방법들로 평시에 사용하던 수단들을 대체해야 합니다. 하원 의원들은 이러한 사실을 깨달았습니다." 하지만 그는 헌법의 우선 사항들과 미국의 전통 역시 준수되어야 한다는 점을 조심스레 덧붙였다.

> 실제적인 권력의 양도는 전혀 일어나지 않았고, 하원은 헌법에서 정한 권한을 그대로 유지했으며, 어느 누구에게도 권력의 균형을 바꾸고자 하는 마음은 조금도 없습니다.
>
> …
>
> 실제로 일어나고 있는 유일한 일은 하원의 목적들을 확실히 수행해 나갈 대리자로 대통령을 지명한 것입니다. 이는 헌법에 합치되며 과거 미국의 전통을 따르는 것입니다.

이뿐 아니라, 루스벨트는 노동자들과 다른 이익집단들의 요구들에 응하는 것이 미국의 전통적인 관행에서 벗어나는 것은 아니라고 주장했다.

> 마찬가지로, **보수적**(강조는 저자) 수단들을 숙고하여 제안할 것입니다. 이 수단들을 통해 이 나라의 근로자들에게 보다 정당한 임금을 지급하고, 서로 죽고 죽이는 경쟁과 과도하게 긴 노동 시간을 방지할 것입니다. 그리고 동시에 각 산업이 과잉생산을 방지하도록 장려할 것입니다. … 이는 오히려 정부와 농업과 산업과 운송 간의 동반자 관계입니다.

1934년 9월 30일, 루스벨트는 자유주의적 사회에 대한 국가의 개입이라는 주제를 다시 다루었다.

경제 회복을 위한 노력을 전개하면서, 한편으로 우리는 전체를 아우르는 정부가 사업까지 도맡아야 한다는 이론을 피해왔습니다. 그리고 또 다른 한편으로는 사적 기업이 도움을 필요로 할 때 합당한 도움을 제공하는 것이 자유를 방해하는 것이라는, 마찬가지로 이치에 맞지 않은 이론 또한 피해왔습니다. 우리가 따라온 경로는 미국의 정부 관행에 합치됩니다. …

자유주의에 대한 보장은 1938년 6월 24일에도 다시 한 번 강조됐다.

1936년 11월 선출된 75대 하원 의회는 타협의 여지없이 자유주의적인 발판 위에 있으며 … 하지만 보다 명확히 해두자면, '자유주의자'란 단어를 사용할 때 내가 염두에 두는 바는 민주적인 대의제 정부의 진보적 원칙들을 신뢰하는 사람이지, 사실상 공산주의 쪽으로 기울어져 있는 거친 야만인이 아닙니다. 공산주의는 파시즘만큼이나 우리에게는 위험한 것이기 때문입니다.

노변정담에서 다루지 않은 한 가지 주제는 인종 문제와, 남부에서든 북부에서든 흑인들이 처한 상황이었다. 이에 대해 한 역사학자는 다음과 같이 설명했다.

하지만 인종 문제는 뉴딜 정책의 지배적 관심사에 들지 못했다. 몇 년 뒤에 대통령의 고문이었던 토머스 G. 코코런이 "1930년대에는 인종 문제가 전혀 **없었다**(강조는 저자)"고 주장했을 때, 그의 말을 … 대통령은 경청했다. 그는 이렇게 설명했다. "1933년 루스벨트가 대통령직에 취임했을 때, 시민의 기본권 말고도 걱정해야 할 것들이 훨씬 더 많이 있었다."

아마도 뉴딜 정책이 진행되던 시기에 가장 앞서 나간 사회사상가였을 렉스퍼드 G. 터그웰은 루스벨트의 태도를 이렇게 묘사했다. "그가 인종 문제에 아무런 관심도 기울이지 않았다고는 말하지 않겠다. 하지만 그는 이 문제를 정치적으로 중요한 문제라고 생각하지 않았다. 내가 아는 한 절대 그렇지 않았다."[12]

터그웰은 그와 그의 동료들 역시 같은 태도를 공유하고 있었음을 인정했다.

영국

영국에서는 19세기에 정치적 발전기dynamo와도 같은 역할을 했던 위대한 자유당이 부서져 작동이 불가능한 상태에 빠져 있었다. 하지만 전체 유권자들의 상식으로서 건재했던 자유주의 자체가 어떤 심각한 위협에 놓이는 일은 절대 없었다. 비록 중간에 잠깐씩 단절되기도 했지만, 두 세계대전 사이의 몇 년 동안을 지배했던 것은 보수당이라는 형식을 띠고 우익에 보다 가까워진 형태의 자유주의였다. 당시 보수당은 아일랜드 민족주의자들의 웨스트민스터(영국 정부와 의회를 상징—옮긴이)에서 탈퇴한 데서 이득을 취했으며, 자유당의 붕괴와 적색공포red scare(공산주의의 확산에 대한 공포—옮긴이) 또한 보수당에 유리하게 작용했다. 자유당이 많은 유권자에게 주입하고자 노력하여 성공을 거두고 있던 적색공포는 오히려 터무니없게도 노동당 안에서 구체적으로 드러났다.

보수당은 아일랜드가 영국에서 분리되는 것과 자유당이 지방분권을 제도화하려는 것에 격렬히 반대했다. 보수당의 지도자들과 그 추종자들은 나누어지지 않은 영국이 영국의 전체 정체성에 핵심이라고 봤던 탓이다.[13] 하지만 이 문제는 적어도 일시적이나마 해결이 됐다. 보수당에서 거부한 자유당 고유의 또 다른 특이점은 자유무역에 관한 것이었다. 보수당은 1920년대에 자신들의 보호주의적 본능을 전면에 드러냈으며, 1931년에는 보호주의 정책을 도입해 실시했다.

그러나 그 밖에 보수당의 정치는 영국 자유주의(소문자로 쓴 자유주의)의 전통들 안에 확고하게 자리 잡은 것이었다. 우익 보수주의자이언 크라우더가 1982년 책을 쓰면서 했던 말은 특히 두 세계대전 사이의 보수당원들에게 아주 잘 들어맞는 것으로 보인다. "많은 보수주의자들이 아마도 그들 자신의 전통을 알지 못한 나머지 … 이제는 경제적 자유주의를 토리즘Toryism(영국 보수당의 전신인 토리당의 사상 체계와 원칙을 가리키는 말로, 군주주의와 전통주의를 바탕으로 했던 영국 보수주의를 의미한다. 하지만 신분 질서를 인정하고 자유주의 경제정책에 반대했다는 점에서, 보수주의의 시조라고 하는 에드먼드 버크의 보수주의와는 구별된다—옮긴이)과 동등하게 보고 있다. 그리고 보다 심각하게도, 마치 우리 사회의 문제들이 경제적 치료책을 통해서만 해결가능한 것인 양 거들먹거리며 이야기하고 있다."[14] 1930년대에 들어

보수당은, 노동당 출신의 총리 및 그의 내각 구성원들이 했던 대로, 그때까지 생존해 있던 자유당의 상당 부분을 흡수해버렸다.[15]

자유주의는 제1차 세계대전에서 제2차 세계대전에 이르는 몇 년 동안 영국에서 심각하게 위협받은 적이 없었다. 물론 1919년에서 1921년에 대중 봉기가 일어났을 때에는 예외일 수도 있겠다. 당시는 경제적 불황이 시작되면서 때마침 군대와 경찰이라는 국가기구 안에서 노동 관련 분쟁과 알력이 불거져 나오던 때였다. 하지만 그때조차 영국의 자유주의가 심각한 도전을 받게 될 가능성이 특별히 높았던 것은 아니었다. 게다가 일단 상황이 안정되자, 독립된 제국의 존재, 값싼 1차 상품의 공급, 고용 노동자들의 실질임금 상승[16] 그리고 뿌리 깊은 전통 덕분에 영국식 자유주의는 안전하게 유지됐다. 1929년 뒤이어 닥친 공황에도 영국의 공산당과 파시스트 정당은 주변부에 머물렀을 따름이다.[17] 그리고 노동당 안에 있던 심각한 사회주의자들은 노동당의 우익 지도부에 의해 쉽사리 통제 당했고, 그렇지 않으면 배제됐다.

케인스

이 20년 동안 자유주의가 의미심장한 발전을 이룬 또 다른 분야는 바로 이론 영역이며, 이 분야에서 가장 두드러지는 인물은 영국 경제학자 J. M. 케인스다. 그는 헌신적인 자유주의자이면서, 자유당원이었고, 1928년 자유당 정강의 상당 부분은 그에게서 비롯됐다. 또한 반동적 논객이자 완벽한 위선자이며, 현대 보수주의를 창시한 아버지로 여겨지는 에드먼드 버크의 열렬한 추종자이기도 했다. 케인스는 단지 이론가에 그치지 않았다. 그는 1920년대 주식 투자로 모은 큰 재산을 공황기에 날렸다가 재빨리 회복했다.

케인스가 심원한 사상가라는 사실에는 의문의 여지가 없다. 자유무역과 같은 자유주의의 오래된 원칙들에 열성을 다하긴 했으나, 시장 자본주의 안에는 여러 모순이 있다는 사실과 그런 모순이 제1차 세계대전에서 제2차 세계대전에 이르는 기간에 시장 자본주의 자체를 휘청거리게 했다는 사실을 강렬하게 인식하고 있었다. 1930년대의 역사가 진행되는 동안, 그는 자신의 분석을 성숙하게 발전시켜 나갔다. 그가 보기에 문제는 수요와 투자가 부족한 데 있었다.

거칠게 요약하자면, 케인스가 분석을 통해 내린 처방은 경기가 하강할 때 정부가 대규모 차입을 통해 시장에 개입하여 시장이 혼자 힘으로 제공할 수 없게 된 수요를 창출해야 한다는 것이다. 도덕적 관점에서 케인스는 열성적 인본주의자였으며, 모두에게 기본이 되는 물질적 요구가 충족되어야 한다는 이상을 강력히 지지했지만, 타고난 민주주의자는 아니었다. (그렇기 때문에 버크를 추종할 수 있었다.) 사실 그는 부끄러움을 모르는 엘리트주의자로 간주될 수도 있다. 그는 선진 문화란 그것을 즐길 줄 아는 재원과 지성을 지닌 소수의 사람들에게 유보된 것이라고 굳게 믿었다. 그가 보기에, 이런 그의 믿음을 확실히 보장할 수 있는 경제체제는 자본주의밖에 없었다. 따라서 그가 추구한 목적은 자본주의를 전복하려는 것이 아니라, 그것을 보존할 수 있는 이론적 토대를 마련하는 것이었다. 그는 실업을 제거하길 원하지도 않았다. 임금 인상 요구를 제한하고 인플레이션을 억제하기 위해서는 반드시 적당한 수의 실직자가 예비 노동자로 남아 있어야 한다고 확신했기 때문이다.

케인스가 처음으로 정치에 개입한 것은 1919년 『평화의 경제적 결과*The Economic Consequences of the Peace*』를 출간하여 베르사유조약을 분석하고 신랄하게 비난하면서부터다. 한 논평자는 이 분석서를 두고 "송곳니를 드러내고 온 힘을 다해 가한 공격"이라고 묘사했다. 이 글의 주제는 서론부에 요약되어 있듯, "프랑스와 영국 국민의 대변자들은 독일이 시작해 놓은 파탄을 완성시킬 위험을 무릅써왔으며, 유럽의 문명화된 삶 전체를 퇴락하게 만드는" 씨앗을 뿌리고 있었다는 것이다. 그는 계속해서 자신의 논지를 펼치며 독일은 세계대전 이후 강제된 요구 사항들, 특히 경제적 요구 사항들을 수행하는 것이 불가능한 상황에 놓여 있었고, 그 결과 "유럽 산업의 미래는 어둡지만 혁명의 전망은 매우 밝다"는 점을 증명해 보인다. 그는 "스파르타쿠스단(1916년 독일사회민주당의 극좌 성향 당원들이 탈퇴하여 결성한 마르크스주의 좌익 혁명 단체로, 1919년 스파르타쿠스 반란을 일으켰으나 실패하여 해체됐다—옮긴이)의 이념이 가하는 심각한 위협"[18]을 거론하며, 이렇게 언급한다. "독일에서 스파르타쿠스단의 이념이 거둔 승리는 모든 곳에서 혁명의 전주곡이 될 것이다. 그것은 러시아에서 볼셰비즘 세력들을 갱생시킬 것이며, 독일과 러시아가 연합하는 염려스러운 사태를 촉발시킬 것이다." 그는 전승국들이 취한 자유주의적 태도의 모순들을 지적하며 전쟁배상위원회에 대해 논평한 독일인의 말을 인용한다.

> 독일 민주주의는 독일 국민이 극심한 고투 끝에 이제 막 민주주의를 쌓아올리려고 하는 순간 이렇게 완파되고 말았다. 독일의 민주주의를 완파한 자들은 전쟁 기간 내내 우리에게 민주주의를 가져다주고자 한다며 지칠 줄 모르고 주장하던 바로 그 사람들이었다. … 독

일은 이제 더 이상 하나의 국민, 하나의 국가가 아니다. 의무 사항들을 자발적으로 충족시키겠다는 의지를 증명해 보일 기회조차 허락받지 못한 채, 독일은 이제 채권자들이 파산관재인破産管財人의 손에 놓아준 거래 대상에 지나지 않게 됐다.

1930년대 재무부에서 케인스의 생각들이 실제로 진척되고 있었다는 것이 최근 몇 년 사이에 밝혀졌다.[19] 물론 재무부에서는 균형예산에 집착하는 옛 수호자의 저항이 당연히 일었고, 프리드리히 하이에크는 케인스의 생각들에 이론적 공격을 가하기 시작했다. 하이에크는 자유주의자로 간주될 수 있지만, 케인스와는 매우 다른 종류의 자유주의자였다. 그는 1930년대 경제 위기에도 시장 세력들이 사유재산이라는 틀 안에서 아무런 규제와 방해도 받지 않고 작동하도록 하는 것만이 유일한 해결책이라고 주장했다. 그의 자유주의적 입장에서 보면, 핵심 문제는 임금이 너무나 높다는 것이었다. 두 경제학자는 이론적으로 매우 다른 입장이었고, 심지어 하이에크는 케인스에 대해 "부도덕하기로 정평이 났다"고 말한 적도 있었다. 그러나 흥미롭게도 두 사람은 사이가 좋았고 서로를 존중했다고 한다. 어느 때엔가 케인스는 하이에크에게 편지를 써서 두 사람의 궁극적 목적은 같지만 그 목적에 이르기 위해 취한 수단에서 의견이 충돌한다고 언급했다.[20]

사회민주주의

이 암울한 시기에 자유주의가 거둔 가장 진정한 성공은 오히려 사람들 사이에 인식되지 못한 채 지나갔다. 그것은 실제적으로 사회민주주의를 자유주의의 한 변형태로 바꾸어 놓은 일이었다. 이를 잘 이해하기 위해서는 사회주의의 두 가지 형태를 구분할 필요가 있다. 영국의 노동운동 진영은 때로 마르크스의 이미지를 넣은 노동조합 깃발을 사용하기도 했지만 문화적으로나 이념적으로나 언제나 자유당에 뿌리박고 있었다. 이와 대조적으로 유럽 대륙의 사회민주주의 정당들은 대체로 마르크스주의의 전통에 뿌리를 내리고 있었다.

유럽 대륙의 사회민주주의 정당들은 전쟁 이후에 노동계급 정당들의 잔해에서 비롯한 결과물이었다. 겉으로 보기에, 노동계급 정당들에 균열이 일기 시작한 것은 공산주의인터내셔널(코민테른)이 형성되고, 거기에 가입한 모든 정당에 부과된 조건들에서 비롯한 결과였다. 하지만 실제로 그러한 분열은 코민테른이 형성되기 훨씬 전부터 발생한 것이었다. 독일사회민주당의 지도자 프리드리히 에베르트는 1918년 11월, 베를린에서 자신의 정부를 형성하려던 시점에 다음과 같이 선언했다.

> 첫째, 우리는 어떠한 은행이나 저축은행의 예금은 물론 은행 금고에 예치된 어떠한 현금, 은행권, 값나가는 어음들을 몰수하지 않을 것입니다. 둘째, 우리는 제9차 전시공채the Ninth War Loan를 비롯하여 다른 어떤 전시공채에 대한 정기 납부금을 취소하지 않을 것이며, 다

른 어떤 방법으로도 그러한 공채의 합법성을 손상시키지 않을 것입니다.[21]

그는 1919년 2월 제헌국회의 개원 연설에서 다음과 같이 말했다. 독일 자유군단Freikorps(18세기에서 20세기 초까지 독일에 존재했던 의용군으로 국적과 상관없이 용병으로 싸우는 경우가 많았다. 바이마르공화국을 장악한 사민당은 자유군단을 공화국의 준군사 조직으로 활용하여 좌익 세력의 봉기를 진압했고, 히틀러는 자유군단의 지도부를 숙청한 뒤 그 대원 대부분을 나치 돌격대로 흡수했다—옮긴이)이 스파르타쿠스단을 흉포하게 파괴하고 로자 룩셈부르크와 카를 리프크네히트(두 사람은 스파르타쿠스단의 주도적 인물들이었다—옮긴이)를 처형한 뒤 며칠이 지났을 때였다.

제국과 제국의 경제적 위상을 무너뜨리지 않고도 경제 및 사회 영역에서 긴급한 변화를 진보적으로 성취하는 일은 오직 의회에서의 토론과 결정이라는 넓은 고속도로 위에서만 가능합니다. … 그러므로 우리는 고용주들이 모든 힘을 다해 생산력을 복구해줄 것을 다급하게 간청하는 바입니다. … 우리는 제국주의에서 이상주의로, 세속적 권력에서 정신적 위대함으로 이행하는 과업을 이곳 바이마르에서 완성해야 합니다.[22]

다음 번 연설에서 그는 자신이 사회민주주의자라는 사실을 다소간 변호했다. "저는 일개 정당의 지도자로서 제 직무를 수행하지는 않을 것입니다. 하지만 저는 사회당에 속해 있으며, 제가 비롯된 기원과 제가 받은 훈련을 잊을 수도 없습니다."[23]

역사의 뒤안길에서 뒤늦게 깨닫고 인정하기까지 오랜 시간이 걸리기는 했지만, 뚜렷하게 마르크주의적인 의미에서 전체 유럽에 혁명을 일으킨다는 것이 불가능한 프로젝트임이 1918년이나 그 이후에는 명백히 드러났다. 과도할 정도로 간략하게 보자면 부르주아지는 너무나 강력했고, 프롤레타리아는 너무나 약한 데다 분열됐다. 소비에트러시아는 갈가리 찢겨져 내전에 몰두한 채 처참한 상태에 빠져 있었으므로 의미 있는 도움을 주지 못했다. 이제 곧 사회주의를 형성하게 될 사람들이 노동운동 진영을 이루고 있었고 대부분의 경우에는 다수를 차지하고 있었다. 이들은 표현하지 못했을 뿐, 이러한 현실의 가치를 본능적으로 알아보았다.

지나치게 단순화하지 않는 것이 중요하다. 사회민주주의 정당들은 서로 다른 정치적 태도들과 전망들을 지니고 있었으며, 그 내부에는 공산주의자들과 거의 다르지 않은 궁극적 정책 목적을 내세운 소수 분파들이 포함되어 있었다. 그들 사이에서 주로 충돌한 의견은 장기 목표들에 관한 것이 아니라, 주로 그 목표들을 이루기 위한 수단들, 특히 코민테른의 도그마주의와 권위주의에 대해서였다. 그럼에도 대공황 이후 파시즘이 폭발적으로 등장하면서 단결의 지혜를 제안하기 전에 이미 사회민주주의 정당들 안에는 자신들의 상대자인 공산주의자들과의 협력을 열망하는 경향들이 존재했다. 그리고 그러한 협력 관계는 마침내 프랑스와 스페인에서 현실로 이루어졌다. 노르웨이노동당은 잠시 동안이기는 했지만 1920년대 초에 코민테른의 멤버가 되기도 했다.

하지만 서유럽 전역에서 이러한 정당들의 주도권을 쥔 것은 (적당한 용어가 어떤 것이든) 현실주의자, 화해주의자, 수정주의자였다. 이들은 모두 자본주의적 자유민주주의의 틀 안에서 자신들의 목적을 위해 일하는 것 말고는 다른 실제적 대안을 알지 못하는 지도 세력들이었다. 이들은 또한 좌우 양측에 모두 맞서 자본주의적 자유민주주의를 보존하는 것을 핵심적인 우선순위로 꼽았으며, 장기적으로는 그것의 가치들을 포용하는 쪽으로 돌아섰다. 달리 말하자면, 집단적 기관들이나 계획들을 한층 더 강조하는 사회자유주의의 새로운 발전 형태가 된 것이다. 최종 분석에서 드러나는 이데올로기에 대한 충실도는 추종자들의 선언이나 주장보다는 그들이 실제로 행하는 것에 의해 증명된다. 정치적 형성 과정의 경우, 지도부가 설정하고 유지하며, 일반 당원들이 적극적으로든 소극적으로든 수용하게 되는 것은 이러저러한 멤버의 관점이 아니라 행동의 경로다.

정치적으로 볼 때, 사회민주주의는 자유주의 원칙들에 전반적으로 합치됐다. 물론 이러한 사실이 반드시 비난의 대상이 되어야 하는 것은 아니다. 사회민주주의의 대변자들은 실제로 그렇게 한 적은 거의 없었지만, 부르주아 혁명의 성과를 인정하며 소중하게 평가하고 노동계급 구성원들이 부르주아 혁명의 성과들 중에서 자신들의 몫을 챙길 수 있도록 보장하려 한다고 주장할 수도 있었을 것이다. 사회민주주의 정부들은 정치적 경쟁이나 대의민주제의 과정들에 개입하려 하거나, 투표 시스템을 자신들에게 유리하게끔 조작하려는 시도를 전혀 하지 않았으며, 사회주의 정당들 또한 그들의 정부가 그렇게 해야 한다고 주장하지 않았다. 법의 지배라는 원칙은 엄격하게 준수됐고, 마르크스주의의 용어를 사용하자면 "수탈자들을 수탈하기" 위해 어떠한 계획도 수립하지 않았다.

뉴딜 정책의 이데올로기에 대해서도 같은 이야기를 할 수 있다. 뉴딜 정책은 노동조합운동, 최소 임금 입법, 정부가 조직한 복리 후생에 대해 호의적이었다. 특히 정부 대출 없이는 실행 불가능한 고용 창출을 위한 사업들뿐 아니라 테네시강유역개발공사TVA와 같은 공기업의 대출에 대해 상대적으로 호의적이었다. 앞서 언급했던 것처럼, 견고한 재계 세력들은 이 정책에 격렬하게 저항했으며, 보수주의자들이 지배하고 있던 대법원은 이 정책을 사법적으로 정지하기도 했다. 그럼에도 미국 일반대중 사이에 널리 퍼져 있던 자유주의 이데올로기와 충돌했던 뉴딜 정책을 실행할 수 있었던 것은 이전에 헤게모니를 장악하고 있던 경제체제와 관점이 1929년 이후 계속해서 재난적인 실패를 명백하게 거듭했기 때문이었다.

자유주의와 전쟁

1940년에서 1945년 사이, 미국 정부와 대영제국 정부로 대표된 자유주의는 전시에 동원되어 군사적이고 전투적인 것이 됐다. 다른 무엇보다도 전쟁의 대의명분이 된 것은 민주주의와 민족의 권리였다. 하지만 여전히 의존적인 대영제국이 존재하고 있었고[24] 인도의 독립운동은 탄압을 받았다. 이런 사실들은 영국의 정상적인 선거 과정이 중단되고[25] 경제와 민권에 대한 국가의 통제 수준이 올라간 것만큼이나 자유주의 이데올로기에 전적으로 반하는 것이었으며, 전쟁 아닌 다른 어떤 환경에서라면 생각할 수도 없는 것이었다. 이는 거의 권위주의적 사회민주주의 정권으로 볼 수도 있는 상황이었다. (하이에크는 실제로 그렇게 보았다.) 법의 지배라는 원칙은 계속해서 긴급 입법 한도 안에서만 작동하고 있었으며, 노동조합 운동과의 협력적 관계, 공공복지에 대한 세심한 관심, 총리 자신은 의심하고 있었음에도 승리가 확보되기만 하면 더 많은 복지가 주어지리라는 약속 때문에 권위주의와 예비로 마련된 억압의 위협이 받아들여졌다. 그럼에도 일단 전쟁이 성공적으로 종료되고 나면 자유주의라는 도구가 정부는 물론 공공 관계 일반에서도 복구될 것임을 의심하는 사람은 아무도 없었다.

1939년 자유주의는 어디에서나 신임을 잃었다. 예외가 된 곳은 영국과 대영제국의 일부 지역, 북유럽의 몇몇 국가와 미국뿐이었으나, 이들 중 인상적일 만큼 역동적인 정치체제라고 여겨질 만한 곳은 한 곳도 없었다. 그러나 1945년에 이르면 자유주의는, 대체로 미국이 개입한 덕분에, 서유럽 전역에서 승리를 구가했다. 이로써 유럽에서는 자유주의의 헤게모니를 복구하고, 새롭게 등장한 좌파의 도전을 물리칠 수 있었다. 한편 미국에서는 전쟁 덕분에 복구된 자본주의 경제가 만개했다. 자유주의가 이미 그 신뢰성을 회복했던 것이다.

제3장

보수주의

총론

보수주의의 아이콘이었던 조지 3세(영국의 국왕(재위 1760~1820)으로 미국 독립혁명과 프랑스혁명에 맞서 싸웠다—옮긴이)가 그리스도교 옹호론을 집필한 어느 성직자를 책망했다는 이야기가 있다. 왕은 이 성직자에게 그리스도교에는 분명히 어떠한 방어책도 필요하지 않다고 말했다고 한다. 조지 3세의 순진함에는 보다 심오한 인식이 감추어져 있었다. 자유주의가 불평등과 자의적 권위에 결부되어 있다는 의미에서, 암시적이고 공식화되지 않은 이데올로기보다는 정확하게 표현된 이데올로기로 구체화되어야 한다고 하면, 자유주의는 이미 논증의 절반을 양보한 셈이다. 기존의 불평등과 부당성이 당연한 것으로 여겨지고, 이런 난처한 질문들은 절대 제기되지 않았다면 훨씬 더 좋았을 것이다. 프랑스혁명과 그 여파 때문에 그 반대자들은 자신들의 앙시앵레짐을 옹호하기 위한 논증을 준비해야만 했다. 그러나 그들이 그렇게 하기를 좋아했던 것은 절대 아니다. 실제로, 영국의 보수주의자들과 보수당원들은 이론을 무시하고, '이데올로기'라는 말을 이미 기각된 용어로 사용하며, 습관, 편견, 상식의 장점들을 강조하는 것을 전통적으로 명예로이 여겼다. 비합리성을 지지하기 위해 합리적 논증을 제시하는 것은 모순된 일이었다.

전쟁이 종결되기 전부터, 명료하게 표현된 보수주의 이데올로기의 신봉자들은 상당한 신뢰도 문제에 직면해 있었다. 이번 전쟁은 이전에 유럽 대륙에서 전혀 볼 수 없었던 대규모 전쟁이었다. 적대적인 국민들을 산업화된 전쟁에 요구되는 수준과 방식으로 참여시키기 위해서는 —전쟁이 즉각 결판나지 않으리라는 것이 확실한 이상— 적절하게 수사적 기교를 부려야 했으며, 전쟁에서 승리한 뒤에는 더 좋은 시절이 오리라는 약속을 던져주어야만 했다. 당연히 민족적 정서가 (프랑스에서는 자코뱅 정서까지도) 모든 측면에서 모든 방식을 통해 동원됐다. 이전에 민주주의를 위한 전쟁이란 말은 미국을 제외하고는 보수주의자들 사이에서 일종의 비속어로 통했지만, 러시아의 차르 체제가 붕괴하고 미국이 전쟁에 참여한 뒤 연합국 측에서 볼 때 이 전쟁은 민주주의를 위한 전쟁이 됐다. 그것은 민족 자결을 위한 전쟁,[1] 아니, 오히려 그것보다 훨씬 더 나쁜 전쟁이었다. 그것은 문명을 위한 전쟁이었으며, 독일의 입장에서는 이른바 문화Kultur(영어의 culture에 해당하는 독일어인데, 특히 고양된 독일 고유의 문화와 문명을 나타내는 용어로 사용됐다—옮긴이)를 위한 전쟁이었다. 또한 그것은 '전쟁을 끝내기 위한 전쟁'이었으며, '영웅들에게 합당한 집'으로 가득한 땅을 영국에 건설하기 위한 전쟁이기도 했다.

적대감이 물러가고 일반대중의 태도가 변했다는 것은 정치적 전개 과정에서 분명히 드러났다. 그리고 보수주의자들은 좋든 싫든 — 확실히 좋아하지는 않았지만— 새로운 현실에 적응해야 했다. 독일에서는 보수주의의 헤게모니를 보장해주었던 옛 헌정 체제가 군주정과 함께 모두 제거된 자리에, 형식적으로 완벽한 민주주의 체제가 들어섰다. 전쟁 이전 보수당의 주요 정파에서는 옛 이름을 버리고 독일국가인민당이라는 새로운 이름을 취했다.

영국의 보수당은 그 이름을 확실하게 유지했으며, 1905년에서 1906년 사이에 잃었던 정치적 헤게모니를 실제로도 회복했다. 중요한 것은 보수당 스스로의 힘만으로는 그렇게 할 수 없었다는 사실이다. 보수당은 자유당 총리인 데이비드 로이드 조지 및 그를 지지하는 정파와 연립정부를 구성해야 했다. 보수당원들은 1922년이 돼서야 충분히 힘이 생겼다고 느꼈고, 자유당 총리를 버리고, 남과 공유하지 않는 자신들만의 지배력을 회복했다. 1919년 베르사유조약에 따라 짧은 동안이나마 최대 영역을 차지하게 된 대영제국은 여전히 보수당원들의 물신fetish으로 남아 있었다. 그들은 제국의 경제적 결속을 강화하길 원하면서, 한편으로는 민족적 반란이나 불복종의 소요를 무참히 진압했다. 당시 아일랜드 반군은 실제적 독립을 인정받을 참이었는데, 로이드 조지의 연정 파트너들은 로이드 조지에게 아일랜드가 공식적으로 대영제국에 충성하며 반군이 열망하는 공화정을 부인할 것을 강요하게 했다. 이 일로 아일랜드 내전이 촉발됐으며, 의심할 바 없이 보수주의자들은 이에 만족했다. 아일랜드의 봉기를 극단적일 만큼 무참히 진압해야 한다고 가장 열정적으로 주장했던 인물은 대영제국 최고위 장군 헨리 윌슨 경이었다. 분명히 파시스트의 열망을 오랫동안 품고 있었던 이 악질 인간은 결국 아일랜드공화국군IRA

에 의해 사살됐다. 또 다른 사령관 다이어 장군은 인도의 암리차르 학살 사건과 뒤이어지는 만행들에 책임이 있었다. 소환 명령을 받고 본국으로 돌아온 그를 보수당과 영국의 보수주의자들은 모두 환대했다. 이후에 내무장관이 되는 극단적 반동주의자 윌리엄 조인슨힉스는 대영제국을 일반으로 보고 인도를 특수라고 생각하는 정통 보수당의 태도를 굳이 숨기려고 하지 않았다.

보수주의의 회복

유럽 전역에서 일단 전후 상황이 안정되고 국가 주민들이 공산주의 일반과 소비에트 정권의 공포에 대해 충분히 알게 되자, 보수주의는 힘의 근원들을 많이 회복했다. 자유주의와 자유주의 정당들은 (관련된 곳에서라면) 전쟁의 만족스럽지 못한 결과를 두고 비판받을 수 있었고 공산주의의 위협에 맞서기에는 나약하다는 비난을 들을 수 있었다. 전쟁에서 승리했든 패배했든, 아니면 중립으로 계속 남아 있었든, 특정 국가에서 전쟁의 결과가 어떤 식으로 나타났는가와 상관없이, 전쟁 이전의 엘리트들은 (소비에트러시아만을 제외하고) 정치적으로 수세에 몰리기는 했지만 그들이 지닌 재산과 재산권을 가지고 거대한 사회적 힘을 그대로 유지했다. 이러한 상황은 프랑스에서 어느 정당이 정권을 잡는지와 상관없이, 정사를 결정하는 것은 부와 지위를 지닌 '200개의 가문'(흔히 프랑스에서 세습적인 자본가계급이 프랑스를 지배하고 있다고 말할 때 쓰이는 표현인데, 처음 등장한 것은 1930년대이며 200이라는 숫자는 당시 프랑스은행Banque de France 연차주주

총회에 참여할 수 있는 인원에서 비롯된 것으로 추측한다—옮긴이)이라고 사람들이 믿었던 데서 상징적으로 잘 드러난다.

놀랄 것 없이, 1914년 이전에 존재했던 또는 존재했다고 믿어지는 안정된 사회관계 및 국제 관계에 대한 향수가 널리 퍼져 있었다. 이러한 향수는 중산층에만 한정된 것은 아니었지만 특히 중산층에 만연했다. 중산층이 약진할 수 있는 야심찬 기회들은 전쟁 전에 존재했으나 이제는 전쟁의 갈등과 뒤이은 경제 불황으로 완전히 사라졌다. 실업자가 된 상이군인들이 주요 도시의 거리를 돌아다니며 구걸하거나 자질구레한 물건들을 팔면서 살아남으려고 애쓰고 있었다. 이들 모두가 군대의 일반 사병 출신은 아니었다. 참전용사 단체들은 군사적으로 반동적인 자세들을 취했다.

특히 공산주의의 위협은 강력하고 무서운 것이었다. 이제 제정 러시아를 손에 넣은 볼셰비키들은 혁명을 전 세계, 특히 서유럽으로 전파하려는 자신들의 열정을 이전부터 전혀 숨기려들지 않았었다. 실제로 그들은 이미 자신들의 의도를 큰 목소리로 천명했으며 바로 그 의도를 위하여 코민테른을 창립했다. 그리고 코민테른은 기회가 있는 곳에서라면 어느 국가나 식민지에서든 공산당 창립을 돕기 위해 바쁘게 활동했다. 이에 대한 가장 강력하고 효과적인 해독제는 (이 단계에서 이탈리아는 제외) 반동 보수주의인 듯 보였다. 적색 위협에 반대하는 자유주의자들과 달리 반동 보수주의자들은 가장 강력한 탄압 수단의 사용을 가리지 않았으며, 전반적 학살이나 백색 테러, 독재도 개의치 않았다. 실제로, 추방당한 러시아 백색파(10월 혁명으로 집권한 볼셰비키에 대항하여 러시아 내전에서 싸운 반혁명 세력을 말한다—옮긴이)는 모든 서유럽 국가의 수도에서 무시할 수 없는 압력 단체를 형성했다. 게다가 소비에트 통치자들이 마르크스주의의 전문용어 사용을 고집하고 자신들의 정권을 공산주의보다는 사회주의 정부라고 언급했기 때문에 보수주의자들에게는 (그리고 자유주의자들에게도) 다른 모든 사회주의자를 연좌제로 묶을 수 있는 유리한 기회가 추가로 주어졌다.

1922년에서 그 이듬해까지 벌어진 아일랜드 내전에서도 같은 패턴이 작동하고 있음을 볼 수 있다. 민족운동 진영의 극단적 보수주의자들은 대영제국에 맞서 반군으로 싸웠으면서도, 아일랜드자유국 안에서는 잔인한 방식으로 자신들의 패권을 성립시켰다. 공식적으로, 내전으로까지 이어진 공화주의자들 사이의 분열은 타결된 조약(1921년 체결된 영국-아일랜드조약를 말한다—옮긴이)을 수용하고 혁명의 총체적 목표—공화국이라는 이름 그리고 영국 왕권으로부터의 완전한 분리(분할 방식은 중요치 않은 것은 아니었으나 사실은 부차적인 문제였다)—에 대해 타협할 것인가 하는 문제를 두고 일어났다. 그러나 그 배경에는 당면한 여러 사회적 이슈가 단단히 자리하고 있었다.

조약 반대파는 주로 아일랜드 사회의 하위 계층 출신들이었으며, 특히 토지를 소유하지 못한 농장 노동자들이 많았다. 그리고 그들 중 무장 세력을 이루고 있던 이들은 그들 반대파로부터 비정규군Irregulars이라고 불렸는데, 이들이 옛 아일랜드공화국군의 다수를 구성했다. 역으로, 재산을 지니고 사회적 지위가 있는 사람들은 거의 모두 신생 아일랜드자유국과 그 권위적 보수주의 정부 편에 섰다. 가톨릭교회 성직자들은 물론 그들의 미디어에서는 피를 얼어붙게 할 만큼 섬뜩한 설교를 통해 '비정규군'들을 흉악한 사회적 아나키스트들이라 비난하고, 최악의 경우에는 그들을 볼셰비키에 비유하기까지 했다. 일단 이들이 권력을 장악하자, 몹시 억압적으로 사회적 순응을 강요하는 정권이 강제로 들어섰다.

대서양 건너에서도 러시아혁명과 코민테른의 형성에 따른 결과가 곧 뚜렷이 드러났다. 물론 혁명가들을 흐뭇하게 할 만한 일들은 일어나지 않았다. 미국에서는 그 지지자들이 열심히 노력하긴 했지만 이 시점에도 공산주의가 본격적으로 시작되지 못했으며, 안정된 공산주의 정당을 설립하는 일조차 극도의 어려움에 봉착해 있었다.[2] 하지만 이러한 상황에서조차 미국 당국은 공황에 빠져들었으며, 결국 1920년대의 악명 높은 '적색공포'가 일어나고 말았다. 공산주의나 아나키즘, 또는 조합주의의 선전원들은 추행당하고, 일망타진으로 투옥되고, 사법적으로 살해당하기까지 했다. 미국 시민권이 없는 자는 누구라도 즉석에서 강제 추방당했다. 합법적 이민의 문은 완전히 폐쇄됐다. 고용주들은 더욱 공격적인 자세를 취했다. KKK단Ku Klux Klan(사회 변화와 흑인의 동등한 권리를 반대하며 폭력을 휘두르는, 미국 남부의 백인 비밀단체—옮긴이)도 부활했다. 남쪽 방면의 정황도 만족스러울 것이 없다. 멕시코와 카리브해 지역을 비롯한 라틴아메리카에서는 격렬한 탄압에 맞서며 공산주의 정당들이 성공적으로 설립되긴 했지만, 혁명을 주도하기는커녕 대중에게 호소력을 발휘하는 정당조차 없었다. 남아메리카 대륙은 정치적 격변을 겪으면서도 완고하게 보수주의에 머물렀으며, 남아메리카 사회는 지주 엘리트 계층에 지배되고, 열렬히 반동적인 가톨릭교회에 의해 지지됐다.

교황

실제로 프랑스혁명과 나폴레옹전쟁 이후에 그러했던 것처럼, 가톨릭교회는 보수주의의 주요 세력으로 성장해 나갔다. 권위적이고 비민주적인 정권들을 선호하는 가톨릭교회의 성향은 공개적이고 명시적이었다. 두 세계대전 사이에 가톨릭교회는 이탈리아, 오스트리아, 포르투갈, 스페인, 헝가리, 폴란드에 들어선 정권들과 긴밀한 관계를 형성했다. 오스트리아에서는 스스로를 보수주의 정당으로 지명한 기독사회당이 정권을 잡았는데, 1929년까지 이 정권을 실제로 이끈 것은 이그나츠 자이펠이라는 사제였다. 프랑스에서도 가톨릭교회는 보수 세력들의 선두에 섰으며, 앞에서 지적한 대로 아일랜드에서도 상황은 마찬가지였다. 아일랜드자유국을 뒤엎고 독재 정부가 들어섰더라면 성직자들은 분명 열렬하게 환영했을 것이다. 바이마르공화국에는 아예 가톨릭교회의 정당이 있었다. 이 정당은 어떤 이유에서인지 중앙당(독일어로는 첸트룸스파르타이Zentrumspartei 또는 첸트룸Zentrum)이라는 별칭으로 알려졌으나 사실은 보수주의 이데올로기의 보루였다. 하지만 가톨릭 정당은 프로테스탄트 정당과 경쟁 관계에 있었으며, 프로테스탄트 정당에 비하면 보수주의의 보루라는 말이 무색할 정도였고, 따라서 반동적 태도에서는 어쨌든 조금 덜 목소리를 높이는 편이었다.

자신만의 고유한 태도를 지니고 있는 가톨릭교회는 19세기에 성립된 노선들을 따르고 있었다. 19세기 당시 가톨릭교회는 교황 비오 9세의 '오류 목록Syllabus of Errors'에 요약해 놓았듯, 민주주의와 자유주의 그리고 그 둘에 결부된 다른 모든 속성에 격렬하게 맞서는 반대자로 부상했었다. 중세 시대에 떠올라 확고히 자리 잡은 이래로 가톨릭교회는 상명하복의 강력하게 권위적인 기관으로 존재해왔고, 계속해서 그러한 전통 속에 머물러 있었었다. 실제로, 가톨릭교회는 교회의 문화와 기풍을 사회의 모든 제도와 기관에 침투시켰던 시절을 그리워하며 되돌아보고 있었다. 과거에 가톨릭교회는 교회 내부의 직원들과 평신도들에게 개인 생활과 공공 생활 모두에서 행해야 할 바를 정확히 일러주었던 것은 물론, 왕과 황제에게 명령을 내리고 그들의 임명과 해임까지 처리했었다. 스스로를 사도 베드로의 후계자로 여겨 천국과 지옥의 열쇠를 위탁받았으며, 따라서 온 세상을 다스릴 영적인 그리고 상당 부분 세속적인 통치권 또한 부여받았다고 하는 당대의 교황들은 어떠한 의문도 제기하지 않는 절대적이고 포괄적인 복종을 요구했다. 그들은 심지어 동방정교회가 로마의 권위에 굴복하기를 거부했다는 이유로, 무너져내리는 비잔티움제국에 원조하는 것까지 거절할 정도였다. 물론 이 모두는 교황들이 생존하는데 반드시 필요한 것이기도 했다. 교회는 그 양떼에게 영적이고 의례적인 위안과 희망을 풍부히 제공했으며, 이로써 양떼의 절대다수가 겪고 있는 물질적 자유 및 재원의 부재를 보상해주었다.

이러한 역사를 제시할 필요가 있었던 것은, 20세기에도 가톨릭교회가 그러한 야망들을 절대 포기하지 않고 화덕의 안쪽 구석에 넣어두었기 때문이다. 교황청은 벌거벗고도 부끄러운 줄을 모르는 전제군주제로 남아 있었으며, 어떤 형태로든 대의제 구조를 가장하겠다는 시늉조차 하지 않았다. 물론 19세기 말 산업화에 뒤이어 등장한 사회 문제들 그리고 그와 동등하게 나타난 노동운동 때문에 교황청에서는 노동자에 대한 적절한 처우에 기초하여 고용주와 노동자 사이에 우호적 관계를 촉구하는 성명들을 발표하기도 했다. 심지어는 노동조합들을 후원했는데, 물론 그들이 교황청의 영향 아래에 있는 한에서만 그렇게 했다. 또한 교황청에서는 글래스고의 가톨릭 신자인 노동운동 지도자들과 같이 충분히 온건하고 개혁적이면서 반혁명적인 사람들인 경우에는 노동자 정치인들에게도 공개적 지지를 보냈다. 하지만 이탈리아에서 가톨릭교회가 주도하여 일어난 포폴라리 Popolari 농민운동이 1922년 이전에 무솔리니의 부상浮上에 저항하고 있었을 때에는 그로부터 등을 돌렸다.

1914년까지 교황이었던 비오 10세는 일반적인 교황의 기준으로 보더라도 이례적일 만큼 강경한 노선을 따랐으며, 전통을 고수하고, 반동적으로 행동했다. 하지만 그는 가톨릭 신자들이 사회주의자들에게 표를 던지지만 않는다면 선거에 참여해서 투표하도록 허락할 만큼 이탈리아 통일국가에 대한 가톨릭교회의 반대정책(교황령을 점령한 데 대한 벌)을 완화하기도 했다. 그의 뒤를 이어 1922년까지 역임한 교황 베네딕토 15세는 다소 미묘해진 반동적 논조를 취했으며, 그다음 교황 비오 11세는 근본 원칙들에서는 조금도 물러설 여지를 두지 않았지만, 교회를 당대 현실에 맞게 조율하는 데서는 한 걸음 더 나아갔다. 그는 히틀러 및 무솔리니와 정교조약政教條約(라틴어로 콩코르다툼Concordatum이라 부르며, 교황과 국가 사이에 국제법의 형식에 준하여 맺은 조약을 말한다—옮긴이)을 맺었고, 19세기 말 교황 레오 13세가 선포한 회칙 「새로운 사태Rerum Novarum」에 담긴 통합주의(가톨릭 통합주의Catholic integralism는 19세기에 유럽 가톨릭 국가들에서 등장한 반反다원주의 운동으로 가톨릭 신자의 사회적 활동과 정치적 참여를 지지하되 이를 가톨릭교회가 모두 포괄하면서 세속적 이데올로기의 요소들을 최소화하려는 흐름이었다—옮긴이) 사회 교리들을 재차 확인하기도 했다.

1930년대에도 비슷한 정책들이 이어졌고 전쟁 시기에도 그러했다. 독일 의회를 마지막으로 이끈 중앙당의 지도자도 사제였는데, 히틀러는 이러한 중앙당을 폐쇄해버렸다. 그럼에도 바티칸은 이전에 무솔리니와 조약을 맺었던 것과 마찬가지로 나치 정부와도 정교조약을 맺었다. 다만 독일과 맺은 조약에서 교황청은 최악의 거래를 했다는 점이 다를 뿐이었다. 슬로바키아에서도 사제가 반동적인(실제로는 반半파시스트였던) 지도자가 됐다. 몬시뇰 티소는 나치가 체코슬로바키아를 점령한 다음 슬로바키아를 하나의 '독립' 국가로 인정한 상황에서 나치의 지도 감독 아래 1939년 4월 총리가 되어 전쟁이 끝날 때까지 자리를 유지했다. 전쟁이 계속되고 유고슬라비아가 점령당한 기간에 대주교 스테피나츠는 크로아티아에 나치를 모방하여 들어선 지역 정권, 즉 우스타샤(1929년 창설된 크로아티아의 반反유고슬라비아 분리주의 운동 조직으로 파시즘과 나치즘 그리고 가톨릭 근본주의에 기반을 두고 있었다. 1941년 유고슬라비아 일부에 나치 정부가 세운 괴뢰국가 크로아티아 독립국을 지배했고, 제2차 세계대전 동안 70여만 명의 세르비아인과 동방정교회 신자를 학살했다—옮긴이) 정권에 영감을 준 인물이었다. 우스타샤의 잔인무도한 행동은 나치 친위대SS마저 경악하게 할 정도였다.

1937년 교황 비오 11세가 독일에서 출간한 회칙 「타오르는 근심으로Mit Brennender Sorge」(이 회칙은 사전 발표 없이 비밀리에 배포되어 각 성당의 강론대에서 낭독됐다)는 나치의 반유대주의 프로젝트의 극단성을 규탄했다. 하지만 이 회칙의 주된 관심사는 독일 정부가 1933년의 정교조약을 위반하고 독립된 가톨릭의 관례를 (특히 교육 분야에서) 적대시하며 새로운 이교도 정신을 장려한다는 데 있었다. 이듬해 교황은 앞서 출간한 회칙에 덧붙여, 여전히 '우월한' 인종과 '열등한' 인종을 언급하면서도 종교의 가치에 기대어 인종주의의 가치를 비난하는 또 하나의 오류목록Syllabus을 발표했다.

영국

영국에서 보수주의가 눈에 띄는 이데올로기로 등장한 이래 보수주의의 사회적 등뼈를 이룬 것은 크든 작든 토지를 소유한 계층이었다.[3] 제1차 세계대전 때까지는 그들에게 스스로 경축할 만한 이유가 있었다. 19세기에 벌어진 경제, 사회, 정치, 문화의 거대한 변화들을 잘 견뎌냈기 때문이다. 선거권이 확대되고 행정의 관료화가 진행됐으며, 정부 사업이 이제는 주로 사업체를 지원하는 방향으로 전환됐지만, 그럼에도 이 지주계급은 정부 인사에서 지배적인 역할을 행사해왔다. 장교단에서도 핵심을 형성하고 있었던 그들은 19세기의 마지막 30여 년 동안 일어난 곡물 가격 폭락을 버텨냈다. 그리고 확장하고 있던 대영제국으로부터 민족적 물신fetish을 성공적으로 만들어내어 자신들이 선거에서 살아남을 수 있는 가능성을 연장하는 데 사용했으며, 의회에서 자신들에 맞서는 자유당원들을 강제하여 이 이슈에 동의하도록 만들었다. 1880년대에는 아일랜드의 자치Home Rule 문제를 두고 벌어진 논쟁 덕분에 지주계급은 남아 있는 자유당 수뇌부의 큰 부분을 차지하게 됐다. 1906년 선거에서 보수당이 압도적으로 패하자 아서 밸푸어(영국 보수당 출신의 정치인으로 영국 정부의 총리(1902~1905)와 외무장관(1916~1919)을 맡았다—옮긴이)는 어느 정당이 정부를 구성하든, 보수당원들은 계속해서 국가와 제국의 운명을 지휘할 것이라고 단언했는데 어느 정도 정당한 주장이었다.

하지만 영국의 보수주의는 여러 중요한 측면에서 대륙의 보수주의와 달랐다. 유산계급 내부의 서로 다른 집단들 사이에는 이데올로기적 가정들이 상호 침투될 수 있는 여지가 있어왔고(이를 조성하는 데 공립학교 체계가 큰 역할을 했다), 사실상 영국 지주들은 마지못해 하는 것이긴 해도 당시 지배적이었던 자유무역 체제 아래에서 세계시장에서 기회를 잡아야만 하는 농업 자본가들이었다. E. H. 카는 (1960년대에) 영국인 보수주의자의 껍질을 벗겨보면 구식 자유주의자가 나올 것이라고 말했다. 당시 문화에는 권위주의가 팽배해 있었다. (영국의 형벌 체계는 유럽에서 가장 가혹한 편이었으며, 학교는 구빈원 workhouse(17세기부터 19세기까지 영국에서 가난한 이들을 모아 음식을 주는 대신 더럽고 힘든 일을 시켰던 곳—옮긴이)과 비슷한 방식으로 운영됐다.) 물론 이런 문화를 가장 소리 높여 주창한 사람들은 보수주의자들이었지만, 자유주의자들 특히 자유당 제국주의자들 또한 물렁한 사람들은 아니었다. 특별히 민중의 불만을 억압하는 문제에 있어서는 더욱 그러했다.

전쟁과 전쟁의 여파는 지주들의 재산에 뚜렷한 변화를 가져왔지만, 그렇다고 보수당이 두 세계대전 사이에 정치를 지배할 수 없게 되지는 않았다. 보수당은 사회적 지지 기반을 변화에 맞게 조정했다. 1922년에는 중산층 출신의 스탠리 볼드윈이 극단적으로 귀족적인 커즌 경을 제치고 후임 총리로 선출되는 상징적 사건이 일어났다. 역사의 변증법이 귀족과 젠트리 계층을 갑작스레 덮친 것은, 장교단의 하위 계급에 지나치게 몰려 있던 그들의 상속자들이 인구 비율에 맞지 않을 만큼 많이 전사한 탓이었다. 상속할 사람이 부족한 상황에서 1920년대 농업 불황까지 덮치자 대규모 토지 매도 현상이 초래됐고,[4] 많은 경우에 토지는 현 세입자에게 팔렸다. 그 결과 점유자가 소유자인 농장의 비율이 크게 증가한 반면 지주들의 사회적 힘은 그만큼 줄어들었다.

1920년부터 기록적인 불황이 계속되자 기업가들이 겪은 어려움도 결코 만만치 않았지만, 지주들이 취한 것과 비슷한 해결책에 의지한다는 것은 분명히 불가능했다. 하지만 은행가들의 상황은 훨씬 나았다. 정부 정책의 방향이 그들을 향해 있었던 데다가, 은행들은 망해가는 기업들을 사들여 구조조정을 하거나 아니면 적어도 비상 채권자로서 경영권을 장악하고 운영 방식을 지시했다. 동시에 대형어음교환협정은행들(영국의 주요 은행들로, 런던에 있는 중앙어음교환소를 이용하여 다른 은행들과 거래하는 은행들을 말한다—옮긴이)은 마지막까지 남아서 자신들과 경쟁하던 소형 은행들을 집어삼켰다. 그러나 투자 은행들은 정부의 지원도 있었고 파운드도 과대평가되어 있었는데도 미국에 빼앗긴 헤게모니를 다시 회복하지 못했다.

1922년에서 1940년까지 영국 정치에 관한 가장 독특한 사실은 1924년의 11개월과 1929년 6월에서 1931년 8월까지의 기간을 제외하고는 보수당이 정부를 (1931년부터는 거국내각National Government이라고 알려진 의사擬似 연립정부의 형태로) 지배했다는 것 그리고 21세 이상의 모든 남성과 30세 이상의 모든 여성에게 선거권이 확대됐다가 1928년부터는 21세의 모든 여성에게까지 확대된 것이었다.

영국 보수주의자들이 가장 자랑스러워한 것은 그들이 이데올로기와 이론을 무시하고 실용적인 통치기술에 전념했다는 사실이었다. 보수적 정치인들은 본능적 재능을 지니고 있으며 통치받는 이들의 대다수는 이 재능의 진가를 알기에 그들에게 정권을 위임하는 것이라고 그들은 주장했다. 그들은 국가라는 배가 항로를 따라 순항하도록 유지하며, 문제가 발생하면 그들은 국가의 전통에 의지하여 실제로 '효과가 있는' 해결책을 찾으려 노력한다고도 했다. 이러한 주장은 어느 정도 사실이기도 했다. 영국의 —사실상 잉글랜드의— 보수주의는 지주계급 내부의 격렬한 투쟁과 논쟁을 거쳐 출현했었고, 그것의 주된 목표는 재산과 권위의 분배를 수호하고 가능한 한 많은 전통적 제도를 보존하자는 것이었다. 이를 어떻게 달성할 것인가를 두고 행해진 마지막 분석은 지나칠 만큼 특별하지는 않았다. 어떠한 도전에 대해서도 본능적인 대응책은 억압이었으나, 다른 경로들이 너무 위험해 보일 때나 국가나 사회의 특정 개혁안들이 모험적인 것으로 입증될 것 같을 때면 개혁도 수용 가능했다. 그러나 극단의 경우를 제외하고, 어떤 물신들은 거의 아무런 실제적 이득도 부여하지 못할 때조차 너무나 값진 것이라 포기할 수 없었다. 영국 전체의 일치란 바로 그러한 것, 즉 향후 보수주의자들이 당시에 아일랜드의 자치라 부르던 권력 이양에 대해서 내전까지 벌일 각오가 되어 있을 만큼 필사적으로 취했던 비타협적 태도 같은 것이었다. 그러나 결국 보수주의자들의 지도자는 상당히 속이 쓰리긴 했지만 1921년 아일랜드자유국에 사실상 독립을 인정하는 데 동의했다.

스탠리 볼드윈의 재임 기간에는 최소한의 압제만으로 사회질서를 유지한다는 그의 원칙이 준수될 수 있었다. 볼드윈의 정부는 1926년 총파업을 정치인들과 유산자들 사이의 기성 관계에 대한 도전으로 옳게 파악하고 (노동조합회의TUC(영국의 산별 노동조합들로 구성된 영국 노총—옮긴이)의 지도자들은 달리 생각했더라도) 확실하게 제압했다. 정부는 상당한 폭력을 사용했지만, 최근 아일랜드에서 보여주었던 것과 같은 만행을 벌이지 않도록 자제했다. 정부가 승리를 거두자 볼드윈은 보다 거친 그의 동료들이 (처칠을 포함하여) 요청하는 일종의 보복 입법을 차단하고, 진압 방식을 노동쟁의법의 테두리 안에 제한했다. 노동조합들은 이러한 조치를 반기지는 않았겠지만, 그 덕분에 생존해 나갈 수 있었다. 그리고 그렇게 해서 키스 미들마스가 분석한 협동조합주의적(협동조합주의corporatism란 여러 이익집단의 조합들, 특히 자본과 노동을 대표하는 조합들이 참여하여 국가를 형성하고 국가는 이 조합들을 관리하고 통제해야 한다고 보는 사상이다—옮긴이) 관계들도 보존됐다.[5] 이러한 '완화' 조치에 대해 노동조합의 지도자들은 그에 합당한 순응으로 보답했다. 1928년 노조 지도자들은 몬드-터너 대화(1927년에서 1933년까지 실업가 앨프레드 몬드와 노동조합회의 의장 벤 터너 사이에 벌어진 협상을 말한다—옮긴이)에 참여하기 시작했다.

이러한 상황에서도 보수당과 우익 언론들은 노동당을 무시무시한 빨갱이로 묘사하고 볼셰비키와 다를 게 없다고 암시하는 일을 게을리하지 않았다. 그리고 이러한 활동의 효과가 곧 드러났다. 보수당원들은 피투성이 볼셰비키 혁명으로부터 영국을 지켜내는 굳센 수호자들이라고 스스로를 내세우며, 분열하고 있던 노동당(노동당 역시 자유당이 몰락하며 잃은 의석들을 확보하긴 했다)의 의회 의석들을 많이 빼앗아갔다. 보수당의 이러한 선전 활동이 노동당에 끼친 영향은 결코 적지 않았다. 무엇보다도 스스로를 애국심 가득한 영국의 전통주의자로 그려내기를 간절히 바라고 있던 노동당의 지도자들은 점점 더 우편향으로 떠밀려갔고, 자신들의 정당을 가장 온건한 개혁주의로부터도 떼어놓고 말았다. 상징적 순간이 도래한 것은 노동당이 의회에서 다수당이 되지 못했는데도 1924년 노동당 당수 램지 맥도널드가 정부를 구성하도록 초대됐을 때였다. 그는 국왕을 알현하는 자리에서 내각 구성원들이 무릎까지 오는 전통 반바지를 입어야 한다고 고집했다.

1930년대에는 보수당이 확고하게 정치를 장악했다. 보수당이 손쉽게 지배하고 있던, 맥도널드와 그의 측근 동료들이 형성한 의원연합은 1931년 선거에서 보수당에 압도적 승리를 선사했다. 이 의원연합을 통해 보수당에서는 자신들이 물신으로 삼고 있던 것, 즉 보호주의의 복권과 대영제국 무역 블록의 형성을 실현할 수 있게 됐다. 소련으로부터 뻗어 나오던 공산주의 혁명의 위협은 이제 오랜 과거의 일이 됐고 영국공산당은 별로 중요하지 않은 존재가 됐지만, 좌파에 대한 보수당의 공포는 전혀 가실 줄을 몰랐으며, 대륙의 파시즘과 점증하는 히틀러의 공격적 주장과 행위를 향한 보수적 태도들 안에서도 의심할 나위 없이 중요하게 고려됐다.

영국의 정치 체계가 덜 안정적이었다면 상황은 전혀 다르게 전개됐을지도 모르지만, 골칫거리로 여겨지던 오스왈드 어널드 모슬리(1932년 영국파시스트연합을 창립한 인물로 유명하다—옮긴이)와 그의 검은 셔츠단Blackshirts(원래는 무솔리니의 파시스트 준군사조직인 국가안보의용민병대MVSN를 가리키는 별칭이다. 모슬리의 영국파시스트연합 안에 같은 이름의 조직이 있었다—옮긴이)은 일축됐다. 그러나 무솔리니는 (적어도 그가 아비시니아(에티오피아의 옛 이름)를 침공하기 전까지는) 상당한 존경을 받았으며, 영국 보수 진영 안에는 다른 나라 독재자들과 가까운 연대를 맺는 데 전념하는 커다란 분파가 존재했다.[6]

영국 주류 보수주의자들 사이에서 히틀러는 그 통치 방식 때문에 경멸을 받았지만, 독일에서 공산주의를 소탕한다는 이유로 (초기에는 처칠로부터도) 인정을 받았으며, 의심할 바 없이 유럽에서 공산주의의 확산을 막는 유용한 방어막으로 여겨졌다. 1930년대에 독일이 군사적으로 소련을 즉각 공격하는 상황이 발생했다 해도, 당시 영국의 보수주의자들이 크게 반대했을 거라 상상하기는 쉽지 않다. 분명 그들은 대부분 히틀러가 오스트리아와 체코슬로바키아를 자기 마음대로 하게 내버려둘 (그리고 프랑스가 이에 간섭하지 않도록 만들) 준비가 되어 있었다. 그들은 또한 가능한 한 오랫동안 무솔리니와 연합하고자 했으며, 프랑코에 대해서는 별로 기대하는 것도 없으면서 그가 스페인의 민주주의에 맞서 벌이고 있던 십자군 전쟁에 박수를 보냈다. '거국 내각'이, 다시 말해 보수당 정부가 적극적으로 히틀러를 독려하여 그의 군대를 소련에 맞서게끔 했는지는 그다지 분명하지 않다. 이를 암시하는 단서들은 많지만 확정적 증거는 없기 때문이다.[7]

결국 전체적으로 보았을 때, 영국의 보수주의 이데올로기는 유럽 대륙 보수주의의 더욱 무서운 요소들은 없었는지 모르겠으나, 두 세계대전 사이 시기에도 20세기라는 시대를 제대로 수용하지 못하고 있었다. 대의민주주의는, 여전히 부분적이고 제한되어 있는 것에 불과했는데도, 환영할 만한 발전의 성과가 아니라 성가시지만 불가피한 골칫거리로 여겨져 마지못해 수용됐다. 집안일을 하는 하인들이 급격히 줄었으며, 이러한 현실은 관습적으로 그들에게서 이득을 보았던 계층의 강력한 불만과 투정을 불러일으켰다. 이들은 **왜** 가사노동이 그토록 인기 없는 것이 됐는지에 대해 아무런 생각이 없었다. 보수주의자들은 에드먼드 버크가 '작은 소대들little platoons'이라 부른 하위 조직들을 염두에 두고(버크는 대의제 민주주의에서도 여전히 중앙정부로 권력이 집중되는 문제에 대한 대안으로 가정, 교회, 지역공동체 등 정의情義로 맺어지는 사회의 소집단들로 권력이 분산되어야 한다고 주장했다—옮긴이), 이 조직들이 그 윗사람들의 필요를 채워주고 변덕을 살피기를 바랐다.

이러한 식의 정서가 사회 및 정치 무대의 모든 영역에 팽배해 있었다. 이는 고전 보수주의의 정수였다. 그리고 사법적 개혁에 의해 조절된 전통과 특권적 동아리의 새로운 축재 허용, 애국주의와 군주정에 대한 모든 담론 뒤에 있는 현실이었다. 바로 그런 사고방식이 노예무역을 성장시키고, 가능한 한 병사들과 선원들을 악랄하게 다루어야 그들이 죽음을 두려워하지 않게 된다고 판단했다. 마찬가지로 가난한 사람들에게서 매몰차게 세금을 거두어야 그들이 일을 하는 반면 부자에게는 최대한 세금을 가볍게 물려야 투자를 할 것이라는 사고방식[8]은 1920년대와 1930년대에도 여전히 살아남아서 번성하고 있었다. 파시즘이 불신을 당했다면, 그 포퓰리즘적 특성 때문이었다.

독일

바이마르공화국 시절의 독일은 문화적 창의성의 천국이었을지 모르겠으나, 그와 동시에 정치 및 이데올로기의 분쟁이 종종 적나라한 폭력을 통해 분출되곤 하는 악마의 수프와 같은 상황이기도 했다. 바이마르공화국을 어렵게 한 요인은 여러 가지였다. 세 번의 공산주의 내란과 두 번의 우익 쿠데타 시도가 있었고, 암살 사건이 빈번하게 일어났으며, 영토가 부분적으로 점령당하거나 (짧게나마) 외세의 침략이 재개되기도 했다. 그리고 하이퍼인플레이션, 경제적 불황, 초고도 실업률이 계속됐다. 정치 무대는 물론 거리에서도 공산주의자, 사회주의자, 파시스트, 보수주의자들이 공화국을 차지하기 위해 싸웠다. 여러 차례 바뀌며 들어서는 정부들은 언제나 연립정부 형태였고 극도로 불안정했는데 시간이 지날수록 그 정도가 심해졌다. 그러나 대체로 군주정과 군주정이 재현하는 모든 것을 갈망하고, 정치를 경멸하며 민주주의를 증오하는 보수주의자들이 —어떤 보수 정당에 연계되어 있든 아니든— 최후까지 늘 권력을 장악하고 있었다. 그들은 행정부, 사법부, 외교를 비롯하여 전문직업과 학교, 대학은 물론 가톨릭과 프로테스탄트 양쪽의 성직자들 사이에서도 군림했으며 표준을 설정했다.

바이마르공화국에서 정치-문화의 헤게모니를 잡기 위한 경쟁은 광포할 정도로 심했다. 그러나 언제나 유리한 위치를 차지했던 것은 보수주의자들이었다. 그들은 라이히슈타크Reichstag(독일제국의회를 말한다—옮긴이)를 지배하지는 못했지만, 슈탈헬름Stahlhelm('철모鐵帽'라는 뜻의 독일어—옮긴이)이라 부른 사병 군대를 소유했을 뿐 아니라 다른 국가기관들을 확실히 장악했다. 상류 계층들은 물론 미텔슈탄트Mittelstand[9]라는 중산 계급도 (주변부 보헤미안은 제외하고) 물질적 곤경을 겪고 있으면서도 보수적 이데올로기에 단단한 애착을 지니고 있었다. 그들은 전쟁에서의 패배와 그 결과 맺게 된 평화조약들에 강하게 분개하고, 악명 높은 배후중상설을 애써 집어삼키며, 독일이 상실한 영토, 그 권위주의적 문화, 열강으로서의 지위, 국가적 자부심과 군사력을 회복하길 갈망했다. 노회한 극단적 보수 군국주의자 파울 폰 힌덴부르크가 1924년 이후 줄곧 대통령직을 유지했는데, 어디까지나 보통선거에 기초한 것이었다.

1920년 원조 파시스트라고 할 수 있는 자유군단과 정규군 한 분대가 볼프강 카프라는 공무원의 지도 아래 반동적인 정부 전복을 시도했다가 실패하고 말았다. 실패한 이유는 총파업이 일어난 데다 군대 지도자들이 정부 전복을 지지하는 데 열의가 부족했기 때문이다. 뮌헨을 근거지로 한 아돌프 히틀러가 1923년 무솔리니의 로마진군(1922년 무솔리니가 검은 셔츠단을 이끌고 로마로 진군하여 정권을 잡은 사건—옮긴이)을 따라 하고자 했을 때는 제1차 세계대전의 군사 지도자 에리히 루덴도르프가 앞장을 서주었다. 이 두 가지 경우 모두 지도자와 참여자들은 무거운 형벌을 피할 수 있었다.

바이마르공화국은 어떤 면에서 파시즘으로 건너가는 다리 역할을 했다. 그 시절에 보수주의에 가해진 중요한 지적 압박은 에른스트 윙거로 대표되는 보수 혁명(제1차 세계대전 이후 독일에서 자유주의와 공산주의를 막고 보수주의와 민족주의를 옹호하고자 일어났던 보수주의 운동—옮긴이)의 '보수적 혁명가들'에게서 온 것이었다. 이 운동은 옛 전통주의적 질서의 많은 요소를 거부했으며, 지독하게 군국주의적이었고, 무장 행동을 소란스레 거행했으며, 사회적 관계의 모델로서 참호에서 형성된 형제애적 공동체 개념을 기반으로 하고 있었다. 그들은 '노동자들이 지배하는 세상의 시작'을 예견했다.[10] 여기서 '노동자'가 의미하는 것은 현역 및 퇴역 군인이나, 적어도 군인 정신으로 가득 차 있는 사람(특히 남자)이었다.

불황이 시작되자 전통주의자들과 민족주의자들에 대한 보수주의자들의 장악력이 빠르게 약해지기 시작했다. 이는 독일국가인민당과 다른 보수 정당들을 희생시켜 더 많은 표를 얻기 시작한 나치에게 이득이 됐다. 그럼에도 독일 보수주의자들은 신新봉건적 전통들을 지니고 있었던 탓에 19세기 경제 관계에 열정적 애착을 가지고 있었다. 그래서 불황 때문에 농산물 가격이 바닥까지 떨어지고 상당수의 궁핍한 소작농이 부채 때문에 재산을 처분당하게 됐을 때에도 독일국가인민당은 그들을 위해 아무것도 해줄 수가 없었다. 반면에 나치는 이들을 위한 공약들을 내걸었고, 이에 농민들은 1930년 국회의원 선거에서 나치에 표를 몰아주는 것으로 보답했으며, 이로써 나치는 원내 제2 야당으로 성장했다. 공산주의자들과 나란히 선거를 통해 부상한 나치는 입법 및 행정 업무를 중단시킬 수 있게 됐다.

2년 전, 독일국가인민당은 알프레트 후겐베르크라는 보다 공격적이고 강경한 지도자를 얻었었다. 사업가이며 언론 재벌이고, 극우 정치인이었던 후겐베르크는 이런 면에서 실비오 베를루스코니(이탈리아 정치가이자 언론인이다. 세 차례 총리를 지냈고 이탈리아 최대 미디어 그룹을 소유한 세계적 부호이지만, 재산 축적 과정에서 돈세탁과 탈세를 저질렀고, 방송을 장악해 정치에 이용했다—옮긴이)를 닮았지만 베를루스코니가 지닌 매력은 전혀 갖추지 못한 인물이었다. 후겐베르크는 나치를 주류 보수주의에 보다 가까이 끌어들일 생각에, 1930년 이전에도 미국이 후원하는 영 플랜Young Plan(1929년 파리에서 열린 새 위원회가 제1차 세계대전 패전국 독일의 전쟁배상금을 낮추고 경제제재를 해제하고자 만든 계획안—옮긴이)에서 제안한 전쟁배상금 조정을 둘러싼 토론이 벌어지던 동안에 히틀러에게 자신의 라디오 방송국을 개방함으로써 히틀러가 인지도를 높일 수 있도록 도왔었다. 그 뒤에 독일국가인민당이 선거에서 인기를 얻지 못하자 후겐베르크는 점점 더 히틀러와 보수적 우파를 위한 중개인 노릇을 했다. 나치가 크게 약진한 후 3년 동안 전통적 엘리트 정치 대표들은 자신들이 여전히 안전하게 권력을 장악한 채로 좌파를 중성화시키고, 나치를 자기들 편으로 합치시켜 정부를 안정시키는 방책을 찾아내려 했다. 1933년 1월 공산당의 지속적인 득표율 상승에 겁을 먹은 그들은 히틀러가 내건 조건을 받아들임으로써 자신들이 추구하던 방책을 찾을 수 있겠다고 생각했다. 히틀러는 자신을 총리로 임명해주면 부총리를 포함하여 내각 구성원 거의 모두를 보수주의자로 임명하고, 필요한 경우 이 내각은 군대의 지지를 받는 대통령에 의해 해산될 수 있게 한다는 조건을 제시했었다.

그러나 그들은 곧 자신들이 속았음을 깨달았다. 불과 몇 개월 만에 히틀러는 내각과 부총리를 부차적 존재로 만들고 그들의 정당들을 폐지해버렸다. 1년 뒤 힌덴부르크가 죽자, 히틀러는 그들에게 강요하여 자신을 국가 원수로 받아들이게 했으며, 그렇게 함으로써 개인 독재 체제를 성립시켰다. 그러나 전통적 엘리트 계층은 좌파가 파괴되고 성가신 사회 법안이 제거된 데 즐거워하며, 경제 회복과 군비 재무장 그리고 국가적 자부심의 회복에 만족하여 이러한 추이에 찬동했다. 1937년 초입까지도 외무장관, 전쟁장관, 육군 및 해군 지휘관들과 경제장관은 보수주의자들이었을 뿐 나치는 아니었다. 하지만 1937년 9월 경제장관이 물러났고, 그 이듬해 초에는 히틀러 자신이 전적으로 신뢰한 해군 장군 레더를 제외한 나머지 모두가 손쉽게 제거됐다.

이러한 추세에 기여한 독일 보수주의 신봉자들 중에 가장 중요한 사람은 법학자 카를 슈미트다. 누구라도 슈미트의 이력과 저술들을 검토해보면 그가 비열한 기회주의자 악당이지만, 예외적으로 두뇌가 명석한 악당이었다는 결론에 이르지 않을 수 없다. 클라우제비츠(프로이센의 군인이자 사상가이며 저서 『전쟁론*Vom Kriege*』으로 유명하다—옮긴이)의 유명한 경구를 번안하여 말하자면 정치적 분쟁은 다른 방식의 내전이라는 현실을 그는 잘 이해했고, 그 내전에서 어느 쪽에 자신이 가담해 있는지를 알았다. 그는 종교를 등지긴 했지만 부유하고 독실한 가톨릭 배경의 기본적 시각을 공유하고 있었다. 페리 앤더슨(영국 출신의 저명한 마르크스주의 역사학자로 인류학자 베네딕트 앤더슨의 동생이다—옮긴이)이 남긴 말을 따르자면, 자연 상태의 만인의 만인에 대한 투쟁이라는 토마스 홉스의 전쟁 개념을 경제나 사회나 문화의 원칙과 이해에 기반을 두고 단단하게 결속된 정치 집단들의 관계로 전환했다.

국가는 반드시 독립적이고 중립적인 주권을 행사하여 사회 위에 존재하면서 분쟁을 중재하거나 억압하고 국가적 역량을 통합하여 조정하되, 특히 전쟁 때 그러해야 했다. 중세 말과 근대 초에 피 묻은 무질서의 역사를 통해 등장한 유럽의 절대 국가는 시민사회와 맺은 함축적 계약을 실행하면서, 공공질서의 방해물들, 특히 국가의 전복을 노리는 이데올로기적 세력의 형태를 띤 방해물들을 제압했다. 슈미트가 보기에 이러한 절대 국가는 나중에 등장한 입법의회와 완벽하게 양립 가능한 것이었다. 단, 그러기 위해서는 의회가 영국 의회의 방식(슈미트는 이를 '의회의 간계'라고 불렀는데 헤겔의 '이성의 간계'를 향한 목례 같은 것이었다), 즉 입법자들이 정당의 이익을 국가의 이익에 복종시키는 법을 배우게 되는 식으로 기능한다는 조건이 필요했다.

에타티즘Etatism('국가통제주의')은 독일 정치사상의 강력한 전통으로 특히 17세기에서 19세기까지 프로이센왕국의 영광과 성공(헤겔은 이를 두고 세계사의 절정으로 보았다)에서 배태된 것이었다. 슈미트에게 이상 국가란 19세기 비스마르크의 카이저라이히Kaiserreich(독일어로 제국이라는 뜻—옮긴이), 즉 예산에 관해서만 의회에 책임을 질 뿐 필요할 경우 의회를 배제할 수도 있는 군사주의적 관료 국가를 의미했다. 슈미트가 보기에 국가의 가장 중요한 기본 특징은 우방과 적국을 규정하고, '예외 상황'을 선포하여 기존 법률의 테두리 바깥으로 나가야 할 때를 결정하는 책무를 지고 있다는 점이었다. 실제로 1860년대에 비스마르크는 의회의 승인 없이 군사력을 동원해 세금을 징수한 바 있었다.

모든 비타협적 독일 보수주의자와 마찬가지로 슈미트 역시 바이마르 정권을 혐오했다. 특히 바이마르 정권이 베르사유조약의 조건들에 저항하는 데서 보여준 무능력 때문에 그러했다. 하지만 슈미트는 비상시에 헌법에 따라 대통령에게 주어지는 예외적 권한들이 지닌 잠재적 가능성에 주목했다. 그것마저 없다면 바이마르공화국은 국가라고 불릴 만한 가치조차 거의 없었다. 19세기의 상황은 이제 모두 완전히 파괴되고 없었기 때문이다. "제1차 세계대전이 큰 실패로 끝나고, 러시아에서는 볼셰비즘이 득세한 뒤, 많은 토지를 지닌 통치자들과 제한된 유권자들, 온건한 예산과 안정된 통화로 이루어진 옛 정치 세계는 바스라지고 말았다."[11] 국가는 경쟁하는 정당들이 벌이는 축구 경기가 되어 있었다. 이 정당들은 옛 의미의 정치적 실체들이기보다는 전투적 정치문화 집단들의 정치적 표현 형태들이었다. 각각의 정당은 자신만의 사회문화적 대안 세계 안에 갇혀 있으면서 서로의 적이 되어 있었다. 진정 홉스가 말하는 자연 상태였다. 1920년대의 슈미트는 우파에 속한 주요한 이론적 대변인으로 확실히 우뚝 섰다. 그는 보수주의자 폰 파펜 총리의 고문으로 활동했으나, 곧 나치즘의 편에 서서 1934년 히틀러가 권좌에 올라 돌격대 지도자들을 자의적으로 전멸시킨 데 대한 '법적' 정당성을 제공했다.

이탈리아

1920년에서 1922년 사이에 이탈리아에서 보수주의 엘리트들이 행한 역할은 1932년에서 1933년에 독일에서 일어날 일을 놀랄 만큼 정확히 예시豫示한 것이었다. 이탈리아의 엘리트에도 군사 및 행정 당국과 지주 및 은행, 산업, 상업의 지도자들이 포함됐다. 한 가지 차이점은 군주정이 남아 있다는 사실이었다. 무능한 군주는 군사 제식에만 집착했을 뿐, 힌덴부르크만큼이나 조종하기 쉬운 인물이라는 게 드러났다. 적색혁명에 대한 공포가 이탈리아에서도 중요한 요인으로 작용했다. 다만 이 당시 적색혁명은 반란의 형태를 취하지는 않았다. 그 대신 북부 산업 중심지에서는 대규모 농성 파업이 일어났고, 불만에 가득 찬 농민들은 농촌 마을 수준에서 지주들의 헤게모니에 심각하게 도전했다.

어떠한 형태가 됐든 사회주의의 위협을 모두 제압하는 것이 이탈리아 보수주의자들의 최우선 의제가 됐지만, 그것만이 유일한 의제였던 것은 아니다. 이탈리아의 정치체제는 금방이라도 무너져내릴 상황이었다. 이탈리아는 경제적으로나 행정적으로 허술하게 통합되어 있었고, 산업화에 성공하여 발전한 북부에서부터 신新봉건적 농업 지역인 남부까지 각 지역은 그 특성이 서로 달랐다. 실제로 스스로를 보수적이라고 말하는 정당은 없었다. 정치를 지배한 것은 상위계층의 이해관계에 따라 형성된, 와해되기 쉬운 연립정부였는데, 이 정부는 스스로를 자유주의적이라 언명했다. 하지만 시대와 지역을 고려한다면 그들은 사실상 보수주의자들이었다. 그들의 기본 목표는 첫째, 엘리트들의 이익에 맞는 국가 운영 방식을 고수하는 것이었으며(1931년까지 선거권은 극소수의 남성 인구에만 한정됐다), 반대파를 매수하는 방식—트란스포르미시모transformisimo(통일 이후 이탈리아 정치에서 극좌와 극우를 제외한 여러 정치 세력이 연합하여 유연한 중도 정부를 형성했던 방식을 일컫는 말—옮긴이)라 불린 기술—으로 이를 실행했다. 그리고 둘째 목표는 해외 식민지를 획득함으로써 국가의 정력을 증명해 보여주는 것이었다.

이런 정체된 태도들을 지니고 있었다는 것과 적절한 식민지 개척에 실패한 것은, 부르주아지와 그 지적 대변인들이라는 보다 역동적인 분파들로부터 반감을 샀다. 무솔리니 정권을 가리켜 후대의 몇몇 역사가처럼 '개발독재'라고 칭하려는 제안들은 1900년에도 제시됐다. 이 제안들에는 의회정치를 폐지할 것, 부패하지 않는 강력한 행정부를 법 위에 두어 노동계급을 제압할 것, 이탈리아의 힘을 국제적으로 확립하고 빠른 경제성장과 산업화를 추진할 것 등이 포함되어 있었다. 1920년 엔리코 코라디니는 비슷한 목적들을 가지고 있으며 그중에서도 식민지 확장을 최우선으로 하는 이탈리아국민연합ANI을 만들었다. 그리고 이탈리아국민연합은 결국 국가파시스트당에 흡수됐다.

본질적으로 1920년 이후 이탈리아의 자본과 엘리트들은 자유주의적 의회정치체제가 대중들을 각자가 속한 자리에 머물도록 유지시킬 능력이 있는지에 대해서 대체로 확신을 잃었다. 일반적으로 자유당 국회의원들조차도 그러한 상황이었다. 이런 때에 무솔리니는 자신의 근본 의도들이 어디에 있는지를 분명히 밝힌 유용한 선동정치가로 등장했으며, 강권을 휘두르는 흉포한 준군사적 무장 단체들의 지지를 받고 있었다. 1921년 한 해 동안 그의 추종자들은 경찰과 군대의 지지를 어느 정도 받아 농민들의 고집스러운 비타협적 태도를 깨부수었다. 그 이듬해 무솔리니가 말도 안 되는 '로마진군'을 벌여 권력을 강탈하고 총리직을 요구했을 때에도 보수주의자들은 거의 저항하지 않았다.

독일에서처럼, 처음에 내각을 구성한 것은 주로 보수 정치인들이었다. 하지만 히틀러가 몇 개월도 걸리지 않아 완료한 과정이 이탈리아에서는 2년에 걸쳐 진행되면서, 결국 보수주의 정치인들은 내각에서 쫓겨나 정치적 한파를 경험해야 했다. 정치적 권위를 박탈당했음에도 전통적 엘리트들은 다른 여러 측면에서 자신들이 원하던 것들을 얻었다. 야당이 존재하는, 그들 마음에 드는 시민사회가 형성됐고, 노동운동은 완전히 분쇄됐으며, 자본을 얽매던 고삐가 풀렸다. 게다가 새 총리는 국제사회를 휘몰아치며, 유럽의 다른 열강들이 이탈리아의 영토 확장을 위한 침략에 심각한 이의를 제기하지 못하도록 충분히 깊은 인상을 남겼다.

여타 유럽 국가

파시즘의 독일과 이탈리아, 사회민주주의의 스칸디나비아 그리고 소련을 제외한 다른 나라들에서는 보수적 엘리트들이 사회경제 및 문화에서뿐 아니라 정치에서 지배적 지위를 유지했다. 이들 국가 중 어떤 국가에서는 강력하고 패권적인 로마가톨릭 전통이 그들에게 엄청난 도움이 됐다. 아일랜드, 이베리아반도, 오스트리아, 폴란드에서 특히 그러했고, 그보다는 덜했지만 헝가리에서도 마찬가지였다. 하지만 오직 폴란드에서만 무력 충돌 없이도 새로운 사회주의 세력들의 봉기를 물리쳤다. 아일랜드에 대해서는 이미 다루었지만, 1930년대에 반대 세력이 선거를 통해 정권을 잡고 기득권층에 반反볼셰비키 공황을 일으켰을 때에도 이 새로운 통치자들은 합치된 지배 여론 속으로 어렵지 않게 흡수됐다.

이러한 상황에서 취해진 이데올로기의 형태를 통합주의라고 부를 수 있겠다. 이 이데올로기의 본질은 정체된 농업 기반 사회질서의 시각이었으며, 이러한 사회에서는 권위주의적 위계가 편재해 있었다. 이러한 위계는 —이론적으로— 상호적이지만 불평등한 책임들과, 위로 초점이 맞추어진 충성심에 기반을 두고 있었다. 그리고 그 위계질서 안에서는 모든 이가 자신이 속한 자리를 알고 지켰으며 사회적 통합은 국가 종교의 지지를 받는 공유된 문화라는 수단을 통하여 강화됐다. 국경을 가로지르는 중앙집권적 권위를 지녔고, 희년禧年 선포 등 로마에서 화려한 이벤트를 열 만한 능력도 있는 가톨릭교회는 이러한 측면에서 유리한 이점을 제공했다. 루마니아, 불가리아, 그리스 같은 나라에서 동방정교회가 (핀란드에서는 루터교회가) 반半입헌국가 안에서 유사한 결과들을 성취하는 데 했던 역할은 크긴 했으나 필연적으로 더 약할 수밖에 없었다.

그러나 이러한 사회나 그 정치체제 속에 20세기의 실제 현실은 부재했다. 지구상에서 가장 산업화된 나라들도, 다른 의미에서이기는 하지만 세계시장 속으로 통합됐고, 더 많이는 아니었을지라도 경기변동에 똑같이 영향을 받았다. 이들 나라에는 산업가와 은행가들이 있었고, 그들 중 일부는 국제적으로 중요한 인물들이었다. 또한 거기에는 크든 작든 산업 노동계급이 존재했고, 어떤 경우에든 근대적 형태의 통신수단 및 교육기관과 더불어 집중화된 도시 지역들이 등장했다. 그 결과 중세적 형태의 통합주의에 과열된 민족주의가 사회적 접합제로서 더해졌다. 그리고 이러한 민족주의는 특히 국가의 목표 성취가 당면한 경제 및 사회 문제들의 해결책을 제공해주리라는 약속의 형태를 띠었다.[12]

"(우리는) 운동가와 선동가 —그리고 투기꾼—에 맞서 노동자를 수호해야 한다. 자본의 사적 소유권 남용은 혁명가의 선동을 위한 구실이 되므로 경계하며 주시해야 할 것이다." 이러한 관점들을 가장 잘 대표한 사람은 맹렬한 반유대주의자이며 극단적 보수주의 선전원이었던 프랑스인 샤를 모라스였다. 앞에 인용한 구절을 쓴 작가이기도 한 그는 실제로 20세기를 관통하며 달린 이데올로기의 운전자로 간주될 수 있겠다. 그가 끼친 영향은 그가 신뢰를 잃고 죽고 난 뒤에도 수십 년 동안 계속해서 복류로 이어졌다. 그리고 그의 사상은 극단적 보수주의와 파시즘 사이를 잇는 핵심적 교량이었다.

그가 남긴 기다란 이데올로기의 그림자는 그가 프랑스 군주주의와 가톨릭교회를 위하여 목소리를 내고자 했으나 (역설적이게도 그는 종교가 없었으나, 그 제도적 권위 때문에 교회를 존중했다), 바로 그 두 세력에 의해 버림받았다는 점에서 오히려 더욱 특이했다. 대중 지도자가 되고 싶어 했던 그는 어떤 정치적 지위도 얻지 못했다. 한 비평가는 그가 자신의 신문 말고는 세상에 내놓은 것이라곤 아무것도 없다고 말했다.

모라스는 19세기 말 드레퓌스 사건을 배경으로 처음 명성을 얻게 됐다. 그때 그는 자신의 모든 수사적 기술을 발휘하여 반유대주의적 범죄 조작에 일조하려고 악시옹 프랑세즈라는 정치 단체를 설립하고는, 군대에 의해 군주정을 지지하는 쿠데타가 일어나는 방향으로 상황이 흘러가길 희망했다. 20세기 초에 그는 신문 『악시옹 프랑세즈*Actioin Française*』를 장악했다. 이후에 이 신문은 그의 확성기처럼 쓰였으며, 곧 카믈로 뒤 루아Camelots du Roy라는 군주주의적 반유대주의 폭력배 집단에 영감을 주었다. 이 폭력배 집단은 주로 중산층 학생들로 구성됐으며, 추구하는 목표는 신문을 팔아 정치 야당을 위협하는 것이었는데, 이는 이후 파시스트 준군사 조직이 두 세계대전 사이에 사용한 전략들의 전조가 됐다.

정치 운동 단체로서의 악시옹 프랑세즈는 전후 위기 상황에서 보다 활동적이고 역동적인 파시스트 및 준準파시스트 조직들에 가려지기는 했지만 여러 해 동안 계속되며 왕정복고를 주장했다. 한 비평가의 말을 빌리면 모라스의 조직은 "상류층의 고급스런 한담 장소"로 남아 있었고[13] 경쟁 관계에 있던 우익 인사들 사이에서는 경멸적으로 '인악시옹 프랑세즈Inaction Française'('프랑스의 무위無爲'라는 뜻으로 '프랑스의 행동'이라는 뜻의 '악시옹 프랑세즈'를 풍자한 것—옮긴이)라 불렸다.

그럼에도 모라스의 지성 및 이데올로기가 미친 범위는 어마어마하게 컸다. 무엇보다도 그는 일개 프랑스인 극단적 민족주의자에 불과했지만 그의 영향이 미친 범위는 프랑스 국경은 물론 유럽의 경계도 넘어섰으며, 특히 라틴아메리카에까지 이르렀다. 이베리아반도와 오스트리아의 독재 정권들은 분명히 모라스의 사상을 배경으로 하고 있었고, 무솔리니의 조합 국가corporate state(여러 이익집단의 조합들, 특히 자본과 노동을 대표하는 조합들이 참여하여 국가를 형성하고 국가는 이 조합들을 관리하고 통제하는 형태로 보는 국가관을 말한다—옮긴이)

개념조차 민족주의적 통합주의에 보내는 (냉소적이고 무의미한) 제스처였으며, 나치의 폴크스게마인샤프트Volksgemeinschaft('국민 공동체'라는 뜻) 개념 또한 그러했다. 프랑스의 폴 클로델과 영국의 T. S. 엘리엇 같은 창의적인 일류 작가들도 모라스에게 진 빚을 인정했다.

모라스와 그의 추종자들은 극도의 정치적 낭만주의자들이었다. 하지만 역설적이게도 그는 낭만주의를 가리켜 혁명을 비롯한 근대의 모든 골칫거리의 원인이 된 지적 전염병이라고 맹렬히 비난했으며, 스스로는 귀족적 작가들과 위계적 통치자들로 대표되는 고대 세계의 '고전적' 가치들을 수호하고 있다고 여겼다.[14] 거의 그의 캐리커처가 되어버린 오만함은 1899년의 선언문 「독재자와 왕Dictator and King」에 잘 드러나 있다.

> 아래 서명한 작가들을 부추긴 것은, 동료 시민들은 주목하지 못했을 정치적 필수요소들에 대한 그들의 지식이다. 그들은 국민의 대변인이자 연장자로서 행동하고, 현재의 통탄스러운 정세 때문에 그들에게 부여된 권리와 의무를 완전히 이행하며 활동한다.
>
> 그들은 공익을 살피고 돌보아야 하는 자신들의 의무를 완전히 인식하고 ….[15]

그는 민주주의와 그에 관련된 모든 것을 변함없이 열정적으로 증오했다. 이러한 증오는 그의 저술들에서 뚜렷하게 특징적으로 다루어진 돈키호테식 군주주의 뒤에 깔려 있다. 1950년 감옥에 갇혔을 때에도 그는 "프랑스 만세, 국왕 폐하 만세!"를 외치며 여전히 왕정복고를 부르짖을 정도였다. 1899년에는 프랑스의 왕위 계승자임을 자처하던 자에게 독재자가 되어 국가를 장악하라고 강권했었다. 그가 볼 때 왕족이 아닌 독재자들은 아무리 다른 측면에서 이데올로기적으로 건전하더라도 대중의 지지를 동원해야만 하는 난점을 감수해야 했다. 그는 민주주의를 외부에서 유입되어 —직접적으로는 독일과 스위스에서, 보다 멀리에서는 예루살렘으로부터 들어와서— 그의 증오 대상이 된 유대인, 프리메이슨, 프로테스탄트, 외국인, 특히 독일인에 의해 프랑스 안에서 유지된 것이라 여겼다.

> 민주주의 체제의 핵심이 되는 평등의 원칙은 최대 다수, 즉 국민을 이루는 가장 열등한 부류, 가장 덜 정력적인 생산자, 가장 게걸스러운 소비자에게 권력을 건네주었다. 이들은 가장 적게 일하고 가장 많은 피해를 끼치며 … 평등이 가져다줄 것이라 기대되는 상상 속 선의들은 모든 이에게 고통을 유발할 뿐 … 민주주의의 꿈과 체제와 인위적 자극제들은 인간의 태생적 악을 무한히 증대시킨다.[16]

페탱은 비시에서 권력을 잡은 직후 모라스에게 자신의 연설집을 한 부 보냈는데 거기에는 "샤를 모라스, 프랑스인 중에서도 가장 프랑스인다운 이에게"라고 새겨져 있었다. (모라스는 비시 정부의 반유대주의 법률이 충분히 엄격하지 못하다고 비판하긴 했지만) 1940년에서 1944년 사이 비시 정부의 정책들과 이데올로기적 표현은 모라스의 사상에 기반을 둔 것이었다. 그는 나치로부터 해방된 이후 적군에 부역했다는 혐의로 단죄받았지만, 그에 상응하는 참수형이나 총살형을 피할 수 있었다. 이는 아마도 그의 열렬한 반反게르만주의 덕분이었을 것이고, 그의 건강 상태 즉 심각한 청각장애도 도움이 됐을 것이다. 아니면 그에게 고위직 친구들이 많이 있었기 때문일 수도 있다. 그는 페탱이 사실은 비밀리에 연합국의 승리를 위해 일하고 있었다고 주장하고자 했는데, 실제로 그렇게 믿었을 수도 있다. 모라스는 자기기만의 무한한 능력을 지녔으니 말이다.

1914~1918년의 전쟁에서 패한 국가들에게는 회복해야 할 광대한 영토가 있었다. 헝가리인들은 헝가리보다 주변 국가들(특히 루마니아)에 더 많이 살고 있을 정도였다. 전쟁에서 승리한 국가들은 전쟁에서 새로 얻은 것들을 지켜내야 했다. 루마니아는 인구가 거의 두 배가 됐다. (새로운 시민들 대부분은 루마니아인이 아니었다.) 폴란드는 매우 특별한 경우였다. 18세기에 지구상에서 완전히 사라질 뻔한 이 나라는 전쟁으로 되살아나 추가적인 영토를 확보했으며, 적대적인 소수민족들을 포함하고 있는 이 영토를 지키기 위해 동쪽으로는 소련, 서쪽으로는 독일과 맞서야 했다. 핀란드는 차르의 제국에 속해 있었을 때도 보기 드물 정도의 자치를 누리긴 했지만 세계대전의 결과로 완전히 독립할 수 있었다. 그러나 지배층 엘리트들 중 가장 민족주의적인 부류에서는 더 큰 것을 얻을 수 있으리라는 기대가 있었다. 자그마한 발트해 3국(발트해 동쪽 연안의 에스토니아, 라트비아, 리투아니아 세 나라를 가리킨다—옮긴이)에서는 맹렬한 반反러시아 민족주의가 팽배했다. 유고슬라비아 역시 특별한 경우였다. 두 세계대전 사이의 몇 년 동안 특히 유럽의 이 지역에서는 종교적 차이가 민족적 적대감을 드러내는 결정적 표지로 작용했다. 북부, 특히 크로아티아의 주민과 엘리트는 모두 충실한 가톨릭 신자들이었지만, 새로 성립된 이 다민족국가를 지배하며 최상의 이득을 독점하려 한 세르비아인들은 동방정교회에 강하게 결부되어 있었다.

라틴 국가들과 오스트리아 및 헝가리에서 보수주의와 파시즘 사이에 다리를 놓아준 이데올로기는 다른 무엇보다도 통합주의였다. 마틴 블링크혼의 『파시스트와 보수주의자*Facists and Conservatives*』에 따르면, 로저 오스틴은 "폭력적 반공주의, 정도가 다양한 외국인 혐오 그리고 … 경제 문제에 대한 모호한 협동조합주의적 해결 방안"을 통합된integral 민족주의에서 비롯한 것으로 보았다. "그들은 의회보다 행정부의 권한을 더 강하게 만들어줄 권위적 정부 형태를 선호했다."[17]

시오니즘

팔레스타인에 유대인 국가를 건설하려는 프로젝트인 시오니즘은 19세기의 끝 무렵에 진전됐으며, 특히 드레퓌스 사건에 자극을 받아 활발해졌다. 하지만 시오니즘은 (당시 유대인 일반에서는 상당히 소수 트렌드에 불과했을 뿐 아니라) 다양한 측면을 지닌 현상이기도 했다. 거기에는 좌익 시오니즘과 우익 시오니즘이 모두 있었으며 나중에는 제에브 야보틴스키가 창시하여 공개적으로 무솔리니를 추앙하는 수정주의 시오니즘의 파시스트 분파까지 더해졌다. 그러나 이 모두를 고려하더라도, 시오니즘은 보수주의의 한 형태로 평가되어야 한다. 그 프로젝트는 본질적으로 식민지 정착민의 프로젝트로서 주로 팔레스타인의 아랍 주민들을 겨냥한 것이기 때문이다. 또한 제1차 세계대전 이전에 취해진 프로젝트의 전략은 (당시 이 지역을 지배하고 있던) 오스만제국의 지원을 받아, 강렬한 반유대주의자였던 독일 황제 빌헬름 2세와 러시아 황제 니콜라이 2세에게 모두 승리를 거두는 것이었기 때문이다. 세계대전이 발발하고 난 뒤에 이어진 시오니즘의 지도자들은 영국 보수주의의 지원을 요청하여 얻어냈으며, 이는 1917년 밸푸어선언(당시 영국 외무장관 아서 밸푸어가 유대인 공동체 지도자 월터 로스차일드에게 공식 서한을 보내 팔레스타인 지역의 유대인 국가 설립에 대한 영국 정부의 찬성 입장을 밝혔다—옮긴이)에서 구현됐다.

미국

미국에서 패권을 장악하며 강력하게 자리 잡은 이데올로기는 개인주의적 자유주의였다. 하지만 미국의 자유주의는 기이한 몇 가지 특징이 있었고, 그 사회적 태도는 전혀 자유주의적이지 않았다. 1920년대는 무엇보다 금주법의 시대였고, 인종주의가 백인 주민 전체에 만연해 있었다. 당시 인종주의는 옛 남부연합에 속했던 주들에서 특히 병적인 특성을 보이긴 했지만 그들 지역에만 한정됐던 것은 아니었다.

이런 맥락 속에서 (정당이란 명칭이 그다지 정확하지는 않을) 두 개의 정치적 연합 세력이 경쟁적으로 활동하고 있었는데, 좌우 스펙트럼 위에 이 둘의 위치를 정렬하기란 쉬운 일이 아니었다. 그러나 노동자들에게 적대적인 공화당원들은 틀림없이 분명하게 대자본을 대표했고, 노동조합을 막기 위해서라면 치명적인 폭력을 동원하는 일에도 절대 주저하지 않았다. 민주당원들은 미국 백인 사회의 보다 가난한 부류를 끌어들이는 경향이 있었지만, 민주당 역시 남부 인종주의자들의 당이었다. 아마도 평균적 민주당원은 제약받지 않는 시장 가치들에 미미하게나마 덜 헌신적이었을 따름이다.

당시 보수주의의 가치들 중에서도 핵심이 된 것은 고립주의였다. 즉 아메리카와 태평양 지역을 제외한 외부 세계에 미국이 정치적으로 관여하는 일을 최소화하려는 것이었다. 고립주의는 민주당 출신 대통령 윌슨의 프로젝트에 반대하는 세력들이 내건 슬로건이었다. 미국이 세계 무대에서 맡을 역할은 아직 보수주의 의제에 올라 있지 않았다. 공화당이 지배하고 있던 하원에서는 미국이 국제연맹에 가입하는 것을 막았으며 윌슨이 서명한 베르사유조약의 비준을 거부했다. 1920년대에는 공화당 출신 대통령이 세 명이나 당선됐다. 워런 하딩과 캘빈 쿨리지는 카리스마 없는 허수아비 같은 존재들이어서 둘 중 하나가 죽는다면 "누가 죽었는지 어떻게 알 수 있나?"라고 도로시 파커가 풍자했을 정도였다. 하지만 그들은 강경 보수주의자들로 그들이 생각하는 정부 사업은 말 그대로 사업이었다. 그리고 그 사업은 잘 돌아가는 것으로 보였다. 1920년대 중반에 세계가 전체적으로 불황에 빠져 허우적거리고 있었지만, 미국만은 호황을 누리고 있었기 때문이다.

대통령 자리에 오르기 전 허버트 후버는 '훌륭한 엔지니어'로 알려져 있었다. 1928년 그가 대통령에 선출된 것도 사실은 그러한 명성에 기댄 것이었다. 하지만 그의 정부가 들어선 해에 불황이 시작됐고, 불황은 하나의 전환점이 됐다. 미국의 보수주의는 정부가 상황을 바꾸기 위해 어떤 일도 할 수 없으며, 어떤 상황에서도 균형 예산과 최소 지출이라는 전통적 규범이 원래대로 유지되어야 한다는 주장과 동일시됐다. 후버를 선두로 보수주의의 대변인들이 보인 첫 번째 반응은 장기 불황의 조짐을 부인하는 것이었다. 그리고 두 번째 반응은 시장 세력들이 곧 상황을 바꾸어 난제들을 극복할 것이므로, 정부는 불황으로 고통받는 이들의 시위를 진압하는 것 말고 어떤 일도 해서는 안 된다는 것이었다. 아직 선거권이 제한되어 있는 상황이었지만, 1932년 대통령 선거에서 유권자들에 의해 이러한 보수주의자들의 정서가 거부당한 것은 그리 놀라운 일이 아니었다.

뉴딜 정책의 조치들은 온건하고 제한적이었지만, 보수주의자들은 이에 맞서 인정사정 볼 것 없이 싸웠다. 언론 재벌들 및 그들과 생각의 궤를 같이하는 해설자들의 지배를 받는 모든 언론 매체에서는 뉴딜 정책을 맹렬히 비난하고 저주했다. (루스벨트가 민주당의 보수 계파의 마음에 들도록 그의 정강政綱을 완화시켜야 하긴 했지만) 민주당이 다수 의석을 차지하고 있던 하원에서는 보수주의자들이 별달리 많은 일을 할 수 없었다. 그러나 보수주의의 주요 거점은 사법부, 그중에서도 특히 사법부의 상층부에 있었다. 미국 대법원은 할 수 있는 한 뉴딜 정책의 조치들을 무너뜨렸다. 보수주의자들이 장악한 개별 주州의 행정부에서도 할 수 있는 대로 뉴딜 정책을 방해했다.

루스벨트의 적들이 군사 쿠데타를 계획했다는 주장도 있었다.[18] 그러한 주장이 사실로 밝혀졌다 해도, 그들은 분명 음모를 꾸미기에는 너무 서툰 공모자들이었을 것이다. 그들이 군사적 대표로 염두에 두었던 인물은 스메들리 D. 버틀러 장군이었는데, 사실 그는 정치적 급진주의자였다. 그는 이전에 대자본이 후원하고 그 자신은 억지로 참여해야만 했던 군사작전뿐 아니라, 라틴아메리카에서 대자본이 벌이는 활동들까지 강하게 비난한 바 있었다. 쿠데타 시도가 정말 있었다면 그것은 헛수고로 끝났고, 그 혐의를 주장하는 진술들은 모두 숨겨졌다. 하지만 여러 해에 걸친 이 시기가 미국 보수주의자들에게 낭비된 시간만은 아니었다. 그들은 '미국적 방식'이라는 자신들의 이념에 맞지 않는 어떤 형태의 정치나 경제적 조치, 사회적 활동이나 문화를 향해 증오를 갈고 닦았다. 루스벨트의 재임 동안 수세에 몰리긴 했지만 이 이데올로기의 지지자들은 강하고 폭넓은 사회적 기반을 가지고, 반격할 기회가 오기만을 기다리고 있었다.

동아시아

로저 그리핀은 일본의 파시즘을 규정하기 힘든 한 가지 이유는 그것이 "위협적으로 확고히 자리 잡은 급진적 우파"와 마주보고 있기 때문이라고 썼다.[19] 페리 앤더슨이 지적한 것처럼[20] 일본은 19세기에 유럽이 전 세계를 관통하여 세력을 확장하기 이전에 지구상에서 봉건 유럽과 가장 유사한 상태를 이루고 있었다. 또한 봉건적 가치들이 일본 문화를 계속해서 지배하여 몹시도 권위적인 사회가 유지됐다. 이 사회에서 천황은 명목상의 대표자와 실질 정치 지도자의 중간쯤에 위치했다. 신중하게 고안된 성사적聖事的 지위(성사聖事란 신을 매개하는 의례를 말하는 것으로, 지위가 성사적이라는 것은 그것이 신이 매개된 성사를 통하여 정해진 것이라는 의미와 더불어, 신을 매개하는 성사를 행할 수 있는 권한이 있음을 의미한다—옮긴이) 때문에 천황은 오히려 청동기 시대의 신神-왕王처럼 보일 뿐, 봉건 군주든 절대군주든 혹은 입헌군주든 그 어떤 유럽의 군주와도 달랐다.

20세기 초 일본은 근대 국가기구인 노동조합, 정당, 내각 정부를, 그리고 마침내는 공산당까지 갖추었다. 그러나 이들은 놀랍도록 패권적인 극단적 보수 세력에는 아무런 상대가 되지 못했다. 이러한 보수 세력들이 집결된 중심은 군대였다. 경제 불황이 시작되자 보수 세력들은 시민사회의 균형을 잡아주는 반대 세력들을 모두 밀어내고 일본 정부의 방향을 결정할 수 있었다. 그렇게 해서 결정한 가장 중요한 일이 바로 1931년 중국 침공이었다. 그들은 제국의 확장을 경제 위기에 대한 해법으로 보았던 것이다. 1941년 일본이 미국을 공격하고 유럽의 전쟁이 세계전쟁으로 전환되려던 그날의 전야에 그들은 군인 총리를 세워 공개적으로 정부의 통제권을 장악하고 모든 합법적 정당을 강제하여 그들의 프로젝트를 지지하는 하나의 연합체로 통합했다.

그들의 프로젝트를 뒷받침한 것은 일본의 문화와 교육을 천황 개인에게 집중시키고, 상상으로 만들어진 천황의 초자연적 혈통에 의문을 제기하는 목소리를 모두 침묵시키는 하나의 이데올로기였다. 일본은 뿌리깊이 인종차별적인 사회였으며, 19세기부터 실행된 제국주의적인 극단적 민족주의의 이러한 분리주의적 문화에 매우 효과적으로 어우러졌다. 일본의 엘리트들은 사용 가능한 모든 통신수단을 이용하여 일반대중에게 일본 민족이야말로 동아시아의 민족들을 지도할 알맞은 소양과 운명을 지녔으며, 그러하기에 그들을 마음껏 착취할 자격이 있다고 가르쳤다. 1930년대와 전쟁 동안 일본의 적국들은 일본을 파시스트 열강들 속에 포함시키는 경향이 있었다. 물론 일본은 반코민테른 협정의 회원국이었으며 결국에는 추축국에 가담했다. 그것은 정략결혼 이상의 것이었음이 분명하며, 일본의 통치자들이 동조적 관점에서 나치즘을 파악했다는 것 또한 의심의 여지가 없다. 그러나 일본 고유의 극단적 보수주의는 파시즘보다 덜 사악한 것은 절대 아니었다 해도, 정확히 말해 파시즘이라고 볼 수는 없었다.

1911년 이후 중국은 혁명과 내전, 외세의 간섭과 무너진 중앙정부의 권위 때문에 고통을 겪고 있었다. 1920년대에는 장제스蔣介石라는 군부 독재자가 등장했다. 그는 1911년의 반反군주제 혁명의 유산과 쑨원孫文이 창립한 국민당을 자기 것으로 삼았다. 그가 최고의 통치권을 자기 것이라 주장하며 스스로를 정당화하는 데 사용한 이데올로기의 형식은 국가의 통일과 복구라는 것이었지만, 그 내용은 모두 너무나도 뻔한 것 즉 전통적 통치 계층, 특히 지주들의 지속적인 지배권, 예속과 의존이라는 전통적 문화규범이었다. 마키아벨리적 본능을 가진 장제스는 우선 민족 해방 이데올로기를 자임하는 자신의 주장들을 갓 태어난 공산당과 결부시켰다. 당시 중국공산당은 코민테른의 지침에 따라 국민당과 합작을 이루었다. 그런 뒤에 공산당이 그 목적에 기여하고 나자 장제스는 공산당에 달려들어 활동가들을 학살했다. 그러나 학살이 충분히 포괄적으로 이루어진 것은 아니어서, 장제스는 이후에 계속해서 무장 공산주의 세력의 저항에 시달려야 했다. 그가 세운 정권은 억압적이고 불안정했으며, 누구보다 부패했다. 그 정부의 특징은 야만적인 세금 징수와 군사 징집 그리고 간헐적으로 발생하는 기아飢餓였다.

제2차 세계대전

이 시기의 여러 해 동안 유럽의 보수주의는 지나칠 만큼 빈번하게 파시즘과 나치즘 그리고 나치 점령군에 결탁한 탓에 심각하게 변질됐고, 해방된 직후에는 어쩔 수 없이 저자세를 유지해야만 했다. 이베리아반도의 정권들, 특히 스페인의 정권은 국제사회에서 소외당했으며, 연합군이 승리한 뒤에 그들이 곧 무너지리라는 것은 보편적으로 예견됐다. 에이먼 데 벌레라(아일랜드의 주요 독립운동가로 활동했고 독립 이후에는 대통령을 역임하는 등 20세기 아일랜드 역사에 가장 크게 영향을 미친 인물 가운데 하나다—옮긴이)의 아일랜드 정부와, 급진적 민족주의의 수사修辭와 강렬한 사회경제적·문화적 보수주의가 특이하게 혼합된 피아나팔당Fianna Fáil party(아일랜드 공화당이다—옮긴이)은 이베리아반도의 독재 정권들과 비슷하지만 그들과 같은 증오는 품지 않은 채 중립성을 지키는 데 성공했고, 즉각적 위험에도 놓이지 않았다.

영국의 보수주의는 1930년대의 기억과 당시 총리들의 유화 정책들로 심각한 타격을 입었다. 하지만 보수주의의 사회적 기반은 그대로 유지됐고, 그 지도자가 전시 총리를 맡아 반나치 진영의 거물이 됨으로써 보수주의자들은 전시 연립정부에서 유리한 위치를 차지했다. 하지만 전시 총리가 지닌 동기들은 전혀 순수하지 않았다. 1920년대에 처칠은 무솔리니에게 상당히 동조했었으며, 무엇보다도 그는 제국주의자였다. 그는 자신이 대영제국의 해체를 주관하기 위해 국왕의 제1 각료가 된 것은 아니라고 (실제로 그가 했던 일의 상당 부분은 바로 그것이었지만) 선언했었다. 전쟁이 시작되기 전에도 처칠이 나치의 내부 체제를 혐오했던 것은 의심할 바 없지만, 그가 나치에 대한 반대를 우선시했던 것은 나치가 유럽에서 영국의 지위는 물론 대영제국에 위협이 됐기 때문이다. 내재되어 있던 그의 감정들은 1944년 그리스와 관련한 조치에서 확실히 다시 드러났다. 그는 그리스에서 독일을 축출한 뒤 사후 처리 과정에서 독일에 부역했던 보수주의자들이 권위를 다시 확립하고 공산주의가 주도하는 민족해방운동을 쳐부술 수 있도록 가능한 모든 원조를 제공했다. 보수주의자들에게 느끼는 동료의식과 그리스가 영국 왕실과 맺고 있던 연줄이 역할을 하긴 했지만, 그의 주된 동기는 동지중해에서 영국의 패권을 유지하여 수에즈운하와 인도제국(1858년 세포이 항쟁 이후 빅토리아 여왕이 인도 황제 자리에 올라 영국이 직접 통치하게 된 영국령 인도제국을 말한다—옮긴이)을 수호하려는 것이었다. 처칠은 인도제국이 미래에도 끝없이 계속되리라 보았다. 하지만 보수주의자들은 전시에 훌륭히 일을 해냈고 그 지도자 또한 그러했음에도 —적어도 그들의 정당은— 1945년 선거에서 침몰하고 말았다. 그러나 그들의 이데올로기는 일반대중의 의식 속을 깊이 뚫고 들어가 계속해서 거대한 권력을 행사했다.

히틀러를 제거하려는 음모는 보수주의 군인들 사이에서 1938년(체코슬로바키아에 끔찍한 전쟁이 임박했음을 그들이 믿게 됐을 때)부터 계속 존재해왔지만, 나치가 놀라운 승리를 거두던 몇 년 동안에 잦아들었다. 그러다 1944년 패전이 명확해지고 나서야 다른 반나치 보수주의자들이 합세해 정부를 전복하려고 시도했으나, 매우 애석하게도 무위에 그치고 말았다. 그들은 히틀러를 거의 죽일 뻔했으나, 실제로 히틀러를 죽였다 하더라도 그들이 이루려던 것을 정말 이루었으리라고는 확신할 수 없다. 분명 그들은 전쟁을 끝내길 원했지만, 그와 동시에 가능한 한 전쟁 이전의 옛 독일을 그대로 보존하고자 했기 때문이다. 심지어 그들은 적어도 1938년의 국경선을 확보하길 간절히 원하고 있었다. 이것이 고전 독일 보수주의자들이 마지막으로 시도한 정치적 도박이었으나, 그들에게 할당된 몫은 무조건 항복이었다. 그럼에도 영국–미국의 통제권 안에 들어간 절반의 독일에서는 보수주의의 사회적 기반이 손상되지 않은 채 온전히 남겨져 있었고, 이를 통해 보수주의의 정치적 역량은 전후 시대의 새로운 토대 위에서 다시 확립될 수 있었다.

세부 사항들은 달랐지만 본질적으로는 사실상 동일한 과정이 이탈리아에서도 진행됐다. 독일의 경우와 비슷한 이유, 즉 돌이킬 수 없는 패전의 결과 때문에 전통주의적 보수주의자들은 무솔리니에게서 등을 돌리고 그를 제거하려는 계획을 꾸몄다. 헌법적으로도 건드릴 수 없는 존재가 됐던 히틀러와는 달리, 무솔리니는 명목상 군주에게 책임을 져야 했다. 이탈리아의 왕은 그를 해임할 수 있었고, 실제로 그렇게 했다. 그러면서 왕은 옛 질서의 구제라는 이유를 내세웠는데, 이것은 왕이 무솔리니를 총리 자리에 임명하면서 내건 이유와 실제로 같은 것이었다. 전쟁 이후에 보수주의자들은 군주정 폐지와 같은 언짢은 변화들을 받아들여야 했지만, 핵심 목표만큼은 성취했다.

패전 이후 일본에서는 훨씬 더 격렬한 변화가 이루어졌다. 군대는 정치적·사회적·문화적 권력을 박탈당하고, 거의 폐지된 것과 다름없는 상황에 놓였다. 천황의 신화는 소멸되고 천황은 다만 명목상의 지도자로 남았다. 하지만 그가 지닌 성사적인 문화적 아우라는 제거될 수 없었다. 그럼에도 미국의 관대한 감독 아래서 (소련은 일본 점령에 어떤 형태로도 참여할 수 없게 차단됐다) 보수주의의 정치적 역량은 다시 살아났으며, 그 정당은 이제 자유민주당이라는 이름을 달고 단단히 뿌리내린 헤게모니를 장악하여 그 뒤로도 계속해서 일본을 지배했다.

제2차 세계대전은 이루 말할 수 없는 사상자를 대가로, 1848년 유럽의 혁명들과 제1차 세계대전에 이어진 혁명들이 이루지 못한 채 남겨두었던 과업을 완수했다. 지난 시대들로부터 물려받은 옛 질서는 유럽에서뿐만 아니라 온 세계에서 산산이 부서졌다. 그러나 보수주의 이데올로기는 놀랍도록 뛰어난 적응력과 생존 능력을 증명해 보였다. 보수주의는 직접적으로 보수주의에서 혜택을 입는 이들 사이에서뿐 아니라, 어디에서나 일반대중의 의식 속에 비워진 거대한 공간 속에서 강한 영향력을 유지했다. 그리하여 보수주의를 실현하려는 여러 정치적 움직임이 잿더미로부터 다시 살아나기까지는 그리 오랜 시간이 걸리지 않았다.

제4장

공산주의

공산주의의 모순

1950년대에 나온 한 정치학 사전에서는 공산주의를 사회주의의 변종 또는 사회주의의 안티테제로 볼 수 있다고 했다. 통찰력 있는 정의였다. 공산주의라는 용어가 두드러지기 시작한 것은 마르크스의 영향 아래 혁명을 추구하는 공산주의동맹이 설립되고 그 유명한 『공산당 선언』이 나온 1840년대 말부터였다. 공산주의동맹은 유토피아를 추구할 뿐 투지가 부족했다고 여겨지는 초기 사회주의자들과 차별화하기 위해 공산주의라는 용어를 채택했다.

이 책의 서론에서 설명한 것처럼 20세기 초에 들어서면서는 공산주의라는 용어를 시중에서 사용하는 빈도가 크게 떨어졌다. 자신들의 혁명 의지를 숨기려 하지 않았던 러시아의 마르크스주의자들도 1898년에서 1903년 사이에 지하조직을 만들면서 자신들의 표제어로 '사회민주주의자'라는 말을 사용했다. 이는 사회주의인터내셔널에 속했던 옛 정당들, 특히 그중에서도 강력했던 독일의 경우를 따라 한 것이었다. 1914년 사회주의 정당들이 붕괴되고 러시아혁명이 일어나자 세계 전역에 혁명을 전파하기 위해 1919년 제3 인터내셔널이 창립됐다. 제3 인터내셔널에서는 공산주의라는 옛 이름을 회복하여 자신들이 부르주아지와 부르주아의 소유 재산에 쉬지 않고 저항하는 마르크스의 흐려지지 않은 강령에 전념하겠다는 뜻을 강조하고, 여기에 속한 정당들을 사회민주주의 '배신자들'과 구분했다. 제3 인터내셔널은 대안적 이름으로 공산주의인터내셔널, 줄여서 '코민테른'이라 불렀다.

공산주의 운동과 관련해서는 약간의 질문을 제기해야만 한다. 첫째, 공산주의는 러시아에서 일어난 사건들에서 기원했음에도 전 지구적 수준에서 반향을 일으켰는데, 그 이유는 무엇인가.[1] 둘째, 이 운동의 이데올로기는 두 번의 세계대전 사이에 격하게 바뀌었고, 그에 따라 추종자들의 활동 방향까지 바꾸어야 했는데, 왜 그들 대부분은 그러한 변화를 기꺼이 수용했는가. 주의를 기울여야 할 것은 여기서 우리가 논하는 것이 이러저러한 방식으로 정권의 직·간접 지시 아래 놓여 있던 개인들이 아니라, 그와는 반대로 국가 권위의 바깥에 있던 개인들이라는 점이다.

사실 두 질문 모두에 대한 해답은 그다지 불가해하지는 않다. 소련 바깥에 있는 공산주의 정당들의 멤버들은 자신들이 보편적이고 보편주의적인 해방이라는 어렵고 위험한 프로젝트에 참여하고 있으며 '역사가 그들 편에 있다'는 확신으로 불타올랐다. 그들은 그러한 해방이 의미하는 바를 빠르게 익혔고 (거기에는 박해의 대행자들 즉 지주, 사장, 공무원에 대한 복수를 포함하여, 특히 어디에서 계급 차이가 가장 격렬하게 발생하는지 언급되어 있었다), '노동자들의 국가'인 소련이 그 개념의 전형적인 예가 된다고 보았다.

공산주의는 빈번하게 세속 종교로 묘사되어왔다. 이런 표현은 상당히 부정확하고 오해의 소지가 많다. 공산주의가 모든 초자연적 개념을 엄격하게 배제했기 때문에 (종교를 지닌 사람들도 원한다면 개인적인 신앙을 버리지 않고도 공산주의에 참여할 수 있긴 했지만), 우리가 그때까지 종교라고 정의했던 것에 대한 다른 어휘를 고안해야 할 필요가 생겼을 것이다. 그럼에도 이데올로기로서나 실천으로서나 공산주의가 종교적 복음주의의 특성들을 보여주었다는 데는 의심의 여지가 없다. 이러한 특성들에는 사실상 어떤 비판으로부터도 자유로운 (하지만 거의 무제한적 해석에 개방되어 있는) '신성한' 경전, 활동가들이 실천하는 전적인 자기희생과 헌신, 때로 매우 배타적으로 변하곤 하는 옳음(그리고 올바름)에 대한 확신, 누구에게나 명백해 보이는 증거를 거부하고 '아침을 먹기도 전에 아흔아홉 가지 불가능한 일들을 믿는' (루이스 캐럴의 『이상한 나라의 앨리스』에 나오는 "때로는 아침을 먹기도 전에 여섯 가지나 되는 불가능한 일들을 믿기도 했어"라는 말을 저자가 비꼬아서 쓴 표현—옮긴이) 믿음, 공동체와 연대성에 대한 강렬한 감정—무시무시한 사회적·도덕적 압력들까지 수반되는 감정—이 포함됐다.

이러한 믿음의 병리적 현상들을 좌우하는 몇 가지 요인이 있었다. 우선, 공산주의자들은 공산주의 운동의 반대자들이 항상 거짓말을 한다는 신념을 공유하고 있었고, 그래서 그들의 주장들을 쉽게 떨쳐버릴 수 있었다. 조지 오웰은 "어떤 일들은 『데일리 텔레그래프*Daily Telegraph*』에서 사실이라고 말할 때조차 사실이다"라고 쓴 적이 있다.

공산주의자들에게는 『데일리 텔레그래프』가 사실이라고 말하는 것은 사실일 리가 없었다. 더욱 중요한 것은 소비에트의 공산주의자들이 이미 그 길을 보여주었고, 어느 누구도 그렇게 할 수 없을 때 혁명을 완수했으므로 그들은 옳아야만 했다는 점이다. 어떤 경우에도 소련은 세계의 마지막 희망이며, 따라서 모든 원수와 비평가들에 맞서 소련을 방어하는 것이야말로 가장 중심적인 우선 사항이 되어야 했다. 체제의 단점은 어떤 것이든 최선을 다해 무시되거나 부인됐다.

공산주의 운동은 모든 형태의 미신을 경멸하고, 스스로를 '과학적 사회주의'라고 묘사하며 강조하기로 결정한 운동이었다. 그런데 이 운동이 코민테른에서 (사실상 크렘린에서) 발표하는 것은 무엇이든 주변 환경에서 나온 명확한 증거에 모순되거나 그 전날 나온 '당의 방침'을 뒤집는 것이라도 상관하지 않고 모두 받아들이는 비합리성에 빠질 수 있었다는 것은 정말 놀라운 아이러니였다. 그만큼이나 모순적이고 비이성적이지만 같은 근원에서 비롯된 것이 바로 사후 '개인숭배'였다. 죽은 레닌은 이 개인숭배로 둘러싸여 있었으며, 이는 여전히 살아 있던 스탈린에게 자연스레 옮겨갔다. 물론, 이를 과장하지 않는 것은 중요하다. 사용 가능한 모든 증거를 살펴보면, 인터내셔널이 설정한 한계 안에서 개별 정당들이 상대적으로 자유로이 자기들의 고유한 접근 방식을 실행할 수 있었다는 것이 분명히 드러난다. 그리고 스탈린의 권위에도 한계가 있었다. 그는 당의 관료 조직을 늘 함께 이끌고 다녀야 했다. 그의 사상과 정책의 많은 부분은 레닌과 정반대였지만, 자신이 레닌의 최측근이었으며 가장 능력 있는 제자였다고 하는 주장에 대한 최종 분석에 기대어 있었다. 상상력을 극도로 발휘한 가정이긴 하지만, 만약 스탈린이 이제부터 소련은 신지

학적神智學的(Theosophical) 신정 체제가 될 것이라고 선포했더라면 그는 오히려 자기 동료들의 동의를 구할 수 없었을 것이다.

요약하자면, 소련공산당(볼셰비키)[2]이 모든 곳에서 공산주의자들을 조종할 수 있게 된 권력의 비결은 러시아혁명과 소비에트 국가를 이끈 그 지도력에서 찾아야 할 것이다. 러시아혁명과 소비에트 국가는 온 세계 혁명가들과 급진주의자들에게 타오르는 희망과 기대를 불러일으킨 사건과 체제였기 때문이다. "볼셰비키가 해냈다. 그들을 따르자!"라는 말로 이런 태도를 요약할 수 있겠다. 코민테른 전역에서 채택된 이론적 추정들과 근본적인 정치적 관점들 그리고 조직의 스타일에 대한 개요는 궁극적으로 레닌의 이론과 실천에서 나온 것이었다. 그의 이론과 실천은, 전 생애에 걸쳐 변화해온 그의 견해들을 반영했던 다수의 주요 저술들에 상세히 설명되어 있다.

공산주의의 토대

1914년 이전의 레닌은 정통 마르크스주의자였다. 흔치 않게 다투기 좋아하고 고집스러운 기질을 지니고 있었다. 그는 자신의 생각들을 뒷받침하기 위해 독일사회민주당의 지도적 이론가였던 카를 카우츠키의 저작을 빈번하게 언급했다. 마르크스주의 이데올로기의 관점에서 보면 1905년 러시아혁명 이전 제정러시아의 불법적 사회주의 지하운동에서 레닌이 다른 마르크스주의 혁명가들과 구별될 만한 점은 거의 없었다. 하지만 정치적 실천이라는 관점에서 보면 분명한 차이가 있었다.

조각조각 흩어져 있는 집단들을 하나의 포괄적인 러시아 사회민주주의 정당으로 묶어보려던 1898년의 시도가 (대표위원들이 모두 체포되는 것으로 끝나면서) 수포로 돌아간 뒤, 국내 지하 활동가들과 레닌을 포함하여 유배된 마르크스주의자들 사이에서 새로운 시도를 위한 논의가 계속됐다. 이러한 맥락에서 레닌은 (니콜라이 체르니셉스키의 유명한 혁명 소설의 제목을 따서) 『무엇을 할 것인가?*What is to be done?*』란 팸플릿을 썼는데,[3] 이 책은 앞으로 전개될 공산주의 운동의 이데올로기적 주춧돌이 됐다고 볼 수 있다.

레닌은 '경제주의자들Economists'과 '경제주의economism'를 공격하는 것으로 시작했다. 이 용어들은 보통 첫눈에 예상되는 것을 의미하지 않고, 제국 안에서 노동자들의 운동이 노동조합과 관련된 문제에만 집중하고 정치적 이슈들은 부르주아지에게 맡겨야 한다고 주장하는 정치적 경향을 가리킨다. 레닌의 말을 따르면, 경제주의란 "노동자들이 경제적 투쟁을 계속해 나가도록 두어라. … 그리고 마르크스주의 지식인들이 정치적 '투쟁'을 위해 자유주의자들과 합병하도록 두어라"라고 하는 것이었다. 물론 그는 이러한 구분에 격렬하게 반대했다. 마르크스주의 지식인들은 노동자들의 운동에 한 부분으로 통합되어야 한다는 것이 그의 주장이었다.

이러한 그의 주장은, 노동계급이 자발적으로 어쩔 수 없이 생활의 필수 요소들에만 집중해야 하고, 교육의 기회를 박탈당하는 상황에 놓였기에 '노동조합 의식' 그 이상으로 올라갈 수 없다고 하는 유명한 (혹은 악명 높은) 주장으로 이어진다. 노동계급이 혁명적 마르크스주의에 이르기 위한 성장 과정은 마르크스주의 이론을 공부하고 이해할 수 있는 지위에 있었던 교육받은 부류에 의해 시작되어야 한다. 하지만 일단 그 성장 과정이 시작되고 나면 노동계급 혁명가들은 마르크스주의적 분석을 전개하여 주도적 역할을 장악할 수 있는 완전한 능력을 갖추게 될 것이다. 레닌은 자신의 추종자들 중에 노동자가 부족하다는 사실을 늘 불평했다.[4] 레닌은 논쟁을 통해, 노동자들이 그들의 진짜 이익을 보지 못하게 가리는 베일과도 같은 허위의식—부르주아 또는 '일벌레'의 이데올로기— 개념을 의문의 여지가 없는 당연한 것으로 다루었으며, 의식 있는 마르크스주의자들에게 그런 허위의식을 벗겨내야 한다고 요구했다.

이것들이 전부가 아니었다. 레닌은 이러한 주장들에 이어서, 러시아 사회민주주의 정당이 갖추어야 할 모습에 대한 자신의 생각을 자세히 설명했다. 그것은 마르크스주의 담론에서 이전에 제시된 다른 어떤 것과도 같지 않았다. 그것은 규율이 엄격하게 잡혀 있고 상당히 조직화된 단체여야 한다. 그리고 이 단체를 이루는 것은 '인민의 지도자'인 전문적 혁명가들이어야 하며, 이들은 정치적 혁명을 그 목적으로 하여 노동자들의 운동을 조직할 수 있어야 하고, 비밀경찰보다 영리하되 정부 당국과 그 앞잡이들과의 싸움에서 사용하는 수단에 까다로워서는 안 된다. 마지막 조건은 레닌이 무無도덕주의를 옹호하는 것은 절대 아니었지만 상황윤리에 관련되어 있음을 드러낸다.

레닌의 주장은 부르주아 민주주의에나 적합한 수단들을 차르의 압제를 받는 상황에서 적용할 수 없다는 것이었다. 이러한 주장은 혁명 정당에 대해서도 똑같이, 사실은 특히 더 맞는 말이었다. 노동운동을 자유로이 벌일 수 있는 사회에서는 공개적으로 토의하고 지도부 직위들을 선거로 선출하는 정상 기제가 있어야겠지만, 제정러시아 안에서는 지도자와 활동가 사이에 형성된 무조건적 신뢰와, 토론의 절차들에 종속되지 않는 지침들을 기꺼이 수행하겠다는 의지가 있어야 한다. 레닌의 팸플릿을 읽은 사람이라면 곧 나치에 점령당한 유럽에서 벌어진 레지스탕스 운동이 떠오를 것이다.

레닌에 반대한 사회주의자들은 레닌이 제안한 바를 깨닫고는 두려움에 떨었다. 그리고 그들은 레닌을 19세기의 유명한 직업 혁명가였던 오귀스트 블랑키와 비교했다. 블랑키는 (한 번도 성공한 적이 없지만) 음모를 꾸미는 혁명 조직들을 여러 차례 반복해서 설립하는 데 평생을 바쳤다. 또한 그가 자기자신을 정통 마르크스주의자이자 사회민주주의자로 여기며 독일사회민주당의 절차들이 반半입헌적 독일제국의 상황에 전적으로 적합하다고 보았다는 점을 기억해두는 것이 중요하다. '새로운 유형의 정당'을 위해 그가 작성한 지침들은 노동운동이 제도적으로 강하고 합법적인 국가들이 아니라, 제정러시아 같은 나라들에나 적용 가능해 보였다. (나라 밖에서 열린) 1903년의 창립 의회에서[5] 행해진 여러 투표 가운데 한 번 우연히 (그리고 일시적으로) 다수를 차지함으로써 레닌의 정파는 '다수파 사람들'이라는 뜻의 오해 소지가 많은 볼셰비키란 이름을 얻을 수 있었고, 반대 파벌은 멘셰비키로 알려지게 됐다. 이 당시 볼셰비즘은 단일한 의지로 똘똘 뭉친 하나의 정당과는 정반대의 것이었다. 그 안에서는 격렬한 논쟁과 분쟁이 자유로이 터져 나왔기 때문이다. 하지만 종국에 볼셰비즘은 레닌이 말했던 바, 그것이 의미하는 것을 실제로 의미하게 됐다.

특히 인터내셔널의 지도자들은 경쟁 파벌들과 (그리고 경쟁하던 사회주의혁명당원들SRs과) 함께 일하려는 시도를 벌였다. 그러나 이러한 시도들이 성공을 거둔 적은 없었다. 1908년에는 볼셰비키가 확정적 분리를 선언했다. 아니, 그보다는 자신들은 러시아사회민주노동당RSDLP임을 주장했다. 이 무렵에 이르면, 1905년 혁명은 이미 발발했다 무산됐고, 레닌은 팸플릿 『사회민주주의의 두 가지 전술*The Two Tactics of Social Democracy*』에서 그와 관련된 또 다른 혁신적 이론을 도입했다.

그 이론은 당연히 마르크스주의의 범주들을 통하여 표현됐고, 사회주의 정당들이 지닌 딜레마에서 기인한 것이었다. 사회주의 정당들은 특히 산업 노동자는 말할 것도 없고 농업 이외 노동계급이 인구의 아주 작은 소수만을 차지하는 나라에서 노동계급의 혁명을 이끌어내길 열망한다는 딜레마를 안고 있었던 것이다. 『공산당 선언』에서 개요가 제시되고, 본질적으로 영국과 (특히) 프랑스의 경험에 기초한 고전 마르크스주의의 체계에 이러한 상황이 맞아 들어가야만 했다. 즉 (발생 초기 단계의 노동계급의 지지를 받는) 부르주아 혁명이 발발하여 봉건 국가를 전복하고 산업 발전과 노동계급의 성장 및 자치 조직을 위한 근간을 마련한 뒤, '프롤레타리아 독재'—노동계급의 비상 통치, 즉 사회주의 정권—를 목표로 하는 노동계급의 혁명이 이어서 일어나야 했다.

산업 부르주아지와 노동계급의 성장이 위태로웠다는 점은 제외하고라도 러시아의 상황에서 이 모델이 지닌 문제는 계급의식을 지닌 노동자들이 그들의 직접적 압제자들, 즉 노동자들의 임금을 낮게 유지하고 끔찍한 노동환경을 강요하며, 노동자들이 강하게 저항하면 국가에 요청하여 쏴 죽이라고 하는 자본가들과 왜 연합해야 하는지 의문을 제기했다는 점이었다. 반대로 자본가들은 자신들을 제거하고 대체해버릴 노동자들과 무엇 때문에 정치적 연합을 형성해야 하겠는가?

게다가, E. H. 카가 말한 것처럼, 두 번째 공연을 하게 되는 부르주아 연기자들은 드라마의 결말을 알고 있으므로 자신들에게 호의적이지 않은 결과를 피하기 위해 노력하게 된다. 이때 그들이 보통 사용하는 수단은 동요하고 있는 봉건 국가와 타협하는 것이다. 시간을 한참 거슬러 올라가 1847년의 마르크스조차 독일과 관련해서 이러한 문제를 의식하고 있었다. 그는 민주주의 혁명을 달성하는 데에도 대규모 노동계급의 투입이 필요할 것이라고 예견했었다.

레닌은 러시아 부르주아지가 진지한 혁명 세력으로서 무가치하다는 판단을 내린 상태였다. 그와 동시에, 당시에 이해하던 대로 마르크스주의의 일관성을 잃지 않고는 미래 국가와 사회를 향해가는 부르주아적 초기 단계에 대한 필요성을 폐기할 수 없었다. 이에 대해 그가 내놓은 해결책은 '프롤레타리아와 농민의 민주 독재'라는 (반드시 자기모순적인 것은 아니었을지라도) 다소 어설픈 이론적 개념이었다. 이 이론에서는 혁명에 필수적인 부르주아적 초기 단계란, 일단 프롤레타리아가 충분히 성장하기만 한다면 산업과 금융자본의 실질적인 정치적 지배는 건너뛰고 프롤레타리아 독재로 부드럽게 전환되는 길을 열어주는 것으로 제시하려 했다.

나중에, 여전히 볼셰비키의 희망들이 침체되어 있던 시기에 국적 문제에 관한 중요한 논쟁이 일었다. 이 논쟁에서 레닌과 로자 룩셈부르크가 맞섰다. 혁명가로서 그녀의 자격을 의심할 수 있는 사람은 아무도 없었다. 문제가 된 것은 원래는 다른 나라 사람들이었으나 원치 않게 여러 제국에 속하게 된 소수자들의 야망에 대해서 사회주의자들이 취해야 할 적절한 입장이 무엇이냐 하는 것이었다. 간단히 말하자면, 룩셈부르크가 러시아에 점령된 폴란드에서 창립을 도왔던 정당과 룩셈부르크 자신이 취했던 관점은, 어떠한 형태의 것이든 민족 정서는 부르주아 이데올로기를 드러내며 계급투쟁에서 벗어나는 것이고, 억압받는 나라의 노동자들은 억압하는 나라의 노동자들과 협력하여 사회주의 혁명을 향해 나가는 데 모든 노력을 집중시켜야 한다는 것이었다. 무엇보다도 마르크스는 "노동자에게는 나라가 없다!"라는 선언을 한 것으로 유명했다.

레닌은 다음과 같은 주장으로 대항했다. 제국 내부에서 벌어지는 민족 투쟁이 통치자들의 권력을 약화시키는 데 중요한 요소가 된다. 또한 억압하는 민족의 노동계급이 억압받는 민족의 노동계급으로부터 신뢰를 유지하고자 한다면 반드시 권력을 쟁취하자마자 무조건적으로 민족적 요구들을 기꺼이 인정해주어야 한다. 아일랜드에서든 폴란드에서든 정치적 분리 독립을 요구한다면, 그것까지 포함해서 그들의 요구를 들어주어야 하는 것이다. 억압받는 민족과 억압하는 민족의 민족주의 사이에는 분명한 선을 그었다. 레닌의 관점에서 한 가지 문제는 민족nation이 무엇인지를 정확히 정의하는 것이었다. 여기서 등장한 민족의 정의는 영토와 언어 그리고 어느 정도 경제와 관련된 동질성을 포함하는 것이었다. 이와 관련해 스탈린은 볼셰비키의 입장을 이론적으로 규정하여 진술하는 임무를 부여받았고, 이것이 의미 있는 그의 첫 저술이 됐다.

전쟁과 혁명

스위스에 망명해 있던 레닌은 인터내셔널의 사회주의 정당들이 예외 없이 자신들의 약속을 저버렸다는 소식을 듣자 할 말을 잃고 회의에 빠져들었다. 당시 각 나라의 사회주의 정당들은 전쟁이 발발하자 이를 혁명의 기회로 삼지도 않고, 전쟁이 빨리 끝날 수 있도록 협력하지도 않았다. 그러는 대신 각자 '자신들의' 정부를 지원하기로 했다. 결국 민족주의는 국제적 연대를 능가하는 것이었다.

레닌은 일단 이때 받은 충격과 고통에서 회복되자 사회주의 정당들이 자기들의 계급을 배신한 현상을 이론적으로 설명하는 작업에 착수했으며, 이와 더불어 새로운 인터내셔널의 핵심이 될 사회주의 혁명가들의 조직을 설립하기로 계획했다. 새로운 사회주의 조직 설립 계획은 1915년 스위스의 치머발트에서 열린 회의로 시작됐다. 이 회의에서는 실제로 강력한 반전反戰 입장을 분명히 하긴 했지만, 레닌은 '제국주의 전쟁을 내전으로 전환'하여 호전적 정부들에 맞서는 일에 완전히 몰입하겠다고 하지 않는 것이 불만스러웠다. 사회주의 정당들의 행동 뒤에 깔려 있는 것들에 대한 레닌의 이론적 모델이 이듬해 『제국주의론: 자본주의 발전의 최고 단계*Imperialism: the Highest Stage of Capitalism*』라는 팸플릿으로 나왔다. 레닌은 이 책이 러시아에서 합법적으로 유통될 수 있기를 바라며 결론을 명백하게 기술하지 않았다.

레닌은 16세기 이후 유럽 제국주의의 발전 과정과 1914년의 사건들 사이의 긴밀한 관련성을 추적했다. 그가 말하는 제국주의는 단지 아시아와 아프리카에서 땅을 차지하는 것만 의미하는 것이 아니었다. 제국주의를 그렇게만 본다면 그것은 이 현상의 한 가지 측면만을 보되 가장 중요한 측면은 놓치는 것이라고 레닌은 생각했다. 보다 중점적으로 그가 비판한 것은 독점 자본의 세계 관통이었다. 본국에서 경쟁의 압박을 받은 자본은 값싼 토지, 노동, 원자재를 통해 이윤을 높일 수 있는 세계의 다른 지역들로 뚫고 들어갔다. 이는 시장이 아니라 투자 영역을 확보하기 위한 투쟁이며, 그러한 이유로 세계를 분할하고 다시 분할하는 현상이었다. 이를 통해 초과 이윤이 축적됐고, 제국주의 국가들의 노동운동 지도자들은 노동조합 출신이든 정치인이든 축적된 초과이윤으로 매수되어 원칙을 배신하고, 제국주의적 민족주의라는 이데올로기에 눈이 멀고 자본의 요구에 굴복하여 그들의 지지층을 팔아먹었다. 레닌은 노동계급 전체가 그렇게 부패했다고는 생각하지 않았다. 그가 보기에 자본주의에는 그렇게 할 수 있을 만큼 충분히 전체 노동계급의 생활수준을 올려놓을 능력이 없었기 때문이다. 다만 노동자 관료 조직과 '노동자 귀족'의 상위 계층은 영향을 받았을 수 있다. 그의 결론은 이러하다. 전쟁은 자본주의와 자본주의 정권들의 완전한 파산을 입증했다. 그리고 유럽을 비롯한 세계의 여러 지역에서 이제 혁명이 완전히 무르익었다.

소비에트

1905년 혁명이 일어나는 동안, 소비에트들이 처음으로 등장하기 시작했다. 소비에트는 단순하게 '평의회'를 의미하며, 당시 임시변통으로 만들어진 노동자들의 조직으로 그 위원들은 극단적으로 민주적인 원칙에 따라 선출됐다. 국가의 기능 일반이 정지된 상황에서 러시아의 여러 마을과 도시에서 소비에트들이 통치와 행정 기능을 맡아 수행했다. 처음에 레닌은 소비에트를 의심하며, 그들이 자신의 당과 경쟁할 수 있다고 생각했다. 하지만 나중에는, 부르주아 통치의 전형적 형태로 여겨지는 종래의 의회 제도를 대신해서 프롤레타리아 독재를 이룰 수 있는 적절한 토대로 보게 됐다. 레닌의 말을 빌리면, 소비에트들이 "천 배나 더 민주적"이었다.

1917년 3월(러시아력 2월) 행정 기능과 물자 공급이 중단되고, 전쟁의 참화를 겪으면서 가망 없이 부패하고 비효율적인 정부의 통치 아래 있던 민중들 사이에서 혁명이 발생하자 소비에트들은 재빨리 부활했다. 이제 소비에트에는 일반 사병들까지 포함됐고, 특히 페트로그라드(이전에는 독일식 이름인 상트페테르부르크Sanktpeterburg로 불렸으나, 이제 러시아식 이름이 붙었다—옮긴이)에서는 임시정부와 '이중 권력'의 관계를 취하게 됐다. 두마Duma(1905년 10월 선언에 따라 설립되어 1917년 혁명 때까지 존재한 러시아 의회—옮긴이)의 잔당들로 꾸려진 임시정부는 러시아 자본의 대표자들인 입헌민주당원들(카데트Kadet)이 지배했으며, 나라 안의 모든 정치 세력에 의해 —처음에는 러시아 내부의 볼셰비키에 의해서도— 수용됐다.

바로 이 마지막 상황 때문에 레닌은 진노했다. 그는 이제 러시아에서 허약한 임시정부와 자본주의의 지배를 해체하고 노동계급 권력을 성립시키고는 이와 유사한 혁명을 대륙 전역에서 불러일으킬 때가 왔다고 확신하고 있었기 때문이다. 여기에서부터 '모든 권력을 소비에트로'라는 슬로건이 시작됐다. 하지만 아직 이 단계에서 페트로그라드에서조차 볼셰비키는 소비에트들을 지배하지 못했다. 그해 4월 레닌은 그 유명한 봉인열차(레닌을 비롯해 해외에 망명해 있던 러시아 혁명가 32명이 2월 혁명 소식을 듣고 독일을 통해 귀국할 때 탔던 열차. 독일 정부는 이들이 중간에 독일 영토에 내릴 것을 우려해 객실을 봉쇄했다—옮긴이)를 타고 페트로그라드에 도착해 수도에 있는 자신의 동료들(스탈린도 포함되어 있었다)이 정부를 향해 취했던 '비판적 지지'라는 입장을 호되게 질책했다. 그리고 볼셰비키의 정책이 응당 취해야 한다고 생각하는 자신의 생각을 재빨리 밀어붙이는 데 성공했다.

하지만 7월이 되자 볼셰비키는 페트로그라드에서 폭력적인 반정부 시위를 조직한 데 대해 임시정부와 페트로그라드 소비에트의 지지자들로부터 비난을 받으면서 심각한 좌절을 경험했다. 많은 이가 체포됐고, 그중에는 여러 해 동안 레닌에게 반대했다가 화해를 이룬 트로츠키도 포함되어 있었다. 레닌도 은신해야만 했다.

국가와 혁명

핀란드에 숨어 있으면서 강제된 여가를 보낸 레닌은 나중에 『국가와 혁명*The State and Revolution*』이란 제목으로 출간되는 소책자 집필에 전념했다. 이 소책자에서 말하는 주제는 두 가지다. 첫째 주제는 계급 지배의 도구로서 국가를 분석하는 것이다. 국가의 본질은 어떤 계급이든 국가가 대표하는 계급의 우월한 지위를 유지시키기 위한 강제적 권력을 지닌 조직이란 점이다. 이러한 국가의 본질은 가장 민주적인 국가에서부터 가장 독재적인 국가에 이르기까지 모든 국가에 예외 없이 적용된다. 이로부터 다음과 같은 주장이 전개된다. 혁명적 프롤레타리아가 권력을 잡았을 때는 프롤레타리아의 고유한 국가를 설립해야 한다. 축출된 기존 계급의 국가를 인수해서는 안 되며, 완전히 파괴하여 자신들의 고유한 국가로 대체해야 한다.

둘째 주제는 프롤레타리아 국가, 곧 '프롤레타리아 독재'는 실제로 어떤 모습이 될 것인가 하는 것이다. 그것이 민주적인 틀을 가질 것은 분명했다. 그것은 소비에트들로 이루어진 민주주의 체제다. 그 정부를 구성하는 멤버들은 전업 국회의원들이 아니며, 노동자들의 일터와 긴밀하게 연결되어 있으면서, 국가를 이루는 유권자들을 만족시키지 못할 때는 즉각 소환되어야 한다. 레닌은 그러한 사회가 실제적으로 기능하는 데에 거의 문제가 없을 것이라고 확신했다. 자본주의는 이미 경제생활을 매우 높은 수준으로 조직해 놓았으므로, 행정은 누구나 할 수 있는 장부 기록 같은 단순한 작업으로 축소되어 간편해질 것이다. 사회가 발전함에 따라 범죄와 반사회적 행동은 사실상 사라질 것이며, 사회생활의 규칙들을 준수하도록 교육받은 시민들은 달리 행동할 이유가 없을 것이다. 당연히 생활수준도 오르고 그로부터 상상할 수도 없는 기회들이 모든 이에게 활짝 열릴 것이다. 물론 '더 높은 단계의 사회주의'인 공산주의가 도래하여 계급 갈등이 사라지고 풍요로운 사회가 성립될 때까지는 옛 사회의 적대적 요소들을 주의 깊게 살펴야 하며, 필요하다면 그것들에 맞서 물리적 힘을 사용해야 한다. 그러나 옛 사회가 외국으로부터 상당한 지원을 받지 않는 한 이 모두는 지엽적인 문제에 불과할 것이다.

『국가와 혁명』에 담긴 숙고들이 이 문제에 대한 레닌의 진짜 생각들을 표현한 것이라 추정할 수 있을 것이다. 볼셰비키에 대한 반발이 러시아를 장악한 듯이 보이고 그의 당이 예측 가능한 미래에 권력을 잡으리라는 기대가 거의 없어진 상황에서 그가 이 소책자를 썼기 때문이다. 국가에 대한 그의 분석에서 보이는 현실주의와, 그가 발전된 사회라면 쉽게 도달할 수 있다고 상상한 사회형태에 드러난 이상주의의 결합은 주목할 만하다. 이 둘의 결합은 계급사회의 존재가 모든 사회 문제의 뿌리이며, 이를 제거하고 나면 나머지 문제들은 간단해질 거라고 하는 좌익 사회주의자들의 순전한 확신을 드러내 보여준다.

1917년 11월 7일(러시아력 10월 25일)의 정권 탈취에 이어 곧바로 등장한 레닌의 첫 정부는 그의 정적들이 요구한 것과 같은 모든 사회주의 정당의 연립정부가 아니었다. 여기에 참여한 것은 좌파 사회주의혁명당원들Left SRs(1917년 2월 혁명 이후 러시아 사회주의혁명당은 임시정부를 지지하는 우파와 볼셰비키를 지지하는 좌파로 쪼개졌다—옮긴이)뿐이었다. 이들이 자신들의 정당에서 갈라져 나와 볼셰비키와 제휴한 까닭은 농업 관련 문제에 대한 그들 각자의 태도 때문이었다. 볼셰비키는 지주들이 소유한 토지를 즉각 몰수할 것을 요구했다.

1년도 지나지 않아, 황폐해져 있던 러시아 국토는 다시 형언할 수 없이 흉포한 내전의 배경이 됐다. 새로 선출된 의원들로 구성된 제헌국회에서 다수당이 되지 못한 정부 여당이 국회를 강제 해산해버리자 곧이어 1918년 2월 내전이 시작됐다. 왕당파에서부터 우익 멘셰비키에 이르는 그의 적수들은 연합국들의 지원을 받고 편치 않은 결합을 이루어 군사력을 동원해 맞섰다. 좌파 사회주의혁명당원들도 곧 떨어져나갔는데, 브레스트-리토프스크조약에서 독일이 내건 조건들을 수용하라고 레닌이 계속 주장했기 때문이다. 이 조약으로 옛 러시아제국의 영토에서 거대한 지역들이 독일에 할양됐다. 1919년이 되면 곧 공산당이라는 이름을 다시 달게 될 볼셰비키는 그 뒤로부터 (적어도 그들의 통제권 아래 놓인 지역들에서는) 단독으로 통치했으며, 그들의 정적들을 모두 조금씩 불법화시켜 나갔다.

이러한 일당독재체제는 이전에 일찍이 예견된 적이 전혀 없었지만, 공산주의 이데올로기에 내재된 고유한 것이었다. 이에 대한 명분, 그보다는 변명이랄 수 있는 것은 우선 반대 정당들이 반역적으로 활동하고 있다는 주장이었다. 나중에는, 정당이란 적대 계급의 정치적 표현이며 계급 적대감은 노동계급과 농민이 양자를 모두 대표하는 공산당 아래 맺은 동지적 연합으로 대체됐으므로 경쟁하는 여러 정당이 존재해야 할 어떠한 이유도 더 이상 존재하지 않는다는 원칙이 성립됐다. 부하린에 따르면, "모든 정당은 그 정당에 부합하는 해당 계급의 가장 지적인 부류들로 이루어진다."[6]

볼셰비키는 내전에서 군사적으로 승리하고 그들의 권위를 이전 제국의 거의 모든 지역에서 확립시켰다. 그러나 보다 근원적인 의미에서 볼셰비키는 내전에서 패했다고 말할 수 있다. 내전은 이미 세계대전이 휩쓸고 지나간 폐허의 자리에서 믿기지 않는 인명과 물질의 파괴를 가져왔을 뿐이다. 더욱 중요한 것은, 내전을 겪고 내전에서 승리하면서 볼셰비키의 실천 방식은 군사력, 권위주의, 교조주의를 향해 측량할 수 없을 만큼 크게 기울었으며, 갈등과 약점에 대해서는 편협하고 잔혹한 해결책을 사용하게 됐다는 점이다.

인터내셔널

1919년 내전이 격렬해지고 그 결과를 전혀 예측할 수 없었을 때 레닌과 트로츠키는 '세계혁명의 참모본부'가 될 제3 (공산주의) 인터내셔널을 창립했다. 1914년 이래로 레닌은 이 기구의 설립을 우선 사항으로 보아왔으며, 1917년 4월 페트로그라드로 돌아왔을 때에도 재차 강조했었다. 1919년에 이 기구를 창설한 것은 상당 부분이 선전 행위에 불과했다. 전선戰線을 뚫고 여행할 수 있는 외국 대표들이 거의 없었기 때문에 러시아 대표들을 포함해서 겨우 35명이 참석했다. 다음과 같이 논평하는 사람도 있었다.

> 총회에서 통과된 결의안들이 있긴 했지만, 인터내셔널은 창립 직후에는 조직적 실체를 갖지 못했다. 그것은 단지 선전 활동에 지나지 않았으며 국제 혁명 세력들이 그에 따라 결집할 수 있는 하나의 기준을 제시했을 뿐이었다. 인터내셔널에서 그들에게 일련의 정치 분석과 지침을 제공했던 것이 핵심적이었다. 그들이 가장 먼저 찾아오는 기회를 놓치지 않고 프롤레타리아 혁명을 일으킬 수 있도록 준비시키려는 것이었다.[7]

이 논평자는 계속해서 이렇게 말한다. "자본주의가 당시에 처해 있던 상황과 … 개혁주의의 특성 그리고 프롤레타리아 혁명이 취해야 했던 (소비에트의) 형식들에 대한 분석이 특히 강조됐다."

다음 해 7월이 되어서야 종전이 가까워졌고, 페트로그라드에서는 500명의 대표가 참가한 가운데 코민테른의 2차 총회가 열렸다. (상징적 효과를 위해 이후에는 모스크바로 이전되어 열린다.) 이번 총회에서는 그 목표들을 충분히 설명하고 규칙들을 작성했다. 이 규칙들은 공산주의 운동의 초기 이데올로기적 관점들과 신념들에 관한 날카로운 통찰을 제공해준다. 자본주의가 마지막 단계에 와 있으며 곧 붕괴될 것이라는 지도자들의 신념은 한 해 전보다 약해지지 않았다. 그럼에도 초점에는 어떤 변화가 있었다. 독일, 헝가리, 핀란드에서 혁명이 처참하게 좌절됐기 때문이다. (그들은 이러한 실패가 일시적인 것이라고 여겼다.)

하지만 결론적으로 그러한 실패는 결국 불가능한 환경과 압도적인 역경 때문이 아니라 올바른 볼셰비키 원칙들을 본보기로 형성된 공산주의 정당이 부족한 데서 비롯한 결과였다. 기대했던 바와는 반대로, 1년 전에는 소비에트들에서 조직되어 일어난 자발적 프롤레타리아 반란이 부르주아 지배를 신속히 제거할 것이라던 신념이 있었지만, 이제는 이름만이 아니라 그 성격도 완전히 레닌주의에 입각한 공산주의 정당이 지도해야만 그러한 반란도 성공할 수 있으리라는 것이 신념이었다. 코민테른의 의장 지노비예프에 따르면, "파리코뮌 당시에 노동계급이 작더라도 일치된 노동계급 정당을 소유했더라면, 프랑스 프롤레타리아가 일으킨 이 최초의 영웅적 봉기는 더욱 강력했을 것이며, 수없이 많은 실수와 결점도 피할 수 있었을 것이다."[8]

볼셰비키의 본보기와 그 원칙들의 역할은 소비에트들이 러시아 내전에서 곧 승리하리라는 사실과 군사행동의 최근 국면에 의해 더욱 강조됐다. 코민테른 총회 성명서에서는 "붉은 군대는 현재 세계사의 주요 세력 중 하나다"라고 이를 기술했다. 새로 들어선 폴란드의 보수주의-민족주의 정권은 총회에서 "세계 자본주의 반동 세력의 거점"이라고 맹렬한 비난을 받았다. 폴란드는 어떤 정당화된 원인도 없고 도발할 이유도 없는데 우크라이나를 침략하여 제국을 건설했으며 키예프까지 진군했었다. 적군은 반격했고, 그와 동시에 소집된 코민테른 총회는 바르샤바를 공격했다. 코민테른 대표들은 전쟁 진행 상황이 표시된 거대한 지도가 벽에 걸린 방 안에 모여 앉아 폴란드가 일단 패배하고 나면 붉은 군대가 독일 혁명가들을 도우러 갈 수 있으리라 생각했다. 그러나 승리한 것은 폴란드였다.

21개 조항

2차 총회에서 작성된 코민테른의 가입 조건과 규칙은 엄격하고 배타적이었는데, 그렇게 의도된 것이었다. 유명한, 또는 악명 높은 '21개 조항', 즉 공산주의인터내셔널 가입 조건은 이러한 사실을 명백히 드러낸다.

모든 공산당에 요구된 핵심 사항은 사회주의인터내셔널(제1차 세계대전 이후 되살아났다) 및 그곳과 제휴를 맺고 있는 다른 정당들을 향해 타협의 여지없이 적대적 자세를 취해야 한다는 것이었다. 하지만 공산주의자들은 '사회주의의 반역자들'에 연결된 노동계급 조직들 내부에서 선동 활동을 해야 한다는 요구도 받았다. 반역자들을 색출하고 그 추종자들을 설복하여 공산주의로 끌어오기 위해서였다.

> 노동조합과 협동조합에서 —공산주의인터내셔널의 멤버들이 들어갈 수 있는 곳이라면 어디에서든— 부르주아지만이 아니라 그 조력자들, 즉 모든 음지에 숨어 있는 개혁주의자들을 체계적이고 냉혹하게 찾아내어 반드시 낙인찍어야 한다.

개혁주의를 추종하는 모든 부류와 모든 '중도주의자'(즉 개혁주의와 공산주의 사이에서 정치적으로 동요하는 사람들)는 코민테른의 정당들로부터 범주적으로 배제되어야 한다.

공산당들은 준準군사노선('민주적 중앙집권주의'라고 언급되는)을 따라 중앙집권화되고 질서가 잡혀야 했다. "유럽과 아메리카의 거의 모든 나라에서 계급투쟁이 내전 국면에 돌입하고 있었기" 때문이다.

특히 중요한 것은 국가의 폭력 기관들, 특히 경찰과 군대의 일반 경찰관이나 사병들 사이에서 요구되는 선동 활동이었다. 이를 위해서는 당의 합법적 지위와 상관없이 합법적 활동과 불법적 활동을 결합하여 특별 지하 기구를 설립할 필요가 있다. 게다가 제국주의 나라들에서는 "식민지와 억압받는 민족에 관한 문제에 대하여 특별히 언급된 명확한 태도를 취하는 것이 필요하다." 그리고 부대에서는 반제국주의 선전을 벌여야 한다. 공산주의 정당들이 합법적 지위를 누리는 곳에서는 "당 내부에 있는 프티부르주아 부류를 당으로부터 체계적으로 씻어내기" 위하여 ('숙청'이나 '재등록'을 통해) 주기적으로 당원 자격을 점검해야 한다. 공산주의 정당이 불법화된 곳에서는, 공식적으로는 당과 아무런 관계도 없지만 실제로는 당에 의해 조종되는 합법적 '간판' 조직들을 만들어야 한다.

21개 조항은 혁명이 즉각 발발할 것으로 예상되는 상황에서만 타당성이 있었다는 점이 정확하게 지적되어왔다. 또한 성공을 가로막는 중심 장애물로 간주되는 것들 즉 대중들이 그들의 역사적 운명을 완수하지 못하도록 끌어당기고 있는 사회주의 반역자들의 나쁜 영향을 제거하고, 1917년의 볼셰비키처럼 기회를 잡을 수 있도록 군사형 조직을 마련하는 것이 반드시 필요하다는 점도 지적됐다. 실제로, 코민테른 총회 문서에서는 "세계 전역에 내전이 임박해 있으며, 그 기치는 소비에트 권력이다"라고 선언했다.

현실에서 21개 조항을 실행하기란 불가능했다. 근본적 전제조건들이 잘못됐고, 혁명의 파도는 지나갔지만 자본주의는 성공적으로 안정을 찾았다는 이야기만은 아니다. 이는 코민테른도 트로츠키를 통해 1921년 7월에 열린 3차 총회에서 할 수 없이 인정한 바이긴 하지만, 코민테른은 그 전략이나 구조에 대한 근본적 재평가가 필요하다는 사실을 부인했다.[9] 게다가 21개 조항이 가정했듯 운동을 장기간에 걸쳐 열정의 최고조 상태로 유지하는 것은 불가능한 일이었다. 그리고 합법적 공산주의 정당은 물질적으로나 조직적으로나 자산을 빠르게 획득했는데, 그러한 노선을 따른 행동 때문에 즉각 위험에 처했다. 특히 자부심 강한 부르주아 정부 중에, 경찰과 군대의 전복을 노리는 효과적 지하조직을 공개적으로 지지하는 정당을 오랫동안 참아줄 정부는 전혀 없었다.

요컨대 공산주의자들은 러시아에서든 전 세계에서든 1917년에서 1918년에 크게 효과를 발휘했던 공식의 폐기를 극도로 꺼렸다. 따라서 이데올로기는 이 틀에 맞추어 재단됐고, 그 결과 변화된 환경을 고려하여 아주 약간의 내용만을 고친 수정안이 마련될 수 있었다. 하지만 이러한 수정안들이 하나씩 나오면서 결국에는 운동의 전체 성격을 바꾸어 놓았다.

(초기) 공산주의 이데올로기의 요소들

'희망의 날들'은 1921년 신경제정책이 수립되어 실행되면서 끝난 것으로 볼 수 있지만, 희망의 날들을 구체화한 글이 등장했고 이 글은 1920년대 말까지 소련과 해외에서 (영어본은 1922년에 나와서) 지침서로 사용됐다. 따라서 이 글은 소비에트 정권의 첫 10년 동안 공산주의 이데올로기를 정확히 반영한 것으로 볼 수 있다. 이후 필연적으로 스탈린의 숙청 대상이 되는 니콜라이 부하린과 예브게니 프레오브라젠스키가 1919년에 쓴 『공산주의의 ABC*The ABC of Communism*』가 바로 그 글이다.

『공산주의의 ABC』는 인터내셔널 창립 직후 1919년에 열린 8차 전당대회에서 채택된 당의 강령에 대한 해설서 형식을 띠고 있다. 두 저자는 서문에서 이 글을 "공산주의 지식의 기초 교과서"라고 설명했다. 앞부분에는 다음과 같은 선언이 들어 있다.

> 러시아혁명에 의해 내전의 시대가 도래했다. 러시아혁명 그 자체는 전 세계에서 일어날 일반 혁명의 전조이며 시작에 불과하다.
>
> …
>
> 우리는 러시아 공산주의 혁명이 세계에서 가장 철저한 혁명이라고 생각해서는 안 된다. … 그렇게 추론하는 사람이라면 누구나 두 가지 사실을 혼동하고 있다. 하나는 혁명의 시작이고, 다른 하나는 혁명의 성격 곧 그 철저함의 정도다.
>
> …
>
> 영국에서는 혁명이 더 늦게 일어날 것이다. 그러나 그곳의 프롤레타리아는 승리를 거둔 뒤 더욱 빨리 공산주의를 조직할 것이다.[10]

이 글에서는 혁명 세력들을 국제적 차원에서 이끌어갈 중앙 지도부의 필요성이 재차 강조됐다. 그리고 공산주의와 경쟁하는 사회주의에 대한 이해들, 특히 제2 인터내셔널에서 구체화된 해석들을 향해 이 시기 코민테른의 문서에서 표현된 타협의 여지없는 적대적 태도도 강조됐다. 당의 강령에서는 다음과 같이 표현됐다.

전 세계 프롤레타리아 혁명을 실현하기 위해서는 선진 국가들에 있는 노동계급의 상호 절대적 신뢰와 가장 친근한 형제애적 연맹 그리고 **최고도의 결집**(강조는 저자)이 필수다.

이 조건들을 실현하려면 공식적 사회민주주의와 사회주의 유력 정당들을 지배하고 있는 부르주아적으로 왜곡된 사회주의와의 관계를 끊고 그에 맞서 혹독하게 투쟁할 것을 원칙으로 삼아야 한다.[11]

혁명 이전과 이후 국가의 성격과 관련해서 부하린은 레닌이 『국가와 혁명』에 제시한 분석을 극단적 현실주의와 극단적 이상주의 측면 모두에서 상당 부분 그대로 따르고 있다. "그러므로 자본주의 국가는 착취를 보장하기 위해 형성된 지배계급의 연합이다. 자본의 이윤, 오직 자본의 이윤만이 —길잡이 별이 되어 이 강도 집단의 모든 활동을 이끌고"[12]— 교회도 이끈다. "자본과 교회의 친밀한 관계 덕분에, 신의 법은 변함없이 유산계급의 법이라는 사실이 증명된다."[13] 그는 더 나아가서 부르주아 국가에서 실시되는 사회 보호 또는 복지라는 명백한 변칙 사례를 다룬다. (공공 보건 정책과 같은) 복지 제도 또한 자본가들에게 이익이 되며, 노동계급의 압력 아래 채택되거나 군사적 모험의 총알받이 공급을 유지하기 위한 목적으로 계획된다.

공산주의 사회의 상황은 이와 매우 다를 것이다.

공산주의 사회질서에는 지주도 자본가도 임금 노동자도 없다. 거기에는 다만 인민 즉 동무들이 있을 뿐이다. 계급이 없으면, 계급 전쟁도 없고 계급 조직들도 없다. 따라서 국가도 존재하기를 멈춘다. … 국가는 불필요한 잉여가 되는 것이다. 속박당하는 사람은 아무도 없다.

(인민은 습관상 협동적으로 행동할 것이기 때문이다.) 그리고 속박을 할 사람도 전혀 없다.

…

따라서 국가는 존재하기를 멈춘다.

…

게다가 (생산을 비롯하여 기타 활동을 조율하기 위한) 국가기구에서는 날마다 다른 사람이 돌아가며 일할 것이다. 관료제 즉 관료들의 영구적 지배체제는 사라질 것이다. 국가란 멸종되고 말 것이다.[14]

달리 말하자면, 아나키스트들이 생각한 사회형태가 실제로 존재하게 될 것이다. 볼셰비키는 그리고 그들 이전의 마르크스까지도 이것이 그들의 궁극적 이상이라는 점을 분명히 했었다. 아나키스트들의 오류는 훌륭한 사회에 대한 그들의 비전이 아니라 그것을 이루기 위한 과도기가 있어야 한다는 사실을 받아들이지 않았다는 데 있었다. 이 과도기 동안, 국가—프롤레타리아 국가—가 패배한 뒤에도 계속해서 저항하는 압제 계급을 분쇄하고 그들이 남긴 사회적 유산을 극복하기 위해 힘을 길러야 했다. 그 결과,

부르주아 국가는 프롤레타리아에 맞서고, 프롤레타리아 국가는 부르주아지에 맞선다. (그렇기 때문에—저자 추가) … 노동계급은 여전히 오랫동안 모든 적에 맞서, 특히 과거의 나태와 태만과 범죄와 자만이라는 유물들에 맞서 싸워야 할 것이다.

…

중간 시기에는 노동자 국가의 존재가 필요불가결한 것이긴 하지만,

그 뒤에는 … 프롤레타리아 국가 권위 또한 사멸할 것이다.[15]

"중간 시기"는 정권의 수명이 다할 때까지도 계속된다는 것이 밝혀졌다. 물론 위에 제시된 시각은 예상된 전 세계적 혁명이 실제로 일어났는지와 상관없이, 본질적으로 이상주의적이다. 그러한 시각은, 인간 행동의 유연성을 완전히 비현실적으로 구상한 것은 차치하더라도, 자연자원을 무한하다고 가정하고 환경적 제약은 고려하지도 않은 데서 나온 것이다. 부르주아 개인주의와 그 변종들을 공격하면서 공산주의자들은 인간이 사회적 동물인 동시에 개인적 의식과 계획 그리고 욕망을 가지고 있다는 사실을 무시했다. 인간의 이러한 측면들이야말로 부르주아 자유주의가 강조한 것이다. 소비에트 공산주의자들은 부르주아 혁명이 거둔 승리를 원칙적으로 칭송하고 로베스피에르의 동상을 세우기도 했지만, 이론에서는 부분적으로, 실천에서는 대체적으로 경시하는 실수를 저질렀다.

이러한 실수는 단지 이데올로기적 오류에 지나지 않았음이 분명하다. 하지만 공산주의자들은 이데올로기를 매우 의식적이고 신중하게 다루었다. 그들은 위대한 프랑스의 선례를 상당히 의식하고 있었으며 거기서 발생한 오류들을 반복하지 않기로 굳게 결심했다. 그 결과 그들은 더 악화된 오류들을 저지르고 말았다. 그러나 그것 말고도, 경제와 사회구조가 조각조각 부서져 엉망이 되어버린 현실 상황은 오직 저열한 자본주의를 재도입하여 관용함으로써만 구원될 수 있었다. 이런 상황은 공산주의자들을 극단적 권위주의로 몰아갔고, 그 결과 그들이 경제와 사회 영역에서 억지로 양보해야 했던 사항들은 정치적이거나 이데올로기적인 양보로 해석되지 않았다.

적어도 소비에트 국가 자체에 관한 한 이것이 사실이었다. 해외에서는 현실의 압박 때문에 정부가 외국 정부들과 외교적 관계들을 추구할 수밖에 없었다. 케말주의(터키 근대화를 기치로 케말 아타튀르크가 주창한 정치·경제·사회 전반에 걸친 개혁 원리—옮긴이) 터키와 같이 격렬한 반공주의 국가들과도 외교 관계를 맺었고, 독일과는 1922년 군사협정을 체결하기도 했다. 그동안 소외되어왔던 두 열강은 이를 통해 공통 관심사를 논의했다. 코민테른에서는 국제적 혁명이 즉각 일어나리라는 희망을 뒤로 미루었고, '연합 전선'이라는 전략이 채택됐다. 이 전략은 사회민주주의자들이 지배하는 조직들에 들어가서 그 지도자들에 대한 노동자들의 충성 관계를 무너뜨리고 노동자들을 공산주의 정당들로 옮겨오겠다는 것이었다. 중국에서는 스탈린의 주장에 따라 이 계획이 극단적으로 시행되어, 장제스가 이끄는 부르주아-민족주의 정당인 국민당에 공산당을 복속시키기까지 했으나, 결국 참담한 결과를 낳고 말았다.

스탈린 혁명

1924년 레닌이 사망한 뒤 그의 저술들은 거의 성경과 같은 지위에 올랐으며 어떠한 의심의 여지도 없는 것으로 여겨졌다. 이후에 소비에트의 국내외 정책에서 발생한 변형은 이 저술들을 인용하고, 적절한 방식에 따른 해석에 근거하여 정당화됐다. 레닌이 남긴 저술들은 그 양과 범위가 방대하기 때문에 필요에 따라 인용하고 해석하는 일이 어렵지는 않았다.

앞으로 일어나게 될 일을 잠시 맛볼 기회가 '마르크스레닌주의'라는 개념과 함께 찾아왔다. 레닌의 후계자들은 (트로츠키는 제외하고) 이제 죽고 없는 지도자의 저술과 전망을 '과학적 사회주의'의 창시자에 통합적으로 연결된 지위에 올리고, 이로써 그와 동등한 권위를 부여하고자 '마르크스레닌주의'라는 개념을 고안해냈던 것이다. 스탈린은 마르크스레닌주의란 '제국주의와 프롤레타리아 혁명 시대의 마르크스주의'라고 했다. 그것은 소비에트 지도부, 특히 스탈린이 모든 반대 정파를 금하고 공산당과 코민테른 내부에서의 논쟁을 폐함으로써 이미 조직적으로 성취한, 도전받지 않는 정치적 헤게모니를 강화하려는 이데올로기적 보강 조치였다. 그들이 이렇게 할 수 있었던 것은 정치적 규율과 군사적 양식을 강조했기 때문이다. 이 두 가지는 언제나 볼셰비키의 근본 개념들 안에 어느 정도까지 현존해 있었으며 내전의 긴급한 상황들 속에서 엄청나게 강화됐었다. 레닌주의와 스탈린주의의 관계에 대한 질문은 이제까지 많이 논의가 있어 왔는데, 특히 레닌주의가 곧바로 스탈린주의로 연결되는가 하는 문제가 다루어졌다.[16] 아무런 편견 없이 검토해본다면 언제나 결론은 반드시 레닌주의의 결과가 스탈린주의는 아니라는 것이다. 얼마든지 다른 결과들이 나올 수도 있었다. 그럼에도 레닌주의의 어떤 특징들, 이를테면 그 교조주의나 정치적 규율에 대한 비타협적인 강조 그리고 무엇보다 의견 불일치를 적대 계급의 영향으로 몰고 가는 습관은 모두 스탈린주의가 활공할 수 있는 활주로를 닦아주는 데 그 자체로 일조했다.

사실 마르크스레닌주의는 스탈린이 소비에트 국가의 최고 권력을 차지하기 위해 물불 안 가리는 조직적 기술들과 결합하여, 자기 동료들에 맞서거나 그들과 더불어 사용했던 주요 전략이었다. 그렇게 해서 소비에트 국가는 1928년에서 1929년 사이에 완성됐다. 스탈린은 부하린과 함께 '일국사회주의'를 지지하는 주요 후원자였었다. 하지만 이 개념은 레닌이나 다른 볼셰비키에게는 1920년대 중반까지도 완전히 낯선 것이었다. 『공산주의의 ABC』에서 명확히 밝히고 있듯이, 그들 모두는 러시아에서 —제국주의 사슬에서 '가장 약한 고리'에서— 일어난 혁명을 급속히 전 세계로 뻗어나갈 혁명의 전주곡으로 보았으며, 선진국들에서 비슷한 혁명이 일어나지 않고는 이전 러시아제국에서 사회주의는 성공을 거둘 수 없다고 절대적으로 확신했다. 그렇긴 하지만, '일국사회주의'가 역사적 시각에서 볼 때 얼마나 이상주의적인 것인지 드러난다 하더라도 당시 현실에는 더욱 잘 들어맞는 듯 보였다.

1924년 스탈린은 트로츠키의 견해를 아무 근거도 없이 통렬하게 비난했다. 그는 "트로츠키의 '영구永久 혁명'은 멘셰비즘의 변형"이라고 말했다. 그러나 트로츠키의 견해가 아무리 비현실적인 것이었다 해도 진정한 볼셰비키 전통을 나타낸 것이란 사실은 의심할 수 없다. 그리고 공산당원들이 개방되고 정직한 의견을 낼 수 있는 위치에 있었더라면 트로츠키와 그의 지지자들은 당연히 다수파가 됐을 것이다. '일국사회주의'라는 슬로건은 그것이 명시적으로 기술하고 있는 것에서나 —"기이한 엉뚱함. … 은유적으로 말하자면, 적대자들은 그들이 원한 건물을 세우는 것이 가능한 일인지, 아니면 바람직한 일인지를 논하지 않았다. 유일한 논점은 그 건물을 지붕으로 덮을 수 있는가 하는 것이었다."[17] 암시적으로 드러내고 있는 것에서나 —"미묘한, 때로는 감지할 수조차 없는 강조점의 변화"— 그 중요성이 줄어들었다. 이것이 지닌 함의는 소비에트 정권이 더욱더 자기 내부로만 몰입하게 되리라는 것이었다. 「10월 혁명, 세계혁명의 시작이자 초석」이라 이름 붙인 스탈린의 논문을 비롯해 국제적 혁명과 관련된 선언들이 계속 이어졌지만,[18] 이들은 진지한 의도를 드러내기 위해서라기보다는 형식적인 목적으로 만들어진 것들이었다.

그럼에도 이러한 상황을 과장하지 않는 것이 중요하다. '일국사회주의'는 국내에서 중요했을 뿐 아니라, 국제적으로도 반향을 일으켰다. 이것은 말하자면, 실제 존재하는 그대로의 공산주의 이데올로기라는 건축물에 마지막 벽돌 한 장을 추가하는 것이었다. 초기 시절부터 소비에트 국가를 지원하고 보호해온 그들의 노력에서 공산당이 언제나 우선순위에 놓여 있었다. 그러나 소비에트 국가는 노동계급 권력의 거점으로 보았을 때만이 아니라, 그 안에서 사회주의가 실제로 건설되고 있는 한 국가로 보았을 때 훨씬 더 힘 있게 강조될 수 있었다. 어떤 수단을 사용해서라도 소련을 방어하는 것이 이제 최우선순위에 올랐고, 다른 모든 사안을 기각시켜버렸다.

1920년대 말에 이르러 코민테른은 소비에트 정치국의 도구로 즉 스탈린의 도구로 전락했다. 그리고 스탈린은 국내 정당 조직들을 다루는 것과 비슷한 독재적 방식으로 코민테른을 다루는 데 익숙해졌다. 하지만 소련의 국경 밖에서는 공산주의자들을 강제하여 그의 지침들을 따르게 하거나 그의 '당 노선'을 수용하도록 할 방법이 없었다. 소련 밖의 공산주의자들이 그를 따른 것은 불가결한 이데올로기적 전제들을 전적으로 흡수하고, 자본주의를 전복하고 사회주의를 건설 중인 당이 그릇될 리 없다고 확신했기 때문이다. 그러한 확신을 잃었을 때 그들은 자신들의 공산당에서도 탈퇴했다.

바로 그러한 일이 로자 룩셈부르크처럼 지역 반동 세력들에게 살해당할 위험을 모면했거나, 안토니오 그람시처럼 투옥된, 소비에트 국가 권력의 범위 바깥에 있던 다수의 본래 공산주의 지도자들에게 일어났다.[19] 그들 대부분이 그러했듯, 독립적 기질을 지니고 의지가 강했던 개인들은 자신들의 판단과 양심을 코민테른 정권에서 내려오는 명령과 이데올로기적 선언에 굴복시키는 데 저항했다. 코민테른 정권의 모순과 당착은 소비에트 국가를 괴롭히고 있던 모순과 당착을 반영했다. 당의 지도자로서 살아남은 자들은 이러한 요구들을 기꺼이 수용한 사람들이었다. 그리고 그들 중 소수만이 단지 당의 꼭두각시거나 도덕적 약골이라서가 아니라 자기확신에 따라 그렇게 행동했다. 살아남은 중국 공산주의자들은 산골 벽지인 옌안延安의 군사 거점에 고립되어 있었으므로 코민테른에서 명하는 것은 무엇이든 따르겠다는 전술을 채택했다가 나중에는 그것을 무시하고 그들만의 길을 갔다.

코민테른은 소비에트 국가 국경 밖에 있는 공산주의자들을 조정하는 소비에트의 도구로 변질되고 말았지만, 그 타당성을 모두 잃은 것은 전혀 아니었다. 1928년에서 1929년 사이에 코민테른에서 일하던 직원들 중 다수가 코민테른은 조직이 와해되고 사기가 꺾여 텅 비어버린 껍데기에 불과하다고 개인적으로 선언하고 있긴 했다. 그렇지만 초기의 위세를 떨치고, 소련을 세계의 나머지 지역의 운동과 연결시켜준 통제력은 코민테른을 통해서만 행사될 수 있었다. 스탈린은 미국의 반체제 공산주의자의 대표단에게 선언했다. "대단히 인기가 많았고, 여러분보다 더 큰 권위를 가졌던 지도자들조차 코민테른에 반대하여 깃발을 들어 올리자마자 고립되어버린 사례들이 코민테른의 역사에는 아주 많습니다."[20]

스탈린은 인터내셔널에서 아무런 직위도 맡지 않았으며, 그 모임에서 발언하는 경우도 거의 없었다. 그는 이런 일들을 부하들에게 맡겼다. 1929년 4월 코민테른의 이론적 학술지 『공산주의인터내셔널*The Communist International*』에서는 '세계혁명을 위한 10년간의 투쟁: 교훈과 전망'이라는 특별호를 냈는데,[21] 그 안에 스탈린은 언급되어 있지 않았다. 같은 달에 소비에트 정치국에서는 집산화 프로그램을 두고 스탈린과 부하린, 리코프와 톰스키 사이에 일방적 투쟁이 절정에 이르렀고, 결국 부하린은 코민테른 의장직에서 제거됐다. (이 사실은 7월까지도 공개적으로 발표되지 않았다.) 이 특별호의 무명 편집자는 '일국사회주의' 관점을 거부했다는 이유로 트로츠키와 (이름을 명시하지 않은) 트로츠키주의자들을 악랄하게 비난하면서, 그들을 '변절한 패배주의자들'로 규정했다. 하지만 이 특별호에는 존 리드의 『세계를 뒤흔든 열흘*Ten Days that Shook the World*』의 광고가 실렸고, 이 책에서 트로츠키는 칭송받고 있었다. 이 시점에서 다소 놀라운 것은 이 특별호에 실각한 지노비예프의 마지막으로 출간된 글인 듯한 논설이 실렸다는 점이다. 이것은 부하린의 입장에서는 하나의 암시적 의사 표현이었을 수 있다. (지노비예프는 코민테른의 첫 의장이었다.) 그 논설의 본문이 4월 소비에트 정치국 회의 이전에 작성된 것이 틀림없기 때문이다. 이 특별호에 기고한 다른 사람 서너 명도 임박한 대숙청 때 처형됐다.

그로부터 8년 뒤 혁명 20주년을 기념해 출간된 특별호를 보면 그동안 상황이 전개되어온 방식을 느낄 수 있다. 마르크스, 엥겔스, 레닌, 스탈린의 초상화가 한 페이지씩 실린 다음, '공산주의인터내셔널의 집행위원회ECCI에서 스탈린 동무에게 건네는 인사말'이 나오는데, "수백만 노동자 인민의 마음속에 무한히 소중한 스승이시요, 친구이신 경애하올 지도자!"라는 첫 구절로 시작되어, **"전 세계 노동자 인민의 지도자, 스탈린 동무 만세!"**(강조는 원문)라는 인사로 끝맺고 있다. 스탈린의 이름은 4절판 종이에 통2단으로 편집된 127쪽짜리 본문 전체 곳곳에서 불쑥불쑥 등장한다.

숙청

1936년에서 1938년 사이의 대숙청을 둘러싼 수많은 의문은 오늘날까지 풀리지 않은 채 남아 있다. 이 기간에 스탈린은 그에게 한 번이라도 반대한 적이 있는 사람은 손에 닿는 대로 거의 모두 전멸시켰다. 수많은 코민테른의 직원들과 소련에 거주하고 있던 외국인 공산주의자들, 스탈린의 장교단에 속한 대다수의 장교들, 그중에서 특히 고위급 장교들도 제거됐으며, 소련공산당 안팎의 충성스러운 스탈린주의자들도 셀 수 없이 숙청당했다. 한 사람이 유죄인지 무죄인지는 상관이 없었다. 스탈린은 사람들을 개인보다는 범주로 나누어 박해했다. 잘못된 집안 출신이라는 것만으로 의심의 대상이 될 수 있었다.

당시에 가장 안전했던 사람은 아무런 행정 직무를 맡지 않고 당원 신분도 아니면서 프롤레타리아 부모와 함께 일하는 수공 노동자였다. 물론 그들도 주의를 기울여야 했다. 사고가 나거나 숙련되지 않아서 기계를 잘못 다루면 태업 혐의로 기소되어 굴라크라는 강제노동수용소에 끌려갈 수 있었기 때문이다. 이보다 훨씬 특이했던 것은 이러한 숙청 사업이 집산화 작업과 첫 5개년계획이 위기에 놓였을 때가 아니라, 이것들이 모두 끝난 뒤에 이루어졌다는 사실이다.

자신의 정적들을 피고석에 앉혀두고 비굴한 (또는 터무니없는) 자백과 굴욕을 강제하는 방법으로 육체적일 뿐 아니라 도덕적으로도 파괴하는 작업은 충분히 이해할 만한 것이다. 원한에 강박적으로 사로잡힌 스탈린은 복수를 강렬히 원했으며, 아이작 도이처가 지적했듯이, 그것은 단지 하나의 정부가 아니라 여러 개의 대안적 정부들을 제거하는 것이었다. 무엇보다도, 당시는 국제적 위협이 증대하고 있던 때였다.

하지만 소비에트 사회에 모든 수위에서 가해진 혹독한 공격의 근본 이유는 이보다 분명치 않다. 공포정치는 그것을 시작한 사람들의 의도와는 상관없이 스스로 동력을 얻어 확산되는 게 분명했다. 시민들은 자신들이 비난받지 않기 위해 다른 시민들을 비난했으며 항시 지속되는 공포 분위기는 잠재적 저항의 사기를 꺾어 놓았다. 게다가 강제노동수용소에는 노예 노동자들이 꾸준히 공급되어야 했다. 그것 말고도 더 많은 이유가 있었을 것이다. 관료 조직들이 얼마나 순조롭게 조합의 정체성을 발전시켜 나갈지 그리고 그들의 표면적 지배자들의 통제로부터 벗어날지를 가장 정확히 아는 사람은, 특히 자기자신의 경험에 의지해서 알 수 있는 사람은 스탈린 말고는 없었다. 스탈린은 자신의 전문 분야에서 일어나고 있는 것과 같은 일은 무엇이든 억제하겠다고 결심했으며, 그러한 협동조합주의는 더 성장하기 전에 가장 잔혹한 방식으로 단호하게 그 싹을 잘라버렸다.

이런 추문을 일으킬 만한 일들이 일어나긴 했지만, 민주주의국가에서 활동하는 공산당원들이 대거 이탈하는 일은 벌어지지 않았다. 언론 자유가 크게 허용되는 이들 나라에서 공산당은 여전히 공개적으로 활동할 수가 있었던 반면 크게 허용된 언론의 자유 때문에 소비에트에서 현재 벌어지고 있는 일이 널리 알려져 있었다. 하지만 프랑스, 영국, 덴마크, 미국에서는 오히려 공산당의 입지가 향상됐다.

이에 대한 이유들이 이해하기 힘들 만큼 불가사의한 것은 아니다. 앞에서 강조했던 것처럼, 공산주의자들은 '부르주아' 매체에 실리거나 '변절한' 당원들이 말하는, 소련에 해가 되는 내용은 무엇이나 불신하도록 교육이 잘 되어 있었다. 또한 여론 조작용 공개재판이 일반화됐어도 엄청나게 많은 심문 과정은 사람들의 시야에서 가려졌기 때문에 참사의 규모를 알기가 어려웠다. 가장 중요한 것은 파시즘 세력이 진군해오고 있었다는 사실이다. 스페인 내전이 발발하자, 소비에트 국가만이 반동 세력의 승리를 막을 수 있는 믿음직한 방어막이 될 것이 분명해 보였다. 그때까지 남아 있던 민주주의국가들에 살고 있는 공산주의자들에게는 이러한 생각이 결정적으로 느껴졌다. 하지만 다른 곳에 있는 공산주의자들에게는 보다 다급한 걱정거리들이 있었다.

일반에 알려진 피해자들의 경우, 이들의 재판 기록을 짧게 검토해보았을 때 믿을 수 없는 자백들 말고도 부조리나 증거 부족이 눈에 띄지 않는다는 사실에 놀라게 된다. 피고들이 자신들을 옹호하기 위해 전혀 노력하지 않았다는 사실 역시 같은 의미에서 두드러져 보인다. 하지만 보다 놀라운 것은 스탈린과 죽은 이들은 말할 것도 없고 혁명의 지도부 전체와 초기 소비에트 정부들이 반역자와 암살자로 '폭로'됐다는 점이다. 이것이 정말 사실이었다고 하면, 정권이 어떻게 살아남았는지 설명할 수 없을 것이다. 그러나 기소된 사건들의 부조리와 기소된 자들의 행위는 역설적이게도 사건을 입증하는 논거로 쓰였다. 이를 옹호하는 자들은 주장하길, 그러했다고 주장되는 것이 실제로 일어난 일이 아니라면 그 모든 것이 말이 될 수 없었다. 이것만으로도 수많은 의문들을 잠재우기에 충분했다.

민족주의

이러한 반응들이 드러내는 광경의 본질은, 소비에트 정책이 요구하는 극적인 방향 전환을 스탈린의 명령에 따라 기꺼이 수용하려는(물론 그런 식으로 명령이 내려온 적은 없었지만) 소련 외부 공산당원들의 자발적 의지를 설명하는 데 큰 도움이 된다. 1920년대 말에는 다른 모든 정치 세력과 **특히** 다른 변종 사회주의 세력은 임박한 혁명의 장애물이 되므로 '사회적 파시스트들'로 규정하고 가차 없이 무찔러야 한다는 가정에 기초하여 행동해야 한다는 요구가 추가됐다. 1930년대 중반에 이르러 가장 중시된 믿음은 파시즘에 맞선 투쟁이 최우선 사항이며 다른 모든 반파시스트 세력—사회주의자와 자유주의자를 비롯하여 파시스트에 반대하는 보수주의자들—과 함께 '인민전선'을 형성해야 한다는 것이었다. 이것은 트로츠키와 그 추종자들을 악마로 만드는 일을 부추겼던 것과 같은 정신에서 나온 것이었다. 이러한 정신은 공산주의자들을 유도하여 이 모든 일이 파시스트들의 음모임을 받아들이게 하고, 그래서 스탈린의 숙청 재판과 피 묻은 재판 결과에 박수를 보내도록 했다.

때로 기소된 혐의들은 '부르주아 민족주의'와 그에 기반을 두고 소비에트 국가를 해체하려는 음모와 관련됐다.[22] 사실, 민족주의의 문제는 1920년대와 1930년대 소비에트의 정세에서 복류로 흘렀다. 스탈린은 조지아 태생이긴 했지만 자기 민족을 소련의 지도적 민족으로 여기되 위대한 러시아를 더 크게 강조했다. 하지만 고위직에는 조지아 사람을 선호하여 임명하는 경향이 있었고, 보안에 관련된 직무에서는 특히 그러했다. 말년의 레닌은 스탈린이 민족인민위원으로 조지아에서 행동한 방식에 대해 '대러시아 쇼비니즘'이라며 호되게 비난한 적도 있었다.[23] 소련은 1924년에 창립되어, 여러 민족이 좀 더 느슨한 형태로 묶여 있던 기존의 연방 국가를 대체했다. 핀란드는 혁명 이후 곧바로 연방 탈퇴를 승인받았고, 다른 발트해 국가들은 모스크바의 의지에 맞선 독일의 원조를 받아 연방에서 분리된 반면 (적어도) 우크라이나와 조지아는 주민들의 의사와 상관없이 소련에 편입됐다.

그러나 이 20년 동안 정권은 어떠한 심각한 민족주의적 분쟁을 겪지 않았다. 부분적으로는 정권의 억압 때문이기도 했지만 그보다는 공산당이 정권의 신경망으로서 존재했기 때문이다. 공산당의 존재가 시민사회의 모든 기관을 꿰뚫고, 국가의 중심부와 민족적 변방 사이의 유대를 단단히 유지했다. 1936년 '스탈린 헌법'(다양한 시민의 자유와 인권을 모두 보장한 헌법으로, 당시에는 실각한 부하린이 대부분의 초안을 작성했다)이 나왔을 때, 연방을 구성하고 있는 어떤 소비에트공화국도 분리 독립할 수 있다는 '권리'가 체면상 헌법에 기입되어 있긴 했지만 말할 필요도 없이 그러한 권리 행사 관련 조항은 완전한 사문死文에 불과했다. 누구든 대담하게 그 조항의 적용을 제안하는 사람은 (최소한) 즉각 체포되어 부르주아 민족주의 혐의로 기소됐을 것이다. 그럼에도 종잇장에 불과한 이 권리 조항은 스탈린이 1913년의 팸플릿에서 이론화한 레닌의 민족자결 원칙을 보존하는 데 도움이 됐으며, 소련이 사회주의적 참여에 상호적으로 고취된 여러 민족이 자발적으로 이룬 연합체임을 가장하는 데 쓸모가 있었다.

공식적 서사

1920년대에 트로츠키의 지지자들은 일국사회주의의 성립이 가능한지를 두고 스탈린/부하린 진영에 맞서 싸웠다. 1930년대에는 이 행복의 국가가 실제로 도래했고, 그러므로 스탈린 헌법에 수록된 정치체제로 명목상 이행하는 것이 적절하다고 선포됐다. 생산, 유통, 교환 수단을 사적으로 소유하는 것은 금지됐다. 이전 부르주아지는 — 정치경찰이 돌봐주고 있던 일부의 타협 불가능한 부류들을 제외하고는— 부르주아적 관습들과 열망들을 포기했고, 적대적이지 않은 두 계급, 즉 노동자와 농민계급의 일부로 흡수됐다. 생활수준은 이미 높았고 높아지고 있었다. 적어도 그렇게 추정됐다.

그러나 마르크스의 '사회주의의 더 높은 단계', 즉 공산주의는 여전히 미래의 일로 남아 있었다. 다가올 미래에는 '국가가 쇠퇴'하고 사회의 잉여적 강제 수단들은 필요 없어지며, 화폐가 폐지되고 사회는 풍요로워질 것이었다. 하지만 유감스럽게도 그러한 미래는 한동안 도래할 수 없었다. 여전히 타협 불가능한 음모가들과 적의에 가득한 해외 열강들이 존재하고 있었으며, 그러한 미래를 위해서는 훨씬 더 높은 수준의 생산과 소비를 달성해야 했기 때문이다. 스탈린이 대부분을 직접 써서 1938년에 출간한 『소련공산당의 역사(B): 속성 과정

History of the CPSU(B): Short Course』[24]이 공식 서사로 표명됐다. "우리나라에서는 이제 더 이상 적대적 계층들이 존재하지 않으며 국민 모두가 도덕적으로나 정치적으로 일치를 이루고 있음은 반박할 수 없는 사실이다." "소련에서는 9천만 명의 개인이 투표하여 사회주의가 승리했음을 만장일치로 인증했다."

전쟁

1941년에서 1945년 사이의 절박했던 상황은 소련뿐 아니라 공산당이 의미 있는 정치 세력으로 존재하던 곳이라면 어디에서나 공산주의 이데올로기가 민족 문제를 바라보는 양상에 상당한 영향을 끼쳤다. 공산주의 정당들은 그들 국가의 민족적 유산이나, 아니면 적어도 민족의 급진적 측면이나 사건을 자신들의 것이라 애써 주장했는데, 이는 인민전선의 태도를 어느 정도 그대로 이어가는 것이었다. 중국 공산주의자들은 일본의 침략에 맞서 싸우기 위해 원수지간인 국민당과 (불편한) 공동 전선을 펼쳤다. 1939년 여름, 프랑스는 대혁명 150주년을 경축했는데, 프랑스공산당PCF에서는 의식적으로 자신들을 자코뱅과 동일시했다. 영국의 공산주의 역사학자들은 같은 시기에 자신들이 속한 영국공산당의 고유한 시각으로 자기 나라의 과거를 해석하고 있었다.[25] 민족 정서는 증대하는 파시즘의 위협에 맞서는 부가적인 힘으로 동원됐다.

독일이 침공하자 이 모든 상황이 크게 강화됐다. 소련 국민들은 자신의 존재를 지키기 위해 싸우고 있었다. 개별 민족을 위한 애국심이기보다 소비에트를 향한 애국심이긴 하지만, 애국심은 1930년대보다 훨씬 더 크게 강조됐다. 독일에 점령된 나라들에서 일어난 공산주의자들의 저항운동에서도 그와 마찬가지로 애국심을 고취하고 독일에 부역하는 이들에게 파시스트거나 파시즘의 공범 말고도 민족의 배신자라는 낙인을 찍었다. 영국과 미국에서는 공산주의자들이 부르주아 정부를 지원했고, 점령당한 서유럽의 경우에는 부르주아가 주도하는 망명정부를 도왔다.

실제로, 이러한 상황 전개는 스탈린이 다른 입장에서 도달한 결정들을 편리하게 정당화할 수 있도록 기여했다. 1943년 코민테른이 해체됐다. 대동맹Grand Alliance(제2차 세계대전 당시 영국, 미국, 소련이 형성한 연합 세력을 말한다—옮긴이)은 필요에 따른 것이었지, 참여 국가들 사이의 정서가 일치했던 것은 아니었으므로 언제든 깨지기 쉬웠고 서로에 대한 긴장과 의심까지 드리워져 있었다. 코민테른을 해체한 것은 스탈린에게는 아무런 대가도 치르지 않고 보여줄 수 있는 선의의 몸짓이었다. 그렇게 함으로써 그는 자신의 동맹국들에게 방해가 되는 근원을 제거하고, 아이작 도이처가 말한 대로 "대동맹에 자신이 정치적으로 기여한 바"를 나타낸 것이었다.[26] 명목상의 이유는 개별 공산당들이 이제는 코민테른 같은 틀 없이도 알아서 해 나갈 만큼 충분히 '성숙'했다는 것이었다. 어찌 됐든 그것이 전시 상황에서 제대로 기능하는 것은 불가능했다. 레닌이 있었더라면 이런 상황에 크게 충격을 받았을 것이다. 그리고 코민테른 집행위원회ECCI 최고간부회의에서는 (총회를 연다는 것은 물론 말이 되지 않았다) 결의문을 통해 "공산주의자들은 마르크스레닌주의의 창립자들의 판단을 따르므로, 본래 수명보다 더 오래 살아남은 조직적 형식들의 보존을 지지한 적이 없다"고 언명함으로써 레닌이 사후死後에 받은 상처에 모욕을 더했다.[27] 그럼에도 여러 공산당은 이러한 결정을 그에 대한 변명들과 함께 순종적으로 받아들였다. 그리고 소련에서는 국제공산주의 찬가인 「인터내셔널가歌」를 소련만의 국가國歌로 사용했다. "위대한 러시아가 불러 모은 자유로운 공화국들의 불멸하는 연방"[28]이라는 소련 국가 가사의 첫 소절은 레닌주의적 국제주의를 향한 몸짓을 대러시아 쇼비니즘에 결합시키고 있다.

제5장

파시즘

총론

파시즘의 정의는, 앞으로 우리가 보게 되겠지만 정확히 밝혀 확정하기가 극도로 어렵다. 파시즘이라는 용어를 통해 인식되는 다국적인 움직임들은 대단히 분산되어 분포했으며 변화의 폭도 컸다. 하지만 이 이름의 직접적 기원은 수월하게 찾을 수 있다. 파시즘이라는 말은 베니토 무솔리니가 제1차 세계대전 기간과 그 직후에 만들어낸 정치집단들에서 비롯됐다. 공식적으로 이 용어가 처음 등장한 것은 1919년이다. 파쇼fascio라는 이탈리아어 단어는 묶음이나 집단을 뜻한다. 고대 로마의 릭토르(집정관을 수반하던 의례적 관료)는 권위의 상징으로 도끼를 막대 다발 속에 넣어 묶은 것을 들고 다녔는데, 바로 이 도끼가 파시즘 운동의 공식 상징으로 채택됐다. 도끼를 둘러싼 막대 다발을 가리키는 말이 바로 파세스fasces였다. 무솔리니가 만든 집단들은 처음에는 활동 단체들로 알려졌지만, 나중에는 전투

단체들(파시fasci)로 알려졌다. 그리고 이후에 공식 파시스트 정당이 출범했다.

1920년대에는 무솔리니의 파시스티fascisti를 모델로 만들어진 조직들이나 그렇게 하려고 시도한 조직들이 유럽 전역에서 등장했다. 하지만 독일 남부와 루마니아에서만 중대한 세력으로 성장했다. 사실 이 두 나라에서도 그러한 조직들은 기존 정치체제에 아무런 위협도 되지 못했다. 이탈리아는 특별한 경우였다. 유럽 전역의 유산계급 사이에서 무솔리니는 거의 의심을 사지 않고 크게 인정받았다. 극단적으로 보수주의적인 오스트리아 정부는 사실상 이탈리아의 보호령이 됐다. 불황은 다른 측면들에서만큼이나 이러한 측면에서 모든 것을 바꾸어 놓았다. 파시즘은 문자 그대로 유럽 전역 모든 곳으로 퍼져 나갔다. 파시스트 조직이 전혀 등장하지 않은 나라는, 멀리 떨어진 아이슬란드까지 포함해 유럽에 단 한 곳도 없었다. 하지만 다수의 파시스트 조직들은 (적어도 제2차 세계대전까지는) 큰 힘을 갖지 못했고, 그중 어떤 조직들은 우스꽝스러울 만큼 존재가 미미했다.

파시즘은 이 시기에 유럽 너머로까지 확산됐다. 그리고 적어도 한 나라에서는 대중으로부터 상당한 지지를 얻는 파시스트 조직이 등장했다. 그것이 바로 '브라질통합주의행동AIB'(Ação Integralista Brasileira. 브라질통일주의행동 또는 브라질통일당이라고도 한다—옮긴이)이었다. 활동하고 있는 회원만 20만 명이었다. 그 지도자 플리니우 사우가두는 다음과 같이 선언했다.

> 여기에서 새로운 법, 혁명 국가의 새로운 정치가 예정된 도덕적 목적을 가지고 태어날 것이다. 그것은 모두를 아우르는 전제적專制的 체

제를 지닌 전체주의국가일 뿐 아니라 사회운동들 간의 관계를 중재하고 … 사회정의의 조명 아래 사회의 평정을 회복하는 통합된 국가가 될 것이다.[1]

파시즘은 지리적으로만 다양하게 분포된 것은 아니었다. 파시즘 내부에도 이데올로기적으로 다양한 편차가 있었다. 독일 파시스트들은 '사회주의'라는 말을 자신들의 공식 명칭과 파시스트 운동 속에 포함시키는 것이 편리한 방편이 된다고 생각했다. 파시스트 운동에서는 종종 경쟁하는 다른 진영들에 비해 자신들이 진정한 사회주의의 형식을 대표하고 있다고 주장했다. 그러나 파시즘의 다양성이라는 맥락에서 가장 잘 알려져 있고 가장 두드러지는 점은 반유대주의의 역할이다. 많은 파시스트 운동에서 그리고 그중에서도 가장 악명 높았던 독일 나치에서 반유대주의는 절대적인 중심이 됐으며, 이는 오스트리아, 헝가리, 루마니아의 파시즘 진영에서도 마찬가지였다. 프랑스의 파시즘 운동에서도, 그 정도가 다소 덜하긴 했으나 반유대주의는 여전히 매우 중요했다. 반면에 초기 이탈리아 파시즘에서는 반유대주의가 전혀 중요하지 않았고, 심지어 파시스트 정당의 당원들 중에는 유대인이 몇몇 섞여 있기도 했다. 그렇다고 해서 이탈리아 파시스트들이 비非유럽인들을 대할 때 나치보다 인종차별을 덜했다는 것은 아니다.

종교를 대하는 태도 또한 상당히 다양했다. 무솔리니는 사회주의자였던 시절에 맹렬한 무신론자였으며 반反성직주의자였다. 이러한 이력은 그의 초기 파시스트 정당 강령에도 흔적을 남겨놓았지만, 교회의 지원을 받을 수 있는 가능성이 생기자 곧 사라져버렸다. 나치가 반종교적 운동이었다고 주장하는 것은 전적으로 나치를 잘못 이해한 것이다. 나치 당원의 절대다수는 가톨릭이건 프로테스탄트건 정통 그리스도교 신자들이었으며, 신자가 아닌 사람들도 무신론자는 아니었다. 변덕스러운 괴짜였던 힘러는 오딘(북유럽 신화에서 지식·문화·군사를 맡아보는 최고신—옮긴이)을 믿었으며, 북유럽 신화를 되살리기 위해 진지하게 노력했다. (노르웨이의 파시스트들도 비슷한 경향을 보였다.) 히틀러는 (어린 시절에 소년 성가대원이었지만) 인생의 어느 시점엔가 그리스도인이길 그만둔 것으로 추측되는데, '신神', '운명', '섭리'와 같은 단어들이 그의 입에서 나온 적은 전혀 없었다. 이와는 대조적으로, 루마니아의 파시스트들에게는 동방정교회가 반유대주의만큼이나 중요한 것이었으며, 둘 사이에는 종교적 애착의 그늘이 드리워져 있었다. 무신론을 공언하는 파시스트 운동은 어디에도 없었다.

계급과 파시즘

그렇다면 '파시즘의 최소 조건'이라 부를 수 있는 것은 무엇일까? 역사학자들이나 오늘날의 해석가들이 어느 정치조직을 진짜 파시스트 조직이라고 규정하려면 그 조직에는 어떤 특징들이 있어야 하는 것일까? 쉬운 해답이 없다는 것을 인정해야만 한다. 능력 있는 여러 저술가가 최선의 노력을 기울여오긴 했지만, 보편적으로 인정되는 해답은 여전히 없다. 모든 가능한 답안이 공유하고 있는 듯 보이는 한 가지 특징은 극단적으로 민족주의적인 성격이다. 그러나 여기에도, 아일랜드의 특이한 역사에서 비롯된 (단 하나뿐이긴 하지만) 예외가 있다. 어떠한 정치 운동도 극단적 민족주의에 의해 파시스트적 세계관을 갖게 되는 경향이 있긴 했지만, 그렇다고 그 정치 운동이 다른 측면들에서도 **필연적으로** 파시스트적 성격을 갖게 되는 것은 아니었다.

이에 관한 질문은 순수하게 개념적으로 기술하기보다 역사적으로 기술할 때 가장 잘 표현된다. 이름을 직접 언급하는 것을 피하면서도 무솔리니 그리고/또는 히틀러와 근본 가치들을 공유하고 있다고 공개적으로 밝혔던, 보편적으로 파시스트적 성격을 가졌다고 인정되는 운동들에 매료된 사람들은 어떤 사람들이었나? 즉 그들을 규정하는 경제, 사회, 문화, 세대적 특징은 무엇이었나? (여성이 배제된 것은 아니었다 해도, 그들 중에 남성이 압도적으로 많았다는 것은 확실하다.)[2]

이 논의를 둘러싸고 커다란 논란이 소용돌이 쳤다.[3] 그러나 파시즘에 대한 정의가 갖추어야 할 온갖 논거와 자질이 제시되긴 했지만, 파시즘에 대한 설득력 있는 정의에서, 두 세계대전 사이에 파시스트 운동들의 핵심 구성원은 중하위 계층의 개인들이었다는 사실에는 의문의 여지가 없다. 게다가 이들은 불균형적으로 전부를 대표했다. 몇몇 예외가 있긴 했지만, 파시스트 운동의 창설자들과 최고위 지도자들도 비슷한 사회계층에서 나왔다. 모든 파시스트 세력 중에서도 가장 다양한 구성원들로 이루어졌을 가능성이 높은 나치는 모든 사회계층의 마음을 얻어 계속 주목받아왔다. 실제로도 나치는 가능할 때면 언제든 노동자와 귀족 모두를 끌어들이기 위해 특별히 애를 썼고, 귀족들은 나치와 나치의 연계 조직들 안에서 고위직으로 오르는 쉬운 통로를 찾아내곤 했다. 그럼에도 나치에 표를 던진 유권자들은 물론 나치 당원들 다수는 중산층에서 나왔음이 흔들리지 않는 사실이다. 독일의 경우에 이들 다수의 나치 당원들은 '기성'이든 '신흥'이든 중산계급인 미텔슈탄트 출신이었다.

그들은 바로 전후 위기 상황에서 크게 위협받고 있는 사람들이었다. 경제 전반에 불황이 닥쳤고, 기업식 농업 경영과 연쇄 상점들의 등장으로 이들의 시장이 침체된 탓에, 이들의 수입과 경제적 안정성 역시 위험했다. 화이트칼라 노동자들의 고용이 축소됨에 따라 미래에 대한 전망도 악화됐다. (특히 정부 관리였다가 해고됐거나, 정부 관리가 되려던 사람들에게는 심각한 상황이었다.) 그리고 패전한 국가들에서는 전쟁에서의 손실과 영토 상실 때문에 이들의 존엄성마저 위기에 놓였다. 이탈리아의 경우에는 전쟁에 총력을 쏟았으나, 그로부터 얻은 이익은 허섭스레기에 지나지 않았기 때문에 독일과 같은 상황이 벌어졌다. 무엇보다도 그들은 대중에게 잘 광고된, 마르크스주의 혁명에 대한 형언할 수 없는 공포 때문에 겁에 질려 있었다. 게다가 이러한 공포는 그들의 상상 속에서 사회적 공황의 다른 모든 근원과 결합되어 그들의 지위와 생활과 생명까지 위험에 빠뜨릴 것처럼 여겨졌다. 중유럽에서는 이러한 위협이 실제로 일어났고 이탈리아에서는 임박한 것으로 느껴졌다. 미래는 두렵고 암울한 전망들 말고는 어떠한 가능성도 보여주지 않았다.

물론 그렇다고 해서 (바이마르공화국이 위기에 놓여 있던 독일을 제외하고) 유럽 여러 나라의 중산층 전부 또는 대다수가 파시즘 운동에 찬동했다거나, 선거에서 파시스트 정당을 지지했다는 것은 아니다. 혼란이 최고조에 이르렀던 시기, 무솔리니가 처음 선거에 출마했을 때 그가 얻은 득표수는 무시해도 좋을 정도였다. 그러나 이런 상황이 실제로 의미했던 것은 중산층에 속하는 상당수의 유럽인이 다른 사회 집단들의 옅은 그림자 안에 들어가면서 이러저러한 방식으로 서로 응집되어 있었으며, 이것이 주요한 역사적 현상이 됐다는 것이다. 제2차 세계대전의 결과에 따라 이후 20세기 후반과 그 이후 시기까지 영향을 미친 매개변수들을 설정한 것이 바로 이 역사적 현상이었다.

1920년대 말까지 등장한 보수주의 행정부와 자유주의(사회민주주의 포함) 행정부는 이탈리아의 특별한 경우를 제외하고는 사회 분열과 혁명주의를 억제하면서, 적색 위협을 소비에트의 경계 안에 고립시킬 수 있는 방비를 적절히 갖춘 듯 보였다. 그러나 1929년 이후 이것은 모두 사실이 아니라는 것이 드러났다. 독일공산당은 당원이 크게 늘었고 선거에서도 많은 표를 얻었다. (1932년에 이르면 베를린에서는 독일사회민주당보다 더 많은 표를 얻는다.) 이는 의회 제도를 쓸모없는 것으로 만드는 데 일조했다. 1930년대 공산주의자들은, 프랑스와 스페인의 선거에서 승리하여 두 나라의 사회에 지진을 촉발시켰던 인민전선 연합의 일원이었다. 파시즘 운동에 가입한 사람들은 물론 수동적으로 동조하던 사람들에게까지 파시즘이 수용 가능한 대안으로 보이기 시작했던 것은 중산층의 '질서'와 안정을 보장하던 장치들이 더 이상 작동하지 못하는 것으로 보이게 됐을 때였다.

의사(擬似) 혁명 포퓰리즘 민족주의

종종 사악하고 불길한 편견들을 모아놓은 잡동사니로밖에 보이지 않는 파시즘의 이데올로기적 핵심 내용을 찾고자 한다면 로저 그리핀이 제시한 생각으로부터 시작하는 것이 도움이 된다. 로저 그리핀에 따르면 파시즘의 핵심은 그가 '재생再生(palingenesis)'이라 이름 붙인 개념 속에 있다.[4] 이 맥락에서, 재생(문자 그대로 '거듭남'을 의미한다)이 의미하는 것은 일종의 확신이다. 이는 단지 파시즘에만 국한된 것이 아니라 모든 카리스마적 종교운동에 공통되는 확신으로, 사태가 자포자기 상황에 이르렀을 때 적절한 절차가 취해지면 절박한 사태 자체의 추진력에 따라 상황이 반전되며, 이 반전은 퇴락한 과거와 현재를 일소하고 영광스러운 미래에 이르는 관문이 된다는 확고한 믿음이다. "확신이란 개념은 '신화적 핵심'을 동원한다는 점에서만 파시즘을 배타적으로 정의한다."[5] 따라서 그리핀은 (나를 포함한 많은 이가 그리핀의 의견에 열렬히 반대하지만) 파시즘은 혁명적 이데올로기라고 주장한다.

> 포괄적으로 쓰이는 파시즘이란 용어는 유별나게 변화무쌍한, 현대 정치의 한 부류를 가리키는데, 이는 사회와 문화가 퇴락했던 오랜 시기를 종결하는 데 민족적 재탄생(재생)의 과정이 매우 중요하다는 확신에 고무된 것으로, 이데올로기적으로는 통합된 민족주의(극단적 민족주의)의 혁명적 형태로 표현된다.[6]

파시즘에 관한 한 지도적 권위자로서 응당한 입지를 스스로 확립했으며, 매우 유익한 파시스트 교재를 편집한 그리핀은 예리하고 분별 있는 주장들을 펼쳐 보였으나, 마르크스주의적 해석에 담긴 진실의 측면은 무시하고, "누구든 자본주의에 대해 말할 준비가 되어 있지 않은 사람은 파시즘에 대해서도 침묵해야 한다"라는 호르크하이머의 말을 일축해버리는 큰 실수를 저질렀다. 그는 다소 경멸하는 투로 이렇게 썼다. "파시즘의 반反보수주의적 차원은 전통적 권력 엘리트들과의 광범위한 결탁에 의해 부분적으로 흐려졌다. … (무솔리니의) 파시즘과 나치즘 모두 실용주의적 근거들을 토대로 그들과 결탁해야만 했다."[7]

그러나 히틀러와 무솔리니만 그렇게 한 것은 아니었다. 그리핀은 파시즘 운동의 수사적 반보수주의가 얼마나 훌륭했던지 간에 왜 파시즘 운동이 **항상** 보수 세력에 의존해서 —절대 좌파 세력에는 의존하지 않고— 지지를 얻고 권력을 잡으려 했는지 설명하거나 설명을 시도하지 않는다.[8] 보다 어설프게 보일지 모르겠으나, 파시즘은 —통합주의란 늘 착취계급의 권력에 대한 극단적 인정이란 점을 기억한다면— 의사擬似 혁명 포퓰리즘 통합주의라는 말로 정의하는 것이 더 나을 것 같다. 혁명, 포퓰리즘, 통합주의 이 세 단어는 각각 그리핀이 말하는 '파시즘의 최소치'에 반드시 있어야 한다.

뒤에서 보겠지만, 그리핀은 그러한 발판(혹은 재생이란 용어를 선호한다면 재생이라는 발판)이 다른 개념들의 관여 없이 그 자체만으로는 —특히 혁명적 허세까지 가미되어 있을 경우— 고통에 대한 해결책으로서 널리 수용되는 파시즘에 필연적으로 이르게 되지는 않는다는 걸 완벽히 이해하고 있었다. 문제가 되는 것은 재생이 아니라 재생적인 극단적 민족주의다. 1914년의 상황이 극적으로 보여주었듯이, 민족주의는 19세기부터 줄곧 유럽 대중의 의식 속에 깊이 파고들었다. 하지만 가장 열렬히 민족주의를 후원하는 이들은 교육받은 중산층이었다.[9] 전통 문화유산들과 더불어, 지배적 환경에 대한 분노와 마르크스주의의 위협에 따른 공포가 합쳐져 파시즘의 재료들이 뒤섞일 수 있는 커다란 그릇이 마련됐다.

양식(樣式)과 폭력

파시즘의 재료들은 무엇이었을까? 파시즘은 참호에서 비롯된 것이라고 말한 사람은 바로 무솔리니였다. (하지만 그가 참호에 있었던 것은 전투가 정말로 심각해지기 전 아주 짧은 기간뿐이었다.) 모든 형태와 규모의 파시즘을 망라했을 때 가장 눈에 띄는 파시즘의 양상은 군사적 양식을 취했다는 점이다.[10] 파시스트 조직들은 가능한 곳에서라면 어디에서나 —보통 특정 색깔의 셔츠를 입는— 사병 조직을 설립했다. 특정 국가들에 있는 다른 정당들과 편대들도 그렇게 했지만, 파시스트들의 경우 그들의 사병 조직이 차지한 중심적 지위는 훨씬 더 컸다.

군사 조직과 준準군사 조직이 존재한 것은 폭력을 행사하고 공포를 조성하기 위해서였다. 바로 그것이 이 조직들의 목표였다. 정치 및 이데올로기의 적들을 공격하여 폭력으로 진압한다는 생각은 욕구를 깊이 만족시켜주었다. 이러한 생각은 지목된 희생양들에 대한 증오와 분노를 표출해주었으며, '존경'을 얻고, 거리와 공공장소에 대한 지배력을 확보해주는 부가적 기능까지 수행했다. 그러므로 징집에서 풀려난 퇴역 군인들이 본래 파시스트 정당들의 초기 당원들 중 큰 부분을 차지했다. 이들은 폭력과 고된 군대 생활에 무감각해졌으며 참호 속에서 겪은 경험들로 야수가 되어버린 채 전쟁의 결과에 원통해하며 사회에서 표류하던 사람들이었다.

게다가 나이가 어려서 전쟁에 나가 싸울 수 없었던 미성년자들도 많았다. 참전 군인들을 크게 부러워하며 그들을 모방하길 원하고, 참전하지 못한 스스로를 수치로 여기던 젊은이들은 준군사 사병 조직들을 일종의 대체물로 보았다. 그들은 거기에서 미래에 대한 흥분을 느끼며 동지애를 얻고 모험을 할 수 있으리라 기대했다. 현대에는 연극적이고 시각적인 선전 활동이 군대의 존재감을 드러내는 데 크게 기여했고, 파시즘에서는 이러한 현상 즉 오와 열을 맞춘 행진, 현수막, 음악, 탐조등, 조직된 상징적 의례, 감동적인 연설을 충실하게 모방했다. 나치는 괴벨스의 지휘 아래 이러한 선전 활동들을 완벽의 경지로 끌어올렸다.

파시즘에는 군국주의의 관점들이 내재해 있었으며 이런 관점들이 사회적 관계 일반에 적합한 모델로 여겨졌다. 위계, 권위, 규율, 무조건적 복종,[11] 역경에 굴하지 않는 정신, 남성들 사이의 연대는 전직 군인들(특히 전직 장교들)뿐 아니라 모든 종류의 권위주의자들에게 매력적인 개념이었다. 또한 혼란 속에 표류하고 있던 여타 다수의 사람에게도 존경받는 지도자 한 사람에게 모든 정치적 책임을 맡기는 것은 매력적으로 느껴졌다. 카리스마 있는 한 인물을 통해 구현되는 지도자 숭배와 지도자 신조는 군국주의 의식에서 자연스레 확장되어 나온 귀결이다.

그러나 군국주의적 장관을 벌이는 것만으로 충분하지 않았다. 유별나게 카리스마가 없는 군사 독재자들은 옛날에도 많았고 지금도 많이 있다. 정치적 관점에서나 경제적 원칙들의 측면에서 볼 때 파시즘은 극단적으로 권위주의적인 보수주의 강경파와 거의 구별되지 않는다. 그러나 파시즘이 결정적으로 달라지는 지점은 그것이 **포퓰리즘**의 성격을 갖는다는 점이다. 파시즘에서는 엘리트들만이 아니라 대중들의 관심을 끌고자 노력했거나 그러길 원했으며, 그 추종자들에게 예외적으로 우수하고 가치 있는 민족의 일원으로서 민족의 부흥이라는 장엄한 모험에 열정적으로 참여하는 느낌을 주고자 했다.

폭력적인 구경거리뿐 아니라 빵을 제공한다는 것도 파시즘의 수사법을 이루는 한 부분이었다. 파시즘의 질서를 받아들이고 사회주의를 버리기만 한다면, 고생하는 농민들에게는 토지를, 재능 있는 이들에게는 다소나마 더욱 개방된 직장을, 산업 노동자들에게는 낡은 사회적 차별 철폐와 완전고용 그리고 공정한 대우를 선사하겠다고 약속했다.

파시즘을 정의할 수 있는 단 하나의 특징 같은 것은 없지만, 의사혁명론, 권위주의, 포퓰리즘적 극단적 민족주의는 군사화된 함의들과 함께 파시즘 전체를 거의 모두 포괄한다. 파시즘을 하나의 이데올로기로 정의해서는 안 된다고 하는 것은 터무니없는 제안이 될 것이다. 그러나 파시즘은 확실히 일관성이 없었고, 형편없을 정도로 명료하게 표현되지 못했다. 파시즘이란 특정한 위기 상황에서 나타난 대중의 커다란 호응을 끌어내는 일련의 반복적 주제들에 더 가깝다. 무솔리니는 이렇게 말했다.

> 우리 파시스트들은 모든 전통적인 정치 이론을 폐기할 용기가 있다. 우리는 귀족이자 민주주의자이며 혁명가이자 반동분자이고 프롤레타리아이자 반反프롤레타리아로서 평화주의자이자 반평화주의자다. 하나의 고정점, 즉 민족nation을 갖는 것만으로 충분하다. 나머지는 분명하다. … 모든 사람에게는 자신을 위하여 자신의 이데올로기를 만들고 동원 가능한 모든 에너지를 사용하여 그것을 실현하고자 시도할 자유가 있다.[12]

이 점을 계속 염두에 두고 이것이 특정 국가와 민족에서 실제로 어떻게 작동했는지를 살펴보도록 하자.

이탈리아

이탈리아의 파시즘은 파시즘이란 개념을 개척한 선구자임에도 불구하고 다른 나라들의 파시즘에 비해 훨씬 더 모호하게 정의됐다. 이러한 사실은 이탈리아 파시즘의 이데올로기적 특징들뿐 아니라 그것의 조직적 성격에도 그대로 적용된다. 이탈리아 파시스트 운동의 창립자인 베니토 무솔리니는 전직 사회주의자 언론인으로서 하위 중산층의 가장 낮은 계층(시골의 소규모 자작농) 출신이었다. (아버지는 제철공이었고 어머니는 마을학교 교사였다.) 그는 본질적으로 말만 그럴듯하게 하는 허풍선이였으며, 그가 보여준 공격성과 비합리성 그리고 연극처럼 과장된 태도는 그의 으뜸가는 본성이었다.

민족주의의 폭력성을 둘러싼 논쟁은 무솔리니가 이탈리아사회당과 결별하고 민족주의적 선동정치가로 부상하게 된 계기가 됐다. 당시 이탈리아 정부는 유럽에서 발발한 전쟁에 중립을 유지하고 있었기 때문이다. 그러한 비非호전성은 민족주의 일파를 격분하게 했고, 이 일파에 속한 이들은 역사적 원수인 오스트리아를 쳐부수고 남부 티롤과 아드리아해 동쪽 지역의 광대한 영역을 점령하기 위해 이탈리아의 참전을 주장하며 정력적으로 운동을 벌였다. 이 운동을 주도한 것은 엔리코 코라디니가 권위주의적 정부를 세워 이탈리아를 진정한 강대국으로 만들겠다는 목적으로 1910년 창당한 이탈리아내셔널리스트연합ANI이었다. 이 정당은 리비아에서 노쇠한 오스만제국을 상대로 식민지 전쟁을 일으키는 데 성공을 거둔 바 있었다. 1914년 이후에 무솔리니는 간섭주의에 찬성하는 진영에 가담했으며 프랑스와 영국의 원조에 힘입어, 전쟁을 선동하기 위한 신문을 밀라노에서 창간하고, 깡패들을 모아들여 분개한 사회주의자들로부터 자신이 만든 인쇄물들을 보호했다.

이탈리아 북부에 집중된 산업 및 상업 부르주아지는 대체로 전쟁을 환영했다. 그들에게 전쟁은 군대와의 계약에서 수익을 올리고, 새로 획득할 것으로 기대되는 영토에서 시장을 확대하면서, 노동자들에게는 보다 강화된 규율을 적용할 수 있는 기회를 의미했다. 그러나 전쟁이 보다 폭넓게 환영받은 것은 마초적 낭만주의의 정신 때문이기도 했다. 그들에게 전쟁은 부르주아적 현실 만족이라는 불순물을 제거하고 자기희생과 귀족적 열망의 맛이 느껴지는 화려하고 흥분되는 모험으로 느껴졌던 것이다. 미래주의라고 불리는 현대 예술운동에서도 전쟁을 반겼다. 이 예술운동을 주도한 이들은 기계장치와 속도, 당대의 모든 첨단 기술, 특히 그중에서도 군사기술에 매혹됐던 보헤미안이었다. 많은 생디칼리스트들과 아나키스트들조차 전쟁을 환영했다. 이들은 전쟁이 창조적 파괴의 한 형태여서 그로부터 그들의 열망에 다가간 더 나은 사회가 불사조같이 등장하리라고 보았다. 그리고 폭력에 대한 그들의 개인적 취향을 보증하는 것으로까지 여기기도 했다.

전쟁 초기에 이러한 관념들과 정서들을 개인적으로 체현한 인물로서 가장 잘 알려진 선전가는 무솔리니가 아니라 가브리엘레 다눈치오였다. 니체 철학에 입각한 시인이었던 그는 적진 위로 임무 비행을 하며 자아를 만족시켰다. 전쟁과 평화 뒤에 이어진 정치 및 사회의 위기에서 그는 일단의 추종자들을 이끌고 아드리아해에 닿아 있는 피우메항을 점령했다. 당시 신생 유고슬라비아를 상대로 이탈리아가 소유권을 주장하고 있던 이 항구에서 그는 정권을 세우고 스스로 독재자의 자리에 올랐다. 하지만 다눈치오에게는 두 가지 불리한 조건이 있었다. 우선 그는 나이가 많았다. 따라서 마초의 아이콘이 되기에는 적당하지 못했다. 게다가 피우메 원정이 결국 대실패로 끝났고 그는 그 도시에서 도망쳐 나와야 했다. 무솔리니는 다눈치오를 동경했고 그를 자신의 멘토로 여겼지만 —아니면 적어도 그렇게 할 의도가 있었지만— 다눈치오가 망신을 당하고 나자 무솔리니와 그의 정당 전투파스키(공식 명칭은 이탈리아전투파스키FIC다. 1914년 무솔리니가 창당한 정당으로, 1921년 해산되어 국가파시스트당으로 이어졌다—옮긴이)가 극우의 핵심으로 등장할 수 있도록 무대가 깨끗이 비워졌다.

1920년은 좌익 세력이 큰 파도처럼 일어선 해였다. 이탈리아 중부에서는 농민들이 공장을 점유하고 시위를 벌이면서 여러 가지 방식으로 지주들의 권력을 꺾어 놓았다. 이듬해인 1921년에는 파시스트의 반격이 이어졌다. 스쿠아드리스티squadristi(1919년 무솔리니의 준군사조직으로 설립된 국가안보의용민병대MVSN나 그 대원을 가리키던 별칭. 국가안보의용민병대는 행동대Squadre d'Azione라는 분대로 이루어졌고, 스쿠아드리스티는 분대원을 가리키는 이탈리아어의 복수형이다—옮긴이)라고 불린 파시스트 분대들이 시골과 도시 지역을 날뛰며 돌아다니면서 적들을 공격하고 고문했으며, 때로는 살해하기도 했다. 또한 노동조합, 협동조합, 이탈리아사회당PSI의 건물들과 언론사들을 파괴하면서 공포 분위기를 조성했다. 이들의 활동은 어느 모로 보나 10년 뒤에 히틀러의 돌격대가 벌인 활동만큼이나 폭력적이었다. 게다가 이들이 마주친 저항은 미미했다. 흥미로운 것은 그들의 주요 목표물들이 이탈리아사회당과 관련된 경향이 있었다는 점이다. 사회당은 상당한 지역적 권위를 지니고 있긴 했어도 이런 권위는 새로 성립된 것은 아니었으며, 당시에는 사회당 안에 있는 공산주의자들이 별 의미 없는 존재였다.

이 모든 상황에서 무솔리니가 맡은 역할은 매우 중요한 것이긴 했어도 밀라노 바깥에서는 전혀 우세하지 못했다. 많은 경우에, 특히 시골 지역에서 거의 항상 폭력 조직을 만들고 이끄는 것은 라스ras라고 불린 지방 폭력 중개업자들이었다. 자신들의 적들을 파괴하려는 지주나 사업가가 이들을 고용했고, 이들은 대체로 전역 군인들을 모집하여 분대를 구성했다. 전역 군인들은 적개심으로 가득한, 이미 준비된 인력 집단을 이루고 있었다. 그들은 매우 성공적이지 못한 결과를 가지고 전쟁에서 돌아왔으나, 그들을 맞아준 주민들은 모두 전쟁에 반대했던 사람들이었으며, 그들이 돌아온 장소들은 노동자들이나 농민들이 고용계약에 대한 통제력을 장악한 곳이어서 그들이 배제되는 일이 종종 있었으며, 모욕당하는 일도 빈번했다.[13]

무솔리니는 준군사 조직이자 정당인 한 조직의 지도자로서 홍보와 자기 광고에 대한 재능을 발휘하여 편리한 명목상의 지휘자 자리에 올랐다. 대부분의 라스는 자신들의 일은 자신들이 원하는 대로 계속 조종하면서도 그를 형식상의 지도자로 인정했다. 그럼에도 가장 유력한 스쿠아드리스티였던 아르디티는 무솔리니에게 단단한 충성을 바쳤다. 아르디티는 특수 군사훈련을 받은 특공대로서 특히 '훼손된 승리'에 분개하는 집단이었다. 아르디티의 맹세와 경례 그리고 대원들이 입는 검은 셔츠는 파시스트의 트레이드마크로 채택됐다(국가파시스트당의 준군사조직인 국가안보의용민병대가 검은 셔츠단CCNN이라 불리게 된 이유다—옮긴이). 몇 년 뒤 독재 정권이 일단 공고해지자, 두체Duce(수령 또는 총통을 나타내는 이탈리아어 단어로 무솔리니를 일컫는 고유명사처럼 사용됐다—옮긴이)는 자신의 추종자들 중에서 보다 비협조적인 이들을 구속하고 억압했으며, 때로 진지한 의도는 없었지만 총살하겠다는 위협을 가하기도 했다.

파시스트와 보수주의자

포퓰리즘 전략들은 기득권 세력의 지원이 없었더라면 모두 별 효과를 발휘하지 못했을 것이다. 1922년 무솔리니가 승리를 거두고 총리에 오를 수 있었던 것도 기득권 세력의 지원이 있었기 때문이다. 한 해 전에 좌파에 맞서 벌인 유세 활동은 '질서 유지 무장 세력', 특히 경찰과 군대의 도움과 지지를 받아서 이루어졌으며, 재정적으로는 지주, 기업가, 은행가들의 지원을 받았다. 경찰과 군대는 소형 무기들과 (특히 중요했던) 도로 운송 수단들을 제공했으며, 때로는 대포까지 지원했다. 1922년 10월 한 판의 소극笑劇과도 같았던 '로마진군' 때 경찰과 군대는 이를 쉽게 진압할 수 있었는데도 가만히 곁에서 있기만 했다. 대신에 그들은 왕을 쉽게 설득하여 무솔리니에게 정부를 구성하도록 요청했고(당시 의회는 국왕의 승인을 얻어 이를 제압할 수 있었으나, 에마누엘레 3세는 의회의 요청을 거부했다—옮긴이), 그들의 정치적 대표들은 행복해하며 이 정부에 들어갔다. 1925년 초에 독재 정권이 수립된 과정은 그렇게 간단하지만은 않았다. 총리의 엘리트 친구들은 마테오티 살해 사건(검은 셔츠단이 1924년 6월 로마에서 이탈리아 사회당 지도자인 자코모 마테오티를 암살한 사건으로 이로써 무솔리니는 반대파의 목소리를 잠재웠다—옮긴이)이 일어난 뒤부터 무솔리니에 대한 환상에서 벗어났기 때문에, 그가 절대적 권력을 차지하도록 밀어붙인 것은 바로 라스였다. 그러나 국왕은 기꺼이 그에게 해임 명령을 내리고 공권력을 이용하여 명령을 집행할 수도 있었지만, 그렇게 하지 않았다. 데니스 맥 스미스는 이렇게 말했다.

> 파시즘은 관념과 교의의 정당이 아니라 행동의 정당이었다. (무솔리니의) 추종자들은 흉포하고 야심에 찬 자들이었으며, 권력을 원했다. 이들을 지지한 사회의 영향력 있는 지식인들은 그런 무뢰한들이 사회주의를 제압하고 의회의 권한들을 축소하는 데 유용하게 쓰일 것으로 보았으며, 가능하다면 이탈리아의 이름이 해외에서 맹위를 떨치게 하는 데도 도움이 되리라 생각했다.[14]

'전체주의적totalitarian'이란 단어를 무솔리니가 만들어냈을 때 의도한 것은 승인을 나타내는 용어로 쓰려는 것이었다. 하지만 이것은 홍보용 거짓말에 불과했다. 무솔리니는 이데올로기를 세세하게 구분하는 데 거의 관심이 없었다. 그의 관심사는 권력과 위신에 관한 것뿐이었다. 그의 정권은 곧 무너질 듯한 방식으로 굴러갔고, 행정과 경제는 물론 군대까지도 그러했다. 그나마 정권을 유지할 수 있었던 것은 엄포와 검열 그리고 영악한 선전 활동 덕분이었다. 파시즘의 핵심 슬로건은 '믿어라, 복종하라, 싸워라'였지만 많은 이탈리아 일반인이 이 슬로건을 외칠 때 심장이 고동쳤는지, 아니면 파시스트 보조 조직에 들어가면서 기뻐했는지는 의심스럽다. (한 가지 예외가 있었다면, 도폴라보로dopolavoro 즉 '기쁨을 통해 기운을 얻는다'는 것뿐이었다.) 정치에서 반대 의견이 억압되고 언론이 통제되는 상황에서 사회적 관계들은 1915년 이전과 같은 모습으로 계속 이어졌는데, 단 한 가지 중요한 차이점이 있었다.

한 가지 달라진 점은 물론 조직된 노동운동이 파괴됐다는 사실이었다. 독일의 제3제국에서와 달리, 이탈리아에서 자본은 국가의 간섭도 거의 받지 않고 원하던 바를 얻었다. 만약 A. J. 그레고어가 주장하듯 파시스트 이탈리아가 '개발 독재'였다면, 어떠한 방식으로든 자본에 적당하다고 보이는 방식대로 자본이 한껏 성장할 수 있도록 국가가 노동자들을 무력하게 잡아두었다는 의미에서만 그러했다. 이탈리아 파시스트들이 발전시킨 '조합 사회corporate society'라는 개념은 의미 없는 홍보 용어에 불과했다. 자본과 노동 그리고 국가는 조합을 구성하는 요소들이어야 하며, 각각의 대표는 함께 모여 상호이익을 위해 경제와 경제에 연관된 문제들을 지휘해야 한다. 그러나 현실에서 결정을 내리는 것은 파시스트 국가의 지원을 받는 자본이었으며, 노동자의 이익은 어느 곳에도 남아 있지 않았다.

독일

초기의 독일 파시즘은 공공연하게 무솔리니로부터 부분적 영감들을 끌어냈으며 그를 모방하기 위해 애를 썼다. 독일에서 파시즘은 소외된 자들의 운동으로 여러 곳을 중심지로 해서 등장했지만, 그중에서도 바이에른 지역이 중심이 됐다. 바이에른에서는 정치적 긴장이 극에 달해 있었고, 주도州都 뮌헨은 짧게나마 공산당의 통치를 겪었었다. 이탈리아와 비교했을 때 독일 파시즘에서 눈에 띄게 다른 점은 인종주의가 절대적 중심을 차지했다는 점이다. 이는 독일의 반동 세력들이 외국인과 적대적 '인종'에 둘러싸여 위협받고 있다고 느꼈음을 반영한다. 그들이 말하는 적대적 '인종'이란 프랑스인과 슬라브인 그리고 누구보다 유대인이었다. 그들은 유대인들이 타락한 영향을 끼치고 악의를 품고 있었기 때문에 자신들이 지난번 전쟁에서 패배한 것이라고 했다.

1920년 아돌프 히틀러가 독일노동자당DAP을 접수한 일은 대단히 중요한 일이이긴 했지만, 노동자당의 성격과 견해를 근본적으로 바꾸어 놓지는 못했다. 노동자당은 포퓰리즘적 대형隊形을 이루게 될 미소한 하위 중산층으로서 베르사유조약을 뒤집고, 독일을 재건하여 이웃 슬라브 민족을 지배할 주요 강대국을 이루며, 유대인들을 공공 생활 영역에서 몰아내길 염원했다. 노동자당은 그러한 일들을 해나갈 수 있는 스스로의 자격을 정당화하기 위해 의회주의와, 몇몇 희미한 사회주의적 부가 요소들에 대한 증오심을 이용했다.

인종주의

파시스트 정당의 이데올로기적 영감이 된 것은 19세기 후반 (오스트리아를 포함한) 독일어권 문화에 공통된 비유들의 혼합물이었다. 일반적으로 인종주의에는 왜곡된 진화론과 아르튀르 고비노(19세기 프랑스의 인류학자. 순수민족만이 육체적·정신적으로 우월한 순수성을 유지할 수 있다고 주장한 『인종불평등론*Essai sur l'inégalité des races humaines*』을 쓴 것으로 유명하다—옮긴이)의 저술들을 인용하여 위조한 과학적 증거들이 제시됐다. 특히 반유대주의는 수 세기 동안 계속된 종교적 편견과 디불이 사이비 과학에서 비롯됐다. 19세기가 끝날 무렵 반유대주의는 율리우스 랑벤, 폴 드 라가르드 그리고 그중에서도 아마 가장 중요한 오스트리아인 게르하르트 폰 쇠네러를 비롯한 수많은 게르만 저술가에 의해 학술적 풍모를 띠고 표현됐다. 그들의 책은 상당한 영향을 끼쳤던 것으로 보이며, 셀 수 없이 많은 이가 그 책들을 모방하여 값싼 팸플릿을 제작했다. 반유대주의는 게르만 사회 전역에 극도로 팽배해 있었다. 대중적 인기가 있었고 포퓰리스트였던 빈의 시장 카를 루에거는 반유대주의를 이용해 출세하기도 했다. 하지만 균형 감각을 가지고 독일의 상황을 다루어야 할 필요가 있다. 반유대주의는 프랑스에서 훨씬 심했을 가능성이 높고, 러시아에서는 확실히 그러했다.

20세기 초 '지배 민족'의 권력과 지위를 발전시키는 데 투신하는 조직들이 독일에 등장하기 시작했다. 이들은 규모가 작고 비밀스러웠으며, 그들의 관념들은 반쯤 신비주의적이었다. 그리고 이들에 끌려서 몰려든 이들은 주로 사회의 괴짜나 부적응자들이었다. 이런 조직들 중 가장 중요했던 곳은 툴레협회Thule Society였다. 이 단체는 스바스티카Svastika(卍자 문양. 나치 문양은 오른쪽으로 돌아가는 만자)를 자신들의 상징으로 채택했는데, 그 회원 중 몇몇은 나치의 초기 지도부에 있던 히틀러와 가까웠다. 당시에 더욱 중요했던 단체는 합스부르크제국의 일부였던 보헤미아의 독일 국적 노동자들이 만든 작은 조직이었다. 이 조직의 회원들은 실제로 국가사회주의자라 불렸으며, 경쟁 관계에 있던 체코 노동자들과 사회민주주의자들을 향해 인종적으로 고무된 적대감을 기초 삼아 존재했다. 이중에 어떤 이들은 결국 히틀러의 당으로 들어갔다.

히틀러가 독일노동자당의 지도자 자리에 올라 당명에 '국가사회주의'라는 말을 덧붙였을 때 (아마도 전쟁 이전 시대의 독일 국가자유당 NLP(1867년에서 1918년까지 존재했던 독일제국의 자유주의 정당—옮긴이)에 대한 회상 때문이었을 것이다) 반유대인 정서는 어디에나 있었으며 특히 독일에서는 『시온 장로 의정서*The Protocols of the Learned Elders of Zion*』라는 팸플릿이 나오면서 더욱 강화됐다. 이 팸플릿은 세기가 전환되던 시기에 러시아정교회의 한 신비가가 쓴 것으로 (원래는 적敵그리스도의 도래를 예언하는 글의 한 부분이었는데), 프랑스 황제 나폴레옹 3세에 대한 풍자였다. 이 팸플릿이 독일에 들어온 것은 혁명을 피해 발트해 지역에 머물고 있던 독일 난민 아르투어 로젠베르크에 의한 것으로, 그는 히틀러의 추종자였다. 이 팸플릿은 세계를 타락시켜 탈취할 음모를 꾸미는 유대인 지도자 도당에 대한 기록이라 일컬어졌다.

> 민중은 우리의 지도 아래 귀족을 전멸시켰다. … 귀족이 파멸하자 오늘날 민중은 무자비하게 돈을 착취하는 악당들의 수중으로 떨어졌다. … 우리는 이러한 압제로부터 노동자를 구해내리라 이야기되는 구원자로서 현장에 나타난다. 그리하여 우리는 노동자에게 우리가 언제나 지원해 마지않는 전투부대들—사회주의, 아나키즘, 공산주의—에 들어올 것을 제안한다. … 우리가 손에 쥔 무기는 한없는 야망 그리고 가차 없는 복수와 증오와 적의다.[15]

나치가 이 팸플릿을 해석한 바에 따르면, 어떤 유대인들은 세계

자본주의를 전복하도록 지명됐으며, 다른 유대인들은 사회주의와 공산주의를 주도하도록 지명됐다. 『시온 장로 의정서』는 또한 유대인들의 음모를 실현할 도구로서 프리메이슨까지 포함시켰다. “가장 비밀스러운 정치 음모가 우리에게 알려질 것이며, 그 음모는 생각 속에 품어지는 바로 그날에 우리 지도자들의 손 아래 놓이게 될 것이다.” 이 문서를 읽어보면, 저자는 유대인들이 피에 굶주린 절대적 신정 체제를 설립하고자 음모를 꾸미고 있다고 상상하면서도, 그러한 신정 체제를 —만약 그것이 유대인이 아니라 반동주의자들에 의해 설립된다면— 차라리 동경하고 있는 듯한 인상을 받게 된다.

이데올로기 그리고 권력을 향한 진군

히틀러의 중요성은 그 자신의 개성과 연극적 재능 덕분에 국가사회주의독일노동자당NSDAP(일명 나치)이 독일 전역에서 비슷한 생각을 공유하고 있던 집단들을 흡수했으며, (1923년 뮌헨에서의 쿠데타 시도는 실패했지만) 그 결과 극소 분파에 불과했던 당이 여전히 소수 정당이긴 해도 이렇다 할 정치 세력으로 성장했다는 데 있다. 아마 그 힘이 최고조에 이른 것은 1928년 무렵 독일의 사회와 경제가 상대적으로 안정됐던 덕분이다. 히틀러 개인에 대한 숭배는 나치가 사람들의 마음을 끄는 데 실제적으로 중심 역할을 하게 됐다. 오직 그 자신만이 그의 추종자들 사이에서 일고 있는 동향과 야망의 충돌을 중재할 수 있었으며, 그의 지도력 아래 공통 목표에 집중할 수 있도록 몰아갈 수 있었다. “국가사회주의는 농업 개혁에 찬성하는 동시에 반대하고, 사적 소유에 찬성하는 동시에 반대하며, 이상주의에 찬성하는 동시에 반대한다.”[16] “국가사회주의라는 이데올로기는 이상주의, 실증주의, 실용주의, 생기론vitalism(생명 현상은 물질의 기능 이상의 생명 원리에 따른 것이라는 이론—옮긴이), 보편주의, 제도 존중주의—요컨대, 생각할 수 있는 모든 부류의 철학—의 요소들을 포함한다. 그러나 이 다양한 요소들이 통합되어 있는 것은 아니다."[17] 1930년대 초 정권을 잡으려고 노력하면서 나치는 그들의 정책에 관한 질문을 받을 때면 "우리의 정책은 히틀러다!"라고 빈번히 선언하곤 했다.

그것은 예상된 일이었다. 한편으로 나치 이데올로기는 완벽하게 집중되어 있었지만, 다른 한편으로는 심각하게 일관성이 없었다. 긴장의 주요 근원은 그레고르 슈트라서와 같은 지도부 인물과 나치 '순교자' 호르스트 베셀과 같은 평당원 사이에 놓여 있었다. 호르스트 베셀은 당의 명칭에 있는 '사회주의'라는 용어와 당의 변경 불가능한 강령에 담긴 '사회주의적' 요소들에 중요한 의미를 부여했다. 평당원들은 일반적으로 나치의 당 자체보다 돌격대에 더 끌렸다. 반면에 당에는 히틀러같이 당의 명칭에 붙은 사회주의는 일종의 장식이며, 인종주의와 팽창주의라는 당의 강령을 실현하는 데 반드시 필요한 전체적 권력을 획득하기 위한 편의 수단쯤으로 여기는 자들도 포함되어 있었다. 히틀러는 후원을 이끌어내기 위해 부유층과 만나는 것을 잊지 않았으며, 사회주의적 과업들은 다만 보여주기 위한 치장으로만 쓰고 무시해버리는 일도 잊지 않았다. 그는 독일의 전통 엘리트들이 그가 건설하고자 하는 정권에 적응한다면, 그들까지 포함할 수 있게끔 사회주의라는 용어를 다시 정의하는 데까지 나아갔다. "그리고 형식적 이성에 맞선 피가 … 일었다. 의도적인 합리성에 맞선 인종, 이윤에 맞선 명예, 개인주의적 분열에 맞선 일치, 부르주아적 안정에 맞선 상무尙武의 가치, 개인과 대중에 맞선 민중Volk이 일어났다."[18]

나치는 1930년 독일 제국의회 의원 선거에서 크게 약진했다. 경제 불황의 여파 속에서 나치는 (공산주의자들이 했던 것처럼) 도시 지역을 중심으로 선거 역량을 확장시켜 나갔지만, 주된 효과는 시골 지역에서 나타났다. 시골 지역에는 (극심한 인플레이션을 잘 헤쳐 나와서 새로운 부채를 떠안게 된) 독일 전역의 소규모 자작농들이 농작물 시장의 바닥이 붕괴되어 파산하고 재산을 압류당할 위기에 놓여 있었다. 공산주의와 사회민주주의 모두 이들 사회집단을 끌어들이지 못했다. 그들은 맹렬하게 민족주의적이었고, 정치적으로는 주로 독일국가인민당에 결부되어 있었다. 하지만 극단적으로 보수주의적인 독일국가인민당은 경제적 자유주의를 교의로 삼을 만큼 집착하고 있어서 아무것도 약속할 수 없었던 반면, 나치는 마을로 활동가들을 보내 나치 정부 아래서는 게르만 혈통의 저수지와도 같은 독일 농민이 파산할 일은 절대 없을 것이라고 약속했다. 소규모 자작농들의 안정을 약속하면서 엄청나게 많은 유권자를 끌어들였고, 선거에서 압도적으로 승리했다. 비타협적인 시골 지역 보수주의자들은 크게 놀랐고, 지주였던 마요르 에발트 폰 클라이스트는 이 사태를 두고 '시골 볼셰비즘'이라고 부르기까지 했다.[19]

나치 운동을 형성시킨 이데올로기적 진영 안에 있는 사회적 급진주의자들과 기회주의자들 사이의 긴장은 전쟁 발발 이전에 이 정권이 경험한 것 중 유일하게 실제로 심각했던 국내적 위기의 근원이 됐다. 앞서 언급한 것처럼, 급진적인 나치 평당원들은 잃을 것이 거의 없고, 종종 실업 상태에 있던 젊은이들이었기에 돌격대 쪽으로 많이 기울어져 있었다. 돌격대 대원은 다른 당원에 비해 노동자 출신일 가능성이 더 많았다. (그리고 흥미롭게도 미미하게나마 반유대주의에 덜 동조했다.) 그렇긴 해도, 대원의 부모가 노동운동에 참여했었을 가능성은 더 낮았다.[20] 돌격대 대장 에른스트 룀은 돌격대가 독일 제일의 군대가 되어 그에 따른 진급과 수입과 위신을 얻게 되리라는 대원들의 열망에 동조했다.

나치 친위대(SS)

히틀러가 권좌에 오르자, 그들은 자신들의 기대가 곧 실현되기를 고대했다. 그리고 1934년 봄과 여름에는 그러한 기대감이 참을 수 없을 만큼 크게 자라났다. 결국 6월에 찾아온 위기는 룀과 가까운 동료들을 살해하여 보수주의자들, 특히 군대의 지휘관들을 만족시키는 것으로 해소됐다(일명 '장검長劍의 밤'이라 불리는 사건이다—옮긴이). 히틀러의 행동은 전적으로 불법이었으며 대부분의 독일 시민은 나치 조직의 파괴적 난폭함에 지쳐 있었지만 사태는 이렇게 일단락됐다. 검은 유니폼을 입은 나치 친위대는 원래 돌격대에 종속된 하부 조직이었으나 히틀러는 이 조직을 이용하여 돌격대의 지도부를 제거했다. 이제는 친위대가 전면에 나서게 됐다. 하인라이히 힘러의 지휘 아래 (히틀러마저 힘러를 약간 미친 것으로 여겼지만) 친위대는 나치 정부 안에 엘리트 집단을 형성했으며, 스스로를 살인 집행자들의 패거리가 아니라 당의 이데올로기를 완벽하게 구현한 집단이며, 퓌러Führer(나치 총통, 즉 히틀러의 직함—옮긴이) 아래 있는 민중Volk의 선발된 지도부로 여겼다.

친위대는 나치의 기준에서 봤을 때도 과격했다. 인종적 순수성에 강박적으로 집착했으며, 오딘을 숭배하는 괴이한 의례들에 참여했고, 제국의 총통이 지배 민족의 본질적 자질들로 간주하는 초엘리트주의, 육체적 힘과 용기, 맹목적 복종, 인종적 우월성에 대한 냉혹한 전념 그리고 목적을 달성하기 위해서라면 후회나 가책도 없이 잔혹한 행위도 저지를 수 있는 의지를 의도적으로 배양했다. 그들은 돌격대를 수용소 간수들로 보내버리고, '최종적 해결책'—나치 점령하의 유럽에서 유대인들을 마지막 아이 한 명까지 완전히 절멸하려는 계획—을 실현하기 위해 만들어진 말살 부대들과 말살 수용소 요원들로 이루어진 군단을 구성했다.

대량 학살이 이루어진 다음 해에 카를 슈미트는 다음과 같이 썼다.

> 강력한 국가는 국가 구성원들의 강력하고 자율적인 생명력을 위한 전제 조건이다. 국가사회주의 국가의 힘은 국가가 상명하복 식으로 이루어져 있다는 사실에 있다. 또한 그 힘은, 지도부의 구상으로 통치되고 지도부의 구상이 가득 스며들어 있는 국가 실존의 모든 원자들 하나하나에도 있다. 국가사회주의 운동을 강력하게 만들어주는 이 원칙은 국가의 행정과 자율적 통치의 다양한 영역들에서 모두 체계적으로 달성되어야 한다.[21]

그러나 카를 슈미트의 이 같은 언급은 그가 여전히 옛 극단적 보수주의의 개념들에 시달리고 있었으며 그의 새로운 주인에게 맞춰 조화를 이루지 못하고 있었음을 보여주는 것이다. 나치 이데올로기는 늘 실천하지는 않았더라도 국가사회주의 운동과 민중Volk이 국가 위에 있음을 인정했기 때문이다. 아르투어 로젠베르크에 따르면, 다음과 같다.

1933년 1월 30일의 혁명은 새로운 이름 아래 절대주의 국가를 수립하지 못했다. 혁명으로 국가는 민중과 새로운 관계에 놓이게 됐다. … 1933년에 일어난 일은 … 국가의 전체성이 아니라 국가사회주의 운동의 전체성을 확립했다. 국가는 이제 더 이상 민중과 운동에 나란하게 놓인 실체가 아니며, 더 이상 지배를 위한 기계장치나 도구로 생각되지도 않는다. 이제 국가는 국가사회주의의 생활철학 도구다.[22]

그렇지 않다면 히틀러의 말대로 국가는 도덕적 개념이거나 절대적 관념의 실현이 아니라, 혈통이 같은 민중의 하인일 뿐이다.[23]

다른 국가들

루마니아

독일과 이탈리아의 파시스트 운동들 말고, 파시스트 운동이 외부의 개입 없이 스스로 권력을 획득하는 데 성공한 경우는 없었다. 권력 획득에 아주 가까이 다가갔던 경우가 있었으나 히틀러의 방해 때문에 목적을 이루지 못했다. 이 사실은 아이러니가 아닐 수 없다. 루마니아에 있었던 대천사미카엘군단Archangel Michael's Legion은 나치만큼이나 사소한 모든 면에서까지 악의적으로 반유대적이었으며, 그 지도자 코르넬리우 코드레아누는 자신이 파시즘에 관해 히틀러에게 한두 가지쯤 가르칠 수 있을 거라고 말하기도 했다.

루마니아는 불안정한 의회제도가 있는 왕국이었다. 다른 모든 동유럽 국가와 마찬가지로 루마니아는 대체로 농업 사회였으나, 석유라는 거대한 광물자원을 가지고 있었다. 계급 간의 격차는 극도로 컸으며 정치를 담당한 계급은 주로 지주, 사업가, 전문직 종사자들로 구성된 폐쇄적 과두제를 이루고 있었다. 루마니아어는 라틴 계열의 언어였다. 루마니아 민족주의는 이 점에 초점을 맞추어 우월성의 표식으로 여기면서 루마니아인들을 로마제국의 식민지 지배자들의 후예자로 격상시켜 주변의 야만적인 슬라브인들과 발칸 지역에 살고 있는 여타 열등한 민족보다 스스로를 우위에 두었다. 루마니아의 국교는 동방정교회였다.

루마니아는 제1차 세계대전의 전승국이었고, 실제로 영토와 인구가 두 배로 늘 만큼 국가는 엄청난 이득을 얻었다. 하지만 이러한 발전 과정은 오히려 거대한 사회적·정치적·문화적·민족적 긴장을 일으켰고, 루마니아의 민족의식을 과열시켰다. 1920년대에는 이런 상황이 특히 대학들에서 구체적으로 드러났고, 대천사미카엘군단도 대학들에서부터 시작됐다. 이 조직을 특징짓는 것은 루마니아인 고유의 민족주의에 대한 강렬한 이데올로기적 헌신과 그와 마찬가지로 강렬한, 극도의 폭력과 지도자 숭배에 대한 헌신이었다. 이러한 특징들 덕분에 대천사미카엘군단은 학생회를 장악할 수 있었지만, 그것 말고 1930년대 이전까지 이 조직이 미친 영향은 상대적으로 미미했다.

불황이 찾아오자 모든 것이 바뀌었다. 대천사미카엘군단은 지니고 있던 반유대주의와, 적이 되는 정치인이나 학자의 암살을 포함하여 극단적 폭력 행위를 맹렬하게 지속하면서도, 보다 폭넓은 지지를 얻기 위한 계획에 착수했으며 눈부신 성공을 거두었다. 대천사미카엘군단은 착취와 종교 그리고 편집증적 반유대주의를 주제로 다루면서 특히 루마니아인 농민들에게서 지지를 이끌어냈다. (많은 농민은 유대인 대부업자들에게 빚을 지고 있었고, 지주들은 농민들의 적개심을 다른 곳을 돌리기 위해 유대인들을 고용하여 지대地代를 걷었다.)

> 한 민족을 파괴하려는 자는 누구나 다음과 같은 방법으로 할 것이다. 하늘과 땅의 연결 고리를 끊고, 형제간의 분쟁과 불화를 조장하라.
>
> …
>
> 유대인들과 정치인들이 우리에게 행한 최악의 일, 그들이 우리 민족에게 노출시킨 가장 큰 위험은 그들이 우리나라의 부와 재산을 모두 그러쥐고 루마니아인 중산층을 파괴한 것이나, 우리의 학교들과 자유로운 전문직에 몰려든 것이 아니다. … 그들이 우리 민족에게 가한 가장 큰 위험은 그들이 우리의 민족적 기반을 약화시켰다는 것이다. …[24]

대천사미카엘군단은 새로 들어온 추종자들을 조직하여 철위대Iron Guard라고 이름 붙인 보다 폭넓은 운동 단체를 조직했다. 이 단체는 가공할 준군사 세력으로 확장되어 실제적으로 정부 정책을 지시하기에 이르렀다. 결국 왕정 세력이 반격을 가해오면서 코드레아누가 체포되고 감옥에서 살해됐지만, 그 뒤에도 이 단체의 추동 에너지는 거의 줄어들지 않았다. 코드레아누는 순교자 반열에 올랐고, 철위대는 그의 후계자 호리아 시마 밑에서 이온 안토네스쿠의 정부를 지배했다. 그리고 철위대가 마침내 권력을 탈취할 뻔한 그때 히틀러가 직접 루마니아에 개입했다. 이 무렵 유럽 대륙 전체가 관여된 전쟁이 발발했고 히틀러는 그의 '동맹국들'의 영토를 재분배했다. 그는 전쟁 이전 루마니아 영토의 큰 조각을 그가 편애했던 헝가리 정권에 주었다. 반면 스탈린은 나치-소비에트협정(1939년 체결된 독소불가침조약을 말한다—옮긴이)이 이루어진 동안, 러시아혁명 시기에 루마니아에 점령당한 옛 러시아 영토를 회복했다. 그 결과 루마니아의 왕실 정부는 깊은 불신의 늪에 빠져 붕괴 직전에 이르렀다.

히틀러는 석유가 풍부한 민감한 지역에서 제멋대로 돌아다니는 대포알 같은 철위대보다는 안정된 정통적 우익 정권을 두고 싶어 했다. 그래서 군사 독재자인 안토네스쿠를 압박하여 철위대를 제압한 뒤 그 자신의 독재 정권을 창립하게 했다. 부쿠레슈티에서 독일 탱크들이 안토네스쿠를 지원했고, 결국 철위대는 많은 피를 흘리고는 분쇄됐다. 히틀러나 무솔리니 둘 다 권력을 잡지 못했다 하더라도, 루마니아에서는 대천사미카엘군단과 같은 조직과 코드레아누 같은 인물이 등장했을 것이다. 대천사미카엘군단은 다른 조직을 전혀 모방하지 않았으며, 거의 전적으로 루마니아 국내에서 성장했다. 대안적 좌익 세력이 부재한 반면, 두려운 소련이 등뒤에 존재하는 상황에서 대천사미카엘군단은 루마니아 중산층과 농민들 사이에 팽배해 있던 불만과 고통을 동원할 수 있었다.

핀란드

1918년 핀란드에 대한 러시아의 통치권이 만료되자, 러시아의 내전과 동시에 핀란드에서도 좌파와 우파 사이의 야만적인 내전이 발발했다. 이 내전에서는 독일제국 군단의 원조에 이어 독일 의용군의 도움까지 받은 우파가 승리했다. 이런 상황에서 다소 놀라운 것은 전후에 민주 정권이 수립되고 공산당도 다시 등장했다는 사실이다.

핀란드에 있었던 고유한 파시스트 이데올로기가 드러난 형태는 카렐리야회會(AKS)였는데, 대천사미카엘군단보다 훨씬 인원이 많았다. 대학을 기반으로 하는 이 단체는 정당이기보다는 프리메이슨 같은 비밀조직이었다. 하지만 카렐리야회는 그 시대와 무관한 단체가 아니었다. 핀란드의 군대, 사업, 관공서, 학계, 법조계에 있는 엘리트 다수가 회원이거나 이전 회원이었다.[25] 카렐리야회의 첫째 목표는 소련 영토를 침탈하여 핀란드의 국경을 동쪽으로 확장하는 것이었으며, 이 단체에 깔린 정서는 극우적이며 권위주의적이었다. 하지만 어떤 의미에서도 포퓰리즘과는 거리가 멀었는데, 아마도 카렐리야회에서는 포퓰리즘을 파시즘의 범주에서 배제한 것 같다. 이것은 그들의 시각에 상응하지 않는 것이기는 하다. "우리의 청년들은 파시스트가 될 것이다. 새로운 국가와 새로운 사회를 위해 투쟁을 시작할 것이며, 그러한 국가와 사회에서는 계급 간 증오심이란 뿌리가 뽑혀 나가고 없다."[26] 이 단체에서는 별난 형태의 인종주의를 유지했다. 인종적 순수성을 강조하는 다른 인종주의적 파시즘들의 태도와는 반대로 핀란드의 인종주의는 인종 간 혼합을 강조했다. 핀족이 우수한 것은 그들이 인종적으로 (주로 러시아인과 스웨덴인이) 혼합된 민족으로서 혼성종의 활력을 지닌 행복한 사람들이기 때문이다.

카렐리야회는 경제 불황의 여파 속에서, 불가피하게 등장한 파시즘 또는 준準파시즘의 포퓰리즘 형태의 운동과는 상당히 멀리 떨어져 있었다. 핀란드에서 수적으로 지배계급을 이루고 있던 소규모 자작농들은 농업 시장이 붕괴되면서 혹독한 경제적 압박에 시달리고 있을 때였다. 이 운동이 바로 라푸아라는 마을에서 시작된 라푸아 운동이다. 시골의 소규모 자작농들이 자발적으로 정치에 참여하기 시작한 것이었다. 이들을 조직해낸 것은 지역 정치 선동가들이었는데, 루터교 성직자들인 경우가 종종 있었다. 라푸아 운동의 즉각적 목표는 신을 믿지 않는 공산주의를 불법화하는 것이었다.

> 오늘날 세상의 패권을 다투는 두 가지 영이 있다. 하나의 영은 파괴하는 영이고, 다른 하나의 영은 건설하는 영이다. … 사람들 중에도 두 가지 사람, 즉 의로운 사람과 신을 믿지 않는 사람이 있다. … 선과 악, 삶과 죽음, 평화와 전쟁, 빛과 어둠, 그리스도와 사탄, 백白과 적赤, 교회의 복음과 무신론 사이에 중간이란 없으며, 제3의 가능성도 없다. … 반反그리스도교 이교도의 지지를 얻으려는 자는 악마의 지지를 얻으려는 것이다.[27]

대규모 시위가 일어 핀란드 의회를 압박하면서 라푸아 운동은 그 목적을 달성할 수 있었다. 물질적으로 혜택을 받지 못하고 있던 전통주의자들은 쉽게 위협할 수 있는 사회의 국외자들과 비非국교도들에게 그들의 분노를 향했다. 핀란드 공산주의 정당이 아무런 권력도 없었고 어떤 가능성도 가지고 있지 못했다는 사실은 아무도 신경 쓰지 않았다. 라푸아 운동이 겨냥한 또 다른 소수집단이 있었다. 이들은 스웨덴어를 사용하는 사람들로 전체 인구의 10퍼센트 정도를 차지했고, 소득수준이 높은 편이었다. 그러나 이들은 사회의 국외자들이 아니었으며, 이들 중에는 군부 독재자가 된 만네르헤임 남작 같은 엘리트도 있었다.

그것이 라푸아 운동이 전성기에는 강력했으나 결국 영구적 존재로 확립되지 못한 여러 이유 중 하나였다. 또한 라푸아 운동은 공산당을 지하로 내몬 다음 악의 없는 사회민주주의자들을 공격함으로써 신뢰를 잃고 영구적 존재로 확립될 수 있는 지원을 받지 못하게 됐다. 사회민주주의자들에 대한 공격에 실패했고, 이때부터 결국 운동 자체도 쇠퇴하기 시작했다. 운동의 목표들은 본질적으로 부정적인 것들이었다. 긍정적인 계획도 전혀 없었고 능력 있는 지도자도 존재하지 않았다. 전쟁 동안 원수元首 자리에 오른 만네르헤임의 지휘 아래 핀란드는 헝가리나 루마니아같이 독일의 동맹국이 됐지만 사실은 독일의 위성국에 지나지 않았다. 그리고 전쟁에 패배하자 파시즘이건 보수주의건 우파에 대한 불신이 일었고, 그러는 동안 민중의 지지 기반을 유지하고 있던 공산주의가 정치 구조의 주요 분파로 다시 등장했다.

오스트리아와 헝가리

오스트리아와 헝가리 두 나라 모두에서 파시즘이 상당히 강력한 힘을 키울 수 있었던 것은 부분적으로는 사회정치적 유사성 때문이었으나, 또한 매우 다른 이유들 때문이기도 했다. 쪼개진 오스트리아헝가리제국의 두 파편으로서 두 나라 모두 패전국이었고, 오스트리아에서는 독일과 민족적 통일을 이루고자 하는 열망이 강력해져 있었다. 하지만 두 나라의 통합은 베르사유조약에 의해 금지됐다. 여기에서도 유대인들과 더불어 좌파가 패전의 원인으로 비난받았다. 산업화된 국제도시 빈에는 강력한 노동운동 단체가 있었고 (주로 사회민주주의자로 이루어졌으며 공산주의자들은 상대적으로 미미했다), 전문직의 상당 부분을 차지하고 있는 유대인들이 존재했지만, 시골에는 강렬한 가톨릭 신자들인 소규모 자작농들이 축적된 주요 반동 세력을 이루고 있었기 때문에 두 지역 사이에는 심각한 긴장이 존재했다.

보복정책revanchism(보복을 목표로 하는 외교정책으로, 주로 실지失地를 회복하기 위한 전쟁 추진을 의미한다—옮긴이)은 헝가리에서 훨씬 더 강렬했다. 트리아농조약에 따라 헝가리의 영토는 심하게 잘려 나갔으며, 그 결과 헝가리 영토 안에 사는 헝가리인과 영토 밖에 사는 헝가리인의 수가 거의 비슷한 지경이었다. 대大헝가리를 다시 세우겠다는 목표는 헝가리 극우의 주요 특징이 됐다. 게다가 헝가리는 앞서 언급했듯이 1918년에서 1919년 사이에 짧은 삽화처럼 공산주의 통치를 경험했고 그 뒤에는 곧바로 헝가리 백색파의 야만적인 탄압(1919년부터 2년 동안 반反공산주의 혁명 세력이 저지른 이른바 '백색 테러'를 말한다—옮긴이)이 뒤따랐다. 백색파는 많은 이들의 피를 쏟게 하고는 호르티 제독의 독재 정권을 수립했다. 그 여파 속에서 겉치레에 불과한 헌법이 채택됐고 무능한 사회민주당의 존재도 허가됐다. 이 모든 일은 부다페스트 바깥의 간섭 없이 이루어졌다.

이러한 환경이 헝가리에서 자생한 파시스트 조직 화살십자당Arrow Cross에는 유리하게 작용했다. 화살십자당은 특히 대규모 경제 불황이라는 환경에서 탐욕스러운 지주들의 통제하에 있으면서 심한 고통을 겪고 있던 시골 주민들을 겨냥하여 포퓰리즘의 입장을 취했다. 이 정당은 반공주의와 마자르인 우선주의라는 국가 이데올로기에 안전하게 잘 맞아들었으며, 그렇기 때문에 정통 헝가리 민족주의를 옹호하는 동시에 재산을 빼앗긴 이들을 대변하는 정당으로 스스로를 제시할 수 있었다. 루마니아에 있던 파시스트들과 마찬가지로 화살십자당 또한 사악할 정도로 반유대적이었지만, (철위대와는 달리)

반동적 정권을 위협하지는 않았다. 그럼에도 이들 역시 영향을 미쳤고, 1932년에서 1936년까지 총리직에 있던 굄뵈슈 귀울라는 이들에게 동조적이었다. 하지만 1944년 화살십자당이 권력을 잡는 데는 나치 점령군이 필요했다. 지도자 살러시 페렌츠는 정치인들 중에 가장 현실적인 인물은 아니었다.

> 새로운 헝가리는 나의 개인적 명망에 기초해야 한다. 내가 여기에 있다는 것은 다행한 일이다. 나 없이는 새로운 헝가리 또한 존재할 수 없기 때문이다. … 누구든 … 나를 유일한 지도자로 인정하기를 원치 않거나, 내가 헝가리 국민을 구원하기 위해 보다 높은 신적 영감에 의해 선택됐음을 수용하기를 원치 않거나, 나를 이해하지 못하거나, 혹은 나의 신뢰를 잃은 이는 모두 떠나도 좋다. 내 안에 있는 은밀한 힘의 도움을 받아 나는 헝가리다운 헝가리 국가를 창조해낼 것이다. 이 일을 나 혼자서만 해야 한다 할지라도.[28]

오스트리아에서는 다른 종류의 파시즘이 다투고 있었다. 1934년 빈의 노동자 봉기가 제압된 데 이어 엥겔베르트 돌푸스와 그의 후임자 슈슈니크는 반半파시스트 정권을 세우고 어느 정도의 포퓰리즘 도입을 시도했다. 이 정권은 무솔리니 정권을 모델로 따랐으며 무솔리니는 자신의 독일인 모방자이자 경쟁자를 여전히 의심하고 있던 때라 이 정권의 보호자처럼 행동했다. 오스트리아의 국가사회주의자들은 국가사회주의독일노동자당(나치) 지부에 불과했다. 그러나 그들은 민중들로부터 상당한 지지를 받았고, 특히 독일제국이 수립된 뒤에는 더욱 그러했다. 돌푸스의 '조국전선Fatherland Front'과의 경쟁은 격심했다. 1934년 7월 오스트리아 나치는 돌푸스를 암살하고 쿠데타를 일으켰지만, 무솔리니가 신속히 개입하여 실패했다. 그럼에도 나치의 인기는 더욱 커졌고, 무솔리니가 보호막을 거둬들인 뒤에 나치의 경쟁 상대들은 성공할 가망이 전혀 없었다. 처음에 히틀러의 의도는 오스트리아를 병합하기보다는 그곳에 꼭두각시 정부를 세우려는 것이었다. 하지만 이 순간에 민족주의는 히틀러마저 압도했다. 독일 군대는 국경을 넘었고 히틀러는 열광하는 오스트리아 주민들의 환영을 받았다.

기타 국가들

파시즘에 속한다고 역사적으로 인정되는 운동 단체들은 유럽 전역과 그 너머에까지 존재했다. 이들 중에 커다란 정치적 함의를 지녔던 곳은 거의 없었는데, 브라질만이 예외였다. 지역적으로, 슬로바키아와 크로아티아 역시 그러했다. 오스트리아의 경우와 마찬가지로, 이 두 곳에서도 파시스트 포퓰리즘 극단적 민족주의가 극단적으로 반동적인 성직주의와 결합했다. 이들은 모두 각자가 처한 그 나라의 역사적 환경에 따라 제각기 다른 형태로 형성됐다. 그리고 모두가 카리스마적 지도자라는 원칙을 적용하고자 노력했다. 다만 얼마나 설득력이 있었는지가 달랐다. 아일랜드의 경우는 극단적으로 민족적이지 않은 유일한 사례라는 점에서 예외적이었다. 이는 아일랜드자유국의 특이한 역사 때문인데, 그곳에서는 극단적 민족주의가 청의사青衣社(Blueshirts. 1930년대 활동한 아일랜드자유국의 극우 단체로 정식 명칭은 육군전우협회ACA였다—옮긴이)의 적들이 지닌 속성으로 규정됐던 것이다.[29] 미국에도 파시스트적 태도를 지닌 정치 선동가들이 존재했지만, 예외 없이 대부분 정치적으로 무의미한 수준이었다.

제2차 세계대전 동안에 추축국의 일원이었던 일본을 파시스트였다고 설명하는 것이 관례였다. 천황의 지원을 받는 군사정권이 파시스트적인 사회적·이데올로기적 특징들을 많이 보여주기는 했지만, 정말로 파시스트라 불리기에는 지나치게 보수적이었다. 로저 그리핀에 따르면 당시 일본에는 단 한 명의 파시스트가 존재했는데, 그는 통치자들 사이에서 인기가 없었고, 열외로 취급되어 목소리를 낼 수 없었다.

1920년대와 1930년대 이베리아반도에서 성립된 정권들에도 비슷한 딱지가 붙었지만, (스페인의 정권은 이탈리아의 정권보다 더 나쁜 것이긴 했어도) 실제로는 스페인과 포르투갈 양쪽 정권 모두 파시스트 정권은 아니었다. 그리고 두 나라의 파시스트 운동 조직들은 각자 그 입지가 매우 달랐다. 포르투갈에서는 극도로 미미한 파시스트 집단이 하나 있었지만 극단적으로 보수적인 성직주의 정권에 재빨리 제압됐다. 이와 반대로 스페인에서는 카리스마 있는 지도자가 이끄는 진짜 파시스트 정당이 있었으니, 공화국이 위기에 놓였을 때 설립되어 호세 안토니오 프리모 데 리베라가 이끄는 팔랑헤당이었다. 팔랑헤당은 크지도 않고 강력하지도 않았지만 당원들의 에너지와 헌신 덕분에, 적어도 마드리드에서는 존재감이 상당했다. 팔랑헤당의 운명은 내전에서 승리한 장군들에게 선취되고 복속되는 것이었다. 이 운명의 과정이 더욱 쉽게 진행될 수 있었던 것은 그 지도자가 공화당원들에게 사살되는 운명을 맞았기 때문이다. 프랑코 정권이 완전히 자리를 잡은 뒤에 팔랑헤당은 유일한 합법 정당으로 성립되어 파시스트 국가의 환영幻影을 창출했지만, 정부에 대해서는 아무런 실질적 영향을 끼칠 수 없었다. 게다가 호세 안토니오의 후계자들이 자기주장을 펼치려고 한 때가 있었지만 곧바로 자신들이 있어야 할 자리가 어디인지를 배우게 됐다. 그런 뒤에 호세 안토니오는 무해한 아이콘으로 채택될 수 있었다.

결론

생각하기에 매우 불편한 일이긴 하지만 부정적인 의미에서라도, 20세기는 물론 오늘날까지도 가장 큰 충격과 영향을 끼친 인물을 한 명 뽑자면 그건 아돌프 히틀러일 것이다. 사회에서 소외되고 맥락을 잃어버린 소시오패스 집단이 아닌 다음에야 고전적 파시즘은 모든 이에게 순전히 수치스럽고 역겨운 것이다. 그러나 파시즘의 영향력은 여전히 남아 있으며, 유럽 지역 일부에서 등장한 위장된 네오파시즘의 형태를 띠고 있는 것만도 아니다.

훨씬 더 중요한 것은 제2차 세계대전의 결과에 따라 세계 지정학과 경제 및 기술에서 일어난 근본적 변화들이다. 모든 영역에서 미국이 지배력을 행사하리라는 것은 미국의 경제, 사회, 문화의 본성을 생각할 때 그전부터 예견되어온 일이다. 그리고 실제로 1939년에 이르면 미국은 이미 국제경제를 지배하고 있었다. 그러나 그러한 결과가 확실해지고 그 속도도 엄청나게 빨라진 것은 1941년에서 1945년 사이에 일어난 일 때문이라는 데에 의심의 여지가 없다. 게다가 냉전의 현실과 냉전이 실제 전쟁으로 변할 수 있다는 위험성이 세계대전이 끝난 때로부터 1990년대 초까지 근본적인 세계적 이슈들을 만들어냈다. 동유럽 국가들은 말할 것도 없고 소련과 그 중심을 이룬 러시아의 경우, 히틀러라는 육군 일병이 플랑드르 지역의 참호 안에서 총알을 맞고 죽었더라면 분명 전혀 다른 미래를 맞았을 것이다. 아프리카도 더 좋게든 더 나쁘게든 실제로 진행된 것과는 다른 방식으로 변형됐을 것이다. 중동 역시 그러하다. 제2차 세계대전이 일어나지 않았더라면 이스라엘 또한 존재하지 않았을 것이기 때문이다.

요컨대, 죽은 파시즘이 산 파시즘보다 더욱 중요하다는 것이 사실로 입증됐다는 생각도 지나친 과장만은 아니다.

제2부

황금시대, 1945~1973

Ideologies in the Age of Extremes

Liberalism, Conservatism, Communism, Fascism 1914-1991

제6장

경제 및 사회 여건

제2차 세계대전은 참전국들이 사회적 자원과 이데올로기적 자원을 총동원하여 도처에서 싸운 전면전이었다. 그렇게 하지 않고는 전쟁에서 승리할 수 없었으며, 그랬기 때문에 전쟁의 결과가 가져온 파급 효과 또한 어마어마했다.[1] 소련에서는 나라의 생존 자체가 문제가 된 데다, 전제 정권이 들어서 있었으므로 정부 당국은 생존과 승리 말고는 많은 것을 약속할 필요가 없었다. 물론 주민들은 승리의 가능성이 점점 증대됨에 따라 전후의 미래가 1920년대와 1930년대보다는 훨씬 더 개선되리라 기대했다. 하지만 서방에서는, 형식적 민주주의가 계속 이어져온 곳에서나 전쟁 뒤에 복구되어야 했던 곳에서나 평화와 번영의 새롭고 더 나은 세계를 거의 보편적으로 기대하고 있었다.

대규모 실업이 몰고 온 충격이 '20년 동안의 위기'를 일으킨 주요 원인이었다는 것은 거의 모든 곳에서 인정되는 바였다. 대규모 실업은 사회와 정치에 파괴적인 영향을 끼쳤던 것이다. 전쟁에서 승리한 서구 각국의 정부들은 이를 반복하지 않겠다는 결연한 각오와 함께 평화 시기에 접어들었다. 영국에서는 1944년 연립정부가 전쟁 이후 실업 억제를 핵심 목표로 강조하는 백서를 발행했다. 미국에서는 전쟁을 통해 뉴딜 정책으로는 성취할 수 없던 것을 달성했으며 국가 전체가 불황에서 벗어날 수 있었다. 행정부는 결연하게 같은 기조를 유지하기로 했다. 국내에서는 수많은 조치가 실시됐고, 이 조치들은 주로 퇴역 군인들에게 적용됐기 때문에 국가 보조금 제도를 증오하는 이들조차 설득력 있게 반대할 수 없었다. 교육 기관과 시설을 더 쉬운 조건으로 이용할 수 있게 하고, 주택 구입을 위한 대출에는 낮은 금리를 적용하며, 투자를 촉진하는 여러 가지 방법이 시도됐다.

국제기구들이 설립됐고 그중 몇몇 곳에서는 케인스가 중대한 역할을 하기도 했었다. 브레턴우즈협정, 국제통화기금IMF, 세계은행, 관세와 무역에 관한 일반 협정GATT이 설립됐는데, 이들은 각각 무역장벽을 최소한으로 유지하고, 세계경제의 경기 변동 폭을 줄이며, 미국 재무부가 고정 환율로 금을 매입·매도한다고 보장함으로써 세계 통화 체계를 안정시키는 역할을 했다. 미국 협상가들은 미국의 이익에 맞춰 작동하는 방식으로 이 국제기구들을 확실하게 설정했다. 그들은 세계에서 유일하게 전쟁의 피해 없이 번영하고 있던 유일한 거대 경제를 대표하고 있었기 때문에 어느 누구도 그들을 반박할 수 없었다. 뛰어난 협상 실력을 지닌 케인스조차 다른 결과를 도출해낼 수 없을 정도였다.[2]

이러한 전개 과정은 미국이 상품을 팔고 자본을 투자할 수 있는 개방된 세계시장을 최대한 확보하려는 의도에서 진행된 것이었다. 개방된 국제경제야말로 다른 어떤 국내 정책만큼이나 미국의 번영을 계속 유지하는 데 중요했다. 일본은 인구가 많았기 때문에 매우 중요한 나라였고, 그래서 미국은 일본 군정을 단독으로 통제한다는 점을 확실히 해두었다. 특히 소련을 비롯한 다른 국가들을 모두 배제하면서, 미국은 자신들이 원하는 대로 일본의 정치체제를 개조할 수 있는 위치에 올랐다.[3] 훨씬 더 많은 인구를 지닌 중국을 '상실'한 것은 미국의 계획에 엄청난 차질을 빚었다. 1949년 중국에서는 결국 공산주의 혁명 진영이 승리했기 때문이다. 이는 미국의 국내 정치와 외교정책 모두에 근본적으로 부정적인 영향을 끼쳤다. 막상 사태가 닥치고 난 뒤에는 미국 경제가 이 '상실'을 완벽하게 잘 견뎌내긴 했지만, 당시로서는 그러한 결과를 예측할 수 없었을 것이다.

아마도 미국 행정부에서는 소련 또한 이전에 비해 보다 개방된 경제가 되기를 바랐을 것이다. 그러나 그러한 전망을 진지하게 간직하지는 않았다. 특히 양국 관계가 악화되고, 1947년 초 크렘린이 소련의 모델을 따라 시장이 뚫고 들어갈 수 없는 경제체제를 갖춘 공산권을 동유럽에 형성하면서 미국 행정부의 희망은 사라졌다. 서유럽의 상황은 이와 전혀 달랐다. 그곳에서는 미국이 훨씬 더 우위를 차지하고 있었기 때문이다.

원래 미국의 의도는 서유럽 국가들에서 의미 있는 군사력을 유지하는 것이 아니었다. 그러기보다는 국제기구들과 결합된 자유시장이 복구되고 해당 국가들이 빨리 재건되어 자립이 가능해지며, 미국과 독립적이면서도 우호적인 관계를 맺음으로써 고통 없이 자연스러운 과정을 통해 미국화되기를 기대했다. 하지만 이러한 기대는 좌절됐다. 서유럽 경제가 휘청거렸기 때문이다.[4]

영국에서는 일본의 항복 직후 미국의 무기 대여가 곧장 중단됐다.[5] 영국은 매우 가혹한 조건에 따라 차관을 받을 수 있었지만, 빌려온 돈은 바로 소진되고 말았고,[6] 결국 재정 위기가 닥쳤다. 국민들에게는 '긴축'정책이 강요됐으며, 이 때문에 소비재 공급은 계속 부족했다.[7] 그러나 영국은 중요한 자산을 가지고 있었다. 이 자산에는 자원을 끌어다 쓸 수 있는 해외 제국이 포함됐다. 그래서 말라야(말레이반도와 그 부속 도서를 총칭하는 이름—옮긴이)에서는 고무와 주석에 대한 지배력을 고수하기 위해 끔찍한 식민지 전쟁을 벌이기도 했다. 영국의 또 다른 자산은 산업 경제였다. 전쟁 중에 타격을 받았고 이미 노쇠하긴 했지만 이전에 경쟁 관계에 있던 유럽 국가들과 일본에 비하면 상대적으로 온전하게 보존된 상태였다. 따라서 영국 공산품에 대한 세계경제의 수요가 컸으므로 정부는 영국의 산업이 내수보다는 수출 시장으로 향할 수 있도록 확실히 조치했다. 하지만 그러한 상황에서도 붕괴된 경제는 수면 위로 올라가지 못했다. 특히 1947년 초 전례 없이 추웠던 겨울이 지난 뒤에는 더욱 그러했다.

다른 유럽 국가들은 훨씬 더 운이 나빴다. 중립국들이나 노르웨이처럼 수요가 넘쳐나는 자연자원을 가지고 있던 나라들 말고는, 빈곤과 궁핍의 끝이 보이지 않았다. 따라서 스탈린 정권에 대한 불신이 증대되고 있었음에도, 공산주의라는 선택지는 점점 더 매력적으로 보이기 시작했다. 이에 미국은 1947년 3월 사실상 냉전의 시작을 선언하고, 미국 국무장관의 이름을 딴 마셜플랜이라고 더 잘 알려진 유럽복구계획European Recovery Programme을 곧이어 실시했다. 미국의 달러 원조가 유럽으로 흘러들자 위기는 멈추고, 경기회복이 이어졌다. 서유럽에서 미국의 헤게모니는 확실해졌으며 이 지역 국가들은 미국이 주도하는 북대서양 군사 동맹 안으로 모여들었다.

공산주의 블록

서유럽 참전국들이 전쟁으로 인해 혹독하게 황폐화됐다면,[8] 동유럽 참전국들은 거의 예외 없이 이루 말로 할 수도 없는 상황이었다. 소련은 장애인이 된 부상자들을 제외하고도 2천만 명에서 3천만 명에 이르는 시민들을 잃었다. 전체 인구에 대한 사상자 비율은 폴란드가 훨씬 더 높았다. 퇴각하던 독일군은 면도날로 훑듯 바르샤바를 바닥까지 완전히 밀어버렸다. 제대로 서 있는 건물은 한 채도 남아 있지 못했다. '실향민'이라고 불린 피난민 수백만 명이 음식과 피난처를 찾아 떠돌아다녔다. (서유럽 피난민의 규모는 더 작았다.) 대규모 기아를 막기 위해서는 미국이 자금을 대는 국제연합UN 구호기관들의 영웅적 노력이 요구됐다.

소련 정부는 전쟁에서 승리하는 데 반드시 필요한 민중의 열광을 불러일으키기 위해, 그 모든 물질적 참사와 인간적 참사를 겪는 와중에 내부적 탄압을 어느 정도 느슨하게 풀어주었다. 하지만 전쟁이 끝나자마자 내부적 탄압은 다시 광포해졌다. 이는 재건을 위한 엄청난 과업들을 수행하려면 강철같이 엄격한 규율이 필요했기 때문이며, 스탈린의 편집증이 더욱 심해지고 있었기 때문이다. 징집 해제된 군인들은 다시 전쟁 때와 같은 결연한 각오를 가지고 국가 재건에 참여하지 않으면 전시에 세운 용맹한 업적들도 아무 쓸모없이 되리라는 통지를 받았다.

달리 말하자면, 이용 가능한 인적자원의 착취를 강요하는 것이 시대의 명령이었으며, 생활 여건의 긴축과 작업 규율은 1930년대에 필적했다.

그러나 크렘린은 또 다른 의지처를 갖고 있었다. 스탈린은 미국이 원조해줄 것이라는 희망을 한동안 품기도 했었지만,[9] 이러한 희망이 무가치한 것으로 판명 났기 때문에 이 방안을 사용해야 했다. 이 방안이란, 이전의 적국들 즉 독일과 오스트리아 그리고 옛 독일제국의 위성국가였던 헝가리, 루마니아, 불가리아로 구성된 소련 점령지역 Soviet Zone(제2차 세계대전 이후 1945년에서 1949년까지 소련이 점령했던 옛 독일 지역을 말한다—옮긴이)으로부터 물질적 전쟁배상 명목으로 온전한 산업시설 및 농업 장비들과 사용 가능한 원자재들을 몰수하는 것이었다. 하지만 소련이 서독과 이탈리아에 요구한 것을 취할 수 있도록 미국이 허락하지 않아 국제적 긴장이 악화되는 데 일조했다. 소련은 소비에트 영역 안에 있으면서, 독일의 동맹이 아니라 그 피해자였던 나라들 즉 체코슬로바키아, 폴란드, 유고슬라비아조차 자국에 호의적이지 않고 반대로 소련에만 호의적인 무역 협정을 비준하도록 유도했다.

이 나라들은 모두 (독일의 소련 점령 지역은 1949년 독일민주공화국이 됐다) 소비에트 블록을 형성했다. (유고슬라비아는 1948년까지만 이 블록에 포함되어 있었다.) 이들 국가에는 사실상 일당독재 정권이 들어섰다. (대부분의 경우 공산당 이외의 유령 정당들이, 다만 겉치레를 위해 공산당의 감독 아래 계속 존재하긴 했다.) 그리고 모두들 소비에트의 모델을 따라 계획된 명령경제command economy(경제 일반의 기본 문제들을 시장의 작동에 맡기지 않고 중앙정부의 계획과 명령에 따라 통제하는 경제체제를 말한다—옮긴이)를 채택해야 했으며, 소비재 공급을 희생시켜 중공업에 역점을 두어야 했다. 농업의 집산화 또한 대부분의 국가에서 시작됐다. 소비에트 블록에 속한 몇몇 국가가 1953년, 1956

년, 1968년, 1970년, 1979년에 일어난 무장봉기와 정치적 격변으로 동요했던 것이나, 1961년까지 수많은 동독 시민이 '자유세계'의 소비재들을 즐기기 위해 서베를린으로 탈출했다는 사실은 아마도 그리 놀라운 일이 아니었다.

전쟁 말기에 소련이 자포자기의 상황이었다면, 중국의 상황도 그보다 덜하지 않았다. 중국은 거의 40년 동안 내전과 외침과 점령을 견뎌내야 했다. 그리고 마침내 미국의 지원을 받던 국민당 정권이 붕괴되고 마오쩌둥毛澤東의 공산군이 국가의 통제권을 확보했다. 이런 중국의 상황 전개를 보고 스탈린이 전혀 기뻐하지 않았다는 것은 거의 확실하다. 그는 이러한 결과가 미국에서 어떻게 받아들여질지, 자신과 미국 사이의 관계에 어떤 영향을 끼칠지 너무 잘 알고 있었기 때문이다. 그래서 스탈린은 마오쩌둥을 급히 설득하여 장제스와 연립정부를 구성하라고 했던 것인데, 중국의 지도자는 그의 충고를 정중히 경청하고는 무시해버렸다.

국가를 재건하는 것은 어마어마한 과업이었다. 농민들의 요구를 만족시키는 것이 —중국의 혁명은 거대한 농민 봉기와 다름없었으므로— 최우선 과제였기에 부의 재분배가 대규모로 실시됐다. 그리고 적에 대한 응징 또한 대규모로 진행됐다. 당의 입장에서 못마땅한 개인들, 특히 지주들과 지주처럼 여겨질 수 있는 인물들을 대량 살육했다. 그러나 적에게 적극적으로 가담하지 않았던 자본가들은 그동안에도 보호를 받았다. 경제 회복에 그들의 기여가 매우 중요하다고 보았기 때문이다. 스탈린은 중국의 혁명을 공개적으로 인정하고 경제적 지원과 군사 및 외교 동맹을 제공하는 것 외에 취할 수 있는 선택지가 거의 없었다. 하지만 소련의 동맹과 지원은 매우 까다로운 조건을 달고 제공됐으며 반드시 되갚아야만 하는 것이었다. 이러한 상황은 중국이 쇠약했던 시대에 차르가 강제한 양국 간 국경선을 조정하자는 논의를 소련이 거부한 일과 더불어 소련의 새로운 정권에 대한 반감을 키우는 원인이 됐다. 소련에서와 마찬가지로, 혹은 그보다 더, 중국의 경제 및 사회 재건 사업은 주로 인적 자원과 가장 간단한 장비에 의존해야만 했다.[10]

탈식민지화

제2차 세계대전은 공식적으로 유럽 제국들의 종말이 시작됐음을 알렸다. 궁극적으로는 일본이 전쟁에서 패하긴 했지만, 전쟁 기간에 동아시아에서 일어났던 일은 그 뒤로 유럽이 맞게 될 운명이 됐다. 1941년에서 1942년에 일어난 사건들은 영국, 프랑스, 독일, 미국 할 것 없이 서구 어느 나라든 다른 나라들처럼 아시아의 강대국에게 패할 수 있다는 사실을 증명해 보였다. 이에 영향을 받은 지역들 즉 버마, 동남아시아, 말라야, 인도네시아, 필리핀의 주민들은 더 이상 식민지 상황을 인내할 마음이 없었으며, 독립운동이 저항을 받는 곳에서는 무장봉기가 일어났다.

인도아대륙의 민족들 또한 식민지 관계를 종결하기로 마음먹었다. 영국은 더 이상 인도를 제압할 수 없었고 새로운 노동당 정부는 어떤 경우에도 약속을 지키기로 했으므로, 인도는 상대적으로 선선히 대영제국에서 빠져나갈 수 있었다. 그리고 실론과 버마가 인도의 뒤를 따랐다. 그러나 식민지 정부가 영국령 인도 안에 조성해 놓은 집단 간, 종교 간 갈등은 영토 분할로 이어졌고 차후에 유혈 사태를 불러일으켰으며, 이 때문에 두 신생국가는 약화될 수밖에 없었다. 영국은 모든 힘을 한데 모아 말라야에서 공산주의자들이 이끄는 독립운동을 군사적으로 막아내는 데 성공했지만, 결국 이후에 독립을 승인해야 했다. 비슷한 시기에 미국도 필리핀에서 비슷한 과정을 겪었다. 이전에 네덜란드령 동인도였던 인도네시아에서는 네덜란드인들이 축출됐다. 이 시기에 동남아시아에서는 교전이 계속되고 있었다. 북쪽에서는 농민 사회를 이루고 있던 한반도가 공산당이 통치하는 북쪽과 미국의 위성국가가 된 남쪽으로 나뉘었다. 장제스 정권의 마지막 피난처가 된 타이완에서는 타이완 정부만이 유일한 중국의 합법 정부임을 여전히 주장하고 있었다. 미국 해군의 보호를 받는 장제스의 군인들과 관료들은 타이완이 일본 식민지였을 당시 일본인들이 하던 것과 같은 방식으로 타이완 현지 주민들을 대했다.

신생 민족주의 정부들의 목표는 경제를 발전시키는 동시에, 물질적 생활수준을 비롯해 교육과 보건 등 다양한 사회생활 영역의 수준을 향상시키는 것이었다. 인도에서는 앞으로 지대한 영향을 가져올 토지개혁이 기획됐다. 이 기획의 의도는 모든 시골 지역 주민들이 토지를 소유할 수 있도록 하겠다는 것이었다. 하지만 전적으로 무시할 만한 수준은 아니었다 해도 성취된 결과는 변변치 않았다. (미군정기의 일본은 실제로 토지개혁에서 훨씬 더 큰 성공을 거두었다.) 공산주의자들은 말라야와 필리핀에서는 군사적으로 패했고, 인도네시아에서는 탄압받았으며, 일본에서는 세력이 약했다. 그리고 인도와 버마에서는 오직 국지적인 지지만을 받았다. 이 모든 나라의 사회는 자본주의적 토대에 의존하고 있었지만, 그 당시까지 가장 규모가 컸던 인도와 인도네시아의 정권들은 자신들이 사회주의 정부임을 선언했다가, 냉전 상황이 전개됨에 따라 중립을 선언하기도 했다.

서구나 일본의 수준에 이르는 발전은 예외적인 단 한 나라만 제외하곤 도달 불가능한 것임이 드러났다. 영국은 말라야 반군에 승리를 거둔 뒤 말라야와 싱가포르 그리고 보르네오의 일부로 구성된 말레이시아라는 새로운 국가를 만들어냈다. 그러고는 이 나라를 서구지향적인 말라야의 상업적 부르주아지에게 안전하게 넘겨주었다. 하지만 이 연방 국가는 금세 해체되고 말았다. 싱가포르의 상업계를 지배하고 있던 중국계 부르주아지가 연방에서 떨어져 나와 독립 국가를 세웠기 때문이다. 이 국가는 권위주의적 색채가 강한 일당 체제의 도시국가였으나, 높은 수준의 물질적 번영을 이룩했다.

장기 호황

"최고의 시절이었다. 또한 최악의 시절이기도 했다." 홉스봄이 '황금시대'라고 말한 이 시기에, 산업화된 서구와 일본에서는 전례 없는 수준의 완전고용이 이루어졌으며, 소비수준도 예외적으로 향상됐다. 그리고 '제3세계'라고 알려지게 될 나라들 역시 같은 경로를 따라가리라는 희망이 여전히 살아 있었다. 그러는 사이 미국에서는 법으로 강제된 인종차별이 소멸되고 다른 종류의 차별들도 줄어들었다. 소비에트 블록에서도 한동안 미래에 대한 기대가 매우 높게 유지됐고, 실망하게 됐을 때조차 드문드문 물질적 여건이 향상되면 수수한 기대가 계속 이어졌다. 그러나 이와 반대로, 이 시기에는 전면적인 핵 분쟁이 일어나 모두가 절멸하리라는 전망 때문에 공포가 최대치에 이르기도 했다. 게다가 적어도 한 번은 이런 두려움이 거의 현실이 될 뻔했었다.

서구의 경제 및 정치사상계에서는 이렇게 경제가 안정되고 성장할 수 있는 흔치 않은 시기가 찾아온 것은 정부가 국제 금융기구들의 지원을 받아 케인스의 수요 조절 및 재정 관리 기술들을 발휘한 덕분이었다는 데 의견이 일치했다. 물론 소소한 문제와 결함도 있었지만, 매우 심각하거나 오래 지속된 것은 없었다. 그렇다 해도 1960년대 중반에는 이미 퇴조의 기미가 보이기 시작했다. 과도하게 군사비를 지출하고 강력한 파운드에 의존하고 있던 영국에서 가장 뚜렷한 징후들이 나타났다.

국제기구들을 포함하여 케인스의 도구들이 이 시대에 꾸준한 경제성장과 적당한 인플레이션, 소비자의 선택권 확장과 사회복지 확대를 이루는 데 아무 역할도 하지 않았다는 것은 확실히 말이 되지 않는다. 그러나 보다 근본적인 힘들이 작용했으며, 이 힘들이 이러한 현상들의 원인이 됐다. 이렇게 말한다고 해서, 모든 현상은 자동으로 일어나며 인간의 구체적 선택은 아무런 역할도 하지 않는다고 주장하려는 것이 아니다. 또한 많은 이가 (특히 공산주의자들이) 예상한 것처럼 자본주의 세계가 1940년대에 깊은 경기후퇴에 빠져들었을 리 없다고 주장하려는 것도 아니다.

그렇다면 이러한 상황의 근저에 있었던 것은 무엇이었을까? 사람들은 이 상황이 영원히 지속되리라 예상했지만, 실제로는 19세기에 있었던 비슷한 상황과 거의 정확하게 똑같은 시간만큼만 지속됐다. 경제사학자들이 '빅토리아 시대의 대호황the great Victorian boom'이라 부르는 이 시기는 1850년에서 1873년까지 지속됐다. 해당 기간에 내려진 특별한 결정들과 이를 둘러싼 여건들을 고려해야만 한다. 또한 미국의 감독 아래 부족한 달러를 대량으로 서유럽 경제에 투입한 마셜플랜은 상당히 중요한 역할을 했다. 이 계획은 서유럽 여러 나라의 경제를 위기에서 구해냈다. 만약 그렇지 않았더라면 이 위기가 서유럽 국가들의 경제를 압도하고, 미국이 접근 가능한 해외의 잠재 시장을 거칠게 꺾어놓았을 것이다. 미국의 지휘 아래 일본과 독일의 경제를 제대로 기능하는 산업 경제로 조성하는 것 역시 같은 그림의 한 부분을 이루었다.

그러나 보다 근본적인 것은 완전고용을 유지하는 정책과, 일자리가 없거나 일할 수 없는 상황인 사람들에게 이전 기준들로 보았을 때 상대적으로 관대한 공공 지원을 제공하는 정책들이었다. 군사화된 서구, 특히 미국에서 복합적 파생 효과를 지닌 '영구적 무기 경제'가 어느 정도까지 호황을 유지하는 데 결정적 역할을 한 것인지는 논란의 여지가 있지만,[11] 그것이 어느 정도 중요한 의미를 가지고 있었음은 확실하다. 그러나 보다 중요한 의미를 갖고 있던 것은 오랫동안 억압됐던 소비자 수요가 불황과 세계대전 동안 축적되어 있다가 풀려나와 큰 힘을 발휘하며 부상했다는 점이다. 이런 현상에 가속도가 붙은 것은, 두 세계대전 사이나 그보다 이른 시기에 등장했던 신기술의 상품들이 더욱 광범위하게 사용 가능해졌을 뿐 아니라, 가사家事 시장에는 세탁기와 냉장고, 운송 시장에는 헬리콥터와 제트기 같은 신상품이 추가되면서 상품의 개발 속도가 빨라지고 그 편리성도 증대됐기 때문이다. 상대적으로 새로운 신용거래 수단—(고정된 가격에서) 지급 연기나 할부 구매 방식—이 소비사회에 보편적으로 보급되며 발전한 것 또한 그에 못지않은 중요한 역할을 했다.

전반적으로 볼 때, 투자 기회는 폭발적으로 증가하진 않았지만 분명히 확대됐으며, 자본은 자연스레 이 기회들을 활용했다. 산업화된 국가에서는 국내 예비노동인력 규모가 크지 않았으므로 빠듯한 노동시장에서 부족분을 메우고 폭발적인 임금 인상을 늦추기 위해 임금수준이 낮은 다른 나라들에서 노동자를 수입해왔다. 독일은 터키와 유고슬라비아에서, 프랑스는 알제리에서, 영국은 주로 카리브해 지역과 인도 및 파키스탄을 비롯한 영연방 국가들에서 노동자들을 수입했다.

명령경제

중앙에서 계획한 명령에 따르는 소비에트 경제 모델은 1950년대에 상당히 성공을 거두는 듯 보였으며 서구의 가장 정통한 경제학자들과 정치인들에게까지 깊은 인상을 남겼다. 소비에트 경제는 서구에 비해서는 소비 기반이 훨씬 낮긴 했지만, 전시에 황폐화된 경제 상황은 복구됐다. (동유럽과 소련의 소비재 상품의 조잡스러움은 속담에 나올 만큼 잘 알려져 있었다.) 그런 뒤에 소련은 1957년 지구 궤도를 도는 인공위성 발사에 최초로 성공하는 기술적 쾌거를 이룩했고,[12] 다시 4년이 지나기도 전에 최초로 사람을 우주에 보냈으며, 1963년에는 최초의 여성 우주인을 탄생시켰다.

이에 따른 홍보 효과는 선풍적이었다. 하지만 그것이 전부가 아니었다. 1953년 스탈린이 죽자 그의 후임자들 사이에서 일었던 분쟁은 주로 그때까지 중공업과 무기 생산에 집중됐던 소비에트 산업구조를 소비재 중심으로 움직이면 어떨까 하는 물음을 둘러싸고 일어났다. 이 분쟁의 최종 승자는 니키타 흐루쇼프였다. 그는 원래 생산재에 역점을 두는 옛 산업구조를 계속 유지할 것을 지지했으나, 공산당 서기장 자리에 (그리고 이후에 총리 자리에까지) 오른 뒤에는 반대 시각으로 옮겨갔다. 소련 전체의 경제성장률은 서구를 능가했으며 (아니면 적어도 그렇다고 알려졌으며) 1961년에 열린 제22차 소련공산당 전당대회에서 흐루쇼프는 20년 후에 소비에트 시민들이 미국에 맞먹은 소비 환경을 향유할 수 있으리라 과장되게 약속했다. 그러나 이러한 주장들은 소련의 실상에 전혀 부합하지 않았으며, 우주 경쟁에서 거둔 기술적 승리 역시 (곧 미국에 빼앗기게 될 뿐 아니라) 전체적으로 그릇된 인상을 심어주었다.

1948년 모스크바에서 떨어져 나온 유고슬라비아는 계획경제의 기본 모델을 유지하긴 했지만 경제 체계를 재조직했다. 핵심적인 현상은 기업들이 보다 확대된 독립성을 부여받은 대신 효율성 증대를 위해 보다 큰 시장의 압력에 복속됐다는 점이다. 이는 1920년대 소비에트의 신경제정책과 다르지 않았으나, 기업의 경영 결정 과정에 노동자가 더 많이 참여할 수 있게 됐다는 점이 달랐다. 또한 유고슬라비아는 앞에서 언급했듯이 서독으로 노동력을 수출하기도 했다.

동유럽 블록에 속한 나라들에서는 모스크바에서 유도한 대로 소련에서와 같은 경제 발전 과정이 단지 보다 작은 규모로 이루어졌을 따름이다. 그리고 대부분의 나라에서는 마지못해 소련을 따르던 스탈린주의 지도자들이 소련 경제 모델에 저항하기도 했다. 각 나라가 놓인 정치 및 경제 여건은 상당히 달랐다. 체코슬로바키아는 전쟁 때문에 초래된 물질적 파멸 상태에서 빠져나와, 전반적으로 다른 나라들에 비해 높은 생활수준을 누리고 있었다. (1960년대 초 공산주의 블록에서 탈퇴한) 알바니아는 스탈린보다 더 스탈린주의에 충실한 정권이 들어선 뒤 가장 절망적인 빈곤과 낙후된 정치체제를 경험해야 했다. (역설적이게도, 알바니아의 폭군 엔베르 호자는 다른 나라의 독재자들보다 문화적으로 세련된 교양을 갖추고 있었다.)[13] 유고슬라비아가 탈퇴한 후, 스탈린주의적 편집증이 이어지던 몇 년 동안 반체제 인사로 의심받던 모든 이가 공산주의 블록 전역에서 잡초 뽑히듯 제거됐다. 불가리아, 헝가리, 알바니아, 체코슬로바키아에서는 이러한 색출 작업이 공개재판과 처형을 통해 이루어졌지만, 동독, 폴란드, 루마니아에서는 가혹한 옥살이를 시키는 정도로만 진행됐다.

1953년 동독, 1956년 폴란드와 특히 헝가리에서는 민중 폭동이 일어나 억압적 정권들과, 노동자들에게 가해지는 관리자들의 과도한 요구에 저항했다. 하지만 계획경제의 근본 개념에 대해 주로 저항했던 것은 아니었다. 이전에 투옥됐던 민드센티 추기경(헝가리의 가톨릭교회 지도자로 파시즘과 공산주의에 맞서 저항한 상징적 인물이다—옮긴이)과 헝가리 혁명 기간에 등장한 우익 단체들은 옛 체제로 돌아갈 것을 부르짖었으나, 이런 목소리는 소수에 불과했다. 1968년 혁명의 표현을 빌려 사용하자면, 당시에 요구됐던 것은 '인간의 얼굴을 한 사회주의'였다. 자본주의는 아직까지도 신뢰를 회복해야만 하는 상태였다. 폴란드에서는 최상위층에서 일어나 앞으로 지대한 영향을 끼치게 될 정치적 변화들과, 물질적 여건을 개선하겠다는 약속이 그러한 요구들을 충족시켰다. 헝가리의 반란은 참혹하게 피를 흘리며 진압됐고, 그 뒤로 셀 수 없이 많은 이가 처형됐다. 그러나 소련이 심어놓은 카다르 야노시의 정부는 소비 지향의 경제 프로그램, 즉 '신경제 메커니즘'을 계속 추진해 나가면서 시장 원리들을 더 많이 차용했다. 그 결과 헝가리의 생활수준은, 서구에서 당연시되던 수준에도 크게 못 미치긴 했지만 공산주의 블록에서 가장 높은 축에 들 정도로 향상됐다.

중국의 상황은 훨씬 더 어두웠다. 어지간히 효과적인 경제 및 사회 재건 작업을 10년 가까이 진행한 뒤였지만, 중국의 통치 집단은 발전 속도를 못마땅해하던 마오쩌둥에게 자극받고 재촉당한 듯 소련의 충고와 경고를 무시하고 '대약진'운동을 추진하기로 결정했다. 이는 농업 자체를 전환하여 빠른 속도로 산업화를 이루려는 것으로, 소련의 사례와는 매우 달랐다. 이 운동의 목표는 가장 쉽게 사용할 수 있는 자원, 즉 중국의 인구를 활용하는 것이었다. 소비에트식의 집산화 방식은 채택되지 않았지만, 마을 주민들은 강제로 인민공사人民公社(대약진운동에서 농업 집산화를 위해 만든 집단농장으로 농촌의 행정과 경제가 일체화된 조직이었다—옮긴이)에 들어가서 집단적으로 농사일을 해야 했다. 그보다 더 심각했던 것은 파종 작물이나 농사 기술에 관한 것까지 마오쩌둥 개인의 편향된 취향에 근거하여 관료들에 의해 상부로부터 지시가 내려왔다는 것이다.

대약진운동의 결과는 소비에트의 집산화보다 심각한 대참사로 나타났다. 규모를 비교할 수 없는 기아가 발생해서 4천만 명이 넘게 죽은 것으로 추산됐다. 산업화는 시골 지역을 비워서 도시 지역 인구를 늘리는 것이 아니라 농민층을 직접 동원하는 방식으로 추진됐다. 공산당 간부들이 채근하여 시골 전역에 조잡한 제철 용광로가 설치됐으며, 사용 가능해 보이는 금속이라면 종류를 가리지 않고 농기구나 살림살이까지 끌어다 용광로에 던져 넣었다. 따라서 이들 용광로에서 생산된 철은 질이 너무 떨어져 사용할 수 없었다. 이러한 광기는 여러 해 동안 계속됐지만, 위대한 지도자의 동료들 중 어느 누구도 감히 반대 의견을 제시하지 못했다. 결국 재난의 범위가 명확히 드러난 뒤에야 마오쩌둥은 권력의 중심에서 밀려났다. 이웃 나라 북한은 미래에 일어날 일들과는 대조적으로, 당시에는 전쟁의 폐허로부터 회복되어 급속도로 발전하면서 경제적 성공 사례가 된 듯 보였다.

장기 호황의 문제들

대니얼 벨의 『이데올로기의 종언*End of Ideology*』과 앤서니 크로스랜드의 『사회주의의 미래*Future of Socialism*』 두 책은 각각 미국과 영국에서 출간되어 (크로스랜드의 책이 더 늦게 나오긴 했지만) 이 같은 경제적 기적이 만들어낸 자신감과 자족감을 이론적으로 표현해주었다. 두 책 모두의 배경에는 호황이 무한정 계속될 것이며 번영의 수준은 지속적으로 상승하고, 때때로 등장하는 문제들은 1945년 이래 발전해온 경제적 제어 장치들을 이용해 해결해 나갈 수 있으리라는 가정이 암시적으로, 때로는 명백하게 드리워져 있었다.

두 책은 모두 장기 호황에 결부된 체계적 문제들이 존재했다는 사실을 간과했다. 이 문제들은 잘못된 정책이나 가속화된 인플레이션 또는 일시적인 디플레이션 때문에 악화됐을 수 있지만, 사실은 호황 자체의 본질에 붙박이로 내재된 문제로 시간이 얼마나 걸리든 때가 되면 호황을 역전시키는 결과를 낳았을 문제들이었다. 사업가의 관점에서 보면, 산업 중심부로 노동력을 수입해 들여옴으로써 사회적 긴장이 발생한다는 것 말고도 저임금 노동력의 공급 자체가 지나치게 적었다는 점이 근본 문제였다. 노조에 가입된 자신감 넘치는 대도시 지역 노동자 일반에 심각한 압력을 행사하여 임금 인상을 억지하는 것만으로는 충분치 않았다. (자본이 내부의 저임금 노동 인력을 이용할 수 있었던 미국에서조차 그러했다.) 특히 정부가 완전고용을 핵심 정책으로 채택하고, 임금 협상에 대한 법적 장애물들이 적거나 아예 존재하지 않을 때는 더욱 그러했다. 이제 일반적으로 수용되고 있는 앤드류 글린과 밥 서트클리프의 주장은[14] 잉여의 분배를 두고 벌어지는 외부와의 전투에서 자본이 꾸준히 밀리고 있었으며, 경기후퇴/불경기/불황은 이제나 저제나 불가피한 결과로 나타났으리라는 것이다.

이러한 근본적 약점 말고도 부수적 약점들까지 시간이 지나면서 커져갔다. 국제경제에서 미국의 역할은 무역과 금융 양쪽에서 모두 거대하게 확장됐다. 달러는 세계의 주요 기축통화가 됐다. (하지만 영국의 역대 정부들은 파운드도 기축통화로 유지하기 위해 애를 썼는데, 이것이 바로 이 나라가 지닌 주요한 문제였다.) 그러나 1960년대 들어 미국은 대규모 부채를 짊어지기 시작했다. 그럼에도 미국 경제가 유지될 수 있었던 이유는 미국이 세계의 중심이라는 것 말고는 없었다. 이런 상황에 이르게 된 주된 원인은 베트남전쟁이었다. 미국은 전쟁자금을 대기 위해 돈을 빌려와야 했다. 필요하게 될지도 모르는 비례세 증액은 생각할 수도 없는 일이었으며, 설사 증액이 이루어졌다 해도 전쟁이 국민들에게서 인기를 잃어가면서 존슨 행정부와 닉슨 행정부가 앓고 있던 두통을 거의 재앙 수준까지 몰고 갔을 것이다.

이런 일들과 동시에, 1950년 무렵 성립된 균형은 일본과 서독이 주요 자본주의 경제 세력으로 다시 등장하면서 뒤집히고 말았다. 두 나라는 미국이 전후 시기에 완수한 재건 사업을 통해 날아오르기 시작했었다. 균형이 붕괴되기 시작한 초기 징후는 1960년대 초 일본의 값싸고 능률적인 기계들이 수입된 탓에 영국에서 오토바이 제조업이 붕괴된 데서부터 나타났다. 곧이어 첨단 소비재 분야에서도 도전이 이어졌고, 유럽은 물론 미국에서도 그 충격이 느껴졌다. 한국과 타이완 또한 정치적으로는 미국의 보호감독 아래 있으면서 경제 발전을 시작하고 있었다.

유럽경제공동체

유럽공동시장이라고도 하는 유럽경제공동체EEC의 기원은 복잡하지만, 본질적으로는 프랑스와 서독의 상호 이익을 위한 것이었다. 프랑스는 강력한 독일 경제와 제휴하길 원했고, 독일은 국제적 입지를 다진 프랑스와 연대하고 싶었다. 프랑스는 정치적 약점이 있었고 식민지 전쟁에서 패했지만 승전국의 권한과 국제연합 안전보장이사회 상임이사국이라는 지위 덕분에 국제사회에서 영향력을 유지하고 있었다. 당시에 영국이 조금이라도 관심을 보였더라면 프랑스의 경우와 똑같은 이유로 환영받았을 것이다. 베네룩스 3국이라 불리는 벨기에, 네덜란드, 룩셈부르크는 이미 1950년대 초에 경제협력기구를 세워 놓았었다. 그리고 이탈리아도 경제 발전이야말로 공산당을 가로막는 강력한 장애물이 될 것이라는 이유로 참여했다. 이에 따라 1957년 로마조약이 비준됐다.

로마조약과 새로운 경제체제의 핵심 목적은 각 회원국 내에 자본주의 경제구조를 견고히 확립시키는 것이었다. 현실에서는 회원국 사이에서 상품과 자본과 노동의 자유로운 순환이 이 새로운 경제체제를 규정하는 요소였다. 그리고 산업체에 대한 공적 소유가 불법화되지는 않았지만, 공기업에 대한 정부의 특혜는 (또는 실제로 회원국의 경쟁 기업에 손해를 끼치는 어떤 자본주의적 회사에 대한 정부의 특혜까지) 엄격하게 금지됐다.[15]

새로운 경제 질서에서 얻게 될 경제적 이득에 대한 희망과 기대는 분명히 매우 현실적이었으며, 물론 선거에도 함축적 영향을 끼쳤다.

탈식민지화의 두 번째 물결

1954년 인도차이나에서 공산당이 이끄는 베트민(호치민이 이끌었던 베트남독립동맹회의 별칭—옮긴이)에 프랑스 군대가 패함으로써 동아시아에서 탈식민지 투쟁이 끝난 것은 아니었다. 미국이 개입하여 군사적으로 지원하는 꼭두각시 정권을 남베트남에 수립하면서 이웃 라오스에서와 마찬가지로 전쟁이 계속됐기 때문이다. 중동에서는 형식적으로 주권을 확립한 정권들이 제2차 세계대전 기간과 그 이전부터 존재해왔지만, 서구의 외교적 통제 아래 놓여 있었다. 석유가 풍부한 이란에서는 1950년대 초 진정한 독립을 쟁취하려는 (공산주의에 고무된 것으로 보이는) 민족주의적 시도가 있었지만 미국 중앙정보국CIA이 왕정을 복구하면서 좌절되고 말았다. 이라크에서는 이와 비슷한 왕정이 있었으나 1958년 유혈 사태를 거쳐 전복됐고, 좌파 경향의 공화국이 수립됐다. 이보다 한 해 전에 시리아에서는 (역시 공산주의에 고무된 것으로 보이는) 정부가 매우 급진적인 방향으로 움직였다. 요르단에서도 독립을 향한 움직임이 일긴 했으나, 왕정은 그대로 유지됐다.

그러나 1950년대 말과 1960년대 초 탈식민지 운동의 구심점은 아프리카에 있었다. 1952년 허위적 독립 상태에 있던 이집트는 반反군주정 무혈혁명을 통해 진짜 독립을 쟁취했고, 이것이 중동과 아프리카 정치의 지형을 완전히 바꾸어 놓았다. 1956년 영국 정부는 프랑스 및 이스라엘과 공모하여 군사력을 동원해 자신의 지위를 다시 강화하고자 시도했으나 미국이 이에 대해 불쾌감을 드러내면서 서구 열강들에 굴욕을 안겨주며 끝이 났다. 그 결과 이집트는 군사적으로 패배했음에도 그 위신이 더욱 높아졌다.

곧이어 탈식민지 운동들이 빈번하게 일기 시작했다. 영국령 서아프리카 식민지들에서는 독립이 별다른 어려움 없이 찾아왔다. 보다 큰 어려움과 맞닥뜨리게 된 것은 동아프리카와 중앙아프리카에서였다. 이들 지역에서는 공격적인 인종차별주의자 정착민들의 정권이 권력을 쥐고 있었지만, 1960년대 중반까지 남南로데시아(오늘날의 짐바브웨)를 제외한 모든 곳이 독립하여 아프리카인 정부가 들어섰다. 이들 정부는 경제적 연계를 유지하는 데 관심을 기울이고, 영국에서 훈련받은 군사 조직들을 능가하기 위해 노력했다.

1960년 드골은 열대 아프리카 지역에 있는 프랑스 식민지들의 독립을 정식으로 인정했다. 하지만 이 지역의 신생 독립국가들은 기니를 제외하곤 모두 프랑스와 강한 유대 관계를 유지했다. 훨씬 더 빨리 독립을 이룬 모로코와 튀니지 역시 민족주의적이지만 친서방 국가로 남아 있었다. 알제리에서는 유별나게 야만적인 식민지 전쟁이 진행되어 공화국의 안정을 흔들어 놓았다. 그 때문에 드골이 권좌에 올랐고 반군을 진압하려던 마지막 시도가 실패하자 드골은 알제리의 독립마저 승인했으며, 그렇게 하기 위해 자신의 군대를 진압해야 했다.

이 당시 벌어진 일들 중 가장 사악한 일은 벨기에령 콩고에서 일어났다. 아프리카 중심에 넓게 펼쳐진 거대한 식민지 콩고는 경이적일 만큼 많은 광물과 여타 1차 생산물을 공급해왔으며, 인종적으로나 문화적으로도 그만큼 다양한 주민이 살고 있었다.[16] 1960년 하룻밤 사이에 독립선언이 성급하게 치러졌다. 벨기에 행정 관리들은 이 신생국가에서 가져갈 수 있는 것은 심지어 사무실 타자기까지 모두 가져가버렸다. 남아 있던 벨기에인 식민지 주민들은 분리 독립을 주장하며 정치적 소요를 일으켰고, 좌파로 기울던 파트리스 루뭄바 총리가 끔찍하게 살해되는 사건을 야기했다.[17] 이후 몇 년 동안 피 튀기는 혼란이 이어진 뒤에야 미국 중앙정보국의 호의를 입은 모부투 세세 세코가 등장했다. 식민지 군대 출신인 모부투는 아프리카 최악의 부패한 폭군이 됐으며, 이전 영국령 서아프리카 지역의 장군들은 모부투의 사례를 모방했다. 이로 인해 나이지리아에서는 (양쪽 모두 서로 경쟁하는 군부 출신의 지도자 아래 있는) 분리 독립하려는 반군과 연방 정부 사이에 끔찍한 내전이 촉발됐으며, 소련과 영국은 연합하여 연방 정부를 지원했다.

식민지의 독립 과정에서 가장 중요한 원칙은 신생국가는 반드시 기존의 식민지 경계 안에서 성립되어야 한다는 것이었다. 이 원칙은 합리적인 것이었다. 이런 원칙 없이는 통제 불가능한 영토 분쟁이 일어날 것이었기 때문이다. 그러나 기존 식민지의 경계들이 (19세기 외교적 논리를 제외하고는) 합리성을 거슬러 설정된 곳이 많았고, 더욱이 식민지 경계들이 애초에 그어지지 말았어야 하는 것이었으므로 이 원칙을 따를 경우 새로운 아프리카 역시 비논리적으로 나뉠 수밖에 없었다. 이와 반대로, (모부투가 자이레라고 새로 이름 붙인) 콩고처럼 경계가 나뉘는 것이 더 합리적이었을 테지만 그렇지 않고 하나로 남아 있어야 하는 경우도 있었다. 여기에 더하여, 새로 등장한 정권들 대다수의 특성과 미래에 대한 전망은 그다지 유망하지 못했다. 이들 지역에서 정부는 주로 시민들로부터 부를 빨아들이기 위해 존재했고, 외국 기업들까지 이를 거들었으며, 부패와 뇌물은 한 가지 생활양식으로 받아들여질 정도였다. 이 모든 상황이 르네 뒤몽이 1960년대에 출간한 『검은아프리카의 좋지 않은 출발*L'Afrique noire est mal partie*』이란 책의 제목을 예언적으로 정당화하는 것이었다.

꿈의 해체

서구

1950년 이후 20년이 넘는 동안 세계경제 내부에서 쌓여가던 압박들 때문에 오랜 호황이 곧 끝나게 될 상황이었지만, 앞에서 지적한 대로 호황이 끝난 데 대한 폭발적 비난은 베트남전쟁을 향했다. 1960년대 초에 이르면 지도부의 일부 또는 일체를 교체해버린다거나, 많은 무기와 군사적 충고가 주어진다 해도 꼭두각시 정권이 북베트남의 지원을 받는 민족해방전선NLF(서구에서 베트콩이라 불렀다)의 반란을 진압하고 살아남으리라는 희망은 남아 있지 않았다. 이 무렵 미국의 권위와 위신은 전쟁의 결과에 달려 있었고, 거대한 규모의 미군 파병 말고는 다른 대안이 보이지 않았다. 하지만 대규모 파병은 오랫동안 지속되기에는 감당할 수 없을 만큼 비용이 많이 들었으며 정부 재정만 거덜 내고 아무런 경제적 수익도 가져오지 못했다. 전후 경제구조의 중심축이었던 브레턴우즈 체제(전후 세계경제 안정과 성장을 위해 1944년 달러를 기축통화로 하는 금환본위제도와 각국 통화의 고정환율 제도를 기본으로 성립됐으나 1960년대 이후 미국의 적자가 늘고 인플레이션이 심해지면서 제기능을 못하게 됐다. 결국 1970년 여러 국가의 달러의 금태환 요구가 이어지면서 1971년 닉슨 대통령이 금태환 정지를 선언하고, 1973년 주요국들이 환율을 유동화시킴으로써 완전히 폐기됐다—옮긴이)가 1970년에 폐기됐다. 이는 사실상 미국이 더 이상 그러한 경제구조를 지탱하는 책임을 질 수 없게 됐다는 선언이었다.

그러는 동안 영국 경제는 점점 더 심각한 상황에 빠져들고 있었다. 파운드는 평가절하됐다. 긴축 재정을 계획하고 미국이 벌인 전쟁에 공적 지원을 하는 영국 정부에 맞선 노동조합의 저항은 커져만 갔다.[18] 세계시장에서 일본과 유럽 각국의 경쟁은 더 심해졌고, 폭동과 때로는 인명 사고를 동반한 문화혁명이 서구 세계 전역에서 진행 중이었다.

공산주의 국가들

서방에 비해 덜 요란한 모습이었을지는 몰라도, 소비에트 블록의 희망 역시 무너지고 있었다. 트로츠키는 이미 1930년대에 세계혁명이 일어나지 않고는, 아니면 적어도 스탈린주의에 맞선 정치혁명이 일어나지 않고는 서방의 생산성을 따라갈 수 없기 때문에 소비에트 정부는 분명 실패할 수밖에 없을 것이라고 예언했다. 1950년대 말과 1960년대 초에 이르는 시기에는 잠시 이러한 예언이 빗나간 듯 보이기도 했다. 그러나 사실 트로츠키의 예언이야말로 현실에 단단히 기반을 둔 것이었다. 1960년대가 끝날 무렵에는 이전에 일었던 경제 호황이 흔들리고 있었고, 소비자 지수들이 (헝가리를 제외하고는) 모두 바닥으로 가라앉았으며, 그 정도는 아닌 경우에도 최소한으로만 상승했다. 폴란드에는 경제 위기가 닥쳐왔고, 그 때문에 정치 위기가 발생했다. 소련 전체의 경제성장은 지속됐지만 그 속도는 훨씬 느려졌으며, 기술 발전은 서방에 한참 뒤졌고 그 격차도 더욱 벌어지고 있었다. 낙후된 공장과 기계에 점점 더 많은 투자가 쏠렸고, 새로운 장비를 만드는 것보다 오래된 장비를 유지하고 부품을 교체하는 데 더 많은 비용이 쓰였다. 흐루쇼프의 화려한 약속들은 조용히 잊혔고, 약속의 당사자와 함께 신뢰를 잃었다. 간단히 말해, 경제 체계가 극도로 비능률적이었을 뿐 아니라, 공해와 자연자원 착취 측면에서도 서방에 비해 훨씬 더 안 좋게 작동하고 있었다. 소련은 시민들에게 제공된 기본 복지 수준을 계속 유지했고, 국외 해방운동에도 원조를 했으며, 미국 정부의 모험주의를 제지했다. 그러나 10년 전에 밝게 타올랐던 희망들은 완전히 꺼져버렸다.

중화인민공화국의 시민들은 더 운이 없었다. 1960년대 중반에 이르러 중국공산당은 소련공산당과 심한 불화를 겪었고(제9장 참조), 소비에트의 모든 기술적 원조가 철회됐다. 특히 불만과 좌절에 빠진 젊은 세대 사이에 사회적 압력이 쌓이고, 중국공산당 내부에도 긴장이 고조되고 있었다. 이러한 상황 덕분에 마오쩌둥은 그에게 부여된 형식적 존경과 위신을 실제 권력으로 돌려 자신의 지위를 회복할 수 있었다. 그는 이제 중국 정치의 핵심 인물일 뿐 아니라 반신반인半神半人의 지위에까지 올랐다.

그 결과 1966년 문화대혁명이 시작됐다. 젊은이들은 마오쩌둥의 선동을 받아 행정, 학술, 정치 위계구조에 있는 그들의 윗세대를 공격하고, '주자파走資派'(자본주의 노선을 걷는 세력—옮긴이)라는 말로 요약되는 모든 형태의 정치적 범죄들을 들어 그들을 고발했다. 가장 중요한 점은 마오쩌둥이 군부의 지지를 받았다는 사실이다. 군부의 지지가 없었더라면 이 야심찬 계획은 실현 불가능했을 것이다.

하지만 그 결과는 참담했다. 중국은 이루 말할 수 없는 혼란 속으로 내쳐졌다. '홍위병'들이 전국을 휘젓고 다녔기 때문에 국가 행정은 완전히 붕괴됐다. 홍위병들은 누구든 과녁으로 삼아 정치적 죄를 물어 폭행했고, 살해하기도 했으며, 터무니없는 혐의를 들어 기소했다. 때로는 마오주의의 해석을 두고 의견이 갈라져 홍위병 내부에서 싸움이 일기도 했다. 문화대혁명이 경제생활에 끼친 영향은 처참했고, 결국 이 때문에 이 모든 소란도 끝이 났다. 그 뒤에 남겨진 결과는 외상을 입은 행정 기구와 심각하게 뒤처진 경제성장뿐이었다.

1973년

1967년 아랍-이스라엘전쟁은 이집트, 시리아, 요르단이 이스라엘에 패배하는 것으로 끝이 났다. 휴전협정을 맺을 당시 이스라엘은 수에즈운하까지 진출했고 그 후 6년 동안이나 그곳에 머물렀다. 이 전쟁은 가장 깊고 오래 지속될 결과들을 낳았지만, 당장 세계경제에 충격을 주지는 않았다. 이 점에 있어 1973년 욤키푸르전쟁(제4차 중동전쟁. 욤키푸르는 유대교의 속죄일을 가리키는 말로, 이날 전쟁이 발발했다—옮긴이)은 상당히 달랐다. 이집트군이 시나이반도 수복을 노리고 수에즈운하를 건너가면서 시작된 이 전쟁은 세계경제를 폭파시킨 기폭 장치 역할을 했다. 그 영향력은 1929년 10월 월스트리트에 있었던 '검은 목요일'에 맞먹을 정도였다. 아랍 정부들이 지배하고 있던 석유수출국기구OPEC는 즉각 극적인 원유 가격 인상을 단행했으며, 흔들리는 달러의 토대 위에 세워진 세계경제의 취약성이 곧바로 노출됐다. 상품 생산과 수없이 많은 다른 용도에 반드시 필요한 원자재 가격의 갑작스러운 상승이 미국 정부의 채무 과잉 상태와 결합되면서 서구 경제의 경기가 급격히 후퇴했으며 이후에도 이전과 같은 상태로 회복되지 못했다.

국제금융 관리 체제는 1929년과 그 이후 몇 년 동안의 시기만큼 상황이 심각해지지 않도록 확실히 조처를 취했다. 하지만 전후에 일어난 경제 기적은 끝나고 말았다.

제7장

우파 자유주의

모든 이데올로기는 해방 프로그램으로서 제시된다. 가장 명백히 억압성을 드러내는 이데올로기들조차 그러하다. 억압적 이데올로기들은 해방을 사회 조직체에 부속된 것으로 규정하고, 자유를 권위에 대한 자발적 굴복에서 기인하는 정신적 만족감으로 정의하기 때문이다.

자유주의는 예외적으로 해방에 역점을 두고 있다. 자유주의에서 말하는 해방이란 개인을 사회의 규율로부터 구제하는 것이다. 다만 실용주의적 이유에 근거하여 정당화될 수 있는 사회의 규율은 예외다. 이때 고려할 것은 사회적 화합의 보존과 사유재산의 보존인데, 자유주의 사상에서 사유재산은 개인의 인격과 긴밀하게 엮여 있다. 자유주의 사상은 토지 재산과 소유주의 안전에 관한 염려에서 시작되어 점차 확장됐다. 자유주의의 개인에 대한 기본 개념은 자기 인격의 소유주라는 것이다. 이러한 이유 때문에 자유주의는 이데올로기 중 가장 널리 확산됐으며, 이러한 사실은 자유주의가 어떠한 의미에서도 이데올로기로 여겨져서는 안 된다고 하는 자유주의 대변자들의 열띤 주장에 힘을 실어준다.

사회적으로 말하자면, 컴퓨터가 지배하는 시대에 사람들이 말하는 것처럼 자유주의는 자본주의적 생산양식의 정치적 형태가 갖는 초깃값을 나타낸다. 자본주의는 그것이 성립되는 기간이나 위기의 순간에는 비상조치들이나 독재 정권에까지도 의지할 수 있지만, 자본주의의 기능적 본성은 (아무리 편향됐거나 억압적인 것이라 해도) 법치에 근거한 입헌 정부를 선호한다. 그리고 (아무리 통제됐다 해도) 정보의 공개적 유통과 (아무리 제한적이라도) 선거에 의한 대의제도에 호의적이다. 따라서 자유주의에는 주요한 두 가지 측면이 있는데, 이를테면 자유주의의 웃는 얼굴과 우는 얼굴이라고 할 수 있겠다. 한쪽 면에서 자유주의는 재산 소유 관계를 다루는 사회문화 이론을 구성하며, 다른 한쪽 면에서는 개인 행위 규범에 관한 이론을 구성한다.

냉전

제2차 세계대전의 이데올로기 대결에서 자유주의는 가장 큰 승자로 떠올랐다. 공식적으로 자유주의 진영의 미국과 영국은 민주주의의 배너를 들고 싸웠다. 이런 사실은 대영제국과 미국 남부의 지배적 여건들을 염두에 둔다면 웃기는 일이었다. 그러나 미국과 영국이 자유주의적 사회와 정치체제가 아니었다고 진지하게 주장할 수는 없다. 게다가 전쟁 중에 두 나라의 정부 모두 특히 영국 정부는 시련을 겪는 동안 민주주의에 상당한 제약을 가하면서 정부의 개입을 지속하기 위해 자신들이 민주주의 정부임을 인증하는 사실들을 강조해야 했다. 또한 영국에서는 전쟁이 끝나자 민주주의가 회복되고 물질적 환경이 상당히 나아질 것이라는 전망을 제공해야만 했다.[1]

한동안 상황은 자유주의적 미래가 오리라는 희망과 거리가 멀어 보였다. 전쟁이 끝난 직후 상황에서 가장 두드러지는 결과는 소련이 상당한 영토를 획득하고 초강대국의 반열에 올랐다는 사실이었다. 그리고 곧이어 동유럽 전역에 공산 정권들이 들어섰다. (처칠은 이를 두고 '철의 장막'이라 불렀다.) 이들 공산 정권은 두 세계대전 사이에 존재했던 **방역선**이라는 완충지대를 무너뜨렸고, 중국에서도 공산주의 혁명이 성공함에 따라 공산 정권이 계속 유지됐다. 하지만 겉모습만 보면 속기 쉬웠다. 이들 공산주의 사회들의 본성에 연계된 사회적 고충들과는 별개로 이들 사회의 경제적 토대들은 근본적으로 건전하지 못했다. 만약 자유주의 사회들이 경제 불황이나 제3차 세계대전을 피하고 그들의 기반을 충분히 오랫동안 유지할 수 있다면 그들이 궁극적으로 승리하리라는 것은 확실했다. 당시에는 누구도 이 점을 제대로 인식하지 못했다.

그러나 한 가지 전략이 채택됐고, 이 전략은 계획을 따르기보다 스스로 진화해 나갔다. 처음 이 전략에 대한 영감은 당시 대부분의 동향이 그러했듯 미국에서 시작됐다. 미국의 꼭두각시인 어니스트 베빈이 장관으로 있던 애틀리 행정부의 외무부에서도 큰 기여를 하기는 했다. 미국의 정부 영역과 언론 및 방송 매체 그리고 미국 사회 전체에서 폭넓게 —전시 동맹 관계 때문에 살짝 덮여 있었던— 소련을 향한 커다란 적대감이 등장할 준비가 되어 있었다.

전략이 펼쳐지자 그 안에는 군사적 태도와 더불어, 내부의 위협으로 규정된 세력들은 물론 적국으로 낙인찍힌 외부 세력들을 겨냥한 경제 및 이데올로기 공격이 결합됐다. 그리고 신생 독립국가들에서 우방을 얻고 그 정부들에 영향력을 행사하려는 욕구가 수반됐다. 전략의 원칙이 처음 언급된 것은 1945년 주모스크바 영국 대사관에서 조지 케넌이 보낸 그 유명한 '긴 전보Long Telegram'였다. 그리고 곧이어 이 전보만큼이나 유명해진 논설이 단지 'X'라는 서명만을 달고 『포린 어페어스*Foreign Affairs*』에 실렸다. 이 논설에서 익명의 저자는 케넌의 전보에 있었던 주장들을 발전시키고 확장했다.[2]

케넌은 소련이 본질적으로 적대 세력이라고 주장했다. 그 이유는 소련이 공산주의 이데올로기를 신봉하기 때문이기도 하지만, 혁명 이전 러시아제국의 팽창주의 욕구를 그대로 물려받았기 때문이라고 했다. 이 문제를 다루기 위해 케넌이 제시한 방안은 미연의 '방지책'이었다. 서방세계는 타협의 여지없이 강경한 자세를 취하되 공개적으로 공격성을 드러내서는 안 되며, 기술, 경제, 외교, 군사 분야의 힘을 효율적으로 동원하여, 소련이 영토 확장을 하려 하거나 다른 나라의 공산당을 소련의 대리자로 여겨 그 권력을 탈취하려 할 때 이를 저지하고 좌절시켜야 한다는 것이었다.

케넌에 따르면 서방의 의도는 전적으로 양순한 것이었다.

> 오늘날 소련에 맞선 개입 가능성에 대해 이야기하자면, 그것은 독일과 일본의 제거나 최근 전쟁의 사례만큼이나 말이 안 되는 일이다. 전복과 불관용의 세력들에 선동당하지만 않는다면 오늘날 '자본주의

의' 세계는 그 자신 및 러시아와 더불어 평화 속에 살아갈 수 있는 역량이 있다.[3]

소비에트의 지도자들에 관해 말하자면,

그들은 마르크스주의의 이름으로 자신들의 방식과 전술에 따라 모든 윤리적 가치 하나하나를 희생시켰다. 오늘날 그들은 마르크스주의를 없앨 수 없다. 그것은 그들의 도덕과 지성의 체면을 위한 무화과 나뭇잎(고전 회화에서 나신의 국부를 가리기 위해 그려 넣었던 데서 비롯한 은유—옮긴이)이다. 그것이 없으면 그들은 잘해야 길게 늘어선 러시아의 잔인하고 파괴적인 통치자들의 마지막 자리에 서서 역사를 대면해야 할 것이다. 러시아의 통치자들은 내부적으로 약한 자신들의 정권에 외부적으로 안전을 보장하기 위해 끊임없이 자신의 나라를 강제로 몰아쳐 늘 새로운 군사력의 정점에 올려놓았다. 이것이 바로 소비에트의 목적들이 언제나 마르크스주의라는 방어막을 엄숙하게 두르고 있어야 하는 이유이며, 누구도 소비에트의 문제들에서 교의의 중요성을 과소평가해서는 안 되는 까닭이다. … (그러나) 근본적으로 이것은 다만 불안한 러시아 민족주의의 꾸준한 약진 외에 다른 것이 아니다. 수백 년 묵은 이 운동 속에서 공격과 방어의 개념들은 불가분하게 혼동되어 있다. 그러나 국제 마르크스주의라는 새로운 가면을 쓰고, 사탕발린 약속들을 전쟁에 찢겨 절망에 빠져 있는 바깥 세계를 향해 내밀면서 러시아 민족주의는 이전의 그 어느 때보다 더욱 위험하고 음흉해졌다. … 이번 정부가 사실은 음모 속의 음모는 아닌지 의심해야 할 충분한 이유가 있다.[4]

소비에트 국가는 세계 도처에서 완벽하게 기획된 자신의 세력들과 앞잡이들을 마음대로 조종할 수 있는, 일종의 형이상학적 악마로 제시됐다. 그것은 "놀랄 만한 유연성과 다양한 재능을 가진 기구로, 그것을 다루는 사람들은 역사에 견줄 자가 없다고 여겨질 만큼 지하세계의 방법들에 관한 경험을 쌓고 기술을 닦은 자들이었다."

전보에 실린 케넌의 처방은 본질적으로 외교와 선전 활동에서 공조하라는 것이었다. 그리고 앞서 언급한 논설에서는 "선전과 정치적 전투 기술을 최대한 발전"시킬 것을 강조하긴 했지만, 훨씬 더 공격적인 자세를 취하라고 권고했다.

> 소련에 대한 미국의 정책을 이루는 주요 요소는 장기적이고 인내하는 것이되, 러시아의 팽창 성향을 경계하며 확고히 억제하는 것이어야 한다. … 서방세계의 자유로운 기관들에 대한 소비에트의 압박은 노련하고 조심스럽게 반격해 나가면 억제될 수 있는 것이다. 지정학적 지점들과 정치적 논점들을 끊임없이 이동시키고 소비에트의 정책 변화와 책략에 대응해야 한다. 그러나 소비에트를 매료시키거나 설득하여 더 이상 존재하지 않도록 하는 일은 불가능하다.[5]

프랑코 정권과 친구가 되고, 그로부터 군사기지를 확보하라는 충고가 바로 여기에서 나왔고, 미국 행정부는 이를 따랐다. 케넌은 이전에 이탈리아를 침공하여 공산주의가 선거에서 승리하는 것을 미연에 방지해야 한다는 주장을 옹호하기도 했었다.

이후에 그는 자신의 입장을 수정하게 됐다. 그는 회고록에 이렇게 적었다. "나는 나 자신에게 묻기 시작했다. … 우리의 정책과 성명을 과도하게 군사화함으로써 … 우리가 추구하는 것은 전쟁이며, 전쟁의 불가피성을 우리가 받아들였으며, 우리가 전쟁을 불러일으키는 것은 단지 시간 문제일 뿐이라고 하는 모스크바의 믿음에 … 우리가 기여하지는 않았는지."

관계의 파열

이전 동맹 국가들 사이의 관계는 계속해서 악화되어갔다. 프랑스공산당과 이탈리아공산당은 (스탈린의 재가를 받고) 자본주의 국가인 자신들의 조국에 기꺼이 도움을 주려는 태도를 갖고 있었고, 영국의 그리스에 대한 개입과 관련해 스탈린 역시 영국에 도움이 되는 태도를 견지했지만, 해외의 공산주의자들이나 국내의 공산주의자들 모두 신뢰를 받지 못했다. 이탈리아와 일본의 전후 청산 과정에서 해외 공산주의자들은 참여할 수 있는 권한을 전혀 인정받지 못했다. 그리고 당대의 인민전선 정부들에서 국내 공산주의자들은 하위직에 한정됐다. 이와 반대로, 공산주의 정당들은 소비에트 영역에 있는 인민전선 정부들을 (독점하지는 않더라도) 지배하고 그들의 안보 체계를 단단히 통제하기로 결정했다는 것이 명확해졌다.

1947년 3월 트루먼의 유명한 연설에 대해 역사학자들은 사실상의 냉전 선언이라 여기고 있는데, 이 연설의 본질은 케넌의 처방을 따른 것이었다. 트루먼의 연설은 소련과는 아무런 상관없이 우발적 상황에서 나온 것이었다. 1947년 초에 큰 눈보라가 닥쳤고 그에 따라 영국 정부는 더 이상 그리스에서 공산주의 반군에 맞선 싸움을 계속할 수 없다고 결정했던 것이다. (소련은 그리스의 공산주의 반군으로부터 거리를 두고 있었다.) 국무장관이었던 마셜 장군의 독촉을 받은 트루먼은 공산주의가 확산됨에 따라 미국에까지 가해진 위협을 자세히 설명함으로써 상원 의원들의 간담을 서늘하게 하면서 이제 미국이 영국의 책임을 인계받아야 한다고 선언했던 것이다.

트루먼은 더 나아가 공산주의의 —직접적 침략이든 간접적 침략이든— 침략에 저항하고 있는 정부라면 어느 정부든지 미국이 원조를 제공하겠다고 선언했다. 달리 말하자면 소련으로부터 위협을 받든 지역 공산주의자들로부터 위협을 받든 상관하지 않겠다는 것이었다. 이 연설을 언급하면서 부차적으로 사용된 용어는 이데올로기 측면에서 매우 흥미롭다. 이 연설은 '트루먼 독트린'이라 불렸다. 중세 유럽에서는 신성로마제국이 있던 시절에 독일인들을 세계의 재판관으로 만든 이가 누구인지를 묻는 이가 있었는데, 이제 미국의 지도자들은 자신들이 그 역할을 취할 자격을 신한테서 부여받았다고 여기고 있었던 것이 분명하다.

물론 이것은 자유주의적 이론가들이 상황을 보았던 방식과는 다른 시각이었다. 그들의 인식은 자유주의의 수석 홍보 담당자랄 수 있는 대니얼 벨이 멋지게 요약했다.

> 그리고 과연 우리가 이 문제(전쟁과 평화)를 논할 수 있겠는가 … **냉전과, 우리의 정책이 러시아인들에 의해 어느 만큼 형성됐는지** 그 정도를 논하지 않고서! 1946년 이래 미국의 정책은 … **내부적** 사회 분열이나 계층 이슈들을 반영하지 않고, **추정된 러시아의 의도에 근거했다.** … 트루먼의 그리스–터키 정책의 기저를 이룬 것은 … 이데올로기적 현상으로서의 스탈린주의와 지정학적 강대국으로서의 러시아 모두 군사적으로나 이데올로기적으로 공격적인 팽창주의를 지향

한다는 판단이며, 급속한 군비 증강을 포함하는 억제 정책이 반드시 필요하다는 판단이었다. … 이러한 정책들은 국가의 이익과 국가의 생존을 추산하여 평가한 것이었다.[6](강조는 저자)

이를 믿을 수 있다고 하는 사람은 무엇이든 잘 믿는 사람임에 틀림없다.

1949년 중국의 혁명을 서방에서는 본질적으로 중국의 대리자들을 이용한 소비에트의 기획이었다고 해석했다. 이러한 해석은 전혀 사실이 아니었다. 스탈린은 마오쩌둥을 설득하여 전쟁 이전의 공동 전선을 지속해가면서 장제스와 협력하게 하려고 최선을 다했다. 같은 해에 소련에서는 예상보다 몇 년이나 빨리 핵폭탄 실험을 함으로써 서방세계를 놀라게 했으며 실의에 빠뜨렸다. 이로써 초강대국들 사이에 상호적 공포의 균형이이라는 개념이 자리 잡았다.

서방의, 특히 미국의 반응은 광범위하게 나타났다. 미국은 베이징의 신생 정권을 인정하길 거부했다. (하지만 영국에서는 인정했다.) 그리고 장제스의 잔당에는 외교 지원과 군사 보호를 제공했다. 이들은 당시 (포르모사라고 불리던) 타이완에 슬그머니 들어가서 그곳 원주민들을 박해하고 있었다. 미국은 계속해서 타이완을 진짜 중국으로 인정했고 타이완이 국제연합에서 중국의 자리를 계속 유지할 수 있게 보장해주었다. 1949년에는 미국과 캐나다에서 그리스와 터키에 이르는 국가들의 군사동맹인 북대서양조약기구NATO가 설립됐다.[7]

이것은 물론 소비에트 블록을 겨냥한 것이었지만, 당연히 그렇지 않은 척 가장했다. 그래서 표면적으로는 민주주의의 수호를 위한 것이었다고 했지만, 실제로는 포르투갈, 그리스, 터키같이 전혀 민주적이지 않은 국가들까지 포함시킴으로써 진짜 목적을 노출시켰다. (프랑코가 정권을 잡은 스페인은 배제됐다. 프랑코의 스페인에 그 정도 수준의 위신을 부여한다는 것이 조금 지나칠 정도로 도발적이었기 때문이다. 대신 미국은 스페인과 쌍방 외교 관계를 맺었다.)

냉전 시대 자유주의

1950년대 초에는 선동정치가 조지프 매카시의 그늘이 크게 드리워졌다. 그는 어떤 의미에서도 자유주의자는 아니었다. 미국의 빨갱이 사냥꾼들의 관점에서 보더라도 매카시는 극단주의자였다. 정치권에서 그는 쓸모가 있었다. 매카시의 공격 방식이 미국공산당은 물론 행정부, 학계, 언론, 인권운동 단체, 노동조합에 있는 미국의 좌파를 효과적으로 파괴했기 때문이다. 그러나 냉전 전략의 이론가들과 조직가들은 일반적으로 매카시의 행동을 조잡한 짓거리로 여겨 무시하고 훨씬 미묘한 접근 방식을 택했다.

그들 중에는 원래 정치적으로 좌파 출신이었던 사람들도 많았다. 이 분야에서 중심이 된 중요한 이데올로기 이론가들은 전쟁 이전 미국의 트로츠키주의자들이었다. 실론을 제외하곤 트로츠키주의는 세계 다른 어느 곳보다 미국에 가장 많은 영향을 끼쳤다. 처음부터 공산주의자였으나 스탈린주의에 환멸을 느낀 이들은 트로츠키 편에 섰다. 하지만 전쟁이 끝났을 때 트로츠키주의는 방향을 잃었고, 그들은 자신들이 '민주주의' 사회로 규정하기 좋아했던 미국 사회가 결국 그다지 나쁘지 않다거나, 그렇지 않으면 소련 역시 겉껍질 아래는 자본주의 사회일 뿐이며, 또한 독재국가이기까지 하니 미국은 그나마 덜 나쁜 악이라는 결론에 이르렀다. 『디센트*Dissent*』의 편집자들처럼 스스로를 여전히 마르크스주의자로 여기는 이들도 있긴 했지만, 『파르티잔 리뷰*Partisan Review*』(마르크스주의 지식인들과 예술가들로 이루어진 미국공산당의 대중조직 존 리드 클럽이 1934년 뉴욕에서 창간한 잡지였으나, 1950년대와 1960년대에 미국 중앙정보국CIA의 비밀 자금을 지원받고 사회민주주의와 반反공산주의로 방향을 선회했다—옮긴이)를 둘러싼 집단이 이 프로젝트의 전면에 나섰다.

이들은 냉전 시대 자유주의의 핵심 이론가이자 선전가들로 탈바꿈했다. 그들의 핵심 무기는 전체주의라는 개념이었다. 이 단어는 무솔리니가 (또는 그의 선전가 조반니 젠틸레가) 만들어냈고 자축하는 의미에서 사용했던 것인데, 나중에 트로츠키가 『배반당한 혁명*The Revolution Betrayed*』에서 이 단어를 다시 가져와 스탈린 정권에 적용했었다. 이전에 트로츠키의 제자였던 이들은 이제 이 단어를 매우 효과적인 방식으로 전파하여 나치와 공산주의를 같은 개념의 범주에 묶어 넣었다. 자유주의 및 보수주의 매체들은 이들을 빠르게 모방했고 그렇게 해서 옛 동맹국을 악마로 만들었는데 옛 적국과의 유사성을 강조하고 있던 미국 행정부의 새로운 의제와도 보조를 맞추었다. 1941년에서 1945년까지의 시기를 제외하면, 서방에서 소련을 여느 국가들과 같은 합법적 국가로 보았던 적은 없었다. 하지만 이것이 소련의 흉악한 인권 상황 때문은 아니었다. 1970년 현실적 실리 정치를 근거로 중국을 인정한 것처럼, 서방에서는 소련과 비슷하거나 심지어 더 끔찍한 여러 정권도 기꺼이 받아들여왔었다. 오히려, 소련이 세계혁명의 지도자임을 자처하고 자국 시민이 아닌 사람들에게까지 충성을 요구했던 것에 주류 자유주의자들은 거부감을 느꼈다.

1940년대 말과 1950년대 초에 출간되어 널리 퍼져 나간 한 무리의 책들이 당시 활기를 띠고 있던 호전적 자유주의 반공 십자군에 관해 요약적으로 제시해주고 있다. 영국 좌익 하원 의원 리처드 크로스맨은 과거 헝가리의 공산주의자였다가 영국으로 망명한 아서 쾨슬러(케스틀러)와 대담을 나눈 뒤, 공산주의자였음을 후회하는 걸출한 저자들의 글을 모아 편집해서 『실패한 신*The God that Failed*』이라는 책을 1949년에 출간했다. 저자 여섯 명 중에는 쾨슬러도 포함되어 있었는데, 그는 연쇄 강간범이었고 밀교 전수자였으며 나중에는 매카시의 동지가 됐다. 또 다른 저자인 이냐치오 실로네(노벨 문학상 후보로 10번이나 지명된 이탈리아 현대 작가. 사회주의자에서 공산주의자로 전향했다가 스탈린을 비판하며 돌아섰으며, 전후에는 비밀리에 미국 중앙정보국의 지원을 받고 활동하기도 했다—옮긴이)는 후대에 밝혀진 바에 따르면 무솔리니의 첩보 기관을 위해 정보원으로 일하기도 했었다. 쾨슬러는 또한 이 무리에 속하는 또 다른 책 『한낮의 어둠*Darkness at Noon*』의 저자이기도 했다. 이 책은 1930년대 모스크바의 공개재판을 배경으로 한 소설로 당시 사회에 커다란 영향을 끼쳤다. 하지만 이 작품에서 가장 훌륭한 대사를 한 인물은 피고被告 루바쇼프(부하린을 재현한 인물)가 아니라 심문관 글레트킨이었다.[8] 비슷한 대의를 지닌 다른 책들에는 역시 첩보 기관의 밀고자이기도 했던 조지 오웰(오웰은 이른바 '오웰 리스트'라는 친소주의자들의 명단을 작성하여 영국 정보기관에 넘겼다—옮긴이)의 『동물농장』과 『1984년』 그리고 1950년대 초에 나온 알베르 카뮈의 『반항하는 인간*L'homme révolté*』이 있다.

이러한 작가들과 이론가들 곁에는 세계적 선전 활동에 참여한 엔지니어들, 실천가들, 홍보 담당자들도 나란히 놓여야 한다. 이들은 공격적인 선전 활동을 통해 '자유세계'(이 명칭이 지닌 모순들은 매우 빈번하게 지적된 바 있었지만)라고 명명된 지역 도처에서 자유주의 이데올로기가 승리할 수 있게 했다. 이들 중 일부는 미국의 소리Voice of America와 자유유럽방송Radio Free Europe처럼 공개적으로 국가의 지원을 받는 경우도 있었지만, 대부분은 은밀하게 활동했고, 특히 케넌과 긴밀하게 연결되어 있던 미국 중앙정보국은 중추적 중요성을 띠고 있었다. 암살과 쿠데타를 수행하고, 전 세계에서 고문기술자들과 대량 인명 살해범들을 원조하는 것 말고도 중앙정보국은 은밀하게 다양한 프로젝트들에 자금을 댔는데, 그중에는 『동물농장』의 만화영화 제작도 포함됐다.

미국 중앙정보국의 전신은 제2차 세계대전 당시 첩보 기관이었던 전략사무국OSS으로 원래는 좌파 경향의 조직이었다. 그렇기 때문에 대단히 목적에 잘 부합했고 —'비非공산주의 자유주의자가 공산주의의 위협에 맞서 전투를 벌이기에 가장 효과적인 장소'[9]였으며— 미국 스타일의 자유주의 가치들을 널리 퍼뜨리는 데 보다 설득력을 지닐 가능성이 높았다. 전후 시기에 중앙정보국은 노동당 지도자였던 휴 게이츠켈을 포함하여 서방 정치인들과 비밀리에 계약을 맺은 것 말고도 나치에서 도망 나온 전범들을 모아들여 반공 십자군을 결성하고 서방의 첩보 기관들을 감시했다. 하지만 가장 성공적이고 효과적이었던 것은 세계문화자유회의CCF의 설립에 비밀리에 참여하고 자금을 댔던 일이다. 물론 관련 자금은 궁극적으로 아무런 낌새도 알아채지 못하고 있던 미국 납세자들에게서 나온 것이었다.

세계문화자유회의

세계문화자유회의는 민주적 구조를 전혀 갖추지 않은 단체로 몇몇 유럽 언어로 발행되는 일련의 학술지들을 후원하고 자금을 댔다. 이들 학술지는 다른 문제들을 다루기도 했지만, 주로 세계정세에 대한 미국의 시각을 증진시켰다. 그중에서 가장 대표적인 영문 잡지이자 세계문화자유회의의 조직책 마이클 조셀슨이 '우리의 가장 큰 자산'이라 불렀던 『인카운터*Encounter*』는 성매매에 관한 글을 실어 악명 높아졌으며, 다른 호號에서는 영국 상류층의 언어 규범을 반쯤 풍자적으로 논한 낸시 미트퍼드의 글을 싣기도 했다. 인종차별 문제를 언급하는 것을 비롯해 미국에 대한 비판은 물론 공산주의 블록에 우호적인 내용을 싣는 것은 절대 허락하지 않았다. W. H. 오든을 포함한 유명 작가들과 버트런드 러셀 같은 좌파 경향의 자유주의자들은 (일반대중이 그러했듯) 이러한 학술지들이나 세계문화자유회의의 본질에 대체로 무지한 채로 거기에 기여하도록 유인당했으며, 가공할 지식인 네트워크도 결성됐다. 하지만 견고한 좌파적 성격을 띤 당시 프랑스의 지적 풍토에는 거의 영향을 끼칠 수 없었다. 프랑스에서는 사르트르가 공개적인 어느 공산주의자보다 더 나쁘고 가장 위험한 적으로 여겨졌다. "중립주의의 지적 근간에 도전하는 것이 미국 냉전 정책의 주요 목표들 중 하나였으며, 이제는 세계문화자유회의의 공식 '노선'이 됐다."[10] 메리 매카시는 "위원회는 … 주로 중립주의(와 싸우는 데)에 관심을 갖고 있다. 중립주의는 첫째가는 위협이 되고 있다"[11]고 했다. 영국의 진보적 주간지 『뉴 스테이츠맨*New Statesman*』의 편집자 킹슬리 마틴 또한 격렬한 적대감의 대상이 됐다. 이 잡지는 당시에 여론 형성에 영향력을 발휘하고 있었으나, 편집자였던 마틴은 세계문화자유회의의 감언이설에 아무 반응을 보이지 않았기 때문이다.

세계문화자유회의라는 프로젝트의 중심에 있었거나 그에 속한 지식인 스타들은 그 토대 위에서 이 프로젝트가 무엇에 관한 것이며 그 뒤에 누가 있는지를 확실히 알고 있었다. 이들 지식인 스타들에는 시드니 훅, 말콤 머거리지, 제임스 번햄, 이사야 벌린, 레몽 아롱, 앙드레 말로, 아서 쾨슬러, 아서 슐레진저, 라이오넬 트릴링과 그 부인 다이애나 트릴링, 라인홀트 니부어, 필립 라브(『파르티잔 리뷰』의 편집자)가 포함됐다. 손더스(영국의 역사학자이자 다큐멘터리 감독. 냉전시대 문화예술 분야에 관한 저술과 다큐멘터리를 주로 발표했다—옮긴이)에 따르면, "이 사람들은 모두 알고 있었다".[12] 『인카운터』 지의 공동 편집인이었던 영국인 스티븐 스펜더 역시 그러했다. 그는 나중에 이를 부인했지만 설득력이 없었다. 스펜더는 실제적 편집자이기보다 장식품에 불과했다. 크리스토퍼 이셔우드의 말에 따르면, 그는 "쉽게 속아 넘어가는" "본질적으로 희극적인 인물"이었다.[13] 『인카운터』의 실제 편집자는 미국인 어빙 크리스톨이었다. 역시 이후에 신보수주의의 간판이 되는 그의 태도들은 "우리야말로 엘리트—우리의 동포들을 세속적 구원으로 안내하도록 역사에 의해 선택된 '행복한 소수'였다"[14]는 그의 말에 반영되어 있었다.

포퓰리즘과 신(神)

지적인 명성은 덜하지만, 훨씬 더 많은 보통 사람에게 다가갈 수 있었던 것은 월간지 『리더스 다이제스트』였다. 미국의 지시를 받아 비공산권 세계 전체에서 효과를 발휘한 이 잡지는 읽기 쉬운 내용을 담고 능란한 생산 및 판촉 활동을 통해 미국적 가치들을 변함없이 선전했다. 공산주의 블록과 그 악행을 비난하는 글이 적어도 늘 한 편 이상은 실렸다. 이 월간지가 전 세계의 공공 여론을 형성하는 데 끼친 영향이 얼마 되지 않는다고 상상하기란 힘든 일이다.

『리더스 다이제스트』는 반공 진영에 있으면서 전반적으로 자유주의적이었고, 조지 돈데로처럼 잘 알려지지 않고 이해하기 어려운 미국 공화당원들에 대한 주제들은 기피했다. 돈데로는 공개적으로 다음과 같이 선언한 바 있다.

> 모든 현대 예술은 공산주의적이다. … 큐비즘은 계획된 무질서를 통해 파괴를 노린다. 미래주의는 기계 신화를 통해 파괴를 노린다. … 다다이즘은 조소嘲笑를 통해 파괴를 노린다. 표현주의는 원시인과 정신병자를 흉내 냄으로써 파괴를 노린다. … 추상주의는 정신착란을 통해 파괴를 노린다. … 극단적 현실주의는 이성을 부인함으로써 파괴하려 한다.[15]

여기서 주목할 것은 선언 자체가 아니라 이 선언이 보편적으로 조롱당하지 않고 돈데로의 세계문화자유회의 동지들과 우익 언론으로부터 찬사를 받았다는 사실이다. 어떤 이들은 추상회화 작품들이 사실은 미국의 군사기지 위치를 폭로하는 비밀 지도라고까지 주장했다. 이런 종류의 일들은 물론 세계문화자유회의의 문화적 냉전 전사들에게 무시당했다. 그들의 취향은 모더니즘에 훨씬 더 쏠려 있었다.

『리더스 다이제스트』보다는 이데올로기적으로 영향을 미치는 범위가 작긴 했지만 상당한 영향력을 행사하던 것은 헨리 루스의 타임라이프Time-Life 출판왕국(헨리 루스는 『타임*Time*』, 『포춘*Fortune*』, 『라이프*Life*』 등 미국의 주요 시사 잡지를 창간하여 최초의 종합 미디어 그룹을 설립한 인물이다. 타임라이프는 그 그룹에 속한 단행본 출간을 담당한 출판사였다—옮긴이)이었다. 종교적 강박관념에 사로잡혀 있던 헨리 루스는 "고대 이스라엘을 제외한 역사 속 모든 나라는 하느님의 목적을 향한 어떤 특별한 단계를 위해 계획된 것이 분명하다"고 선언했다. 그가 출간한 글들은 세계문화자유회의의 후원자인 라인홀트 니부어의 사상을 전달하는 경우가 많았다. 시드니 훅은 니부어를 찬양하며, 그가 정치적 목적과, "신을 국가 정책의 도구로 만들기" 위한 목적에 맞도록 원죄 교리를 부활시켰다는 사실에 박수를 보냈다.[16]

물론 신은 미국 문화의 가장 전면에 늘 나와 있는 존재였지만, 1950년대 냉전 시기보다 더 그러했던 적은 없었다. 크리스톨은 자기 조상들의 유대교로 개종하면서 "율법은 신성하므로 참되다. 그것은 하느님의 법이며, 실존의 근원적 구조에서 인간의 위치를 계시하는 것이다"[17]라고 선언했다. 그러나 영어권 세계에서 냉전 이데올로기와 뒤섞인 복음주의적 그리스도교의 목적들을 위하여 신을 배치하는 전략은 빌리 그레이엄 목사에 의해 예술의 경지에 이르도록 발전했다. 그는 "공산주의를 … 배후에서 조종하고 있는 것은 사탄"이라며 경고했다. 이제 안전하게 공산주의자들과 좌파들과 비非냉전 자유주의자들을 제거해버린 할리우드 역시 1950년대 중반에 이르러 군대와 중앙정보국 그리고 존 웨인을 비롯한 할리우드 주요 인물들 사이의 비밀스런 논의를 통하여 세계적인 이데올로기 십자군 원정에 동참했다. 프랜시스 스토너 손더스가 말한 '교의적 캠페인'을 통해 미묘하게, 그러나 너무 미묘하지는 않게 미국의 관점을 선전하는 영화들이 생산됐다.

전 세계 작가들을 대표하기 위해 만들어진 국제펜PEN(시인Poets, 수필가Essayists, 소설가Novelists)클럽조차 이러한 상황을 그냥 넘어갈 수 없었다. "그러나 사실 중앙정보국은 펜클럽을 미국 정부의 이익을 위한 수단으로 전환하기 위해 모든 노력을 다했다."[18] 앤드류 콥카인드에 따르면 "중앙정보국은 사회주의 냉전 전사들, 파시스트 냉전 전사들, 흑인·백인 냉전 전사들을 가리지 않고 지원했다. 중앙정보국 작전들은 보편성과 유연성이라는 중요한 장점을 지니고 있었다. 그러나 그것은 가짜 다원주의였으며 완전히 부패해 있었다."[19]

영향력이 좀 있는 이데올로기 주창자 중에는 다소 제정신이 아닌 것 같은 아인 랜드가 있었다. 광적일 만큼 사회주의에 반대했고 프리드리히 폰 하이에크의 멘토이기도 했던 루트비히 폰 미제스조차 그녀와 비교하자면 좌익으로 보일 정도였다. 그녀가 쓴, 소화할 수 없을 만큼 거대하고 묘사할 수 없을 만큼 대범한 '소설들'은 무너져내릴 듯한 허구적 구조를 둘러쓴 소논문에 불과했다. 한 비평가가 말하길 그것은 '피학대성애자의 막대사탕'에 지나지 않았다. 그럼에도 1980년대까지 그녀의 작품들은 2천만 권 정도가 판매됐고, 그녀는 스스로 '객관주의'의라고 명명한 '철학적' 컬트를 창립하기까지 했다.

벨과 크로스랜드

매카시가 벌인 숙청 사업과, 소련이 헝가리의 혁명을 진압한 뒤 1956년 스탈린의 잔인함을 인정한 데 대한 반응 덕분에 미국에서는

1950년대가 지나가는 동안 좌파가 사실상 전멸했다.[20] 그러자 이데올로기적 합의와 더불어, 흔치 않게 정치적으로나 사회적으로 편안한 시절이 찾아왔고, 이것이 대니얼 벨이 『이데올로기의 종언』을 쓰게 된 근거가 됐다.

영국의 벨이라고 할 수 있는 사람은 앤서니 크로스랜드였다. 그는 비록 1960년부터 세계문화자유회의 국제 평의회의 일원이긴 했지만, 그렇다고 해서 그의 주장이나 그의 책 제목 『사회주의의 미래』(1956)가 더 달라졌을 것 같지는 않다. 그럼에도 불구하고 그의 저서는 지배적인 서구 자유주의 이데올로기에 사회민주주의가 얼마나 완전히 흡수됐는지를 보여주는 눈에 띄는 사례와 설명을 제공한다. 나중에 그의 저서는 "미국화된 영국의 청사진"이라고 묘사됐다. 크로스랜드의 책이 벨의 책보다 앞서 나왔으므로 그에 대해 먼저 다루도록 하겠다.

1951년 노동당은 (일반 투표에서 더 많은 표를 얻었음에도) 정권을 잃었다. 그리고 이 패배에 이어 전임 총리 클레멘트 애틀리가 (적어도 공식적으로) 이끌고 있는 당내 우파와 카리스마적인 어나이린 베번으로 상징되는 당내 좌파 사이에 극심한 의견 대립이 벌어졌다. 결국 승리한 것은 노동당 우파였는데, 보다 큰 노동조합의 우파 지도자들의 확고한 지지를 받았기 때문이다. 하지만 베번의 추종자들은 계속해서 선동 활동을 이어갔고 그 결과 노동당은 '버츠켈리즘Butskellism'의 시대에 접어들었다. 이 용어는 보수당 출신 재무장관 랩 버틀러Butler와, 애틀리 다음의 노동당 지도자 휴 게이츠켈Gaitskell의 이름을 합쳐서 만든 것으로 두 주요 정당의 정책들에 근본적인 차이가 없었음을 나타낸다. 당시 두 정당 모두 본질적으로 케인스주의 복지

정책을 추구했다. 크로스랜드는 게이츠켈의 그림자 내각(영국과 같은 의원내각제에서 제1 야당이 구성하는 대안적 내각. 여당의 실제 내각을 비판하는 것이 주된 역할이며, 제1 야당이 여당이 될 경우 그대로 실제 내각을 구성하는 것이 보통이다—옮긴이)의 일원이었다.

역사적으로 노동당의 특별한 표지라고 할 수 있는 것은 상당한 정도의 공적 소유권 확보에 전념했다는 점이었는데, 당시에는 이것이 민족주의라고 알려졌다. (하지만 전체 경제를 공적으로 소유해야 한다는 의견이 당내에서 지배 세력에 의해 제안된 적은 한 번도 없었다.) 공적 소유권의 장점은 이중으로 작용하는 듯 보인다. 사적 자본가들이 더 이상 경제의 핵심 분야들을 결정해버리지 않게 되면, 공적 소유권을 통해 노동자와 소비자 모두 보다 공정한 거래를 할 수 있을 것이다. 그리고 경제 전체를 규제하고 불황에 빠지지 않게 방지하는 공적 통제 수단이 마련될 것이다.

크로스랜드의 책은 이러한 전제들을 논박했다. 그는 소유권의 성격은 거의 중요하지 않다고 주장했다. 케인스 방식으로 금융과 수요를 관리하는 것만으로 미래 경제를 안정되게 유지하는 데 충분할 것이기 때문이다. 그리고 이러한 관리 방식은 미국에서도 사용되고 있었으므로, 세계경제체제가 좌초될 위험도 없었다. 게다가 자본가들은 사회적 의식이 생기고 사회적 책임도 지게 됐다. 그들이 설사 다른 방식으로 행동하려는 유혹에 빠진다 해도, 이를 상쇄하는 정부와 노동조합의 권한들을 사용하여 자본가들을 다시 정렬할 수 있다. "전통적 자본가의 무자비함은 대체로 사라졌다."[21] 그리고 "자본주의는 원래 모습을 거의 알아볼 수 없을 만큼 개혁됐다."[22] 요컨대, 애틀리의 정부는 정권을 잡고 있는 동안 조용한 혁명을 완수했다. 그리고 비슷한 과정이 대서양 건너에서도 진행됐다. 이제 자본주의가 앞으로도 자본주의라는 이름으로 알려져야 하는지 의심스러울 정도다. 이제부터 사회주의자들은 애틀리의 혁명에서 간과된, 남아 있는 문화적 불평등과 기회의 장벽을 시정하는 데 집중하고, 미국을 사랑하는 법을 배워야 한다.

> 반미주의는 … 거의 보편적인 좌익 신경증으로, 세계의 패권이 런던에서 워싱턴으로 이동하는 데 대한 자연스러운 반감으로부터 솟아 나온다. … 반공주의가 미국 매카시즘의 진짜 이유가 아니듯, 반미주의와 핵무기에 대한 우려는 전투적인 좌익주의의 진짜 이유가 될 수 없다. 두 경우 모두 어떤 깊은 불만을 합리화하는 것일 뿐이다.[23]

여기에서 크로스랜드는 좌익의 태도가 사회적 시기심에 연결된 개인적 심리 장애로부터 나오는 것으로 생각한 듯 보이는데, 실제로도 항상 그러했다. 그는 1930년대 인민전선과 LBC(1936년에 창립되어 큰 영향을 끼친 영국의 좌익 단체. 영국과 유럽의 주요 좌파 작가들의 책과 팸플릿을 출간하여 회원들에게만 판매했다—옮긴이)에 대한 지지를 '죄책감 신경증'이라고 설명했다.

이 책에 표현된 근시안적이고 자기만족적인 태도를 깨닫는 데 역사적인 사후事後 통찰 따위가 필요한 것은 아니다. 그러나 크로스랜드는 우아한 산문을 구사할 뿐 아니라 개인적으로도 매력 있는 인물이었다. 게다가 마르크스를 '헌신적인 천재'라 부르며 존경을 표현함으로써 자신의 폭넓은 교양을 드러내 보일 줄도 알았다. 『사회주의의 미래』는 노동당 '수정주의자들'의 성경이 됐으며 그 책에서 다루는 주제들은 정책 문서 『산업과 사회*Industry and Society*』에 통합됐다. 이 문서는 1959년 선거에서 노동당이 다시 한 번 패한 뒤에 작성된 것이다.

이데올로기의 종언

『사회주의의 미래』와 달리, 『이데올로기의 종언』은 정치 논문이 아니라 학술 연구서였다. 1960년에 출간됐으나 이후 내용을 추가하거나 공제한 여러 판본이 나오기도 했다. 하지만 두 책은 기본적으로 동일한 이데올로기적 가정들로부터 출발했다. 『이데올로기의 종언』은 옛 공산주의자이며, 옛 트로츠키주의자였던 시드니 훅에게 헌정됐다. 당시 시드니 훅은 우익 이데올로기 신봉자이자 미국 연방수사국FBI의 정보원이 되어가고 있었고, 대니얼 벨 역시 가깝게 연결되어 있던 세계문화자유회의에 동기를 부여하는 중심 인물이기도 했다. 1952년 미국 위원회 모임에서 벨은 매카시즘에 대한 일반적 비난을 지지하길 거부했다.[24] 하지만 그는 학문에서 '자신의 스승'은 듀이와 마르크스였다고 공표했다.[25] 그의 책은 대양처럼 넓은 자기만족과 엄청난 지적 속물근성을 드러내고 있으며, 심지어 "공산주의자들을 묵살한 흑인들은 새로운 존엄성을 획득했다"[26]고 썼듯이 인종적 우월감까지 내비치고 있다.

책의 제목은 (벨은 이 표현을 가장 먼저 사용한 사람이 카뮈라는 점을 지적했다) 이 책이 어떤 논지를 제기할 것인지를 충분히 분명하게 보여준다. 여기서 말하는 이데올로기에는 —그가 1961년판 서론에서 인정했듯이— 당연한 상식처럼 여겨지던 1950년대 서구 자유주의가 포함되지 않았다. 여기서 이데올로기란 20세기 전반기의 수십 년을 지배했었던 자의식적 정치 이데올로기 즉 공산주의, 사회주의, 파시즘 그리고 재구성되지 않은 우익 보수주의를 의미했다.

벨에 따르면, 이데올로기의 시대는 지나갔다. 그리고 이데올로기적 표현의 원인이 된 정서들이 떠오르도록 만든 환경도 더 이상 존재하지 않았다. 그는 이데올로기적 견해들을 껴안았던 열성분자 일부에 대해서 그들이 인간애와 선의를 가지고 그렇게 한 것이라면 존경을 표한다고 했다. 그러나 그런 열성분자들조차 대부분 자신의 방식에서 오류를 발견했고 이제는 새로 등장한 세대가 그러하듯이 복지 자본주의의 현실과 화해했다. 자신들의 환영에 전념한 채 남아 있거나 계속해서 좌파든 우파든 이데올로기에 유혹당하는 자들은 그 수가 미미하고 매우 주변적이어서 문제가 되지 못했다.

마찬가지로 "공산주의 운동 조직은 합법적 반대 집단이기보다 음모 집단으로, 민주 사회에 대한 위협으로 남아 있었다."[27] 개별 공산주의자는 "사회에 맞선 전쟁 속에 숨어 있는 병사"[28]로 남아 있었다. 그는 "무대 뒤에 있는 공산주의 조종자들의 유연한 도구들"을 언급하면서 "상류 계층 주부들과 출세의 욕망이 있는 여배우들은 공산주의의 '대의'에서 그들의 과거 인습들을 대체할 은밀한 비非순응주의를 발견했다"[29]고 했다. 마르크스주의에 동조하는 급진적 미국 학자 C. 라이트 밀스는 '블록들 사이의 도덕적 등가성'이라는 생각을 지지하고 '권력 엘리트'라는 개념을 발전시켰다고 강렬한 공격을 받았다. 하지만 벨과 그가 속한 무리는 가능한 증거를 바탕으로 권력 엘리트가 존재한다는 것을 완벽하게 알고 있었을 뿐 아니라 거기에 속한다는 사실을 영광스레 여겼다.

매카시즘에 관해서는 그것 역시 '신분 정치status politics'의 문제라고 보았다. "지난 10년 동안의 사회적 경향" 또한 그러하다고 생각했다. 이는 여전히 존재하고 있고, 명백히 번성하고 있으며 그 이데올로기를 과시하고 있는 공산주의 블록에 대한 의문으로 이어졌다. 그러나 벨은 공산주의 블록이 거둔 명백한 경제적 성공을 매우 민첩하게 자기주장에 합체시켰다. 그에 따르면, 이들 국가에서 소비재가 증가하면 정치 및 사회구조가 불가피하게 느슨해질 것이고, 블록 내의 문화 또한 개방되어 공산주의 이데올로기는 장기적으로 서구의 이데올로기와 같은 묘지에 이르게 될 것이다. 그는 이런 현상을 '수렴convergence'이라 불렀다. 벨의 자본주의에 대한 접근 방식은 크로스랜드의 접근 방식을 반영한 것이다. 자본주의는 "노동조합의 힘에 의해 수정되고 정부의 통제에 의해 견제된다", "이데올로기로서가 아니면 누구도 '경제적 자유주의'를 정말로 원하지 않았"기 때문이다.[30] "몇몇 진지한 보수주의자는, 적어도 영국과 대륙에서는 복지국가가 노예 상태로 향하는 길이라고 믿"었다.[31] 수렴 현상의 반가운 부산물은 국제적 긴장을 완화하고 핵 대결과 지구를 난파시킬 전쟁이라는 항구적 위험을 제거할 것이란 기대였다.

시간이 지나면서 밝혀진 것처럼 '이데올로기의 종언'은 '극단의 시대'에 있었던 짧은 에피소드, 즉 하나의 환상이자 미망迷妄이었음이 증명됐다. 그리고 사회주의의 미래가 크로스랜드가 묘사한 것과 같이 됐다고 여겨졌다면 그건 오직 그의 반대자들이 그의 발상에 낙인찍어 놓은 의미에서만 그러했다. 다시 말해 그것은 어떤 의미에서도 사회주의가 아니며, 실제로 드러난 바와 같이 그것은 복지 자본주의조차 아니었다. 1965년 벨은 어빙 크리스톨과 함께 『퍼블릭 인터레스트*The Public Interest*』라는 학술지를 창간했다. 벨의 말에 따르면

"논리적인 공개 토론과, 공공 정책에 대한 이해관계 없는 조사를 통해 이데올로기를 초월하고자 하는 학술지"였다. 하지만 이것은 크리스톨이 전혀 관심을 갖지 않았던 일이다. 곧 크리스톨은 신보수주의 분파의 지도자가 됐다. 벨은 1970년대에 이 학술지로부터 물러났지만 기고는 계속했다.

벨과 크로스랜드는 확실히 이론가들이었다. 하지만 그들은 본질적으로 시대에 대한 일련의 논평을 하는 이론가들이었다. 자유주의 이데올로기에 대한 보다 일반적 수준에서의 이론적 지지는 다양한 성향의 학자들에 의해 제공됐다. 이들은 전체 틀 안에 있는 다양한 시각들을 아울렀으며, 자유방임을 교의로 삼는 이들로부터 사회민주주의에 동조하는 이들까지 매우 다양했다.

미제스와 하이에크

미제스

미제스와 하이에크 중 프리드리히 폰 하이에크가 훨씬 더 잘 알려져 있긴 하지만, 하이에크의 안내자이자 멘토였던 사람이 루트비히 폰 미제스다. 청년기에 두 사람은 모두 오스트리아헝가리제국의 시민이었으며, 이름에 붙은 소사小辭(particule. 귀족의 이름에 붙는 독일어의 von이나 프랑스어의 de와 같은 단어를 이르는 말—옮긴이)에서 알 수 있듯이 그들은 상류계급에 속했다. 하지만 토지를 소유한 부류가 아니라 전문적 직업을 가진 부류였다. 이러한 배경을 지닌 사람으로서는 흔치 않게, 미제스는 유대인 출신이기도 했다. 그렇다고 이러한 사실이 1920년대 오스트리아의 사제 이그나츠 자이펠의 보수적 성직 정권이나 그 뒤를 이은 (때로 성직-파시스트라고 묘사되는) 엥겔베르트 돌푸스의 모라스적인Maurrasian 정권에서조차 고문으로서 활동하는 데 장애가 되진 않았다. 처음에는 스위스에, 1940년부터는 뉴욕에 머물면서 제2차 세계대전을 견딘 그는 이후에 오스트리아 왕위계승권을 요구한 합스부르크가의 오토와 친한 친구가 된다. 그리고 1947년에는 몽펠르랭소사이어티MPS의 창립 회원이 되는데, 하이에크에게서 영감을 받아 형성된 이 단체는 우익 자유주의자 발기인들과 선동자들로 이루어졌다. (후대에 이 단체에 속한 이들 중에서 레이건의 경제 고문 대표단에 들어간 이들도 있었다.)

미제스는 반동적 자유주의자 중 가장 솔직한 편이었고, 온정이란 말은 그의 어휘집에 들어 있지 않았다. 실제로 그를 자유주의자로 보기에는 상당한 상상력을 펼쳐야 하지만 경제 영역에서만큼은 확실히 자유주의자였다. 긍정적 믿음에서 나오는 그의 진술은 『자유주의*Liberalism*』라는 책으로 출간됐다. 실제로 그는 경제적 자유주의와 사회적 자유주의의 구분을 보여주는 최고의 본보기로 남아 있다. 밀턴 프리드먼에 따르면, 몽펠르랭소사이어티의 첫 모임에서 누진적 소득세 개념을 승인할 것 같은 기미가 보이자 미제스는 그의 동료들에게 소리쳤다. "너희들은 모두 사회주의자 패거리다!" 실제로 미제스는 사회주의에 대한 책을 썼고 『사회주의: 경제 및 사회 분석*Socialism: An Economic and Social Analysis*』이란 책을 출간했다. 첫 독일어판은 1932년에 출간됐고 영어 번역본은 1936년에 나왔으며 1951년에 개정된 신판이 나왔다.

이 책이 그토록 불길한 것은 아니었고, 미제스가 사회복지에 관한 것은 무엇이든 회피하는 우익 자유주의에 큰 영향을 끼친 인물이 아니었더라면 이 책에 쓰인 수사修辭는 거의 재미있게 읽힐 수도 있었을 것이다. "집산주의는 … 정신과 생각을 죽이려는 자들의 무기다."[32] 다른 한편으로는, "평화에 대한 사랑은 … 자유주의의 사회 이론이다. … 자유주의는 재산 보호를 목표로 한다는 것과 전쟁을 거부한다는 것, 이 두 진술은 동일한 하나의 원칙을 둘로 표현한 것이다."[33] 자본주의가 전쟁의 원인일 수 있다고 하는 생각은 어떤 것이든 '생각 없는 대중들'을 기만하는 데 쓰이는 생각일 뿐이다.

미제스는 전쟁 이후 세계가 처한 상황에 격분했다.

> 오늘날 모든 정당은 선도적 사회주의의 이상에 흠뻑 젖어 있다. … 사회주의 사상은 옹졸한 분노를 거창하게 합리화하려는 것에 불과하다. … 사회주의의 본질은 파괴다. … 마르크스는 … 과학의 후광을 빌려 보통 사람의 분노를 그럴듯하게 꾸며 놓았다.[34]

톨스토이조차 미제스의 비판을 피할 수 없었다. 미제스는 톨스토이의 성경에 기초한 아나키즘적(미제스의 용어로는 '파괴주의적') 생각들을 비난했다. 노동 입법은 나쁜 것이다. 19세기 경제학자 나소 시니어는 찬양받아야 한다. 이 경제학자는 아동 노동시간을 제한할 경우 영국의 면화 산업이 망할 거라고 주장했었다.[35] 의무적 사회보험도 똑같이 나쁜 것이며, 노동조합은 악마의 자식이다.

"그들이 노동조합원으로 활동하는 대신, 요구 사항을 줄이고, 노동시장의 조건에 따라 입장과 직업을 바꾼다면 결국 일자리를 찾을 수 있을 것이다. … 실업은 임금의 문제이지 일자리 문제가 아니다."[36]

말할 필요도 없이, 1930년대 대규모 실업은 과도하게 너그러운 임금 수준에서 비롯됐다고 보았다.

19세기 영국 빈민구제법의 혹독함은 "공동체의 부양을 받는 모든 이에게 붙여진 조그만 낙인"으로 묘사됐다.

> 사고보험과 건강보험은 … 사고와 질병을 촉진하고, 회복을 더디게 하며 … 질병이나 사고 뒤에 오는 기능 장애를 심화시키며 연장시킨다. … 누구도 외상성 신경증이 사회 입법의 결과임을 더 이상 부정하지 않는다. … 질병에 대한 보험은 질병을 배양한다. … 병든다는 것은 의식적 의지로부터 독립된 현상이 아니다.[37]

결국 책의 후기에서 그의 이야기는 비상식적 담론에서 의학 담론으로까지 간다. 통신 체계가 공공재로 유지되는 이유는 오직 정치인들이 여론을 통제하는 데 필요하기 때문이다. "독재와 전쟁과 혁명이 난무하는 이 시대의 특징적 표지는 반자본주의적 편견이다." "복지국가와 계획경제를 옹호하는 자는 모두 잠재적 독재자다." 나치는 "완전한 사회주의 체제를 수립했"고, "러시아와 독일의 독재 정권을 낳은 것은 바로 민주주의의 조건들 아래 노조의 폭력에 대한 탄압을 실행할 수 없게 만든 국민들의 정신 상태다." "미국의 뉴딜 정부는 미국 경제의 모든 지체를 철저히 독점적으로 조직하는 작업에 착수했다 …." "그리고 러시아인들은 독재자를, 공포의 이반(러시아 최초의 차르로서 극단적 공포정치를 펼친 이반 4세를 가리킨다—옮긴이)을 간절히 원했다." "모든 해외 국가에서 많은 동경을 받고 있는 독일의 '강단講壇사회주의자들'(독일어로 Kathedersozialismus라고 하는 강단사회주의는 노동자들의 복지를 위해 국가의 원조가 필요하다고 주장한 독일 정치경제학자들을 풍자적으로 비판하기 위해 사용된 용어다—옮긴이)은 두 차례 세계대전의 선도자들이었다." "오직 지식인만이 이번 세기의 특징인 대량 학살에 책임이 있다."

미제스는 소련이 이룬 군사적 성과들을 차마 인정할 수 없었으며, 그러한 상상조차 할 수 없었다.

> 러시아를 구원한 것은 영국 … 과 미국의 군대다. 장비 부족과 미국의 침공 위협 탓에 러시아로부터 퇴각하던 독일인들을 러시아인들이 바싹 추격할 수 있었던 것도 미국이 대여한 무기 덕분이었다. 그 덕분에 러시아인들은 때때로 후퇴하는 나치의 후방을 쳐부수기까지 할 수 있었던 것이다.[38]

하이에크

프리드리히 폰 하이에크는 전혀 온화한 인물이 아니었지만, 자신의 멘토보다는 어느 정도 더 세련된 사람이었다. 그리고 멘토와 의견을 달리한 적은 없었어도 종종 그의 어조가 조금은 과도하다는 암시를 내비쳤다. 하이에크는 반反동성애법에 반대한다는 입장을 표명했고, 이런 행동은 1950년대 미국의 맥락에서는 놀라울 정도로 인도적인 것이었으며, 그가 제시한 다른 사회적 처방들과도 다른 것이었다.

1931년 오스트리아를 떠나 런던정치경제대학의 교수직을 맡은 하이에크는 케인스에 대한 가장 집요한 비판자가 됐다. 그는 1944년 출간한 『노예의 길*The Road to Serfdom*』로 가장 잘 알려져 있는데, 이 책은 당시 영국에서 갓 등장한 복지국가를 신랄하게 비판했다. 그러나 그의 사상을 자세하고 완벽하게 설명한 것은 1960년에 (『노예의 길』의 일부를 합해서) 출간된 『자유헌정론*The Constitution of Liberty*』이다. 이 책에서 하이에크는 경제, 법, 사회, 정치의 상호 침투에 대해 다루고 있다. 하지만 당연히 매우 포괄적이라 생각되는 이 책에 대해 폭로하자면, 색인 목록에는 제국이나 제국주의 또는 식민주의라는 항목조차 없을뿐더러, '전쟁'이라는 항목에는 단지 '혁명 참조'라고 되어 있다.

이 책을 쓸 당시 하이에크는 몇 가지 흥미로운 이유들 때문에 '자유주의적'이라는 단어를 불편하게 느껴야만 했다. 그는 그 이유를 '내가 보수주의자가 아닌 이유'[39]라는 책의 마지막 절에서 설명하면서 '자유를 아끼'는 이들이 변화에 저항하는 이들과 나란히 서 있다며 불평한다. 그는 미국의 급진주의자들과 사회주의자들이 스스로를 '자유주의자'라고 부르는 데 실망하고, "스스로 '보수주의자'라고 말하는 보통의 미국인은 사실 자유주의자"[40]라는 의미에서 버나드 크릭(영국의 정치이론가이자 민주적 사회주의자로, 사상의 정치에 반대하여 행동의 정치를 추구했으며, 행동주의를 비판하고 윤리를 강조했다—옮긴이)을 인용하고 있다. "역사적으로 보자면, 휘그당주의Whiggism(휘그당은 17, 18세기 영국에서 일어나 정치와 사회의 변화를 주장한 정당으로 1859년 창당한 중도주의적 자유당의 전신이다—옮긴이)가 내가 믿고 있는 사상에 맞는 올바른 이름이다."[41]

이 책을 읽고 나면 하이에크가 마지못해 보수주의와 거리를 두고 있다는 인상을 받게 된다. 그는 보수주의는 사회에 대한 일반 이론이 없으며, 사회주의에 효과적으로 저항할 수 있는 방법을 제시하지 못할 뿐 아니라 사회주의의 개념들을 너무 많이 공유하고 있다고 불평한다. 또한 보수주의가 지닌 '민족주의적 편견'은 "빈번히 보수주의에서 집단주의로 옮겨가는 다리가 된다"[42]고도 투덜댄다. 그리고 처칠의 연립정부에 있던 영국 보수당원들에게는 자유주의를 배신했다는 이유로 공격을 가했다.

하이에크의 신앙에 대한 성명으로 볼 수 있는 내용이 아래와 같이 요약되어 있다.

> 특히 경제 분야에서 시장의 자율적 세력들이 새로운 여건에 맞춰 **어떻게든**(장기적으로 볼 때 결국 우리는 모두 죽는다고 한 케인스의 답변이 떠오른다) 변화를 일으킬 것이라고 상정하는 것은 실제로 자유주의적 태도의 일부다.(강조는 저자) 하지만 특정 상황에서 이러한 일이 어떻게 일어날지는 아무도 예측할 수 없긴 하다.[43]

『자유헌정론』의 본문은 전체적으로, 미제스가 제시했던 것과 동일한 주장들을 보다 절제하여 확장하고 온화하게 수정하여 반복한 것이다. 하이에크는 다음의 내용들을 인정하고 있다. "의심의 여지없이 정부의 비非강압적(그가 말하는 강압이란 노동에 대한 강압이 아니라 자본에 대한 강압이다) 활동들을 위한 넓은 장이 있으며, 세수를 통하여 그러한 활동들에 자금을 댈 필요가 분명하다."[44] 그리고 "경제 안정과 불황 방지는 부분적으로 정부의 조치에 달려 있음을 누구도 부인할 수 없다."[45]

그럼에도 "자유롭다는 것이 굶주릴 자유를 의미하리라는 것도 사실이다. … 부정적 측면이 있다 해도 자유의 가치가 절대 줄어드는 것은 아니다."[46] 그는 아나톨 프랑스(1921년 노벨 문학상을 수상한 프랑스의 시인, 소설가, 비평가로, 드레퓌스사건 당시 반유대주의에 맞서 싸웠으며 제1차 세계대전 이후에는 평화주의를 강조했다—옮긴이)가 부자와 빈자 모두 평등하게 다리 아래에서 잠드는 것은 금지됐다고 한 말을 인용하면서, "이 유명한 구절은 좋은 의도에서 수없이 되뇌어졌지만, 생각이 없는 사람들은 자신들이 공평한 정의의 기반을 약화시키고 있음을 이해하지 못했다."[47] 평등에 대한 요구는 시기猜忌에 불과한 것으로 묵살되고, "자유로운 체제에서 물질적 보상이 일반적으로 … 공적功績에 … 대응해서 주어져야 한다는 것은 바람직하지도 않고 실현 가능하지도 않다."[48] 그가 단언하기를 '사회정의'는 자신이 가장 증오하는 개념이다. 그는 앨프레드 마셜에 동의하며 그의 말을 인용한다. "나는 이 모든 가난이 인류의 발전 과정에서 일시적으로 나타났다 사라지는 악惡에 불과하다고 본다."[49]

게다가 "우리 자유사회의 근간 전체가 노동조합의 권한 남용에 의해 심각하게 위협받고 있다."[50] 노동조합은 이런 식으로 실제적 임금 인상을 성취할 수 없다. 그럼에도 노조의 활동들은 "매우 유해하"며 "정치적으로 극히 위험하"다. 노조를 불법화하는 것은 자유주의 원칙과 충돌하겠지만 (자유로운 사회에서 어떤 악들은 그저 견뎌야만 한다), 노조는 무력화되어야 한다. "광범위한 실업을 발생시키는 통상적 원인은 지나치게 높은 실질임금이다."[51]

하이에크가 민주주의를 인정한 것은 (아마도 민주주의는 어떤 목적들을 달성하는 데는 최선의 수단이 될 수 있기 때문이겠지만) 가장 부드럽게 말한다 해도 마지못해 한 것에 불과하다. 다른 모든 정부 체제를 제외하고도, 민주주의는 있을 수 있는 최악의 정부 체제라고 보았던 처칠보다도 하이에크는 민주주의를 인정하길 꺼렸다. 그는 "권위주의 정부는 자유주의 원칙들에 따라 행동할 수 있기" 때문이라고 말한다. 물론 이 점은 확실히 옳다. 그리고 "역사에서 부자유한 다수가 자유로운 소수의 존재로부터 이득을 취해왔다는 사실은 의심할 수 없다 …"[52]라고도 했다. (하지만 아무런 실례도 제시하지 않았다.) 책의 제8장에서 그는 미국 헌정에 대해 찬사를 보내고 있지만, 미국의 노예제도나 원주민 학살에 대한 언급은 모두 배제해버렸다. 나중에 하이에크는 제한된 참정권에 의해 선출되어 반半영구적 임기를 지닌 의원들로 구성되는 상원 형태의 조직이 있어, 이 조직이 자유시장 자본주의 원칙들의 부당한 변경을 금지하되 다른 종류의 문제들은 민주적 의회에 위임하는 정치체제를 제안했다. 이는 사실상 오늘날 유럽연합EU의 형태와 크게 다르지 않다.

하이에크는 자신의 적들을 유토피아를 꿈꾸는 이상주의자들이라고 재빨리 비난했다. 그러나 하이에크가 제안한 완전히 낙관적인 사회보다 더 유토피아적인 사회는 있을 수 없다. 무한한 기술 발전이 이루어지고, 완전 경쟁의 완벽한 시장 원리들에 따라 매끄럽게 흘러가며, 전쟁도 없고 시민들의 소란도 일어나지 않는, 노동자들은 노동시장에서 임금 삭감을 요구할 때면 언제든 기꺼이 받아들이는 그런 사회를 하이에크는 제안하고 있다. 이러한 사회는 이제까지 전혀 존재한 적이 없으며, 앞으로도 존재하지 않을 그리고 존재할 수도 없는 사회질서를 전제하는 것이었다. 현실 세계에서 하이에크의 원리에 따라 조직된 사회와 전체주의 사회 둘 중 하나를 골라야 한다면 대다수의 사람이 전자를 선택할 것이라고 확신할 수 없다. 하이에크도 이 점에 동의하지 않을 수 없겠지만, 그러면서도 그는 원시 회귀본능이 문명을 이긴 것이라고 여길 것이다.

하이에크에게 전체주의란 정부가 일정한 한계를 넘어 어떤 형태로든 사회적 사안들에 개입할 경우 불가피하게 발생하는 결과물이다. 그는 이 책에서 정부가 넘지 말아야 할 한계를 엄격하게 설정해 놓고, 이후에 법에 관한 자신의 저술에서 발전시켜 나갔다. 그는 '자생적으로' 진화하며, 입법 행위보다는 판사들에 의해 만들어지는 영미英美의 관습법 전통을 시장과 함께 물신처럼 다루며 반半신비주의적 방식으로 바라본다. 하이에크의 우주에서, 애덤 스미스의 —경쟁 사회 안에서 일어나는 이기적인 개별 결정들이 공익을 이룬다고 해석한— '숨겨진 손'은 그리스도교 교리에서 신의 은총과 같은 역할을 한다. 짐 톰린슨은 『하이에크와 시장*Hayek and the Market*』[53]에서 하이에크의 주장을 이루는 뿌리에는 기본적으로 일관성이 없다는 점을 증명한다. 하이에크의 주장은 '이것 아니면 저것' 식의 (이를테면 통제받지 않는 시장 아니면 전체주의, 또는 원시 회귀 아니면 문명이라고 하는 식의) 개념들에 근거하고 있다. 하지만 "누가, 누구를?"이라는 레닌의 경구를 따라 추상적 관념을 구체적 언어로 전환할 때 그의 주장에는 일관성이 생긴다. 그의 주장은 부와 권력을 지닌 자들을 위한 옹호로 바뀌며, 일반대중들이 그들에게 계속 봉사하도록 보장하는 처방이 되는 것이다. 시장은 감탄할 정도로 그 일을 잘 수행할 것이고, 누구를 비난할 수도 없을 것이며, 사회정의는 무의미한 개념이 될 것이다.

하이에크의 주장과 지나치게 낙관적인 비전의 대부분이 그의 말대로 "억지스럽고 냉소적인 변명"으로 이루어져 있는 것도 당연할지 모른다. 그럼에도 그는 예리할 뿐 아니라 엄청나게 중요한 사실을 간

파해냈다. 시장은 미제스와 하이에크 그리고 그의 제자들이 부여한 신비적 무오류성無誤謬性은 없다 해도 실제로 그것이 작동하는 사회의 경제를 추동하는 매우 강력한 엔진이며, 단기적으로는 투입량과 산출량을 조화롭게 유지하는 효과적 기제로 기능한다. (물론 마르크스가 시장의 이러한 속성들을 몰랐을 리 없다. 하지만 그는 이 속성들이 역사적으로 폐기됐다고 보았다.) 그러나 시장은 빈번하게 붕괴되며 재앙과도 같은 결과들을 몰고 오지만, 하이에크는 그러한 가능성을 인정하지 않았다. 하이에크에게 그건 모두 지나치게 간섭하는 정부의 잘못이었다.

그럼에도 하이에크는 소비에트 모델을 따른 명령경제가 발전된 소비사회와 양립할 수 없다는 것을 증명할 수 있었다. (하지만 중요한 것은, 전면전의 비상사태와 같이 명령경제가 살아남는 데 효과적일 뿐 아니라 필수적인 상황들에 대해서는 전혀 논하지 않았다는 점이다.)

다른 자유주의 이론가들

이사야 벌린

다음에 나오는 냉전 자유주의 이데올로기의 이론가들은 매우 다양한 배경을 가지고 있지만 경제적 관점보다는 철학적 관점에서 자신들의 과업에 접근했다. 이사야 벌린은 확실히 매우 영향력 있는 사상가였다. 그리고 E. H. 카가 언급한 것처럼 그는 “말도 안 되는 허튼 소리를 할 때조차 호감 가는 매력적인 방식으로 말했기 때문에 우리도 그의 이야기에 빠져들게 하”[54]는 사람이었다. 그의 집안 배경은 러시아다. 그의 아버지는 차르 시대에 상당한 재산을 가진 사업가였다. 러시아혁명이 일어나자 그의 가족들은 이미 독립해 있던 라트비아로 피신했다. 그러나 그곳에서도 반유대주의의 괴롭힘을 겪어야 했기 때문에 다시 영국으로 이주했다. 이런 과정 때문에 벌린은 자연스레 학계와 영국 기득권 세력의 간판급 반공 자유주의자가 됐다. 제2차 세계대전이 진행되는 동안에는 세계문화자유회의의 주요 인물이 됐다.

벌린은 두 권의 짧은 책으로 유명하다. 한 권은 『역사적 불가피성 *Historical Inevitability*』(이 책이 제시하는 내용은 E. H. 카가 '나쁜 존 왕' 사관(전체 맥락을 보지 않고 군주나 시대적 지도자 개인의 품성과 공과公課 중심으로만 역사를 보는 편협하고 비합리적인 사관을 이르는 말—옮긴이)이라는 이름으로 일축한 것에 지나지 않는다), 다른 한 권은 『자유의 두 개념 *The Two Concepts of Liberty*』인데, 후자가 더 중요하다. 이 책은 무언**가로부터**from의 자유인 소극적 자유negative liberty'와 무언가**를 향한**to 자유인 '적극적 자유positive liberty'라는 두 가지 대조적 개념에 대해 설명하고 있다. 둘 사이의 구분을 풀어내기가 쉽지는 않지만 열심히 생각해보면 대강 이렇게 설명할 수 있다. 적극적 자유란 혁명운동들을 활성화시키는 원리라고 하며 전체주의를 향한 길로 들어서기가 쉽다고 한다. 반대로 소극적 자유는 자본주의 민주주의의 정신을 대표하는 것으로 암시된다. 이 책의 본문에서 사유재산에 대한 내용은 거의 언급되지 않았다. 페리 앤더슨은 이렇게 논평한다. "진짜 요점은 '적극적 자유'라는 —현대 독재국가의 원인이 되는— 주립식 개념을 불신하게 하는 것이다."[55]

물론 이런 식의 요약처럼 벌린이 문제를 거칠게 대강 제시한 것은 아니다. 그는 여러 가지 자질 조건들로 울타리를 쳐놓았다. 하지만 해설자들에 의해 해석되고 전파된 방식은 이런 식의 요약이었다. 벌린은 마르크스가 궁극적으로 유죄라고 주장했다. 하지만 다른 곳에서는 (버크와 헤겔을 인용하여) "사람들을 그들의 견해가 언젠가 도달하게 될 결과라고 여겨지는 것을 가지고 비난해서는 절대 안 된다"[56]고 말하기도 했다.

카를 포퍼

포퍼의 정치적 시각은 일반적으로 벌린과 평행을 이루는데, 그는 벌린보다 세련되지는 않지만 더 중요한 사상가다. 그의 과학적 방법론에 대한 통찰은 예리하고 적절한 것이었다. 어떤 주장이라도 타당성을 얻으려면 반드시 원칙적으로 논박에 열려 있는 방식으로 제시되어야 한다. (프로이트의 이론같이) 스스로를 확증하는 이론은 비논리적이다. 그리고 자신이 참임을 증명하는 데 자신의 주장에 대한 회의론을 증거로 간주하는 이론 또한 비논리적이다.[57]

포퍼는 1902년 오스트리아 빈의 유대인 집안에서 태어났다. 하지만 그의 부모는 루터교로 개종했었다. 법정 변호사였던 아버지는 '급진적 자유주의자'이며 프리메이슨이면서도 사회 복지 활동에 기여한 점을 인정받아 기사騎士에 해당하는 합스부르크의 작위를 받았다. 카를 포퍼는 자신이 마주한 끔찍한 빈곤에 무서워 떨었다. 그는 자신이 1919년 몇 달 동안 공산주의자였다고 주장한 바 있다. 그의 설명에 따르면, 그가 공산주의를 저버린 것은 어떤 무장하지 않은 공산주의 및 사회주의 노동자들이 경찰서에서 공산주의자들을 풀어주려고 하다가 경찰에 사살됐기 때문이다. 그는 이 일에 연루된 **노**

동자들을 비난했고, 연좌제에 의해 자신에게 책임이 있다고 여겼다.[58]

포퍼는 보기 드물게 자기 과거를 시인했다. 그러나 1920년대와 1930년대 오스트리아의 상황을 논하는 그의 논평들은 정말 충격적이어서 믿기 어려울 정도다. 그는 유대인들이 1919년 이후 확보한 법적 평등권을 활용하는 것은 옳지 못하다고 단언한다. 유대인들이,

> 정치나 언론에 참여하는 것은 이해할 만하나 현명한 일은 아니다. … 사람들 사이에 반유대주의가 많이 잠재되어 있는 상황에서, 우연하게도 훌륭한 유대인 사회주의자가 있다 해도 그가 자신의 당에 할 수 있는 최선의 봉사는 그 안에서 아무런 역할도 하지 않는 것이다. 이는 무척 분명해 보인다. 그러나 이상하게도 이 분명한 원칙을 떠올리는 사람은 거의 없는 것 같다.[59]

그런 다음 그는 더 나아가 1927년 경찰이 사회민주주의 노동자들과 행인들을 대량 학살한 데는 합리적 이유가 될 만한 '폭력적 위협'이 있었다고, 그리고 위협을 가한 이들이 지닌 마르크스주의 유산이 문제였다고 주장했다. 그리고 1934년 돌푸스가 사회민주주의자들을 대량 학살한 사건은 사회민주당의 '마지막 자살'이라 묘사했다.

좌우간 그는 모라스적인 돌푸스/슈슈니크 정권 아래 만족스러워하며 살았다. 그리고 오스트리아에서 나치즘이 부상하자 1937년 현명하게 오스트리아를 떠나 뉴질랜드로 이민 갔다가, 1946년 영국으로 옮겼다. 영국에서 그는 (다소 미지근한 태도로 영국의 복지국가를 인정했지만) 하이에크의 친구가 됐다. 포퍼의 주요 저작은 『역사법칙주의의 빈곤*The Poverty of Historicism*』(마르크스의 『철학의 빈곤*The Poverty of*

Philosophy』을 암시하는 제목)과 『열린 사회와 그 적들*The Open Society and its Enemies*』 두 권이다. 후자는 하이에크의 주선으로 출간될 수 있었다. (포퍼는 이후에 자신의 책 하나를 하이에크에게 헌정했다.)

'역사법칙주의'란 모호하고 부정확한 의미를 지닌 어휘다. 일반적으로는 19세기에 랑케가 역사학자들에게 역사의 시대들을 객관적으로 다루되, 학자 자신의 가치에 따라 판단하지 말라고 권고하면서 처음 사용했던 방식대로 이해된다. 『역사법칙주의의 빈곤』에서 포퍼는 다소 그 의미를 변형시켜 '역사법칙주의'란 사회과학의 목적이 역사의 미래 진로를 예측하는 것이라는 주장이라고 정의했다. 그리고 이것이 바로 마르크스주의가 저지르고 괴로워했던 대죄大罪라고 했다. 이것은 전체적으로 근거가 없는 것은 아니더라도 수상쩍고 모호한 주장이다. 하지만 확실한 것은 이러한 주장이 포퍼의 검은 짐승 bête noire(몹시 혐오하는 대상을 가리키는 불어 표현이다—옮긴이)인 헤겔에게는 적용되지 않았다는 점이다.

『열린 사회와 그 적들』은 그가 적이라고 주장하는 이들에 대한 비판이 주된 내용을 이룬다. 이 책에서 포퍼가 작성한 적들의 계보는 플라톤에서 시작해서 헤겔과 마르크스까지 이어진다. 하지만 이들 사상가가 활동한 실제 역사 상황에 대한 진정한 이해와 평가는 전혀 없다. '열린 사회'는 한 번도 정확하게 정의되지 않았으며, 하나의 추상적 개념으로 다루어질 뿐이다. 그가 묘사한 특징들을 고려해 볼 때, 그것이 20세기 중반 서구 선진국 사회와 매우 비슷하게 보인다는 사실은 그리 놀라울 것도 없다. 여기에 더해서, 그는 큰 영향을 끼치는 어떠한 사회 변화 프로젝트들도 금지하고 있다. 당연히, 포퍼는 이런 변화들이 전체주의와 닫힌 사회로 귀결되리라 확신했다. '점진적 사회 공학piecemeal social engineering'(포퍼가 사용한 표현)이 그가 추천하는 접근 방식이다. 통찰력이 뛰어난 그의 과학철학이 정보가 형편없는 그의 사회역사적 개념들을 실증해주는 듯 보였고, 그는 곧 냉전 자유주의의 간판 자리에 올랐다.

레몽 아롱

레몽 아롱은 매우 다른 환경에서 등장했다. 사르트르의 학우였던 그는 제2차 세계대전 동안 런던에서 드골의 자유프랑스에 가입해 거기에서 나오는 『자유프랑스*France Libre*』의 편집자로 일했다. 프랑스가 해방된 뒤 그는 사르트르와 보부아르가 만든 『현대*Les Temps Modernes*』지의 편집자가 됐다. 그러나 곧이어 그런 주변 환경에서 떨어져 나와 세계문화자유회의의 주요 인물이 됐으며, 유대인 배경을 지니고 있었음에도, 사악한 반유대주의 정책들을 추진했던 페탱과 비시 정부를 옹호하기 시작했다. 이후에 그는 이렇게 썼다. "1941년 아니면 1942년에 나는 드골주의자들이 외부에서 비시의 '반역자'를 맹비난했던 그 열정에 반대하게 됐다."[60] 제2차 세계대전에 대해 그는 연합국들의 무조건 항복 요구가 "완전히 비합리적"이었으며 "독일이 아니라 유럽의 민주주의와 자유와 문명이야말로 그것들의 이름으로 쟁취한 승리의 희생물이 됐다"[61]고 생각했다.

그의 가장 중요한 저작은 1955년에 출간된 『지식인의 아편*The Opium of the Intellectuals*』이다. (마르크스가 종교를 가리켜 인민의 아편이라고 한 것을 참조한 것이다.) 이 책의 기원에 대해 설명하고 있는 서문의 바로 첫 단락은 이 책이 겨냥하고 있는 것이 누구인지 명확히 밝히고 있다. "지난 몇 년 동안 공산당원들이 아니라 **공산주의의 동조자**

들communisants에 반대하는 논설을 여러 편 쓸 기회가 있었다. 공산주의의 동조자들이란 공산당에 속하지는 않지만 공산주의적 세계에 동조하는 이들이다." 자연히 시간이 흐르자 아롱은 학계와 여타 분야로부터 영예를 부여받았다. 그리고 에드워드 실스(미국의 저명한 사회학자로 권력과 지식인의 관계 및 공공 정책에서 지식인들의 역할을 연구한 것으로 유명하다—옮긴이)가 드라우스의 레몽 아롱 선집選集에 쏟아내듯 쓴 머리말에 따르면 로버트 맥나마라(미국 케네디 정부와 존슨 정부에서 국방장관을 지내며 베트남전쟁에 큰 역할을 했다—옮긴이)와 헨리 키신저가 그의 말을 "주의 깊게 경청했다"고 한다.

알베르 카뮈

알베르 카뮈는 프랑스의 나치 점령 시기에 레지스탕스로 활동한 존경스러운 기록을 갖고 있었다. 그리고 나치 점령 시기부터 그 이후까지 짧은 시간 동안 그는 사르트르의 친구이자 협력자였다. 그러나 곧 냉전 자유주의를 향해 움직였다. 그는 (프랑스가 알제리와 파리에서 알제리인들에게 저지른 잔혹 행위를 비판하길 거부할 때까지는 적어도) 자신을 도덕적 아이콘으로 제시하는 데 성공했다. 이를테면 그는 프랑스의 조지 오웰이었다. 존 L. 헤스(미국의 저명한 언론인으로 『뉴욕 타임스』 기자였다—옮긴이)에 따르면 "1950년대 미국인들에게 카뮈는 근사한 미남, 문학적 천재, 실존주의의 아이콘, 냉전의 챔피언, 레지스탕스의 영웅으로 다가왔다. 차라리 그는 험프리 보가트를 닮았다."[62]

그가 쓴 가장 중요한 글은 1951년 출간되어 사르트르와의 최종 결별을 촉발시킨 『반항하는 인간』이다. 이 작품은 혁명가(나쁘다)와 반항자(좋다)를 대치시켜 놓고, 전자는 반드시 전체주의로 향한 길에 오른다고 말한다. 혁명가는 대량 학살이라는 결과를 가져올 것이 뻔히 예상되는 '서구의 니힐리즘'에 사로잡혀 있다. 반면에 반항은 '제한된 과실過失(culpability)'을 의미한다. "나는 반항한다, 고로 나는 존재한다. (그리고) 우리는 우리가 아닌 존재를 생산하기 위해 죽이고 죽는 대신, 우리의 존재 그대로를 창조하기 위해 살리고 살아야 한다."[63] 카뮈가 추구한 목적은 혁명의 표적과 목표의 정당성을 박탈하려는 것이었다.

이 책에서 두드러지는 것은 현대 역사를 과도하게 추상화하고, 현대 역사의 원인을 복잡한 물질적 환경보다는 그릇된 사상에 돌리고 있다는 점이다. 그러나 이것은 여기서 논의한 이데올로기 이론가들 모두의 저작에서 반복되어 등장하는 비유라고 규정할 수도 있겠다. 끔찍한 절대 타자로부터 가해지는 영구적인 실존의 위협을 받으면서도 어쨌든 살아남은 자유주의 사회는 올바른 사상의 생산물이다. 실제로 레몽 아롱은 에티엔 바르가 자신에 대해 남긴 통찰력 있는 논평을 인용했다. 바르는 이렇게 썼다. 그는 "엄청난 재능을 (들여) 만물이 왜 다른 방식으로 존재하지 못하고 현재의 방식대로 존재하는지를 반박 불가능한 이유들을 들어 설명한다."[64]

위선

단일 사건으로 이 시기에 벌어진 가장 큰 잔혹 행위는 1965년 미국 중앙정보국의 지시로 인도네시아의 좌파가 50만 명에서 200만 명이나 가학적으로 살육당한 일이다. 여기에서 논의되는 자유민주주의의 챔피언들 중 누군가가 공포와 저항의 목소리를 내긴 했지만, 이 사실은 현재까지도 세인의 주목을 받지 못했다. (카뮈는 당시에 이미 죽고 없었지만) 카뮈의 『반항하는 인간』 머리말에서 따온 인용문은 (펭귄 문고판 책표지의 광고 문구로도 쓰였다) 그들 자신의 이중 기준을 나타내는 표지가 될 수 있다.

> 자유의 깃발 아래 있는 노예 수용소, 인류애로 정당화되는 집단 학살, 초인에 대한 애호 … 우리 시대 특유의 기이한 전도顚倒를 통하여 범죄가 순수의 옷을 입는 날, 스스로 정당함을 입증하도록 요청받는 것은 순수다.

제8장

좌파 자유주의

에릭 홉스봄은 자신이 '황금시대'라고 한 1950년에서 1973년 사이가 산업적으로 선진화된 서구에서 (그리고 일본에서도 어느 정도) 사회주의 선구자들의 꿈이 완전 실현에 가까워진 시대라고 언급한 바 있다. 이 시기에는 경제가 중단 없이 계속 성장했고, 정부는 고용 유지와 사회복지에 전념했으며, 고용 노동자들에게 호의적인 노동시장이 배경으로 작용하여 물질적 생활수준이 전반적으로 전례 없이 크게 향상됐다. 영국의 한 일간지에 실린 만평은 이를 잘 요약해 보여준다. 1959년 선거에서 승리한 다음 날 해럴드 맥밀런(영국 보수당 정치인. 보수당 내각에서 주요 장관직을 역임하고 1957년 총리가 되어 시장경제와 계획경제를 적절히 혼용한 경제정책을 통해 영국 경제의 안정과 성장을 이룩했다—옮긴이)이 한 무리의 동료들에게 연설하면서, "음, 내가 생각하기에 우리는 훌륭하게 싸웠다"고 말하는 만평이다. 그런데 그의 말을 듣고 있는 동료들이란 자동차, 세탁기, 텔레비전을 비롯한 소비성 내구재들이다.

동시에 이 시기의 여건은, 앞서 논의한 냉전 자유주의와는 반대로 급진적 **사회**social자유주의의 프로젝트들을 실현할 수 있는 기회를 제공했다. 급진 사회자유주의는 '유리 천장glass ceiling(여성을 비롯한 사회의 소수가 높은 자리에 올라가지 못하게 막는 눈에 보이지 않는 장벽—옮긴이)을 깨부수'고, 이전에는 경계선 바깥에 있던 제한 지역까지 자유liberté와 평등égalité의 범위를 확장시킨다는 의미에서 급진적이었다. 이것이 자유주의의 왼쪽 얼굴이었다.

유럽의 사회자유주의

전쟁의 여파 속에서 그리고 부분적으로는 공산주의의 도전에 대한 반응으로 서유럽 국가들은 정부의 색깔에 상관없이 사회민주주의 프로그램들을 전개하고 복지를 확장했다. 여기에는 승전국과 패전국 할 것 없이, 영국, 저지대 국가들, 프랑스, 독일연방공화국(서독), 오스트리아 그리고 어느 정도는 이탈리아까지 포함됐다. 이들 국가가 이렇게 할 수 있었던 것은 1950년대부터 경제 호황이 계속됐던 덕분이다.

그러나 이런 측면에서 스칸디나비아 국가들 즉 아이슬란드, 노르웨이, 덴마크, 스웨덴, 핀란드는 그들만의 무리를 이루었다. 이들 국가는, 특히 스웨덴은 자유주의적 자본주의 사회를 유지하면서도 자연자원을 바탕으로 전쟁 이전부터 그렇게 해오고 있었기 때문이다. 이들 국가들에서 대체로 지배적인 정치 지향은 사회민주주의였지만, 그것이 의미하는 바는 각 국가별로 매우 달랐던 것 같다. 아이슬란드, 노르웨이, 덴마크는 북대서양조약기구에 가입했으며, 미국이 통제하는 동맹 체제에 통합됐다. 핀란드(사회민주주의자가 주요 각료로 있으면서 나치의 동맹국이었던 나라)와 스웨덴은 중립국이었지만, 서로 다른 종류의 중립국이었다. 간단히 말하자면, 스웨덴은 서방을 지향하는 중립국이고, 핀란드는 소비에트 블록을 지향하는 중립국이었다. 하지만 양국 모두에서 공산주의 정당은 상당히 강력한 세력이었고, 특히 핀란드에서 그러했다.

스웨덴의 사회민주주의

스웨덴에서는 1930년대 초부터 사회주의 정당인 스웨덴 사회민주노동당SAP이 줄곧 정권을 잡아왔고, 이 당의 지도 아래 모범적인 사회민주주의 정치체제가 형성됐다. (물론 그 안에는 정신질환을 앓고 있던 개인들에게 강제로 불임수술을 받게 하는 등 어두운 측면이 있긴 했다.) 페리 앤더슨은 자신의 초기 저작들에서 스웨덴의 현실을 가리켜 "크로스랜드 씨의 꿈의 나라"[1]라고 불렀는데, 꿈의 나라라는 표현은 실제로 크로스랜드의 『사회주의의 미래』에 빈번히 언급되어 있다. 앤더슨은 스웨덴 사회의 특징을 "특권 계층 사회, 그러나 예외적으로 온화하고 살기 좋은 사회"라고 묘사했다. 심각한 사회적 아노미anomie(사회적 가치 혼란으로 규범과 질서가 무너진 혼란스러운 상황—옮긴이)와 예외적으로 높은 자살률에 대한 악의적 보도들은 모두 가공架空의 신화일 따름이다.

스웨덴 사회는 확실히 감탄할 만한 공공 문화를 갖춘 탁월한 복지사회였다. (스웨덴 보수당원들조차 이러한 사실을 칭송했으며 어떤 복지 수단들을 직접 제안하기도 했었다.) 그러나 자본주의 사회였던 것도 분명하다. 전체 경제의 13퍼센트가 공유 경제였는데, 이는 영국의 25퍼센트와는 대조되는 수치다. 중소기업들이 경제 전반에 퍼져 있었지만, 노동운동은 예외적으로 집중화되어 있었고, 자본주의의 한도 안에서 만족하며 활동했다. 개별 노조들은 매우 적은 자율성을 지니고 있을 뿐이었다. 임금 협상은 중앙 노조, 즉 스웨덴노동조합연맹LOS에서 지휘했고, 개별 노조가 노동쟁의에 들어갈 때는 중앙 노조의 승인을 받아야 했다.

스웨덴노동조합연맹은 산업민주주의, 또는 쾌적한 환경에서 보수를 잘 받고 일하고 있는 단순반복 노동자의 노동이 지닌 비인간적 특성을 문제 삼으려는 어떠한 프로젝트에도 무관심했고, 적극적으로 반대하기까지 했다. 스웨덴노동조합연맹의 시각에서 볼 때, 노동운동이 다루어야 할 내용은 임금과 노동조건일 뿐, 다른 것들은 모두 지적으로 떠들어대는 수다이고 자기 멋대로 즐겨보는 일에 불과했다. 1960년대 초에 이르면 스웨덴의 사회민주주의는 사회의 장기 전망을 내놓을 수 없어 이데올로기적으로 당혹스런 상태에 이르렀다. 스웨덴 사회는 실현 가능한 모든 것을 달성한 것처럼 보였다. 아마도 자유주의적 틀 안에서 보자면 그것이 사실이었을 것이다.

자유주의와 식민지 민족주의

제2차 세계대전이 발발했을 때에도, 20세기 초에 성립된 유럽 제국들과 그 식민지들의 양상은 본질적으로 거의 변함없이 그대로 유지되고 있었다. 1939년 9월 소비에트가 처음으로 이전의 러시아와 마찬가지로 이 전쟁을 제국주의 전쟁이라 선포한 것은 전적으로 냉소적인 의도였으나 근거가 없는 것은 아니었다. 인민전선이 있던 시기에 코민테른은 반파시스트 세력들 모두와 동맹을 맺으려 했고, 소련은 서방 민주주의국가들과도 연합하려 했는데, 이러한 소비에트의 선언은 제국의 관행들에 대한 비판을 진정시켜주었다.

이런 상황이 빚어낸 한 가지 결과는 서인도 출신의 작가이자 코민테른의 활동가였던 조지 패드모어의 공산주의에 대한 환멸이었다. 그는 공산당과 결별한 뒤, 더 나아가 범아프리카주의의 예언자가 됐다. 「대영제국은 인간의 창의력으로는 이제껏 상상해본 적도 없는, 가장 큰 불법 범죄 조직이다」라는 제목으로 1939년에 발표한 논설에서 그는 대영제국의 전문가들에 비하면 히틀러는 아마추어에 불과하다고 암시했다. 이 글은 『뉴 리더*New Leader*』라는 반스탈린주의 저널에 실렸다. (냉전 시대였다면 이런 종류의 글은 실어주지 않았을 것이다.)

영국과 프랑스의 지배 엘리트들은 일단 전쟁에서 승리하고 나면 자신들의 제국을 회복하리라 기대했다. 전쟁 말기에는 노동당 정치인들조차 곧 닥칠 것 같은 영국의 경제 위기를 방지하기 위해 제국을 '개발'하자는 이야기를 했다. 미국 엘리트들은 그러한 결과에 대해 전혀 열광하지 않았고, 공식적인 제국보다는 비공식적 제국을 선호했다. 1945년 맨체스터에서는 범아프리카회의가 열렸다. 미국의 흑인 마르크스주의 역사학자 W. E. B. 뒤부아가 주재한 이 회의에 참석한 사람들 중에는 신생 아프리카 국가들의 미래 지도자들도 섞여 있었다. 회의에서는 비타협적인 선언문이 발표됐다.

제5차 범아프리카회의에 참석한 대표들은 모든 민족이 스스로를 통치할 권리가 있음을 믿는다. 우리는 식민지의 민족들이 스스로의 운명을 결정할 권리가 있음을 확언한다. 모든 식민지는 정치적 통제든 경제적 통제든 외세의 제국주의적 통제로부터 해방되어야 한다. … 식민지 민족들은 이러한 목적을 위해 사용 가능한 모든 수단을 동원하여 싸워야 한다.

제국주의 열강들의 목표는 착취하는 것이다. … 그러므로 식민지의 종속된 민족들의 정치권력 쟁취를 위한 투쟁은 앞으로 내딛는 첫 발걸음이며 사회적·경제적·정치적 해방에 반드시 필요한 선결조건이다.

그러므로 제5차 범아프리카회의는 식민지 노동자들과 농민들에게 효과적인 조직을 이루기를 요청한다. 식민지 노동자들은 제국주의에 맞선 전투의 선두에 서야 한다. …

전 세계 식민지의 종속된 민족들이여, 단결하라![2]

1950년대에 이르면 옛 방식의 식민주의가 이미 한물갔다는 사실이 명백해졌다. 아시아는 거의 전부 식민지 상태에서 벗어났고, 프랑스는 동남아시아의 식민지 전쟁에서 군사적으로 패하기 직전이었다. 서아시아의 정권들 같은 꼭두각시 정권들조차 무너져내렸거나, 전복될 위험에 있었다. 탈식민지 과정은 아프리카에서도 시작됐고, 유럽 출신의 식민지 정착민들과 대도시 세력이 맹렬히 저항하기는 했지만, 결국 아프리카에서 탈식민지 과정이 완성되리라는 것을 의심하는 사람은 거의 없었다.

퇴각하는 서구 열강들과 그들을 지지하는 미국의 제1 목표는 사적 거래와 투자에 호의적이거나 적어도 관용적인 그리고 가능하다면 서구와 외교적으로 같은 방향에 있는 정권들을 남겨두는 것이었다. 그들은 전자의 목적을 달성하는 데 대체로 성공했으나, 후자의 목적은 달성하기가 훨씬 어렵다는 것이 입증됐다.

많은 경우에 서구 열강들은 개별적인 협정들을 효율적으로 조율하면서, 자신들의 뒤를 잇는 후계자들로 지역 엘리트들의 대표들을 심어놓았다. 축자적으로나 비유적으로나 서구 열강에 빚을 지고 있던 지역 엘리트들은 자신들의 지역에서 냉전을 유지했다. 이런 점에서 가장 큰 성공을 거둔 곳은 말레이시아(고무와 주석이 풍부), 파키스탄, 콩고(자이레. 엄청난 영토, 전략적 위치, 다양한 종류의 광물과 1차 생산물, 특히 우라늄이 풍부)였다. 그러나 식민지에서 벗어난 신생국가들은 양 블록 사이에서 외교적 중립을 선호했다. 실제로 중립을 지킨 나라로는 인도, 인도네시아 그리고 아프리카의 가나가 있었다. 이들 국가들은 "국제 관계의 조직 원리로서의 냉전을 거부했다." 그리고 비동맹운동을 형성했다. 이 운동의 발기인들은 네루, 나세르, 수카르노, 은크루마(가나의 독립운동의 아버지로 불렸으며 가나의 초대 대통령이다—옮긴이), 티토였다. 1955년 반둥회의에서는 비동맹운동을 공고히 하면서 5개 원칙을 채택했다.

· 상호 영토 보전과 주권 존중
· 상호 불가침
· 국내 문제 상호 불간섭
· 평등과 상호 이익
· 평화 공존

그러나 이들 국가가 의미한 중립은 외교적 관계에 전혀 연루되지 않는 스위스의 중립이 아니었다. 즉 이들이 의미한 것은 단순한 중립이 아니라 중립주의였다. 영국 지배 계층인 피터 리온은 1963년 출간한 『중립주의*Neutralism*』에서 "중립이 의미하는 것은 전쟁에 관여하지 않겠다는 것인 반면, 중립주의가 의미하는 것은 냉전에 관여하지 않겠다는 것"이라고 말했는데, 이는 중립주의를 비판한 것이었다.

적극적 중립주의

비동맹 국가들은 실제로 세계 무대에서 국제연합을 통해서나 다른 방법들을 통해 중요한 역할을 할 수 있길 간절히 바랐다. 이 국가들은 자신들의 입장을 '적극적 중립주의'라고 칭했다. (영국에서는 영국 역시 이런 입장을 취하길 바라는 이들이 있었다.) 그들은 탈식민지화가 아직 달성되지 못한 곳에서는 어디에서나 탈식민지화의 진전을 고취할 것과 궁극적인 화해와 무장해제를 통해 두 블록 사이의 긴장 완화를 촉진시킬 것을 목표로 삼았다. 하지만 냉전으로부터의 기권은 미국 정부가 인정해줄 만한 일이 아니었다. 미국의 태도는 "우리 편이 아니라면 우리의 적"이라는 것이었다. '1956년이 세계에 끼친 영향: 인종, 중립주의, 민족 해방'이라는 주제로 2006년 오하이오 주립대학교에서 열린 회의에서 젠더 관련 함의에 대한 질문에 답하면서 한 참가자는 이렇게 언급했다. "미국의 정부 관리들은 미국 전문가들의 의견과 일치하지 않는 정책들을 옹호하는 이 지도자들을 여성적으로 재현했다. 예를 들어, 미국의 정책 입안자들은 특히 술도 마시지 않고 고기도 먹지 않는 네루를 여성적으로 재현했다. 하지만 파키스탄의 지도자들에 대해서는 남성적 용어들을 사용해서 이야기했다."[3]

이 중립주의 정부들이 국내에서 권위주의적인 정도나 민주주의 원칙들을 적용한 수준에는 상당한 차이가 있었다. 인도는 정치적으로 말하자면 자유주의 민주국가였다. 그러나 네루의 정당 인도국민회의는 늘 선거를 통해 중앙정부의 권력을 획득했어도, 이는 체계적 투표 조작을 통해서 이루어진 결과였다. 다만 지방정부들은 경쟁 정당들이 통제할 수 있었다.[4] 인도네시아에서는 나라 전체가 극도의 분쟁에 빠져 있었다. 1965년까지 정권은 세 가지 기둥, 즉 장기 집권자인 수카르노와 그의 민족주의 정당, 군대 그리고 강력한 공산당에 명시적으로 의존하고 있었다. 인도네시아공산당은 공산주의 블록 밖에서는 그 규모가 가장 컸다. 아프리카에서는 일당 지배가 수치로 여겨지지 않았고, 콰메 은크루마나 존경받던 줄리어스 니에레레(탄자니아의 국부로 일컬어지는 독립운동가이자 초대 대통령이다—옮긴이) 같은 아프리카 지도자들은 일당 지배야말로 아프리카의 문제들을 다루는 최적의 방법이며, 지역 문화와도 가장 잘 어울린다고 단언했다.

중립주의든 아니든, 이들 국가 중에 산업화된 곳은 없었다. 이들 나라의 경제는 (환금작물 재배든 생계 농업이든) 소작 농업과 채취 산업들의 토대에 의존했고, '저개발'됐다고 묘사됐다. 그런데 여기에 비하하는 의미가 있다고 해서 '개발도상'이라는 말로 대체됐다. (중국 또한 이 범주에 들어갔다.) 하지만 인도는 기본적으로 소작 농업경제 상태로 남아 있긴 했지만, 섬유산업뿐 아니라 철강생산에서도 상당한 산업 성장을 달성했다.

경제적으로 이들 국가는 식민지였을 때와 같은 상태로 남아 있었고, 시장경제는 다소간에 지역 자본과 국제 자본에 개방되어 있었다.

그럼에도 사회주의라는 개념은 매우 인기가 있었고 많은 경우에 실제적으로 상당한 규모의 공적 영역들이 성립됐으며, 궁극적으로 산업화를 추구하는 경제 계획을 실시하려는 제도적 노력도 이루어졌다. 그러나 세계의 양대 진영 어느 쪽에도 속하지 않는다는 점만은 절대적 조건으로 남아 있었고, 중립주의 국가들 중 심각하게 소비에트나 중국의 방식들을 모방하려는 곳은 하나도 없었다. 독재 정권들이 들어선 곳에서조차 경제는 자유주의적이었다. (대체로 제3세계 국가들은 서방에 속했기 때문이다.)

이들 정권에 의해 발전된 이데올로기적 수사법은 그들의 사회적 열망과, 세계 자본주의 경제에서 그들이 처한 종속적 위치라는 현실을 화해시키려는 노력으로 볼 수 있다. 가나 전역의 거리 입간판에서는 은크루마의 슬로건을 볼 수 있었는데, "우리는 동구와 서구 어느 쪽도 바라보지 않는다. 우리는 앞을 바라본다"라는 그의 슬로건에서 '앞'이 의미하는 바가 무엇인지는 나타나 있지 않다. 대신에 지역화된 '사회주의들' 즉 인도 사회주의, 아프리카 사회주의, 아랍 사회주의 등등이 적어도 수사법에 있어서 급격히 늘어났고, 미국과 소련 모두 이러한 상황을 달가워하지 않았다. 미국인들은 사회주의를 부적절한 어휘로 여겼으며, 유럽의 사회민주주의만을 억지로 용인했다. 소련인들은 자신들의 체제만이 정통 사회주의라고 여겼다. 그럼에도 소련은 미국보다 중립주의에 대해 훨씬 더 호의적이었고, 언제든 이들 국가를 소비에트의 영향권 안에 끌어들일 수 있으리라는 희망을 가지고 환심을 사려는 외교적 노력을 정력적으로 펼쳤다.

1960년대에는 적극적 중립주의가 급속도로 허물어지기 시작했다. 1962년 인도와 중국 사이에서 동쪽 히말라야 국경을 둘러싸고 일어난 단기간의 영토 분쟁이 최초의 징후였을 것이다. 이 사건은 두 국가 사이의 영구적 적대 관계가 성립된 것을 의미했다. 중국은 인도의 숙적 파키스탄의 친서방 군사독재 정권과 외교 관계를 회복하고자 했다. 이는 또한 중국과 소비에트 국가들 사이에서도 적대감이 자라나는 무대가 되어주었다. 중국과 인도 사이에서 분쟁이 일자, 인도가 자본주의 국가였음에도 소련은 인도와의 외교적 동맹을 지지했기 때문이다.

이라크에서는 1958년 군사 쿠데타가 발생하여 서구의 지원을 받던 왕정을 무너뜨리고 군사정권이 들어섰다. 이 정권은 이라크공산당의 지지를 받고 소련 쪽으로 기울어져 소비에트 진영으로 옮겨갔다는 비난을 들을 정도였다. 1963년 미국 중앙정보국에 고무된 또 다른 군대 파벌이 (이후에 사담 후세인을 낳게 되는) 바트당과 함께 정부 전복을 시도하여 이라크 공산주의자들을 거의 모두 처단하고 이라크를 서방의 영향권 안으로 다시 가져다 놓았다.

2년 뒤에는 중립주의의 연약한 구조에 결정타가 가해졌다. 인도네시아공산당이 군대 내 좌파 세력들이 시도한 쿠데타에 부적절한 지원을 함으로써, 군부가 미국 중앙정보국의 원조를 받아 공산주의자들을 끔찍하게 학살하게 하는 빌미를 주었다. 적어도 50만 명이 살해되고 인도네시아에서 공산주의는 절멸했다. 그런 뒤에 인도네시아에는 엄청나게 부패한 독재 정권이 들어섰고, 미국의 지정학적 목표들을 뒷받침하는 주요 버팀목이 됐다. 1년 뒤인 1966년 중립주의의 중요한 기둥이었던 가나의 지도자 콰메 은크루마도 군사 쿠데타로 제거됐다. 다시 1년 뒤인 1967년에는 이스라엘이 이집트에 (그리고 요르단과 시리아에도) 어마어마한 공격을 가했다. 이스라엘은 중립주의의 아이콘이었던 나세르를 제거하는 데 실패했지만, 그의 군사적 명성은 갈가리 찢기고 말았다. 사실상 중립주의 진영은 더 이상 존재하지 않았다. 비동맹운동의 이름은 지금까지 계속 이어져오고, 회합도 있었지만 무의미한 것이 됐다. 미국과 궤를 같이하는 파키스탄과 인도네시아 같은 나라들만이 그 구성원으로 남아 있을 따름이다.

미국의 자유주의와 흑인 해방

직접적 식민지 지배가 사라져가면서 (민주주의라고 광고되는) 자유주의 정부 형태를 자처하고 있던 서구에서 일어난 주된 모순은 심각한 인종차별에서 발견할 수 있었다. 인종차별은 미국 남부의 여러 주에서는 한 세기 이상 계속됐고 (북부의 상황은 단지 상대적으로 더 나았을 뿐이었다),[5] 포악한 잔인성이 벌거벗은 채 부끄러움도 모르고 거리를 휘젓고 있었다. 전쟁 이후로 가장 끔찍하게 과도한 인종차별 형태는 사라졌다 해도 "(노예제도는) 너무나 잘 작동했었던 탓에 옛 노예들에게 … 미국인이 되는 것 말고는 아무런 소명도 남겨주지 않았다."[6]

미국 남부의 상황은 국제적으로 동맹을 확보하고 영향력을 확대하려던 미국 행정부에 심각한 골칫거리가 됐다. 특히 동맹으로 삼으려는 대상 국가의 국민과 정부가 유럽계나 그 후손이 아닐 때는 더욱 그러했으며, 미국의 적은 이러한 사실을 놓치지 않고 자신에게 유리하게 활용했다. 그럼에도 미국 내부 정치의 균형은 연방 정부가 문제를 바로잡을 수 있는 강력한 행동을 취하지 못하도록 막았다. 결국 1957년 미국 대법원은 연방 군대가 아칸소주의 리틀록에 파견되어 인종 격리 폐지를 강제하도록 결정했다.

이것이 바로 1950년대에 민권운동이 1960년대 절정에 이르게 된 배경이다. 이 책의 논의 목적을 고려할 때 이 운동의 분열을 포함하여 사건 발생의 경과들을 되짚어보기보다는, 운동이 수행된 이데올로기적 틀을 검토해보고자 한다. 물론 당시 운동에는 불완전한 중심 지휘부가 있긴 했는데, 마틴 루터 킹과 그의 동료들이 그러한 역할을 맡았다. 하지만 수없이 많은 다양한 출신의 선동자들이 있었다. 그리고 1960년대 말에 이르면, 이들 민권 선동자들을 뛰어넘어 훨씬 멀리까지 이르는 여러 가지 이데올로기적 전망들 또한 등장했다.

주류 투쟁에서 내건 이데올로기적 기치는 '민권'이란 용어를 통해 명료해진다. 이 용어는 발전된 자유주의 이데올로기 세계의 핵심에 놓여 있다. "흑인 운동이 등장했다는 것 또한 … 자유주의 정치체제의 … 한 가지 예증 사례다."[7] 시위에 참가한 사람들은 차별적 입법과 사회 관행들을 폐지할 것을 요구했으며, 미국 헌법 조항들은 백인들에게만 유보되어서는 안 되고 진정으로 모든 시민에게 적용되어야 한다고 주장했다. 핵심 내용은 1957년 리틀록에서 벌어진 학교 내 인종 격리 철폐 투쟁에 관한 노래의 한 구절 속에 요약되어 있다.

> 주지사는 들어라
> 대통령도 들어라
> 나에게 헌법을 달라
> 당신들이 해야 할 일은 바로 이것
> 나에게 헌법을 달라

다른 것은 더 청할 것도 없으니,
그래, 나는 헌법을 공부하고 싶다네
이곳 아칸소주에서.

이러한 목적의 중요성은 절대 폄하되어서는 안 된다. 이 목적을 달성한다는 의미는 80년 동안이나 계속되어온 공포의 굴레를 벗어버리는 것이었다. 마르틴 루터 킹의 유명한 연설 「나에겐 꿈이 있습니다」의 핵심에는 헌법에 관한 언급이 있다.

> 우리 공화국을 건국한 이들이 독립선언문과 헌법의 그 숭고한 어휘들을 썼을 적에, 그들은 모든 미국인이 상속받을 약속어음에 서명한 것입니다. 이 어음은 모든 사람이, 물론 백인뿐 아니라 흑인들까지도 생명과 자유와 행복 추구의 양도 불가능한 권리들을 보장받으리라는 약속이었습니다.

이 연설에서 킹 목사는 자신의 꿈을 처음 언급하는 대목에서 그 꿈은 "아메리칸 드림에 깊이 뿌리내린 꿈"이라고 선언한다. 경제에 관한 문제, 즉 사실상 계급과 차별의 문제는 전혀 간과되지 않았다. 1963년 8월에 벌인 행진은 결국 '일자리와 자유를 위한' 것이었다. 킹 목사는 "흑인은 물질적 풍요의 광대한 대양 한가운데에 있는 가난의 외로운 섬에서 살아간다"라고 말했다. 이와 동시에, 공공연한 인종 차별을 제거하는 것은 아프리카계 미국인들의 경제적 위치와 삶의 기회들에 영향을 끼치겠지만, 이런 면에서 그들 다수가 경험하는 변화는 있더라도 미미할 것이라는 점 또한 명백했다. "어떤 형태로든 흑인됨negritude이란 반인종주의이고, 반제국주의이며, 따라서 반자본주의다. 달리 말하자면 급진적이고 혁명적이며 사회주의적이다. 그렇지 않다면 흑인됨이란 특권적 노예 상태에 지나지 않는다."[8] "인종 평등을 이루려면 인종의 차이를 존중해야 한다. 계급 평등을 이루려면 계급의 차이를 제거해야 한다."[9]

게토 폭동

미국 북부에서의 차별은 남부에서만큼 격렬하지는 않았지만, 그 자체로 충분히 심각했다.[10] 북부에 있는 아프리카계 미국인들은 경제, 사회, 교육 및 다른 모든 측면에서 터무니없을 정도로 궁핍했다. 1960년대 후반에는 도시 게토 지역에 있던 수많은 아프리카계 미국인 청년들이 경제적 지위를 개선하기 위한 방안들을 강구하고, 폭동을 통해 분노를 표출했다. 광범위한 약탈과 파괴 행위가 벌어졌다. 한 출처에 따르면 1964년에서 1968년 사이에 257개 도시에서 329건의 폭동이 일어났다.[11] "번, 베이비, 번Burn, baby, Burn"이라는 구호는 미국 전역은 물론 그 너머에서도 널리 울려 퍼졌다.

이 혼란한 상황으로부터, 스스로의 프로필을 심각한 혁명가로 설정한 흑표당黑豹黨을 비롯해 그와 유사한 단체들이 등장했다. 대니얼 벨은 휴이 뉴턴(흑표당의 창립자—옮긴이)에 대해 "고리버들 의자에 앉아 손에는 권총을 들고 있다. 한때 아프리카의 추장이 창을 들었던 것과 같은 모습으로"라는 인종차별적 함의를 담고 있는 전형적인 언급을 남긴 바 있다.[12] 이 단체는 자본주의 사회와 경제 질서의 토대 및 그 이데올로기적 의식으로부터 떨어져 나왔다. 따라서 강렬한 탄압을 받았고 그 지도자들 중 몇몇은 경찰에 의해 사살됐다. 마틴 루터 킹도 총에 맞아 죽었는데, 단독범의 소행이었는지 조직적 음모가 있었는지는 확실치 않으나, 그와 그의 운동이 사유재산이나 이데올로기에 아무런 위협을 가하지 않았던 것만은 분명하다. 그것이 본질적으로 킹 목사의 운동이 성공할 수 있었던 이유다. 미국 달력에 마틴 루터 킹의 날이 정해져 있는 것은 마침내 이데올로기적 통합이 달성됐음을 명시적으로 표현해 놓은 것이다.

자유주의와 페미니즘

기록을 남긴 모든 사회는 물론 다른 모든 사회도 여성혐오적이었다. 전 세계 여성의 역사는 천 년의 세월이 열 번도 더 흐른 지난 역사 전체가 끔찍한 것이었다. 그에 비하면 매우 짧긴 하지만, 여러 형태의 페미니즘 역시 오랜 역사를 지니고 있으며, 19세기 말과 20세기 초에는 대체로 앞에서 논의한 민권 투쟁에 견줄 만한 형태, 즉 시민 평등권을 요구하는 형태를 갖추었다. 그 내용은 1790년대의 메리 울스턴크래프트 같은 작가와, 1869년 저명한 철학자 존 스튜어트 밀에 의해 설명된 바 있었다. 20세기 초 페미니즘 운동가들은 투표권 문제에 초점을 맞추었고 1945년 이후에는 대체로 여성 투표권이 인정됐다. (인종 문제가 훼방을 놓은 곳들은 예외다.)

어느 곳에서도 시민 평등권이 충분한 수준에 이르지 못했다는 주장이야말로 1945년 이후의 페미니즘을 규정한 생각이라 볼 수 있다. 이런 의미에서 페미니즘은 고전 자유주의를 넘어선 발전을 이루었으며 자유주의 체제가 지닌 결함들에 사람들의 관심을 유도했다. 하지만 그와 동시에 개인의 평등이라는 고전 자유주의 원칙에 근거했다고 볼 수도 있었다. 시몬 드 보부아르가 1949년 출간한 『제2의 성*La Deuxième Sexe*』의 제목은 이러한 양가적 모호성을 요약하고 있다. 여성들은 동등한 민권을 누리고 있을 때조차 (처한 상황 때문에 이러한 형식적 권리들을 누리는 것조차 불가능해지는 경우도 많지만) 제2의 부차적 존재로 분류된다. "여성은 여성으로서 태어나는 것이 아니라 만들어진다"라는 문장은 이를 읽은 이의 의식 속에 계속 메아리쳐 남는다. 적어도 이 문장의 메시지에 동조하는 사람들에게는 그러하다. 책의 마지막 단락에 보부아르가 자신의 주장을 요약해 놓았는데, 이 부분은 자유주의적 열망의 정점을 표현한 것이다. "인류의 절반이 처한 노예 상태와 아울러, 그것이 함의하는 위선적인 사회체제 전체가 폐지될 때 비로소 인류를 둘로 나눈 '분할'의 그 참된 의미가 밝혀져 한 쌍의 인류가 참된 형상을 발견하게 될 것이다."[13] (보부아르는 이 문장 뒤에 마르크스의 말을 인용하면서, 자신이 말한 참된 형상을 그 인용문에 연결시키고 있다.)

『제2의 성』은 널리 번역되어 알려졌고, 서구 사회 전역에 거대한 충격을 안겼으며, 20세기를 결정짓는 저술 중 하나임이 확실히 입증됐다. 그리고 이 책은 비슷한 선상에서 연이어지는 논의의 토대와 출발점을 제공해주었다. 여기에 속하는 저작들로는 베티 프리단(미국의 작가이자 페미니스트 사회운동가—옮긴이)의 『여성의 신비*The Femme Mystique*』와 저메인 그리어(오스트레일리아의 영문학자이며 페미니스트 작가—옮긴이)의 『여성, 거세당하다*The Female Eunuch*』를 비롯해 비슷한 성격을 지닌 수없이 많은 책이 있다. 실제적 측면에서 볼 때, 보부아르의 책이 끼친 영향이 완전히 효과를 발휘하여 체감될 정도가 되는 데는 어느 정도 시간이 걸렸다. 그러나 이 책은 1960년대의 발전 상황들과 결합하여 이론적 바탕을 마련했으며, 그 결과 1960년대와 1970년대 초에 정치 지향적 여성운동이 등장했다. 1963년 『여성의 신비』가 출간되고 3년 뒤에는 미국 페미니즘 운동 단체인 전미여성기구NOW가 창립됐다. 이 단체는 여성을 '미국 사회의 주류 속으로' 진출시키고, '남성과 완전히 동등한 동반자 관계'를 이루는 것을 목표로 삼았다. 1960년대에 미국 마르크스주의 월간지 『먼슬리 리뷰 *Monthly Review*』에서는 가사 노동의 정치경제학에 관한 논설이 실렸다.

성(性) 정치학

이러한 전개 과정은 정치를 구성하는 요소들에 대한 관습적 개념들이 교체될 것임을 보여주었다. 페미니즘과 동시에 동성애나 흑인민권운동이 일어나면서 정체성의 정치학이 새롭게 강조됐다. 이런 운동들에서는 익명의 개인이 지닌 민권에 기초하지 않는 대신, 사람들이 속한 성, 문화, 인종 등을 존중하는 데서 비롯하는 해방과 인정을 요구했다. 하지만 이러한 개념들은 고전 자유주의의 개념들을 넘어서는 것이었으며, 프리단의 배경이 된 것은 마르크스주의였다. 그렇다고 해서 그러한 관점들이 반드시 자유주의적 전통으로부터 모두 함께 분리되어야 할 필요는 없었다. 평등 그리고/또는 동화同化는 모든 형태의 비적대적 차이들을 인정하고 수용하면서 함께 공존할 수 있다고 적어도 이론적으로는 생각될 수 있다.

여성운동은 정체성의 정치학을 품고 있는 모든 운동이 그러하듯, 그 시작에서부터 여러 분파로 갈라져 있었다. 그리고 조직적 틀을 갖추려는 시도들이 있었지만 짧게 한시적으로만 성공을 거두었을 뿐이었다. 그럼에도 그 결과가 끼친 영향은 상당했다. 운동 내부의 차이점들은 여러 다양한 방식으로 제시될 수 있을 것이다. 그러나 이 책에서 논의하는 목적에 맞추어보면, 페미니즘 운동은 다음과 같은 몇 개의 분파로 구분된다. 첫째 분파는 자유주의의 가치들을 확장함으로써 진보할 수 있다고 생각하는 페미니스트들이다. 이들은 자유주의의 가치들이 자유주의의 사회적 맥락 속에서 성 평등을 진정한 현실로 실현해주리라 믿는다. 둘째 분파는 마르크스주의적으로 문제에 접근한다. 이들은 좌파 진영에서 처음 일어났던 페미니즘 운동에 추동됐으며, 페미니즘 운동 내부에서 성 고정관념이 계속되고 있다는 사실에 불만을 품은 페미니스트들에 의해 추진됐다. 이러한 사실은 실라 로보섬(영국 사회주의 페미니즘 이론가이자 작가—옮긴이)이 자신의 자서전 『꿈의 약속*Promise of a Dream*』에 자세히 기록해두었다.[14] 줄리엣 미첼(영국의 정신분석학자이자 사회주의 페미니즘 운동가—옮긴이)은 다음과 같이 자신의 주장을 강력하게 제시하고 있다.

> 페미니즘은 전면적인 억압의 수준에서 여성들을 하나로 묶어준다. 페미니즘은 모든 것을 포괄한다(흑인민권운동 및 '전체주의'와 비교해보라). 페미니즘의 정치학은 이 점에 부합한다. 즉 그것은 전면 공격이다. 페미니즘의 이론은 이 점을 지지한다. 즉 최초의 노동 분업은 억압하는 자와 억압받는 자를 최초로 형성시켰다. 그리고 최초의 노동 분업은 남성과 여성 사이에서 일어났다. 최초의 지배 구조가 우선되어야 한다. 즉 그것이야 말로 가장 먼저 사라져야 하는 것이다.[15]

제3의 대안은 급진적 분리주의의 관점이다. 이 관점에서는 여성의 의식이 남성의 의식과 처음부터 본질적으로 다르며 (남성의 의식보다 우월하고), 여성의 이상적인 성적 지향성은 여성 동성애여야 한다고 주장했다.

> 우리의 이데올로기적 사고의 기반은 다음과 같다. 성차별주의는 다른 모든 억압의 뿌리다. 그리고 레즈비언과 여성 억압은 자본주의와 인종주의와 제국주의를 박살낸다고 해서 끝나지 않을 것이다. … 육체적으로나 경제적으로나 심리적으로 강간당한 모든 여성을 위해 우리는 복수의 여신이자 여성들의 보호자인 퓨리스Furies(분노를 나타내는 fury의 복수형. 그리스의 복수의 세 자매 여신 에리뉘에스를 영어권에서 부르는 이름—옮긴이)의 이름을 취하겠다.[16]

이제 곧 신자유주의 사회로 넘어가는 자유주의 사회에서 마르크스주의와 급진주의 또는 분리주의의 대안들은 주변화됐다. 결국 승리하여 살아남는 것은 여성해방의 자유주의 버전이었다.

자유주의와 1960년대 문화혁명

제2차 세계대전 이후 경제의 세계화 물결이 전 지구를 휩쓴 반면, 유럽과 북아메리카의 선진국들을 중심으로 일어난 1960년대 문화혁명은 여기저기서 산발적으로 일어난 사건이라는 것을 지적하는 것은 하나마나한 이야기다. 세계 인구 중 많은 사람이 —아마도 대다수가— 상대적으로 문화혁명의 영향을 덜 받았거나, 아예 아무런 영향도 받지 않은 채 남아 있다. 그렇다고 해서 당시 문화혁명의 의미가 조금이라도 줄어드는 것은 아니다. 결국 혁명이란 그 형태가 어떠하든 언제나 제한된 지역에 한정된 채로 남아 있기 때문이다.

또한 문화혁명이라는 개념은 다른 시각에서 비판받을 수도 있다. 헤르베르트 마르쿠제의 억압적 관용repressive tolerance 또는 억압적 개인주의repressive individualism라는 개념이 바로 그러한 시각에서 나왔다. 마르쿠제는 억압적인 도덕 및 문화 규범들을 전복함으로써 달성하는 해방이란 진정한 해방이 아니라 사실상 하나의 환영에 불과하다고 주장한다. 그것 또한 대중들이 자본주의의 불공평한 기제들을 숙고하지 못하게 하고, 자본주의의 전복을 위한 활동을 막으려는 자본주의의 전략이기 때문이다.[17]

『1984년』과 『멋진 신세계』(1932년 출간된 올더스 헉슬리의 반유토피아적 미래 소설—옮긴이)는 멀리 떨어져 있지 않다.[18] 이런 식의 해석에서 보자면, 자본은 공포와 쾌락이라는 두 팔로 세상을 치명적으로 끌어안는다.

이러한 비판은 진지하게 받아들여야겠지만, 이러한 비판 역시 수많은 반대 의견에 열려 있고, 혁명의 수혜자들이나 문화적 앙시앵레짐의 지배를 여전히 마지못해 감내하고 있는 이들에게는 전혀 설득력 있게 들리지 않았다. 어찌 됐든, 혁명이 실제로 일어났다는 사실은 의심할 수 없다. 혁명의 짧았던 '반反문화적' 버전을 구분 짓는 특징은 극단적 개인주의와 거기에 결합된, 자본주의적 야망과 부르주아적 규칙 모두에 대한 기이한 거부였다.

> 비교해보라. … 우리의 히피들이 간단한 인류학 지식과 순전한 영

감만을 가지고 즉석에서 만들어내는 그러한 의례들을. 착한 마법과 나쁜 마법은 충분히 명확하게 구분되어야 한다. 부족처럼 변한 청년들이 게이 복장을 하고 공원에 있는 높은 언덕 위에 모여 일출과 일몰 때 한여름의 태양에게 인사한다. 감동을 느낄 때면 아무런 순서나 계획도 없이 그들은 춤추고 노래하고 사랑을 나눈다. … 모두가 이 행사에 똑같이 참여할 수 있다. 호도되거나 조종되는 사람은 아무도 없다.[19]

이러한 징후들은 일시적인 국면에 불과했음이 증명됐지만, 자유주의적 문화혁명은 일반적 관점에서 보면 매우 심오한 깊이가 있었고, 1960년대가 남긴 가장 지속적인 유산이기도 하다. 그 영향은 비슷한 시기에 일어난 마오쩌둥의 '문화대혁명'보다 비교할 수 없을 정도로 오랫동안 이어지고 있다.

이러한 문화혁명—모든 혁명과 마찬가지로 젊은이들이 가장 열광적으로 포용하고 촉진한 혁명—의 강도와 범위는 그것이 불러일으킨 변화들의 목록 일부를 대강 훑어보는 것만으로 알 수 있다. 문화혁명은 문자 그대로 몇 천 년 동안 이어져온 압제를 쓸어내고 자유와 평등의 영역을 확장시켰다.

문화혁명의 중심지에서는 이혼이 쉬워지고, 사생私生—혼인하지 않은 부모 사이에서 이루어진 자녀 출산—은 더 이상 수치로 여겨지거나 별도의 법적 범주로 묶이지 않게 됐다. 피임약과 피임기구는 이미 사용 가능했다. 그리고 아일랜드를 제외하고, 보다 경제적으로 발전한 사회에서는 낙태도 합법화됐다. 실제로 일본에서는 낙태가 주요 피임법으로 쓰였다. 독자들 중 '많은 이가 평생 대담하고 명예롭지 못한 것으로 여겼을 시험 결혼trial marriage'이라는 관계 역시 일상적인 것이 됐다. 결혼하지 않은 장기 동반자 관계도 이제는 특이한 것이 아니다.[20] 게이와 레즈비언이라는 성적 지향성은 (전에는 미국의 개별 주들과 영국에서 엄격하게 불법으로 다루었으며, 50년 전만 해도 어디에서나 경멸받았지만) 더 이상 공식적 낙인을 달고 다니지 않게 됐다. 영국에서는 동성애 커플들의 시민동반자법(2004년 입안되어 2005년부터 발효된 법안으로, 현재는 2013년 입안되어 2014년부터 발효된 동성결혼법에 따른다—옮긴이)이 마련됐다.

문화혁명이라는 태풍의 눈 속에는 무지몽매한 문화적 가치들 아래 계속 고통 받는 개인들, 특히 여성들, 그중에서도 젊은 여성들이 있었다. 성차별은 절대 사라지지 않았으며, 미국에서는 '생계를 보조받는 싱글맘'이 계속해서 특정 대상으로 분류되어왔고 앞으로도 그럴 것이다. 영국은 미국보다 정도가 덜할 뿐 비슷한 상황이다. 비공식적인 사악한 동성애 혐오는 21세기에도 여전히 존재하고 있으며 인종차별도 마찬가지다. 그러나 공공연하게 그러한 편견을 드러내는 사람은 이제 신뢰를 잃고 만다. 그러니 지금은 암호화된 언어를 사용해야 한다. 성에 관한 담론을 열어젖힌 것 자체는 그다지 주목할 만한 일은 아니다. 20세기 직전 몇 세기 동안을 제외하면 성에 관한 담론은 대체로 열려 있었기 때문이다. 그럼에도 50년 전에는 표현할 수 없다고 여겨졌던 점을 고려하면 대단한 일이 아닐 수 없다. 물론 이것이 포르노그래피의 폭발적 성장이라는 결과를 가져왔다는 점도 확실하다. 혁명이 정체되거나 역전된 한 분야는 바로 향정신성 약물 분야였다. 이들 약물은 1960년대 반문화적 풍경 속에 매우 큰 부분을 차지했다. 이에 대해서는 금지주의가 여전히 우세하지만, 대마초에 대한 일반대중의 태도는 법률적 태도보다 훨씬 관용적이다.

성 혁명에 반대하는 이들에게 성 혁명이란 자유주의다. 아니면 적어도 성 혁명은 자유주의의 논리적 결과이며 그 본질을 드러낸 표현형태다. 실제로 성 혁명은 피해자 없는 범죄victimless crime(매춘이나 도박 등의 범죄를 말한다—옮긴이)라는 개념을 부인하는 자유주의 이데올로기 패러다임에 손쉽게 부합된다. 성행위가 사유재산(자유주의의 가장 중요한 개념)에 중대한 결과를 가져왔던 시대에는 일관된 자유주의적 입장에서 성행위를 엄밀히 통제하는 것이 적법하다고 주장할 수 있었다. 특히 여성과 관련해서 그러했지만, 다른 측면에서는 자본주의에서 생산의 핵심 단위인 가족을 강화하기 위한다는 측면에서도 그러했다. 하지만 이제 그러한 시대는 끝났고 성에 대한 통제도 필요 없게 됐다. 어찌 됐든, 역사는 성 혁명이나 페미니즘이나 흑인민권운동 모두가 자유주의 정권들과 병립할 수 있음을 보여주었다. 물론 계속되는 도전을 받아왔지만, 이 운동들이 이룬 성과들은 소비사회가 계속되는 한 오래도록 지속될 것이다.

의미의 차이

이 장과 앞 장은 제2차 세계대전 종결부터 오랜 경제 호황이 끝나면서 이전과 매우 다른 경제 상황이 닥쳐오던 1970년대 초까지 자유주의 이데올로기가 처한 상황에 관하여 두 가지 사실을 입증하려고 했다.

첫째, 자유주의 이데올로기는 공산주의 블록 외부에서 헤게모니를 차지한 이데올로기였다. 이것은 고도의 소비 산업사회인 서구 세계에서도 그러했고, 서방의 영향권에 있는 대부분의 제3세계에서도(각 나라마다 성격은 달랐지만) 마찬가지였다. 부분적 예외들은 다음 장들에서 다룰 것이다. 사법 체계와 국가기구들이 무산자들과 무법자들의 사유재산 사용과 처분을 막고 유산자 사이의 관계를 보호했으므로 사유재산의 안전은 확보됐다. 공식적 입법 권한을 지닌 의회는 선거를 통해 구성됐지만 다소 왜곡된 참정권 아래에서 정당들을 통해 작동됐으므로 과두정치의 성격을 조금 띠었다. 정보 유통과 의사 표현은 자유롭게 이루어졌으나, 정도의 차이가 있긴 했어도 권위의 규제를 받았다. 요컨대, 이것이 바로 서구의 냉전 수사법에서 말하는 '자유세계'였다.

둘째, 일반적 틀 안에서도 강조점은 서로 달랐고 매우 다양했다. 스웨덴의 사회민주주의적 자유주의는 어쨌든 미국의 자유주의 이데올로기 흐름과도 매우 다른 것이었고, 터키나 이집트, 인도의 자유주의는 말할 것도 없었다. (당시 인도 정부 자체는 사회민주주의적 방향성을 갖고 있긴 했다.)

차이점들은 단순히 사회경제적 수준들의 극적인 다양성과 그것이 반영하는 산업 발전의 다양한 양상들에 관한 문제만은 아니었다. (물론 관련이 없던 것은 아니다.) 오히려 이 차이점들은 정부의 제도들과, 자유주의적 토대에 의존하는 시민사회 상부구조의 특성 그리고 물려받은 문화적 전제들에 관한 것이었다. 한 사회를 더 많이 혹은 더 적게 "자유주의적이다"라고 말할 수 있는 기준은 그 사회가 자유주의의 고전적 특징들을 체현하고 있는 정도다. 자유주의의 고전적 특징들이란 생명과 재산의 안전 보장, 법의 지배, 행정부로부터 사법부의 독립, 반대 의사 표명과 소통의 자유를 말한다. 또한 그 사회의 문화적 규범이 지닌 특성과, 시민들이 다른 사람들의 동등한 자유를 침해하지 않는 한 스스로의 생활양식을 선택하고, 불만스러워하는 일반대중이나 당국에 몰수당하지 않고 스스로 경제활동을 할 수 있는 정도도 물론 그 기준이 된다.

그러므로 자유주의와 자유주의 이데올로기가 현재의 담론에서 쓰이는 것과 같은 의미 즉 개인 행위 영역에 대한 불간섭을 의미하게 된 것은 바로 이 시기였다. 따라서 이와 비슷한 방식에 따라 '자유주의'는 다른 방식으로 진술되지 않는 한, 성행위에 적용된다고 보는 '도덕'이라는 용어에도 효율적으로 사용된다. 이러한 사실은 '자유주의적'이라는 말이 낙태, 동성애, 형사정책을 둘러싸고 벌어지는 찬성과 반대 싸움에서 자주 등장하는 오늘날 미국의 상황에서 생생하게 입증되고 있다.

제9장

공산주의

스탈린주의 정권들

1945년에서 1975년 사이에 세계 공산주의 운동과 공산주의 이데올로기는 그 범위와 권력과 영향력이 정점에 이르는 동시에 물질적 측면에서나 일반대중의 의식에 대한 장악력에서나 모두 와해되기 시작했다.

공산주의 권력의 지리적 확장은 앞에서 다루었다. 전쟁이 끝날 무렵에는 두 개밖에 없었으나 (그나마 그중 하나는 거의 존재감이 없었는데) 1960년대 초에 이르면 (유고슬라비아를 포함하지 않더라도) 13개의 공산주의 정권이 세계 인구의 3분의 1을 통치하고 있었다. 1970년대에는 두세 개가 더 추가됐고, 공산주의 진영에 속한다고는 여겨지지 않지만 공산주의에 호의적인 태도를 보이는 많은 국가가 등장했다. 그러나 같은 기간에 공산주의 운동은 양대 세력으로 돌이킬 수 없이 갈라지고 말았고, 이들은 적어도 한 번 이상 무장 충돌의 위기에 놓이기도 했다. 이러한 분열의 배경에는 물질적 문제와 이데올로기적 문제가 모두 존재했고, 당연히 이 둘은 서로 연결되어 있었다.

레닌주의적 맥락에서 스스로를 사회주의라고 규정한 정권들은 경제 발전의 수준과 사회적 관계들의 특성 그리고 문화적 배경이 엄청나게 상이했다. 어떤 정권들은 세계대전 그리고/또는 파시즘을 경험하면서 압도된 부르주아 민주주의에서 등장했고, 다른 정권들은 마르크스주의자들이 봉건적이라고 분류할 정치체제들이나 식민지 상태에서 등장했다. 이데올로기적 요건들에 따라 이들 정권의 정치 기관들이 지닌 형식적 본성은 이러한 다양성을 반영했지만, 핵심 내용만은 모두 동일했다.

그 핵심 내용은 손쉽게 정의될 수 있다. 즉 이들 정권은 모두 일당독재 정권들이었으며 그 본질은 과두정이었다. 그렇다고 이들 정권 모두가 필연적으로 인기가 없었다는 것은 아니다. 하지만 소비에트 블록에 속한 정권들은 궁극적으로 모스크바의 결정에 종속되어 있었다. 스탈린이 살아 있는 동안 이는 매우 정확하고 자세히 이루어졌다. 하지만 스탈린 사후에는, 너무 멀리까지 가지 않는 한 상당한 자율성이 주어졌다. 주요한 공통의 이데올로기가 코메콘Comecon(1949년 설립된 공산권 경제상호원조회의—옮긴이)이나 바르샤바조약과 같은 제도적 장치들보다 더 중요하게 여겨졌다. 그리고 1950년대 말까지는 유럽과 아시아의 공산주의 정권들 모두가 상대적으로 화합을 이루고 있었다. (유고슬라비아의 일탈은 예외적이었다.)

공식 제도들은 실제적 의미 때문이 아니라 이 정권들이 공산주의 이데올로기에 비추고 있던 불빛이라는 면에서 중요하다. 소련은 공산주의 혁명의 고향이며 자본주의와 계급 갈등을 없애버렸다는 점에서 가장 발전된 곳으로 여겨졌다. 하지만 역설적이게도 소련은 산업적으로 가장 발달한 곳이 아니었으며, 동독과 체코슬로바키아가 경제적으로는 훨씬 더 앞서 있었다. 그럼에도 소련은 최적의 정치제도를 향유하고 있는 것으로 여겨졌다. 여기에서는 단 하나의 지배 정당만이 있고 다른 정당들은 허가되지 않으며, 대의제 의회는 지리적 경계가 아니라 1차적으로 작업장 대표회의를 기초로 구성된다. 이러한 특성들이 모두 보다 큰 정치적 성숙도를 나타내는 지표로 여겨졌다.

정당들은 (마르크스주의적 정의에 따라) 사회 계급에 기초하며 필연적으로 그 계급의 이익을 반영한다는 것이 이론적인 중심 가설이었다. 소련에서 노동계급은 두 종류의 계급 즉 노동자(화이트칼라와 육체노동자 모두 포함)와 농민 두 계급밖에 없었고 이들은 정치적으로 단일하게 묶여 있으므로 서로에게 비적대적이다. 이 논리에 따르면 단 하나의 정당만이 존재해야 했다. 그러나 해방된 동유럽 정권들은 이러한 수준에 아직 이르지 못했다. 물론 지배체제로서 자본주의는 이미 폐지됐다. 그리고 자본가와 지주로 이루어진 착취계급은 더 이상 군림하지 않았다. 하지만 계급 구분은 지속됐다. 그러므로 농민과 소자본가들을 대표하는 그림자 정당들이 계속해서 만들어져 존재하다가 지배 정당인 공산당의 통제를 받는 블록 안으로 통합됐다. (공산당은 이전에 사회민주주의자들을 강제적으로 흡수했었다.) 소비에트 유형의 입법기관은 이 '인민민주주의국가들'에서는 복제되지 않았다.[1] 대신에 의회와 같은 대표회의들이 지배 집단을 임명하는 제도적 틀을 이루었다. (대표회의의 의원이 될 수 있는 조건은 엄격히 통제되며, 선거에서 일반대중은 진정한 선택권을 갖지 못했다.) 진정한 토론이 있다

하더라도 공산당 정치국 수준에서만 일어났다.

마오쩌둥의 지도 아래 1948년 건국된 중화인민공화국의 형식적 특성도 다소간 비슷한 모델을 따랐다. 하지만 '인민민주주의'라는 용어는 사용되지 않았다. 중국은 동유럽보다 더 가난했고 경제적으로 뒤처져 있었다. 그리고 중국의 경제 수준을 끌어올리려면 앞으로 상당한 양의 자본주의적 요소들이 투입되어야 했다. 따라서 '인민의 자본가들'—국민당 정권에 연루되어 오염되지 않은 자본가들—이 지명됐고, 이들에게는 상당한 경제적 특전이 주어졌다. 하지만 정치적 특전은 부여되지 않았다. 인민대표회의에서 이들이 대표되는 비중은 미미했다.

결국 마르크스주의의 지침들을 따라 노동계급이 이들 정권의 주도 세력이 됐으며, 이들의 대표자인 공산당은 정치 지침과 활동 요소를 제공했다. 주민 다수와 공산당원들이 압도적일 만큼 농민이거나 농민 또는 지식계급 출신일 때조차도 그러했다. 따라서 실제 이들 정권은 농민 혁명에 의해 세워졌거나, 아니면 마르크스주의 이론의 처방에 이데올로기적으로 부합해 만들어진 소비에트 군대에 의해 창립됐다.

민족 정체성에 관한 문제에서도 상황은 동일했다. 이 분야에서도 형식적 규정들은 준수됐다. 일반적으로는 제국주의를 공격하면서, 특히 차르 국가의 구조를 공격한 레닌주의 이론에서는 민족들이 원하는 대로 독립을 자유롭게 선택할 수 있는 권리가 허락되어야 한다고 주장했다. 그리고 소련 내에서도 이러한 주장은 엄격히 준수됐고, 그 결과 공화국 14개가 자발적으로 연방을 이루어 조화롭게 존재했다. 공산주의 중국과 유고슬라비아 또한 다양한 민족들을 자신들의 국경 안에 포함시키기 위해 연방제를 택했다. 1913년 스탈린은 민족과 민족주의의 경전처럼 여겨지는 글을 썼으며, 그가 정부에서 처음 맡은 직위는 민족인민위원이었다. 소비에트러시아(소련의 전신)가 성립되기 전이었던 이 기간에 스탈린은 핀란드의 독립선언에서 소비에트 정부를 대표했었다.

스탈린의 개념들

1945년에서 죽음에 이르는 1953년까지, 스탈린의 독특한 레닌주의 이데올로기는 전성기에 이르렀다. 그것의 최종 형태에 대한 설명은 스탈린이 감수하고 부분적으로 저술하기도 해서 1938년에 출간한 『소련공산당(볼셰비키)의 역사*History of the CPSU(B)*』에서 처음 제시됐다. 전 세계 공산주의자들이 열렬히 연구한 이 책은, 에릭 홉스봄에 따르면 교육론적으로 쾌거를 이룬 성과였다. 이 책은 소련공산당의 공식 역사를 제공했다. 그리고 소련공산당을 그토록 효과적으로 만들어주었으므로 다른 모든 공산당에서도 도입해야 한다고 하는 법칙, 조직, 이데올로기를 인터내셔널을 통해 공급했다.

소련공산당의 법칙들 중에는 사회주의 혁명이 승리한 뒤에도 — 사회주의의 건설이 진척된 뒤에도— 계급투쟁이 잦아들지 않고 오히려 격렬해진다는 주장도 들어 있었다. 전복된 사회체제의 잔당들이 자신들의 희망이 사라져가는 것을 보고는 자신들의 이전 지위를 공고히 하려고 더욱 필사적으로 싸우기 때문이라는 것이다. 이것은 1930년대와 제2차 세계대전 이후 소련에서 강화된 경찰 정권을 정당화하려는 것이었다. 러시아에서는 두 시기에 모두 숙청이 진행됐으며, 동유럽에서도 1947년 티토가 소비에트 블록에서 탈퇴한 뒤 소련에서와 같이 숙청이 이루어졌다.

1930년대 스탈린 정권은 앞에서 살펴본 바와 같이 국제주의의 장막 뒤에서 완전히 민족주의적 방식으로 작동했으며 소비에트와 대러시아인의 이익을 강조했다. 1945년 종전이 되고 냉전이 시작되면서 소비에트 지도자들이 다시 한 번 포위됐다고 느끼게 되자 이러한 경향도 엄청나게 강조됐는데, 때로는 불합리하고 기이한 방식이 동원되기도 했다. 상대성이론과 같이 서방 과학의 중요한 내용들이 '부르주아 과학'이라는 이유로 비난받았다. 이와 반대로 사기꾼에 지나지 않는 트로핌 리센코(1930년대 소련의 생물학자로 후천적으로 습득한 형질이 후손에 유전될 수 있다고 주장했으며, 스탈린을 등에 업고 자신의 이론에 반대하는 과학자들을 숙청한 것으로 악명 높다—옮긴이)의 생물학처럼 소련에서 연구되는 '프롤레타리아 과학'을 해외 공산주의 학자들도 반드시 동의하라고 강제했다. (원자력 무기 개발 프로그램에서 활동하던 소비에트 물리학자들은 침묵 속에 상대성이론을 이용해야 했다.) 이보다 더욱 왜곡된 사실은, 어떤 과학 지식과 기술이 새로 발견됐을 때 보편적으로 인정받는 최초 발견자가 있는데도, 이전에 전혀 알려진 적이 없는 러시아인이 그 발견자로 발표됐다는 점이다.

1920년대에도 이미 스탈린주의자들은 (러시아 문화에 깊이 스며들어 있던) 반유대주의를 음흉한 방식으로 활용하여 (당연히 공공연하게 사용할 수는 없었으므로) 트로츠키를 비롯하여 그리고리 지노비예프와 레프 카메네프같이 스탈린에 반대하는 유대인 출신의 다른 공산당 지도자들을 공격했다. 1940년대 후반에서 1953년에 이르는 동안 소련 정권은 반유대주의에 깊이 감염됐다.

이러한 상황이 벌어진 부분적 이유는 이스라엘의 입장 때문이었다. 처음에 소련은 이스라엘의 건국을 지지했는데, 이스라엘이 건국되면 해당 지역에서 서방의 영향력을 상쇄하리라 기대했기 때문이다. 하지만 그 반대 결과가 일어날 것이 분명해졌고, 편집증 증세를 보이던 스탈린은 상태가 더욱 심해져 자신의 적들에게 영향을 받았거나 잠재적으로 그랬을 것 같은 이들을 모두 의심했고[2] 유대인과 연고가 있는 소비에트 시민들을 광범위하게 보다 적극적으로 박해하면서 어떤 방식으로든 유대인 문화 정체성을 드러내는 조직들의 구성원들을 제거하기 시작했다. 동유럽에서는 유대인 배경을 지닌 공산당 지도자들을 중심으로 숙청이 진행됐다. 유대인 배경을 지닌 인물들은 아무리 당에 충성했다고 주장해도, 정체성의 초점을 당보다는 유대인 국가에 두고 있을지도 모르기 때문이었다. 인종주의에 대한 혐오를 자랑하고 있던 소련 정권이 반유대주의를 공개적으로 천명한다는 것은 허용할 수 없었을 것이고, 그래서 유대인 후손이었던 라자르 카가노비치를 공산당 공안국에 전시용으로 계속 앉혀두기도 했다. 그리고 반유대주의 대신 시오니즘과 '사해동포주의'에 대한 비판을 유대인 박해 정당화에 활용했다.

1943년 코민테른이 해체됐어도 크렘린은 여전히 국제공산주의운동을 주도하고 있었고, 더욱이 동유럽 국가들의 고리가 존재했다. 스탈린은 이들 국가에 공산주의 행정부를 강제로 들어앉힐 필요가 있음을 깨달았었다. (애초에 폴란드에서는 그렇게 하려고 했을지 몰라도 나머지 국가들까지 그의 최초 의도에 포함되지는 않았을 것이다.) 강력하게 민족주의적인 소련/러시아가 허울뿐인 주권국가들의 선두에 서서

전 세계 공산당들에게 영감을 주고 지시를 내린다는 것은 반드시 해결되어야 할 역설이었다.

소련은 사회주의 혁명의 근원이자 사회주의를 건설한 최초의 국가로서 으뜸가는 지위를 다른 모든 공산당으로부터 인정받아야만 했고, 실제로 인정받았다. 게다가 스탈린에 대한 찬사는 거의 병적인 수준에 이르렀다. 소비에트의 헤게모니에 종속된 국가들에서 특히 심했지만 이들 국가들에만 한정되는 것도 아니었다. 중국의 경우가 가장 흥미롭다. 중국은 이러한 방식으로 소련에 종속되어 있지는 않았지만, 1949년 이후 공산주의 국가가 됐고 소련과 가까운 동맹으로 남았다. 중국의 공산주의 혁명은 마지막 단계에서 소비에트의 지원에 빚진 바가 있긴 하지만, 독립적으로 성취된 것이었다. 앞서 언급했던 것처럼, 스탈린은 중국에서 혁명이 완수되는 것에 그다지 관심이 없었다. 그는 일관되게 마오쩌둥을 채근하여 장제스와 협상하도록 했으며, 그의 정부는 국민당 정부에 대한 인정을 가장 마지막에 철회한 무리에 속했다. 그가 미국과의 관계는 물론, 공산주의 운동 내에 중대한 지도자가 한 명 더 등장하여 가져올 결과에 대해 생각하지 않았을 리 없었다.

일단 중국에서 혁명이 실현되고 중국공산당이 창립되자, 이전에 티토를 다루려던 것과 같은 방식으로 마오쩌둥을 다루면 안 된다는 지각 정도는 스탈린에게도 충분히 있었다. 또한 스탈린을 위대한 혁명가로 존경하고 있던 마오쩌둥은 스탈린이 중국 문제에 끼어들지만 않는다면 그에게 형식적인 상석을 내어줄 용의도 있었다. 무엇보다도 중국 공산주의자들은 국가 재건 사업 때문에 소련의 원조를 원했으며, 적대적인 미국 때문에 소련의 보호가 필요했다. 하지만 크렘린은 이에 대해 엄청난 물질적 대가를 요구했다. 겉으로만 우호와 친선이 유지됐고, 중국의 혁명은 세계 도처의 공산주의 선전물에서 (시간 순서에서는 물론 중요성에서도) 20세기의 두 번째로 위대한 사회주의 혁명으로 소개됐다. 반대로 미국의 선전물에서는 중국의 혁명 역시 크렘린에 의해 계획되고 지휘됐으며, 세계적인 공산주의 음모의 또 다른 에피소드에 지나지 않는다고 설명했다. 게다가 중국 역시 동유럽 위성국가와 본질적으로 다를 게 없다고 묘사했다. 하지만 이것은 현실과 상충하는 추정들이었다.

자기 영향권 바깥에 있는 국가의 공산당에 대한 스탈린의 태도는 그 공산당의 중요성에 따라 달랐다. 이들 국가의 공산당원들은 자신들의 행동방식을 물리적으로 통제할 수 있는 수단을 소련공산당이 전혀 갖고 있지 않다는 사실을 즐겨 지적했다. 그렇기 때문에 소련이 행하거나 믿고 있는 것에 그들이 동의할 때는 그건 오직 순전한 확신에서만 그러하다는 말이었다. 어떤 의미에서 이 말은 참이었지만, 그것은 다만 공산당 활동가들이 강력한 이데올로기적 훈육의 관습들에 맞게 사회화됐기 때문이다. 만약 그들이 심각하게 노선에서 벗어난다면 그들은 당을 떠나게 되거나 당에서 쫓겨날 것이다. 당원들로부터 매우 높은 지위를 부여받은 지도자들도 소비에트의 허락 없이 노선에서 벗어난다면 같은 당원들과 갈등을 빚을 것이었다.

적진의 지도자였던 영국과 미국의 공산당 지도자들이 너무나 규모가 작고 상대적으로 영향력이 없는 상태로 남아 있었고, 이는 틀림없이 소련인들이 통탄할 일이었다. (영국공산당은 노동조합운동에서 상당한 존재감이 있긴 했지만) 두 나라 공산당 지도자들은 자신들이 강력한 영역에 이르지 못한 것은 객관적 여건 탓이 아니라 의지의 실패 때문이라는 공통의 비유를 들어 말하곤 했다. 이탈리아와 프랑스의 공산당은 달랐다. 이 두 나라의 공산당은 이제까지 서유럽에서 가장 중요한 공산당이 되어 있었다. 실제로 프랑스공산당은 선거에서 가장 많이 득표한 최대 정당의 자리에 오르기도 했다.

코민포름

프랑스와 이탈리아 공산당의 중요성이 강조된 것은 1947년 유럽에서 집권 여당이 된 공산당들로만 구성된 (소련 포함, 알바니아 제외) 공산당정보국Communist Information Bureau, 즉 코민포름Cominform이 창설됐을 때였다. 프랑스와 이탈리아의 공산당만이 소련과 동유럽 바깥에 있는 회원이었기 때문이다. 코민포름은 트루먼 독트린과 마셜 원조 프로그램의 여파 속에서 모스크바를 중심으로 이데올로기적 연대를 강화하려는 징표였다. 이 기구의 핵심은 '양 진영Two Camps'이라는 교의였다. 평화와 사회주의 진영은 공산당이 지배하는 국가에 의해 대표되며, 전쟁과 제국주의 진영은 미국이 주도했다.

하지만 프랑스와 이탈리아 공산당은 이데올로기적으로 느슨하고 정치적 실천에서 지나치게 자유주의적이라고 호된 질책을 받았다. (그들의 정치적 실천은 당시 스탈린의 요구 사항에 준거하여 수행한 것이었다.) 두 공산당은 오류를 시인하도록 강요받았으며, 자신들의 방식을 교정하기 위한 지침을 전달받았다. 또한 코민포름과 다른 유럽 공산당들을 연결하는 매개체로 활동해야 하는 소임도 부여받았는데, 즉 이데올로기 감시자가 되라는 것이었다.

코민포름 창립 회의에서는 소련 대표 안드레이 즈다노프가 경쟁 상대 진영에 대항하기 위해 (군사적 충돌을 제외한) 모든 영역에서 반격을 펼치겠노라고 선언했다. 여기에는 현저하게 중요한 이데올로기 영역도 포함되어야 했다.

> 소련에 맞선 그들의 이데올로기 투쟁에서 미국 제국주의자들은 … 이데올로기 투쟁을 발판으로 삼아 … 노동계급의 모든 적을, 거물 자본가들로부터 우파 사회주의 지도자들까지 하나도 남김없이 (결속시켜) … 소련 내부에 부르주아 정당들을 만들려 한다. 제국주의의 대리자로서 그들의 마음에 너무도 소중한 이들 정당에는 의사擬似사회주의 정당들도 포함되며 ….[3]

베오그라드에서 열린 이 회의는 예술과 예술적 창조 활동에 특별한 관심을 쏟았다. 예술은 부단히 '사상의 전쟁'에 적절히 배치되어 소련과 공산주의 운동을 밝은 조명으로 비추고 긍정적으로 제시해야 하되, 반드시 소련을 지배하고 있던 '사회주의적 사실주의'[4]의 양식을 따라야 했다. 사회주의적 사실주의란 '현실적·사회적 방향성을 지닌 예술'로 여기에서는 '긍정적 영웅들'이 등장하고, 갈등은 간명하게 표현되며, 어떠한 양식적 실험도 배제된다.

이것저것을 생각해보았을 때 공산주의자들이 일반적으로 스탈린의 마지막 8년 동안 극적인 진보가 이루어졌다고 느낀 것도 무리는 아니다. 공산주의 운동과 소련은 1930년대 말 궁지에 몰렸었고, 1941년에는 거의 전복될 위기에 놓였었기 때문이다. 이런 상황에서 출발한 공산주의 세력은 '전 세계 6분의 1은 사회주의 세상'에서 전 세계 3분의 1까지 확장됐다. 공산주의는 완전히 동등하지는 못 하지만 그래도 어느 정도 비교할 수 있는 수준에서 자본주의 세력에 대응할 만큼 강력한 세계적 세력이 됐다. 서방에서는 냉전을 통하여 공산주의 세력이 더 이상 확대되는 것을 막아내는 데 성공했지만, 이미 일어난 일을 뒤집을 수는 없었다. 역사는 결국 자신들의 편이라는 극도의 자신감이 언제나 공산주의자들의 태도를 드러내는 증표가 되어왔는데, 이러한 자신감이 마침내 훌륭하게 증명된 것처럼 보였다.

스탈린 지우기

소비에트 블록 바깥의 공산주의자들은 눈치 채지 못했을지라도, 소비에트 국가의 최고 지도부는 자신들의 업적들이 놓인 토대가 흔들리고 있음을 적어도 부분적으로는 인식하고 있었다. 독재자의 통치를 특징지었던 공포정치는 더 이상 실행될 수 없는 한계에 이르러 있었다. 스탈린이 사용한 정치적 기술은 피의 숙청이라는 수단을 반복적으로 사용하여 ―공산당에서나 사회 일반에 있어서나― 자신의 정치적 의지로부터 독립해 있는 제도적 층위들이 단단히 결합되는 것을 부수고 막는 것이었다. 그가 죽음에 가까워졌을 때는 또 다른 인물이 떠오르고 있었지만 이 인물은 오래 지속될 수 없었다. 국가를 운영하는 다양한 관료들이 특히나 변화된 전후戰後 환경 속에서 효과적으로 기능하기 위해서는 자의적인 처형과 투옥에서 벗어나 안전이 보장되어야 했다. 마찬가지로 주민들 전체에 늘 일정하게 가해져온 압력 또한 최소한으로라도 경감되어야 할 필요가 있었다. 그리고 가능하다면 기본적 생활 여건도 향상되어야 했다.

스탈린의 시신이 방부 처리되어 붉은 광장에 있는 레닌의 시신 옆에 안장되자마자 그를 향한 찬사는 잦아들었다. 임박해오던 숙청은 취소됐고, 곧바로 스탈린의 처형 집행인이었던 라브렌티 베리야와 일부 동료들이 오히려 처형당했다. 베리야가 총살됨으로써 공산당 정치국 소속 인물들에 대한 처형은 끝이 났고, 이들 이후에 내부의 정치적 이유로 소비에트 시민이 외국 첩보원이라는 혐의로 기소되는 일은 더 이상 나오지 않았다.

제20차 전당대회

한동안 이 모든 것이 오랜 전통이나 된 듯이 느껴졌지만, 1956년 2월 스탈린의 사망 이후 처음 열릴 예정이었던 전당대회(제20차)에서는 중대한 변화가 일어나고 있음이 확연했다. 회기 초반에 스탈린에 대한 찬양은 거의 없었다. (중국의 친선 대표들만이 그의 이름이 언급될 때마다 박수를 쳤다.) 옛 정치국 소속 아나타시스 미코얀은 스탈린을 부드럽게 비판했다. 당 대표들 사이에서 선풍을 일으킨 것은 니키타 흐루쇼프의 연설이었다. 소련공산당 제1서기이자 정부의 주요 인물로 부상한 흐루쇼프는 스탈린의 업적들에 주목하고, 그 업적들이 당과 소비에트 사회 일반을 타락시켰음을 부인하긴 했지만, 그럼에도 스탈린은 폭군이며 망상적 학살자였다고 비난했다. 스탈린은 일상적으로 '사회주의의 적법성'을 위반했으며 그의 동료들을 공포에 떨게 하고 훌륭한 다수의 공산주의자를 죽음으로 몰아넣었다. 흐루쇼프는 또한 스탈린이 자신의 주변에 조성해 놓은 '개인숭배'를 심하게 욕했다. 외국인 관찰자들은 —금세 공개된 '비밀 연설'을 듣고— 흐루쇼프가 스탈린이 반反스탈린주의자보다 스탈린주의자를 박해하기 시작한 때를 '나쁜' 스탈린이 등장하는 시기로 잡고 있음을 재빨리 파악했다.

흐루쇼프와 소비에트 선전단 및 다른 해외 공산당들이 흡수하여 모두 같이 사용했던 비유들 중 최고의 것은 레닌과 스탈린의 비교였다. 레닌은 자신의 후계자와는 반대로 완벽한 지도자였으며 스탈린이 갖지 못한 모든 자질을 가졌다. 즉 레닌은 오류와 단점에 대해 정직했고, 위협이 아니라 논증을 통해 자신의 주장을 납득시켰으며, 사려 깊고, 개인적 성품은 겸손하며, 동료들에게 충실했다. '레닌주의 기준의 복원'이 표어가 됐다. 소비에트와 동유럽 풍경 어디에나 등장하며 두드러진 특징을 이루던 스탈린의 초상들은 레닌의 초상으로 대체됐다.

해외의 공산주의 지도자들과 그 지도를 받는 이들 모두에게 '비밀 연설'은 지성과 도덕에 일어난 지진처럼 다가왔다. (폴란드의 전 대통령 볼레스와프 비에루트는 이 연설을 듣다가 심장마비로 사망했다고 한다.) 알바니아의 지도자 엔베르 호자의 경우처럼 어떤 이들은 공식적으로 이 연설의 진실성을 인정하길 거부했고, 다른 이들은 개인적으로 그렇게 했다. 그런 인물들 중에는 프랑스 공산주의 지도자 모리스 토레즈도 포함되어 있었는데, 이들은 흐루쇼프가 제거되고 그의 연설은 소비에트 당국으로부터 비난받을 것이라고 믿었다. 중국 지도자들은 스탈린을 불평할 만한 나름의 이유가 있었음에도, 흐루쇼프의 연설과 탈스탈린화에는 달가워하지 않았다. 사기와 단결성에 끼칠 영향을 고려해서이기도 하고, 스탈린의 후임자들이 이끄는 대로 계속 따르라는 요구에 반감이 점점 커졌기 때문이기도 했다. 중국 지도자들은 스탈린이 어떤 단점들을 지니고 있었다는 사실을 마지못해 인정하는 선에서 스스로 만족한 뒤 전당대회를 떠났다.

문제는 스탈린이 능력 있고 뛰어난 지도자이며 훌륭한 정치인으로 칭송받는 것에 만족하지 않았다는 데 있었다. 만약 그 정도 수준에 만족했더라면 흐루쇼프가 파괴하려 했다 해도 스탈린의 명성은 그대로 남아 있었을 것이다. 아니면 적어도 재난과도 같은 피해는 덜 겪었을 것이다. 그러나 스탈린은 무오류의 신성한 아이콘으로 재현됐으며 사람들은 그의 사당에 가서 그를 경배하고 스스로의 비판 능력을 포기한 채 의사擬似 종교 차원에서 정치적 헌신을 다 바치며 살아야 했다. 여기서 비롯된 결과는 예상 못하지 않았던 바, 적어도 유럽 지역, 그것도 동과 서 모두를 합한 유럽에 (그리고 미국에도) 닥쳐온 통제할 수 없는 위기였다.

당의 지도자들은 이 상황을 최대한 좋게 활용하고자 노력했다. 그들은 일어난 사건들이 소련이 기본적으로 건강하며 도덕적으로 완전하다는 사실을 입증한다고 주장했다. 그 이유는 스스로의 오류를 공개하여 해결하는 일을 두려워하지 않았기 때문이라고 설명했다. 다행히도 소비에트 사회주의의 토대는 건전하게 남아 있었으며, 사람들의 분노는 모두 스탈린의 과오와 '개인숭배' 때문이었다고도 했다. 하지만 이 모두는 매우 설득력이 없었다. 이 여파 때문에 같은 해 폴란드에서는 초기 단계의 폭동이 일었는데, 공산당 지도부가 사건을 통제하고 타협을 이끌어내면서 간신히 진화됐다. 또한 헝가리에서는 실제 반란이 일어나 소비에트 탱크들과 충돌하여 커다란 폭력 사태가 빚어졌으며, 살육이 이어졌다.

이러한 사건들은 서구 공산주의자들에게는 특정한 위기의 순간으로 기록됐다. 특히 폭동이 일어나 그 나라의 '인민민주주의'의 본성이 폭로됐을 때 더욱 그러했다. 공산주의자들은 모든 물질적 증거와는 반대로, 서방 세력이 정당화된 대중의 불만에 기대어 자본주의화하려는 음모를 일으킨 것이라거나, 정보국에 몰래 숨어든 파시스트 부류들이 조작한 것이라며 반란을 일축해버렸다. 하지만 매우 많은 공산주의자가 이를 믿지 않았으며, 그들 중 대부분이 당을 떠났다.

분열

놀랍게도 차후에 일어난 사태의 전개 과정 덕분에 줄어든 당원 수는 대체로 복구됐다. 하지만 1956년에 일어난 사건들은 공산주의의 사기에 되돌릴 수 없는 타격을 입혔다. 어떠한 태도를 취하든, 사태는 전과 같아질 수 없었다. 스탈린은 부당하게 비방 당했으며 그의 관리 아래 있었을 때 소련과 공산주의 운동의 모든 것이 좋았다고 느꼈던 사람들조차, 다른 사람도 아닌 소비에트 지도자들이 스탈린을 비난했음을 받아들여야 했다. 하지만 그럴 경우, 장차 소비에트 지도자들을 어떻게 신뢰할 수 있겠는가? 반면에 스탈린에 대한 비판들을 사실로 받아들이고 헝가리를 그릇된 모든 것의 입증 사례로 간주한다면, 공산주의자로 살아오는 동안 거짓된 삶을 살아왔다는 사실에 적응해야만 했다. 어떤 길을 택하든 그 길에는 환멸이 놓여 있었으며, 이 환멸은 1957년 세계 공산주의 회의(1957년 11월 모스크바에서는 명목상 러시아혁명 40주년을 기념한다는 이유로 12개국 공산당·노동자당 회의와 64개국 공산당·노동자당 회의를 연달아 열고 모스크바선언을 발표했다—옮긴이)에서 상처 위에 덧붙여준 반창고로도 어떻게 해볼 수 없는 것이었다. 이 회의에서는 모스크바선언을 발표하고 다음과 같이 확언했다.

> 이번 회의에서는 공산당 및 노동자당 당원들에게 있는 수정주의와 교조주의를 단호히 극복해야 할 필요성을 강조한다. … 교조주의와 파벌주의는 마르크스레닌주의 이론의 발전과 구체적 여건 속에서의 창조적 적용을 저해하며, 구체적 상황에 대한 연구를 인용과 현학으로 대체하고, 대중으로부터 당을 고립시킨다.[5]

아울러 '구체적 여건'이란 때로 '평화적 수단'을 통한 사회주의 혁명의 기회를 제공한다는 점도 강조됐다.

그로부터 3년 뒤인 1960년에 소비에트의 위기와 성공이 더욱 진행되고, 1959년 말부터 프라하에서 발행되는 국제공산주의 저널 『평화와 사회주의의 문제들*Problems of Peace and Socialism*』에서 중국 측 기고문이 사라진 뒤에, 81개 공산당이 추가 회의를 열어 1957년의 선언을 재차 확인했다(이때 나온 성명의 영국 판본에는 '3천 6백만 공산주의자들이 말한다*36 million Communists say*'는 표제가 붙었다).

> 우익 기회주의에 불과한 수정주의는 이론과 실천에서 부르주아 이데올로기를 반영하며 마르크스레닌주의를 왜곡하고 그로부터 혁명의 본질을 제거해버린다. 그리하여 노동계급의 혁명 의지를 마비시킨다. …
>
> 이론과 실천에서 교조주의와 파벌주의는 그에 맞서 가차 없이 싸우지 않는다면 개별 당의 발전 과정 중 어느 단계에선가 주요한 위험

요소가 될 수 있다. …

모든 마르크스레닌주의 정당은 독립적이며 동등한 권리들을 갖는다. … 그리고 서로를 지지한다. … 공산당 및 노동자당은 소련공산당이 보편적으로 인정된 세계 공산주의 운동의 선봉대였으며 지금도 그러하다는 것을 만장일치로 선언한다. …

81개 당 모두가 선언문에 서명했다. 하지만 이미 공산주의 블록은 무너지고 있었다. 이러한 사실이 공개적으로 인정되지 않았을 뿐이다.

'평화적 공존'

그럼에도 새로운 현실은 흡수됐고, 시간이 지나면서 공산당들은 이러저러한 방식으로 1956년의 짐을 지지 않은 젊은 새 당원들로 채워졌다. (적어도 블록 외부의 공산주의자들에게는) 소련이 정말로 과거의 어두운 요소들을 인정하고 새로운 발전을 시작했다는 증거가 마침내 나타났다. 경제성장이 인상적일 만큼 지속됐고 (아니면 적어도 그렇게 보였고) 생활 여건도 개선됐다. 이런 상황 덕분에 흐루쇼프는 1961년 풍요로운 소비사회의 도래를 화려하게 약속할 수 있었다.

제22차 전당대회에서 흐루쇼프는 또한 '전체 인민의 국가'라는 개념을 제시했는데, 사실 이 개념은 마르크스레닌주의의 시각에서는 일종의 모순어법이었다. 레닌은 국가의 존재가 필연적으로 계급 분열을 일으키며, 완전한 공산주의가 도래하여 국가가 '시들어 없어지'면 그때에야 '인민'은 하나의 사회적 통일체로 고려될 수 있다고 했기 때문이다. 그 뒤에는 소비에트의 기술적 쾌거들이 이어졌다. 그리고 중국에서는 1950년대 말 '대약진 정책'이 진행됐는데, 당시에는 대성공이라고 했지만 결국 대규모 기아만을 낳은 대참사로 끝나고 말았다.

국제 문제에서 비타협적 태도를 취한 것은 모스크바가 아니라 워싱턴이었다. 그렇다고 반드시 소비에트 지도부가 그 경쟁 상대보다 도덕적으로 우월했다는 것은 아니다. 보다 유리한 입장에 서 있던 미국인들은 전면적 핵무장 해제와 같이 자신들의 입장을 약화시킬 수 있는 제안은 무엇이든 거절할 여유가 있었을 것이다. 흐루쇼프가 지금까지 마르크스레닌주의 이데올로기의 주변부에 있던 개념을 강조하게 된 것은 바로 이러한 여건에서였다. 그 개념이 바로 '평화적 공존'이다.

뒤이어지는 이데올로기 논쟁들에서 사용된 방식을 고려해보면, 이 개념은 역설적이게도 중국 공산주의자들에 의해 만들어져서 1954년 중국과 인도가 상호 관계를 정립할 때 처음 사용됐으며, 1957년 선언에서도 별다른 논란 없이 사용됐다. 하지만 세계정세와 역사 발전의 측면에서 레닌과 그의 동료들 및 후계자들은 프롤레타리아 혁명의 전파에는 전쟁과 폭력이 본질적으로 내재되어 있으며, 세계 사회주의로의 이행 과정에서 피할 수 없는 현실임을 확신했었다. "물리력은 새로운 사회의 산파다." 세계혁명의 중심 거점으로서 소련은 이에 필연적으로 관여될 것이다. 조약과 휴전은 일시적 조치들일 뿐이다. 하지만 '평화적 공존'은 이와 정반대의 것을 선언했다.

'평화적 공존'이 결코 자본주의와 사회주의 사이의 대결이 끝났음을 의미하는 것은 아니란 점이 강조됐다. 대결의 끝은 멀기만 했다. 사회체제들은 계속해서 정력적으로 경쟁을 벌일 것이다. 그러나 이제 이 경쟁은 서로의 이데올로기 경쟁이 될 것이며 실제 사례를 통한 경쟁이 될 것이다. 그리고 사회주의의 우월성이 점차 드러나면서 다른 여러 민족도 점차 사회주의를 선택할 것이다. 그러므로 냉전은 종료되고, 핵을 통해서든 아니든 제3세계의 위협은 세계로부터 제거될 것이다. 이러한 생각은 매우 비현실적인 것이었지만 그것과 상관없이 매력적이었다. 특히 궁극적 분쟁이 발생한다면 모든 것을 잃게 될 서방의 주민들에게 매력적인 이야기로 들렸다.

중국의 지도자들은 이러한 생각에 아무런 감명도 받지 못했다. 그들은 자신들만의 문제에 직면해 있었지만 자신들의 감정을 알리는 데 주저하지 않았으며, 그 감정은 꾸준히 차오르고 있었다. 1949년에서 1950년대 중반 사이에 그들은 생존 가능한 사회질서를 수립하고 그들의 권위주의적 명령을 중국의 거대한 영토와 인구에 부과하는 데 성공했다. (티베트를 재흡수하여 복속시키고, 교착상태에 빠진 한반도에서는 미국과 그 동맹국들에 맞서 싸웠다.) 1956년 저우언라이周恩來의 격려를 받은 마오쩌둥은 '백화제방百花齊放·백가쟁명百家爭鳴' 운동을 시작했다. 이 운동은 관료제의 약점들을 바로잡고자 하는 목적에서 행정부에 대한 비판을 제한적으로 허용하려는 것이었다. "백 송이 꽃이 피어나게 하라. 백 가지 학파가 논쟁하게 하라." 하지만 정말로 타당한 비판이 일자 이 정치 운동은 곧바로 종료됐으며, 비판을 했던 많은 이가 박해를 받았다. (이 일이 있고 난 뒤, 대약진운동이 실시되어 끔찍한 재앙을 몰고 왔다.)

1955년 소비에트 지도자 흐루쇼프와 불가닌 두 사람은 티토와의 관계를 개선하고 베오그라드를 개인적으로 방문했었다. 1950년대 후반 들어 소련과의 관계가 상당히 껄끄러워진 중국에서는 이를 두고 마르크스레닌주의로부터 우익으로의 탈선, 즉 공산주의 용어로는 '수정주의'를 보여주는 사건으로 해석했다. 중국은 말로써 유고슬라비아를 공격했다. 1948년 유고슬라비아에 대한 절대 반대를 선포했다가 이제 그것을 포기한 소련을 간접적으로 비난한 것이었다.

격론과 반격

1960년 레닌의 90번째 생일에 중국공산당은 『레닌주의 만세!*Long Live Leninism!*』라는 제목의 팸플릿을 발간했다. 이 팸플릿에는 '평화적 공존'을 지지하고, 소련과 흐루쇼프를 찬양하면서 동시에 국제관계에 대한 소비에트의 일반적 접근 방식을 비판하는 암호화된 논평도 실렸는데, 이는 암호 초심자들도 쉽게 이해할 수 있는 것이었다.

> 우리는 제국주의가 범죄적 전쟁을 벌이는 것을 한결같이 반대한다. … 그러나 제국주의자들이 다양한 여러 나라 민족에게 그러한 희생을 강요한다면 우리는 … 그러한 희생은 되갚아주어야 한다고 믿는다. 죽은 제국주의의 잔해 위에서 승리한 인민은 자본주의 체제보다 수천 배 더 높은 문명과 진정 아름다운 미래를 매우 신속하게 스스로 창조해낼 것이다.[6]

중국의 주요 불만 중 하나는 소비에트가 중국에 핵무기나 핵무기를 제조할 수단을 제공하지 않기로 한 점이었다. 따라서 중국공산당은 이 일을 스스로 해내기로 다짐했다. 중국인들이 보기에 소련인들은 제국주의의 위협에 맞서는 데 한 걸음 물러나 있었다. 하지만 중국인들은 제국주의에 맞서는 것만이 세계 평화를 구하는 유일한 길이라 생각했다. 1960년 성명문에 중국공산당이 서명한 것은 유화적 이미지를 보이려는 마지막 시도였다. 당시에 중국인들은 그해 7월 소련이 경제적 원조와 기술 및 기술자 지원을 모두 철회한 데 대해 당연히 분노하고 있었다. 소련의 원조 철회는 중국 산업 건설에 참담한 결과를 불러왔으며, 이는 대약진운동으로 중국 스스로 만들어낸 재앙을 심화시켰다. "이것이 중국에 입힌 타격은 아마도 소련의 무력 개입이 헝가리에 가한 단기간의 폭력적 충격보다 훨씬 더 잔혹한 것이었다."[7]

소비에트와 유고슬라비아의 화해를 두려워해야 할 이유가 많았거나, 많다고 여겨지던 극단적으로 스탈린주의적인 알바니아의 정권은 훨씬 더 거리낌 없이 공개적으로 흐루쇼프와 그의 동료들을 비난했다. (하지만 알바니아도 1960년 성명문에 서명했다.) 그 결과 알바니아 정권은 소련공산당으로부터 공산주의 공동체의 일원으로서의 지위를 사실상 '취소' 당했으며, 처음에는 중국의 입장을 비판하기 위한 대리물로 이용됐다. 1960년 회의에서 알바니아 지도자들은 소비에트 지도자들과 격렬한 언쟁에 말려들었다가, 회의가 끝나기도 전에 대리인들이 공동 성명문의 최종안에 서명하도록 남겨두고는 사실상 모스크바에서 도망쳤다. 알바니아의 지도자 엔베르 호자의 회고에 따르면 (특별히 신뢰할 수 있는 것은 아니지만) "공산당들의 회의가 시작될 때까지 각계각층의 수정주의자들과 우리들 사이에 공격과 반격이 내내 난무했다."[8] 중국 지도자들의 반응은 알바니아 정권과 친밀한 관계를 맺고 모스크바가 철회한 경제원조를 대신해주는 것이었다.

한동안 중소中蘇 관계의 파열 범위는 가려져 있었지만, 그동안 개선의 기미는 보이지 않고 오히려 상황은 계속 악화되어갔다. 이제 중국공산당은 논쟁의 방향을 바꾸어 이탈리아 공산주의자들을 공격했다. 이들은 마르크스레닌주의와 공산당의 역할을 상대적으로 유연하게 해석하는 것으로 유명했었다. 베이징은 (1963년) 일련의 팸플릿들을 발행하기 시작했는데, 그중 하나는 『톨리아티(이탈리아공산당의 창시자이자 지도자—옮긴이) 동지와 우리의 차이점*The Differences between Comrade Togliatti and Us*』이라는 제목을 달고 있었다.

중국공산당은 이웃과의 싸움이 고조되자 해외 공산당들 사이에서 동맹을 구하려고 했던 것이 분명하다. 암시를 통해 명백하게 소련을 겨냥한 공격들은 상대적으로 제한됐다. 앞서 언급한 팸플릿은 이탈리아공산당이 그들의 방법들을 수정하고 광명을 바라보길 호소하는 것으로 끝맺고 있다. 단절된 관계를 회복할 수 없게 만든 결정적 사건이 일어난 것은 (쿠바 위기가 일어나기 직전인) 1962년 10월이었다. 이때 중국은 국경에 놓인 히말라야의 황량한 바위산들을 두고 인도와 군사적으로 분쟁 중이었는데 소련 정부가 공산주의 동지들의 입장보다 외교적 동맹국인 인도 쪽에 기울었던 것이다.

이탈리아 공산주의자들이 수정주의라는 이유로 비판받았다면, 소련공산당과 소비에트 정부는 더 심한 이유로 비판받았다. 일단 공격의 포문을 열기 시작한 중국은 소련의 폐단들을 이데올로기적 관점에서 틀 지으면서, 이데올로기적 결함에서 비롯됐다고 하는 행동들을 호되게 질책했다. 수정주의가 공격의 출발점이 됐지만, 가장 참을 수 없던 행위는 두 가지였다고 말한다. 무엇보다도, 소련인들은 미국의 권력 앞에 움츠러들어 제국주의의 요구에 따라 행동하며, 그렇기 때문에 자신들의 국제주의적 의무를 저버리고 있다는 것이었다.

중국은 소비에트 양식의 '평화적 공존'—'상이한 사회체제를 지닌 국가들의' 공존—을 가증스러운 이단이라며 비난했다. 또한 쿠바에서 허리를 굽히고 핵미사일을 철수시킨 것도 '제2의 뮌헨협정'—(1938년 영국과 프랑스가 전쟁을 막을 수 있는 수단으로 생각하여, 체코의 동의를 구하지도 않고 히틀러의 요구에 따라 체코의 주데텐란트 지역을 독일에 합병하도록 한 협정—옮긴이)이라고 공격했으며 (핵무기를 쿠바에 배치한 것 자체를 우선 비판했다), 이후에 핵실험 금지조약에 서명한 것도 비판했다. "우리가 중국으로부터 들은 것은 … 사회주의의 목적과 수단에 관한 주장은 점점 더 비이성적으로 변해가고, 불쾌하고 화가 난 민족적 자존심에서 나온 외침, 상처받고 모욕당한 이의 외침은 점점 더 늘어만 갔다."[9]

중국은 소련이 기꺼이 핵전쟁을 무릅써야 한다는 주장을 반복했다. 핵전쟁은 그다지 끔찍하지 않을 것이며, 분명히 제국주의를 파괴할 것이다. 그러나 마오쩌둥의 말을 빌리면, 제국주의는 '종이호랑이'에 불과했고, 단호하게 다루고 강력하게 맞서면 감히 전쟁을 먼저 일으키지는 못할 것이었다. 이 종이호랑이는 원자력 이빨을 가지고 있다고 한 흐루쇼프의 말조차 중국인들에게는 별다른 인상을 남기지 못했다.

소련에 대한 두 번째 주요 공격에서는 오케스트라를 비유로 들었다. 소련공산당이 마치 오케스트라의 지휘자처럼 다른 나라 공산당들에게 '소비에트의 지휘봉'을 따를 것을 강요한다는 것이었다. 실제로 중국과 소련이라는 두 경쟁자는 세계 전역의 공산당들을 자기편에 붙게 하기 위해서나, 그렇게 하지 못할 경우, 특히 중국에서는 상대편에 붙은 공산당들을 분열시키기 위해 서면으로 전쟁을 벌였다. 공산당이 집권한 나라들 중에는 오직 알바니아만이 중국

편에 섰지만 (루마니아는 중립으로 남아 있었다), 인도네시아 공산주의자들이 중국에 충성했고, 인도공산당은 친소련파와 친중국파로 쪼개졌다. 물론 동유럽 정권들은 (루마니아라는 부분적인 예외가 있긴 했지만) 이 상황에서 별다른 선택권을 가질 수 없었다. 하지만 중국의 주장들은 서유럽이나 다른 지역의 공산주의자들에게도 거의 영향을 미치지 못했다. 공산주의자들 사이에 분열은 전혀 일어나지 않았고, 아주 미소한 분파들만이 떨어져 나갔으며 그 영향은 미미했을 따름이다.

'문화대혁명'

1966년 마오쩌둥이 '문화대혁명'을 시작한 후 상황이 변하긴 했다. 중국 바깥에서는 큰 영향이 없긴 했지만 (인도네시아 공산주의자들은 한 해 전에 전멸했다), 중국 사회에 미친 영향은 그야말로 대참사였다. 1차적으로 중국의 문화대혁명이 잃었던 권력을 다시 잡으려는 마오쩌둥의 결심에서 나온 것이라는 데 대해서는 의심의 여지가 있을 수 없다. 하지만 그와 마찬가지로, '문화대혁명'이라는 이름으로 보건대 이 운동을 추진한 1차적 힘이 이데올로기적 고려 사항들이었다는 것도 의심의 여지가 없다.

'위대한 프롤레타리아 문화대혁명'이 공식적으로 시작된 것은 1966년 8월 중국공산당 중앙위원회 총회에서였다. 이 총회에서 발표한 '16개 항'은 문화대혁명의 표면적 목적들의 개요를 제공했으며, 거기에는 다음과 같은 내용들이 포함된다. "사회주의 혁명의 새로운 단계", "주류主流와 곡절曲折", "대담성을 앞세워 과감히 대중을 일으켜라", "대중이 운동 중에 스스로를 교육할 수 있도록 하라", "당의 계급 노선을 단호히 적용하라", "혁명 대중을 '반혁명'으로 모는 사람들을 경계하라", "혁명을 장악하고 생산을 장려하라"(이 조항은 사문 중에 사문이 됐다는 것이 입증됐다), "마오쩌둥의 사상이 위대한 프롤레타리아 문화혁명의 행동 지침이다."

'문화대혁명'에 관한 이미지들 중 가장 끈질기게 이어져온 것은 수없이 많은 젊은 홍위병이 줄을 지어 서서, 모든 정치적 지혜가 담겼다고 하는 마오쩌둥의 '소홍서小紅書'(작고 빨간 책이란 뜻으로 마오쩌둥 어록이다—옮긴이)를 손에 들고 흔들며 힘껏 구호를 외치는 모습이다. 소홍서가 상징하는 것처럼 '문화대혁명'의 이데올로기는 극도의 단순화이며, 또한 극도의 주의주의主意主義이기도 했다. 모든 문화는 스탈린주의의 사회적 사실주의의 깊이를 유연하고 정교하게 보이도록 만드는 방식을 취하고 교훈적인 목적을 지향해야 했다. 마오주의의 영감 아래 봉건제와 제국주의의 악인들을 살육하거나 불가능한 사회주의의 업적 달성에 착수하는 영웅적 공산주의자들만이 받아들여졌다. 과거 이데올로기와 문화의 잔재들은 완전히 근절되어야 했다. 유교는 특별 표적이 됐다.

일반 표적이 된 것은 산업 노동자들이었다. 이들의 물질적 요구는 "설탕 발린 탄환"으로 묘사됐다. 이들을 박해하자 1967년 초 상하이에서는 총파업이 일었으나, 유혈 사태를 빚으며 진압됐다. 또한 우한武漢(중국 중부 최대 도시—옮긴이)의 산업 단지에서는 지역 수비대가 노동자들을 지지하며 반란을 일으켜 전면적인 군사 공격이 요구되기까지 했으나 하룻밤 사이에 모두 진압됐다. 다른 지역에서도 심각한 충돌이 일어났다. 어떤 경우에는 경쟁하는 홍위병 무리들 사이에 충돌이 일어나 그들끼리 탱크와 대포를 가지고 싸우기도 했다.[10]

이것이 전부가 아니었다. 마오쩌둥은 앞으로 소비에트 사회가 걷게 될지 모를 퇴보의 길을 중국 사회도 따라갈 위험에 놓여 있다고 염려했다. 지나친 관료화로 혁명의 기백을 상실하고 수정주의로 빠져들어 제국주의에 복종하게 된 뒤에는 결국 자본주의마저 복구되리라는 것이었다. (당 내부의 적들은 '자본주의의 길을 따른다'는 이유로 기소됐다.) 마침내 소련인들이 그 길의 종착지에 이르렀다는 선언마저 나왔다.

전국을 누비고 다니는 홍위병들이 동원되어 권위 있는 자리에 있는 이들 중 억지스러운 이유로라도 마오쩌둥 개인에게나 보다 일반적으로는 마오쩌둥의 '사상'에 충실하지 않았다고 의심되는 자는 누구나 공격하고 폭행했으며 때로는 살해하기도 했다. 홍위병에게 당한 희생자 중에는 예술가, 학자, 지식인, 관리자가 포함됐으며, 누구보다도 공산당 관리가 많았다. 도시에서도 시골에서도 생산 활동이 중단됐고 그런 만큼 국가 행정은 혼란에 빠졌으며 공산당의 구조까지 모두 망가지고 말았다. 오직 인민해방군과 보안기관만이 이런 식의 숙청에서 제외됐다. 인민해방군은 필요할 때면 홍위병을 지원하는 데 이용됐는데, 결국에는 홍위병을 해체하는 임무를 맡은 것도 인민해방군이었다.

수행된 방식이 매우 다르긴 했어도, 문화대혁명은 1930년대 스탈린의 숙청 사업과 비슷한 기능을 수행했다. 두 경우 모두 반대파 또는 잠재적 반대파를 제거했다. 그리고 그와 똑같은 중요성을 띠고, 행정 기구들을 (군대를 제외하고) 해체하고 분해했으며, 지배 집단으로부터 독립하여 집단의식이 형성될 수 있는 가능성을 파괴했다. 1930년대에 그러했던 것처럼 공산주의자들이 주요 피해자가 된 것은 우발적인 일이 아니었다. 당시 마오쩌둥의 정신 상태에 대해서는 의문의 여지가 있다. 문화대혁명을 주도하고 있는 것은 마오쩌둥이라고 생각됐지만, 그가 공개적으로 대중 앞에 나와 말하는 일은 거의 없었으며, 그렇게 할 때는 횡설수설하는 듯 보였기 때문이다.

국제마오주의

문화대혁명은 괴담으로 남았다. 하지만 마오주의를 세계에 널리 확산된 국제적 운동으로 전환시킨 것은 중소中蘇 분쟁이 아니라 바로 문화대혁명이었다. 그 안에는 서로 다투며 경쟁하는 파벌들이 있었지만 제도적 구조는 결여되어 있었다. 다양한 집단들이 있었지만 베이징에서는 그들 중 어느 곳도 마오주의의 지부로 인정하지 않았고, 그런 집단들을 통제하려고도 하지 않았다. 제3 인터내셔널이라 부를 만한 국제조직은 등장하지 않았다. 이데올로기적으로 왜곡된 렌즈를 통해 볼 때 문화대혁명의 매력은 명백한 자발성, 즉 관료제를 부수고 볼셰비키 혁명의 순수한 가치들을 재차 확립할 대중들이 움직이고 있다는 믿음이었다.

서구의 정교한 사상가들 중에는 대중들의 열광 때문에 받아들여졌다가 바로 그 열광 때문에 떨려나는 이들도 있었다. 로사나 로산다도 그런 인물이었다. 그녀는 『일 마니페스토*Il Manifesto*』라는 저널을 발행하는 동명의 이탈리아 공산주의 반체제 집단의 중심인물이었다.

특정 분야에 우선권을 부여하고 노동을 분업시켜 성장을 이룬다는 특정한 관념에서 사회적 불평등이 비롯된다. 전체 사회를 진보시켜 그러한 불평등의 뿌리부터 파괴하는 전방위적 발전을 성취하려는 사상이 (당면 문제의 사회학적 양상이) 되기 이전에 … '지휘권을 쥐고 있는 정치'에서는 … 역사적 발전의 상태, 즉 사람들 사이의 관계 전체를 근본적으로 변화시키고자 한다. … 보다 정확히 말하자면, 그것은 혁명의 성장 이외에는 어떠한 객관적 실재도 인정하길 거부하는 것이다.[11]

때로 스스로 정당政黨이라 부르는 마오주의 집단들이 서유럽 대부분의 나라와 몇몇 동유럽 국가[12] 그리고 미국에서도 등장했다. 마오주의자들은 1968년과 그 이후에 파리에서 일어난 대사건들 événements에서 두드러졌으며, 영국과 독일의 학생 정치에서 상당한 존재감을 얻기도 했다. 중국이 미국과의 협상 이후 우파로 돌아선 뒤, 특히 마오쩌둥이 지명한 후계자들이 실각한 뒤에는 서구에서도 마오주의는 급히 사라져버렸다. 하지만 마오주의는 상당한 지적 유산을 후대에 남겨주었다.

1960년대 정통 마르크스레닌주의와 경쟁 이데올로기들

이 시대의 소비에트 지향 운동이 지적으로 아무런 성과를 내지 못했다고 한다면 과장일 것이다. 그러나 제도적 맥락에서 보자면 중요한 성과물은 전혀 나오지 않았고, 당의 정통 교의에 비추어 당대 현실을 해석하거나, 절대 불가피할 때면 교의를 조정하는 데만 주로 관심을 쏟았던 것은 분명하다. 예외적인 인물들은 대체로 에릭 홉스봄이나, 가장 유명하게는 루이 알튀세르와 같이 당내 고위 서열에 있던 개인들이었다. (하지만 알튀세르가 마오주의에 어느 정도 동조했던 것이 분명하긴 하다.)

1961년 소련의 외국분출판사Foreign Languages Publishing House는 소련에서 먼저 출간했던 『마르크스레닌주의의 기초*Fundamentals of Marxism-Leninism*』를 해외에 배포했다. 옛 스탈린주의 기관원이었던 오토 쿠시넨이 편집한 이 책은 '설명서'라고 불렸다. 광고문에는 "단일 통합 과학으로서" "세계 공산주의의 이론과 실천에 관해 이제까지 출간된 것 중 가장 완전하고 권위 있는 설명"이라고 되어 있었다. 이 책은 고대 철학에서부터 수명 연장에 관한 전망까지 거의 모든 주제를 다루었으며, 확실히 당시에 있었던 공식 이론을 간편하게 소개하는 안내 책자였다. 스탈린을 미화한 내용이 실려 있었다.

흥미로운 것은 이 책이 "단점과 결함으로부터 자유로울 수 없음"을 인정하고 독자들의 비판을 격려하고 있다는 점이다(14쪽). 실제로 소련 바깥에서는 당의 정통 교의가 확장되고 있는 중이었다. 특히 이탈리아 공산주의자들은 이데올로기를 보다 유연하게 만들기 위해 노력하고 있었다. 모스크바는 동유럽에서조차 자신의 이익이 위협받지 않는 이상 자신에게 의존하고 있는 공산당들에게 보다 헐거운 고삐를 씌워 이끌어갈 준비가 되어 있었다. (루마니아의 경우 소련과 국경이 맞닿아 있었음에도, 그 고삐는 매우 헐거웠다.)

마르크스주의의 부활

1960년대와 1970년대 초에 마르크스주의는 서구에서 이데올로기로서 부활했다. 마르크스주의 원전들이 대량으로 출간됐으며, 종종 유명 출판사들에서 출간되기도 했다. 학계에서는 마르크스주의가 많이 연구되고 논의됐으며 주요 신문에서도 해설자들이 자주 언급했다. 이들 중 많은 부분이 안토니오 그람시의 옥중수고에 관련된 것이었다. 이탈리아 공산주의 지도자였던 그는 무솔리니 정부 아래서 1927년 투옥되어 10년 뒤 죽음에 이를 때까지 감옥에 있었다. 그람시는 정통 레닌주의자이긴 했지만, 코민테른 휘하에서 점점 더 조잡해지던 사회 분석을 거부하고,[13] 역사적 맥락에서 계급 권력이 민중 수준에서 '헤게모니'로 수용되는 방식을 자세히 탐구했다. 이는 부르주아 국가가 마음대로 사용할 수 있는 강압적 물리력만큼이나 중요한 것이었다. 이런 점에서 그의 저술들은 이해의 새로운 지평을 열었다.

다수의 서구 공산당이 어느 정도는 이러한 상황 전개에 영향을 받았고 또 거기에 참여하기도 했지만, 마르크스주의 저작의 출간과 소비를 주도한 것은 한편으로는 헤르베르트 마르쿠제, 장폴 사르트르, 페리 앤더슨 같은 개별 사상가들이었고, 다른 한편으로는 공산당과 아무런 관련이 없던 정치집단들이었다. 이 집단들 중에는 좌파 진영 안에서 전통적으로 공산주의자들의 적이 됐던 트로츠키주의자들이 있었다. 이들은 1940년 트로츠키가 암살당한 이후 좌파의 주변부에서도 거의 사라졌으나 놀랍게도 되살아났다. 트로츠키주의 운동은 원래 그러했던 대로 공산주의 국가들에서는 박해를 받아 거의 멸절됐고, 여러 거점과 지도자들이 경쟁하면서 심각하게 파편화되어 세계 곳곳에 흩어진 채로 계속 존재했다.

상이한 트로츠키주의 집단들은 서로를 파문하고, 온갖 종류의 정치적 죄를 들어 적들을 비난했지만, 그들을 다른 집단들로부터 구분시켜준 이슈는 이데올로기의 원칙보다는 정치적 전략이나 전술에 관한 것이었다. 그러나 이들 조직은 과열된 이론의 압력솥 같아서 그 안에서는 처음에 미소했던 의견 차이도 금세 제지할 수 없는 비난으로 악화되어 분열로 이어졌다. 그들의 출판물을 읽은 보통 독자들은 그들이 무엇에 관하여 서로 대립하고 있는지도 이해하기 어려웠을 것이다.

모두가 트로츠키를 이론적 영감의 원천으로 여겼으며, 20세기 최고의 마르크스주의자인 레닌과 동등한 위치에 두었다. 트로츠키는 소련의 특성을, 더 나아가 다른 공산주의 정권들의 특성을 "변형된 (또는 퇴화한) 노동자들의 국가"라고 묘사했고 (정치적으로 역겨운 것인데도, 이 국가에서는 사회화된 소유 관계를 계속 유지했기 때문이다), 스탈린을 혁명의 무덤을 파는 자로, '일국사회주의'를 혁명이 묻힌 무덤으로 묘사했는데 모두가 그의 이런 설명을 따랐다.

모두들 이들 국가에서 스탈린의 악령을 없애고 노동자들이 그들의 혁명 유산을 다시 전용할 수 있게 하려면 (사회적 혁명이 **아니라**) 정치적 혁명이 반드시 필요하다고 여겼다. 트로츠키주의 정당들이 그러한 혁명을 이끌 것이다. 1960년대에는 어마어마한 정도는 절대 아니었지만 트로츠키주의자들이 괄목할 만한 성장을 이루었고 서구 좌파에 상당한 영향을 끼쳤을 뿐만 아니라, 능력 있는 이론가들을 많이 배출했다. 이들의 재기再起는 마오주의자들의 부상과 마찬가지로 소련과 소비에트 블록으로 대표되는 공식적 공산주의에 대한 환멸이 커져가고 있다는 표징이었다. 당시는 마르크스주의와 혁명 사상이 점점 더 인기를 끌면서 보다 널리 청중을 끌어모으던 때였다. 역설적인 사실은 이러한 인기를 불러일으키는 데 도움을 주었던 두 나라가 바로 소련의 동맹이면서 미국 제국주의의 위협과 공격을 받고 있던 쿠바와 북베트남이었다는 점이다.

1960년대 서구 이데올로기 환경의 변동은 '수정주의' 역사학파의 등장에 영감을 주었다. 여기서 '수정주의'란 마르크스주의자들이 사용하는 의미에서가 아니라 그때까지의 냉전에 대한 서구의 지배적 해석과 관련된 맥락에서 사용되는 용어다. 이 수정주의 역사학파의 대표라고 할 수 있는 책이 바로 데이비드 호로위츠의 『자유세계 거상*Free World Colossus*』이다. (『얄타에서 베트남까지*From Yalta to Vietnam*』라는 제목으로도 출간됐다.)[14] 이들의 역사 해석은 냉전을 선동하고 부추기는 데서 주도권을 쥔 것은 소련이 아니라, 경제, 정치, 군사 분야에서 확장 프로젝트를 추진했던 미국이었음을 암시했다.

1968년

소비에트 블록과 공식적 마르크스레닌주의에 대한 환멸은 1968년 8월 체코슬로바키아에서 일어난 사태 때문에 더욱 커졌다. 그해 초에 찾아온 '프라하의 봄'은 커다란 희망과 기대를 불러일으켰다. 스탈린 이후의 정치 구조가 (이웃 나라 헝가리와 폴란드에서보다 체코슬로바키아에서는 더욱 완고했었는데) 해체됐고, 공산당의 정치 독점은 그대로 유지되기는 했어도 진정한 민주화가 진행 중이었으며, 그것은 그 이상의 것, 즉 체코슬로바키아공산당의 총서기 알렉산더 두브체크가 말한 '인간의 얼굴을 한 사회주의'가 곧 도래할 것을 약속해주는 듯 보였다. 4월에 채택된 행동 강령에 따르면,

> 당의 목적은 사회의 보편적 '관리인'이 되는 것이 아니라 모든 조직과, 당의 지령에 따라 취해진 조치를 결속하는 것이다. 당의 사명은 1

차적으로 사회주의의 진취성을 불러일으키고, 공산주의의 전망들과 실현 가능성을 보여주며, 공산주의자들의 솔선수범과 세계적 설득 활동을 통하여 모든 노동자를 공산주의로 인도하는 데 있다. …

정치체제 전체를 개혁하여 사회주의 사회관계들이 역동적으로 발전시키는 데 주안점을 주어야 한다. … 이와 동시에 정치체제의 기본 구조가 권력의 한 위치로부터 나오는 굴종과 고압의 옛 방식들로 돌아가지 않겠다고 굳은 약속을 제시해야 한다.[15]

바르샤바조약기구의 체코슬로바키아 침공[16]은 나쁜 선례를 남길지도 모를 이 모든 시도를 멈추기 위해 기획됐다. 소련인들에 따르면 검열 제도를 사실상 폐지한다는 것은 반사회주의적 경향들이 번성하여 창궐하도록 허락하는 것이었다. 루마니아와의 대조는 교훈을 주는 바가 있다. 루마니아 정권은 독자 외교 노선을 걸었지만[17] (그래서 이번 침공에 참여하길 거부했지만), 스탈린주의적 성격을 전적으로 유지했으며, 동유럽이나 소련의 개혁적 반체제 인사들을 끌어들일 만한 자극을 줄 가능성은 전혀 없었다. 1971년 소비에트 지도자 브레즈네프[18]는 악명 높은 '브레즈네프 독트린'('트루먼 독트린'에 대한 반사적 대응)을 발표하여, 사회주의를 위험에 몰아넣을 상황이 벌어지고 있는 사회주의 국가라면 어디에든 소련이 개입할 수 있는 권리가 있음을 주장하려 했다. 이에 대한 구실은 북대서양조약기구의 검은 세력이 체코슬로바키아의 사회주의를 약화시키고 체코슬로바키아공산당을 타락시키고 있다는 것이었다.

체코슬로바키아의 사태는 사회주의 건설의 경로를 밟았던 나라에서도 내부적 반사회주의 세력이 … 어떤 조건에서는 활성화되어 제국주의의 지원을 바라며 반혁명 행동을 개시할 수 있음을 새로이 상기시켜주었다.

…

그것은 이러한 방식으로 유럽의 여러 사회주의 진지陣地 전체에 타격을 입히고 차후에 가장 공격적인 형태의 제국주의에 의해 사회주의 세상을 향한 맹공격을 가하기 위한 유리한 여건을 창출하려는 시도였다.[19]

체코슬로바키아 침공은 헝가리 침공 때와 달리 서구 공산당원들의 대규모 이탈을 초래하진 않았다. 첫째, 이전 사례에서처럼 유혈 사태가 일어나지 않았다. 둘째, 이탈리아공산당은 강력하게, 프랑스공산당은 마지못해 하긴 했지만, 활력이 많든 적든 서구 공산당들은 모두 공식적으로 침공을 개탄했다. 그럼에도 심각하게 사기가 저하됐으며, 이런 결과는 다음 10년 동안 '유로코뮤니즘Eurocommunism'이란 이름으로 알려지게 되는 공산주의가 부상하는 과정에 반영되어 나타났다. 이는 소련에서 스탈린이 승리한 이래 공산주의자들 사이에서 일어난 가장 큰 이데올로기적 변동이었다. 물론 모두가 소비에트의 행동을 달가워하지 않았던 것은 아니며, 거기에 열광적으로 동조하는 사람들도 있었다. 동조하지 않았던 사람들 중에서도, 아마도 다수는 문제를 거기에서 내버려두고 다음 볼일로 넘어가길 원했다. 소련공산당과의 유대 관계는 느슨해졌을지 모르지만, 소비에트 정권이 계속되는 한 완전히 단절되는 일은 없었다.

그러는 동안 정통 공산주의는 혁명가적 정신을 지닌 젊은이들 사이에서 신뢰를 더 많이 잃었다. 1968년 5월의 사태가 벌어지는 동안 프랑스공산당이 취한 행동 때문이었다. 파리에서 학생 봉기가 일어나자 총파업이 이어져 전국을 마비시켰다. 드골의 5공화국이 휘청거렸고, 공산당은 사태에서 거리를 두고 있진 않았지만 모든 수단을 동원하여 시위자들의 호전성을 제지하고 개혁주의적 경로로 흘러가도록 방향을 틀었다. 그리고 대형 화재를 일으킨 아나키즘, 마오주의, 트로츠키주의 학생 지도자들에게 경멸을 퍼부었다. 공산당에서는 이들을 가리켜 가장 좋게 봐도 극좌이며, 가장 나쁘게 보면 앞잡이 선동가들일 뿐이라고 비난했다. 하지만 사태가 발생한 여파 속에서 한동안은 이 학생 집단들이 정치와 미디어에서 높은 인지도를 얻었다. 이들을 진압하려는 정부의 시도들이 오히려 그들의 인지도를 높이는 데 도움을 주었다. 이들이 남긴 유산은 —적어도 문화 영역에서— 실제로 매우 중요해질 것들이었다. 이들 중에서 포스트모더니즘의 전형들과 전도자들이 다수 등장했기 때문이다.

1973년에 이르면, 공산주의 정권들의 제도적 역량은 계속됐는지 몰라도 공식 공산주의 이데올로기는, 소비에트 취향의 것이든 중국 취향의 것이든 모두 몰락해 있었다. 소련과 그 블록은 모든 도덕적 신뢰를 사실상 상실했다. 동유럽에서 니콜라에 차우셰스쿠(1965년 집권한 루마니아의 공산주의 독재자—옮긴이)의 정권은 완전히 신뢰를 잃었고, 폴란드에서는 1956년의 영웅 고무우카가 반유대주의를 이용하여 권력을 유지하려다 실패했으며, 1970년 경제적으로 불만에 차 있던 민중들이 봉기를 일으켜 정권이 전복됐다. 1972년 마오쩌둥은 축자적으로나 비유적으로나 거대한 사탄Great Satan(사악하다고 여겨지는 강력한 세력을 일컫는 말이지만 보통 반미 진영에서 미국을 지칭

한다—옮긴이)을 끌어안았다. 쿠바와 베트남의 공산주의자들은 계속해서 국내는 물론 해외에서도 존경을 받았지만, 그것은 어디까지나 이 두 나라가 외세의 위협에 맞서 지켜낸 독립을 대표했기 때문이다.

제10장

보수주의와 파시즘

보수주의와 파시즘을 같은 장에서 함께 다룬다고 해서 두 이데올로기가 동일하다거나 필연적으로 가깝다는 것을 암시하려는 것은 아니다. 그러나 두 이데올로기는 제2차 세계대전 이전에 상당할 정도로 상호 조화를 이루었고, 연합국이 승리한 뒤에는 그 정도가 매우 다르긴 했지만 둘 다 다른 이들의 원한을 샀다. 공개적으로 선언된 보수주의가 공적 영역에 끼친 영향은 (영국을 제외하고는) 매우 제한됐으며 파시즘의 경우에는 거의 무시할 수 있는 정도다. 따라서 두 이데올로기에 대해서는 보다 요약적인 방식으로 다루어도 되겠다.

보수주의

유럽 전역에서 전장의 연기가 걷히자, 이데올로기적 입장으로서 보수주의는 수세에 몰렸다. 이전에 추축국에 점령당한 유럽의 대부분 지역은 아니더라도 그중 많은 곳에서 보수주의는 점령군에 협력했다는 심각한 오명을 남겼다. 점령당하지 않은 영국에서조차 보수주의 정책들은 두 세계대전 사이에 겪은 고난의 원인으로 여겨졌다.

보수주의가 이데올로기로서 가치가 떨어졌다 해도, 보수주의를 지탱한 이해관계와 계층들은 무대 전면에서 퇴장하는 법이 절대 없었다. 만약 해방과 연합국의 승리에 의해 촉발된 사회적 과정들이 그대로 진행되게끔 내버려두었더라면, 동유럽의 보수주의자들처럼 그들도 사라져버렸을지 모른다. 그러나 실제로는 영미 권력이 개입하여 그들이 존속할 수 있도록 보장했다. 이때 스탈린도 도움을 주었는데, 그의 의도는 순전히 이기적인 것이었겠지만 아마도 현실적인 이유에서 그는 다시 등장한 공산당들이 자신들의 힘을 밀어붙여 혁명적 결론에 이르지 못하도록 막았던 것 같다.

해방된 유럽을 하나의 전체로 보면, 상황은 각 나라마다 크게 달랐지만 보수주의를 지탱한 계층은 지주, 선도적 산업가와 은행가, 고전적 하위 중산층의 중요한 부류들(농민, 장인, 소매상인, 화이트컬러 직장인)로 이루어졌다. 여기에는 특히 가톨릭교회도 포함됐는데, 교회는 중요한 지주였으며 광범위한 금융 지분을 갖고 있었다. 이들 계층은 동유럽에서 건너온 우익 난민들에 의해 한층 강화됐다. 특히 독일에서는 폴란드에서 추방당한 이들이 몰려들었고, 다시 그어진 국경 때문에 체코슬로바키아 서부와 다른 여러 지역에 고립됐던 독일인 집단들이 독일로 들어오면서 이러한 현상이 훨씬 더 두드러졌다.

정치적 가톨릭주의

제2차 세계대전 기간에는 에우제니오 파첼리(비오 12세)가 교황이었다. 이 동안에 이루어진 그의 통치 행위는 여전히 논란에 싸여 있다. 그는 1930년대에 재독在獨 교황대사로 있었으며, 분명히 당시 독일 정권의 지도자들과 좋은 관계를 유지했다. 사후에 나온 그의 전기는 많은 공격을 받았고 저자가 일부 내용을 철회하기도 했으나, 저자는 그를 가리켜 '히틀러의 교황'이라 칭하기까지 했다.[1]

어찌 됐든, 1939년 교황으로 선출됐을 때부터 그가 '무솔리니의 교황'이었던 데는 의심의 여지가 없으며, 재위 기간에 프랑코, 살라자르(포르투갈의 독재자. 1932년부터 1968년까지 집권했다—옮긴이), 페탱, 티소, 또는 크로아티아의 형언할 수도 없는 우스타시 전시 정권과도 아무 문제없이 지낸 것도 사실이다.

1945년 이후 바티칸에서는 반공주의나 영적靈的 절대주의 어느 것도 전혀 잦아들지 않았다. (한 가톨릭 신부는 1950년대에 『리더스 다이제스트』에 기고하면서 오류는 진리에 대해 아무런 권리도 갖고 있지 않다고 썼다.) 또한 바티칸에서는 민주주의에 대한 반감을 유지했으며, 다만 더 작은 악으로 여기며 견뎠을 따름이다. 바티칸은 쉽지는 않았어도, 폴란드의 공산주의 정권과 화해할 만큼 충분한 융통성을 가지고 있었다.

가톨릭교회는 어마어마한 재산뿐 아니라, 어마어마한 선전 도구들 즉 공산주의 블록을 제외한 세계 전역에서 발행되는 정기 간행물, 바티칸 라디오 방송국, 중앙의 지휘를 받는 수많은 성직자 등을 소유하고 있었다. 그리고 언제든 주저하지 않고 정치에 개입했다. 대륙에서는 정당들이 재편성되어 보수주의의 이익을 대표하기 시작했다. 보수라는 이름은 절대 사용하지 않았지만 이들 정당은 대체로 보수적이었다. 그리고 선거에서 유권자들의 신뢰를 얻기 위해 자유주의는 물론 사회자유주의에 해당하는 태도들을 공격해야 했다. 이들이 서유럽 전역에서 근본적으로 보수적인 의제를 사회적 포장으로 덮어버리는 데 사용한 용어가 바로 '기독민주주의Christian Democracy'다. 여기서 '기독교'가 의미하는 것은 가톨릭교회였다(기독基督이란 말은 그리스도의 한자 음역으로, 원래 기독교는 그리스도교 전체를 의미한다—옮긴이). (하지만 전쟁 이전에 교회 내에서 더욱 보수적인 부류들은 특별히 가톨릭 정당에 대해 강력한 의구심을 품고 있었다. 그들은 이 정당들이 교회의 민주화를 향한 뒷문일지도 모른다고 우려했었다.)

따라서 독일에서는 파첼리가 채근하여 옛 중앙당이 마지못해 하면서도 히틀러의 초기 의제에 동조했으며, 이후 히틀러의 명령에 따라 스스로를 해체했다. 중앙당의 숨겨진 잔존 세력들은 이제 기독민주당CDU(기독교민주연합)으로 재편성됐으며, 이에 상응하는 바이에른 지역의 열렬한 우익 정당 기독사회당CSU(기독교사회연합)과 동맹을 맺었다. 독일이 연합국의 감독 아래에 있는 동안 기독민주당은 미국 점령군 당국으로부터 강력한 지지를 받았다. 그리고 동반자인 소형 정당과 함께, 서방에서 확보한 독일의 서쪽 절반 안에 미국이 기획해 놓은 연방공화국 내에서 (완벽할 정도로 공정하게 치러진) 선거를 통해 다수 의석을 차지했다. 이데올로기적 유산을 부여하기에 이 정당은 상대적으로 역사적 신뢰도가 얕았다. 그 지도자 콘라트 아데나워는 쾰른의 전임 시장이었으며 나치에 의해 잠시 (상대적으로 편안한 여건에서) 옥살이를 했던 인물이었다. 히틀러에 맞서 1944년 7월 20

일의 음모(라슈텐베르크에서 있었던, 가장 유명한 히틀러 암살 계획을 말한다—옮긴이)를 계획했던 이들이 이 정당의 시각을 공유하고 있었다고 말할 수도 있겠지만, 이 정당의 핵심 강령은 반공주의였다. 기독민주당은 다시 등장한 독일공산당을 불법화했으며 독일민주공화국에 대한 인준을 거부했다. 당시 독일민주공화국은 동독이라는 이름 대신 '중부 독일'이란 용어를 사용했었다. (이전에 독일에 속했던 동부의 주州들을 이제는 폴란드에 잃었기 때문이었다.)

이탈리아에서는 비슷한 정당을 설립하는 데 교회가 직접 손을 댔고, 그렇게 해서 나온 정당 역시 기독민주당DC이라고 불렸다. 이 정당의 기원은 독일 점령군에 맞서 싸웠던 세력들 중 다소 주변부에 있던 부류들에까지 닿았고, 더 멀리로는 1920년대 무솔리니에 반대했다가 바티칸에 의해 정지당한 가톨릭 정당 포폴라리Popolari(정식 명칭은 이탈리아인민당PPI—옮긴이)까지 거슬러 올라간다. 이 정당은 가톨릭을 근거로 호소하고, 특히 반공주의를 이용하여 선거에서 우위를 차지할 수 있었다. 독일과 달리, 이탈리아에는 존경받는 강력한 공산당이 있었고 언제든 기독민주당을 이길 것이라 위협했다. 기독민주당은 언제나 적색 위협에 대한 공포에 우선적으로 동기가 부여된 다른 정당들을 연립정부의 파트너로 삼아 거기에 의지해야 했다. 얼마 지나지 않아 기독민주당은 누구도 당해낼 수 없을 만큼 부패했고, 불법적인 방법으로 표를 얻었으며, 시칠리아의 마피아와 나폴리의 카모라Camorra(이탈리아 남부 캄파니아 지역을 중심으로 결성된, 마피아와 비슷한 이탈리아 범죄 조직—옮긴이)와 같은 범죄 조직들과도 정규적인 관계를 긴밀하게 키워가고 있었다.

프랑스에서는 기독민주당에 상응하는 정당이 있었지만 그 이름을 그대로 사용하지 않고 인민공화운동당Mouvement Républicain Populaire(MRP)이라 불렀다. 이 당에 반대하는 어떤 이들은 풍자적으로 '억압된 교회 신자들의 운동Movement Refoulés Pratiquants'이라 부르기도 했다.[2] 인민공화운동당은 이탈리아의 기독민주당이나 독일의 기독민주당과 같은 영향을 끼치지 못했지만, 드골주의자들에게 투표하기를 망설이던 보수 유권자들을 끌어들임으로써 공산주의자들이 정부에 못 들어오도록 막는 데 중요한 역할을 해냈다. 하지만 프랑스공산당은 선거제도가 자신들에게 불리하게 만들어져 있었음에도 국회에서 가장 큰 단일 정당을 이루었으며 가장 많은 유권자를 대표했다.

파첼리가 죽고, 1958년 안젤로 론칼리(요한 23세)가 교황으로 선출되자 교회 안에서도 중대한 변화가 일었다. 요한 23세는 제2차 바티칸공의회(1962~1965)를 소집했고, 이 공의회는 가톨릭교회의 관례들과 정치적 태도들을 근대화하고 자유롭게 하는, 의미심장한 변화들을 일으켰다. 그렇다고 해서 교회라는 조직의 본질적인 보수주의와 여성혐오증을 고칠 수는 없었다. 게다가 이 공의회의 결과는 페탱주의자 대주교인 마르셀 르페브르가 이끄는 성비오10세회(교황청의 기준에서도 반동적인 '성직주의적 파시즘과 신정주의적 반유대주의로 가득 찬' 조직)와 같은 극단적으로 보수적인 성직자 파벌들 사이에서 격렬한 반발을 초래했다. 결국 바티칸은 성비오10세회와 절연하고 르페브르 대주교를 파문했다.

성비오10세회라는 —당시에 특히 프랑스어권 캐나다와 미국(당시 미국 가톨릭교회에는 평신도는 물론 성직자들도 많았지만 지나치게 자유롭다는 이유로 비난받았다)을 비롯해 전 세계에서 자리를 잡은— 조직의 주된 관심사는 성직과 의례 준수에 관한 문제들이었다. 하지만 성비오10세회는 정치적으로 반동적인 강력한 지향 역시 지니고 있었다. 그 추종자들은 정치적으로, 극단적으로 보수적이며 명백하게 파시스트인 시테 카톨리크Cité Catholique(극우적 성격을 띠는 가톨릭 전통주의 조직으로 1946년 설립됐으나 가톨릭교회의 정식 인정을 받은 적은 없다—옮긴이)와 같은 단체들과도 쉽게 왕래했다. 르페브르는 프랑코, 살라자르, 피노체트에게 갈채를 보냈다.

미국

1945년에도 미국에는 이데올로기적·정치적·사회적 보수주의의 본거지가 그대로 남아 있었으며, 이후에는 냉전의 영향을 받아 어마어마하게 강화되기까지 했다. 다만 사회적 보수주의가 자유주의의 깃발 아래 박해받았다. 냉전은 곧 공산주의에 대한 열정적 증오에 다시 불을 질렀다. 동유럽과 아시아에서 이데올로기, 정치, 군사 등의 세력을 확장해 나가는 옛 전시 동맹국은 모든 악의 근원으로 규정됐다.

매카시즘

1940년대 후반에서 1950년대 초반까지 정치/이데올로기 폭풍이 미국을 뒤덮게 된 배경은 그러했다. 이를 보여주는 전형적 사례는 주정뱅이 정치 선동꾼에 불과한 위스콘신 출신의 상원 의원 조지프 매카시의 부상(과 몰락)과 그가 주도적으로 불러일으킨 사회적 광기다.

물론 불을 붙인 것은 그였지만, 그 이전에 대중의 의식 속에 이미 불이 붙을 만한 무언가가 존재하고 있었다. 1950년대에 나온 『펭귄 정치학 사전*Penguin Dictionary of Politics*』에서는 매카시즘을 자유주의에 대한 적대라고 정의했다. 매카시즘에 의해 미국 미디어와 학계에서는 표현의 자유와 공개적 토론이 철저히 파괴됐기 때문이다. 진짜 공산주의자들과 공산주의자로 의심되는 자들에 대한 적극적인 탄압은 그러한 사상에 실제로든 상상으로든 연루되지 않을까 하는 염려를 통해 다른 많은 사람까지도 공포에 떨게 했다.[3] 매카시는 너무 멀리까지 나간 나머지 군대 지도자들까지 공산주의적 경향을 숨기고 있다고 비난하다가 결국 몰락하고 말았다.

세련된 고위 관료였던 조지 케넌과 광적인 상원 의원 매카시 사이에 지적인 공통점은 거의 없을 것 같지만, 매카시즘의 토대를 놓은 것은 오히려 조지 케넌이었다. 표면적으로 자유주의적으로 보이는 목적을 지닌 조직에 침투하여 이데올로기를 주입하는 것이 소비에트의 핵심 전략이라고 주장한 것이 바로 조지 케넌이었기 때문이다.

보수주의의 재편성

매카시는 북부 출신의 정치인이었지만, 원래 보수주의 이데올로기에 호의적인 정서가 가득한 곳은 남부였다. 옛 남부연맹에 속했던 주들에서는 여전히 흑백분리정책이 엄격하게 유지되고 있었고, 미국에서 가장 강경한 우파에 속하는 이곳 정치인들은 역사적 이유 때문에 민주당을 지지하기는 했지만 절대 민주주의자들은 아니었다. 1960년대 민주당 하원 의원들과 대통령이 (기회주의적인 것이긴 했지만) 흑백분리정책 철폐와 공공복지를 지지하면서, 미국 남부는 공화당과 제휴하게 됐다. 1964년 미국 남부 세력들은 진정 자신들의 마음에서부터 지지하는 배리 골드워터를 공화당 대통령 후보로 세우는 데 성공했다. 그는 자서전을 출간하기도 했는데, 이를 대필한 사람은 윌리엄 F. 버클리(미국의 영향력 있는 보수주의 작가로 보수주의 운동을 불러일으키는 데 중요한 역할을 했던 『내셔널 리뷰*National Review*』 지를 창간하고, 오랫동안 TV 시사 프로그램을 진행했다—옮긴이)의 처남 브렌트 보젤이었고, 그 제목은 『한 보수주의자의 양심*The Conscience of a Conservative*』이었다.

적어도 골드워터는 (아니면 보젤이) 자서전의 독자들에게 그가 실시하고자 하는 정책들에 대해 확신을 심어주었다. 여기에는 인종, 노동, 교육, 해외 정세에 관련된 사안들이 포함됐다.[4]

이중 첫 번째 사안인 인종에 대해 —

> 어떠한 것도 이 땅의 모든 주州 관리들(즉 연방 정부 관리들이 아닌 관리들)이 상실된 주의 권한을 요구하게 할 수 있을 만큼 그리고 헌법이 주에 유보시켜 놓은 모든 사법권으로부터 연방 정부가 즉각적이고 총체적으로 물러나게 할 수 있을 만큼 자유의 대의를 멀리까지 진전시킬 수는 없었다.
>
> 사회와 문화의 변화는 아무리 바람직한 것일지라도 국가 권력의 기관機關들에 영향을 받아서는 안 된다. 설득과 교육을 통하여 결함이 있다고 생각되는 제도들을 개선해 나가도록 하자. … 그 밖에 다른 방법들은 폭군을 왕좌에 앉히고 자유를 파괴한다. … 나는 올바르게 정의된 주의 권리와 올바르게 정의된 민권 사이에 충돌이 **있을 수 있음**을 부정한다.

이것은 편견에 가득한 남부 사람들의 표를 얻어내려는, 그다지 교묘하지 못한 시도였다.

노동권에 대해—

노동조합이 존재하는 것은 조합원들에게 경제적 이득을 가져다주려는 것이지, 그들을 위해 정치적 업무를 수행하려는 것은 아니다. 따라서 노동조합의 정치 활동 참여는 어떠한 경우에도 금지되어야 한다.

교육에 대해—

예를 들어, 연방 정부의 교육에 대한 책임을 인정하는 한 연방 정부의 원조 금액은 적어도 국립학교들을 지원하는 비용에 정비례하여 증가될 수밖에 없다. **실질적으로 지출을 삭감할 수 있는 유일한 방법은 과도한 지출이 소모되는 프로그램들을 제거하는 것이다.**(강조는 저자)

해외 정세에 대해—

만약 … 우리의 최우선 목표가 공산주의에 대한 승리라면, 우리는 당연히 국제연합과 같은 조직들을 그 목적에 도달하는 데 사용할 수 있는 **수단**(강조는 저자)으로 여겨야 할 것이다.

…

문명화된 국가들의 공동체에서 세계 공산주의 운동은 불법임을 선언해야 한다. 따라서 우리는 소련 정부를 포함하여 모든 공산주의 정부에 대한 외교적 승인을 철회해야 한다. 그리하여 우리가 그러한 정부를 합법적이지도 않고 영구적이지도 않다고 여기고 있음을 전 세계에 알려야 한다.

그리고 일반적으로—

평등 사회란 공화국의 헌장과 자연의 법칙 모두를 거역하는 목표다. 하느님의 눈에 우리는 모두 평등하지만, **다른 어떤 측면에서도**(강조는 저자) 우리는 평등하지 않다. 평등하지 않은 사람들 사이에 평등을 강제하려는 인위적 도구들은 거부되어야 한다.

골드워터는 대통령 선거에서 참담한 결과를 거두었지만, 앞으로 다가올 시대의 징표를 보여주었음은 입증됐다. 선거가 끝난 뒤 골드워터의 지지자들이 모인 자리에서 연설한 이들 가운데는 로널드 레이건도 있었다. 게다가 선거운동 기간에 작성된 우편물 수신자 명단은 "이후에 미국 보수주의자들 편에서 조직된 모든 정치 활동의 토대가 됐다."

종교적 보수주의

미국 보수주의는 종교적 보수주의와 세속적 보수주의 두 갈래로 나뉘었다. 하지만 세속적 보수주의조차 종교적 혼합물의 요소를 갖추고 있었다. 미국에서는 어떠한 정치 후보자도 종교적 확신을 강력히 드러내지 않고는 공직에 선출되는 것을 바랄 수 없었다. 냉전의 적이 대체로 "신神도 믿지 않는 공산주의"로 불린 것은 결코 우연이 아니다.

물론 (미국적 의미에서) 자유주의적인 신자들과 성직자들도 많이 있었다. 하지만 프로테스탄트 그리스도인의 정도right(正道)는 실제로 매우 '우파right'적이었다. 그들은 미국 보수주의의 고전적 이데올로기 교의들이 마치 신으로부터 인정받은 것인 양 공격적으로 역설했다. 미국과 —개인의 총기 소지 권리까지 포함하는— 개인주의적 가치들은 본질적으로 우월하다. 공공복지 제도와 노동조합주의는 혐오스럽다. 규제 없는 완전 자유시장에는 장점이 많고, 이는 노동시장에서도 마찬가지일 뿐 아니라, 특히 노동시장에서 그러하다. 역설적이게도 (이 역설은 묵살됐지만) 개인의 사적 행위는 종교적 기준에 의해 감독되어야 한다. 이 교의들이 모두 그대로 이루어졌다면, 미국은 아마 마거릿 애트우드(캐나다의 시인이자 소설가—옮긴이)의 길리아드 공화국(애트우드의 디스토피아 소설 『시녀 이야기*The Handmaid's Tale*』의 가상적 배경이 되는 신정일치 군사독재 정권의 나라—옮긴이)이 됐을 것이다.[5]

가톨릭 보수주의자들의 전면에 있던 인물은 파첼리가 정말 마음에 들어한 (실제로 가까운 친구였던), 뉴욕 대주교 프랜시스 스펠먼이었다. 공화당 지도자들의 친구이기도 했던 그는 뻔뻔하게도 자신의 주교직을 이용하여 보수적 정치 의제를 추구했으며 미국이 내적으로나 외적으로 우익의 진로에서 벗어나지 않도록 했다. 그는 "참된 미국인은 공산주의자가 될 수 없고 공산주의자를 용인할 수도 없다"고 했으며, "모든 미국인이 보여야 할 첫 번째 애국 행위는 자나 깨나 공산주의를 색출하고 공산주의에 대응하며 미국인 공산주의자들을 친미주의로 전향시키는 것이다"라고도 했다. 스펠먼은 매카시의 열렬한 지지자였으며 제2차 바티칸공의회에 전적으로 반대했다.

하지만 그는 마틴 루터 킹을 비난해달라는 J. 에드거 후버의 요청을 기절할 정도의 분별력은 있었다.

세속적 보수주의자들은, '신 없는 공산주의'에 대한 개인적 견해와 상관없이, 주로 이데올로기적 담론 안에서 활동했다. 하지만 전적으로 세속적인 차원에서만 활동한 것은 절대 아니었다. 이러한 사실은 세속적 보수주의의 대표적 주창자 중 한 사람인 윌리엄 F. 버클리가 자신의 이름을 널리 알린 그의 저서 『예일대의 신과 인간: '학문의 자유'라는 미신*God and Man at Yale: The Superstitions of 'Academic Freedom'*』(1951)—정치 선언문치고 특이한 제목—이 잘 드러내고 있다. 버클리는 가톨릭 신자이며 교양 없는 속물이었다. 그는 엄청난 부자였는데 주식시장에서 사기를 쳐서 —무거운 벌금을 물고 빠져나간 뒤— 더욱 부자가 된 인물이었다. 그는 더 나아가서 『내셔널 리뷰*National Review*』라는 잡지를 창간하여 발행을 보조했다. 이 잡지에 정기적으로 기고하고 후원하는 비슷한 성향의 사람들이 한 무리를 이루게 됐는데 거기에는 나중에 미국나치당을 창립하는 조지 링컨 록웰 같은 인물도 있었다. 지적 장애를 앓는 것 같던 매카시보다는 버클리를 가리켜 미국의 주도적 보수주의 이데올로그라고 부르는 것은 전혀 왜곡이 아니다. 물론 매카시가 버클리보다 사악한 영향을 더 널리 끼친 것은 사실이다. 그럼에도 버클리는 매카시 상원 의원의 '생생한 도덕의식'의 진가를 알아보고 그를 동경했다. 그리고 『매카시와 그의 적들*McCarthy and his Enemies*』(1954)에서는 이렇게 단언했다. "매카시즘은 … 선한 의지와 엄한 도덕을 갖춘 사람들이 그것을 둘러싸고 똘똘 뭉칠 수 있게 하는 하나의 운동이다."

버클리는 민권운동에 강하게 반대하고 나섰다. 그는 "문명을 요구할 권리가 (그리고 문화와 공동체를 요구할 권리가) 보통선거를 요구할 권리를 대체한다"고 주장했다. 그리고 자신의 잡지 1967년 8월호 사설에 다음과 같이 썼다.

> 떠오르는 핵심 질문은 … 남부의 백인 공동체가 자신들이 수적으로 우세하지 않은 지역에서 정치적으로나 문화적으로 지배적 위치를 차지하는 데 반드시 필요한 조치들을 취할 자격이 있는가다. 냉정하게 대답하자면, 그렇다. 백인 공동체는 그럴 자격이 있다. 현재로서는 백인이 더 앞선 인종이기 때문이다.

그는 남아프리카의 민주주의도 똑같이 반대했다. '야만으로 회귀'할 위험이 있다는 것이었다. 독창적인 사상가이기보다 재능 있는 선전가였던 버클리는 나중에 기회주의적으로 자신의 입장을 뒤집었다. 하지만 자유주의자들이 벌인 '이상적 평등주의의 유혹과 선동'이 1968년 빈민가 폭동을 일으킨 원인이 됐다며 비판하는 것을 잊지 않았다.

커크와 오크숏

살펴볼 가치가 충분히 있지만 대중들의 눈에는 잘 띄지 않았던 대표적 이론가로는 미국의 러셀 커크가 있고 (레오 스트라우스는 다음 절에서 논의한다), 영국의 마이클 오크숏이 있다. 커크는 1953년 출간한 『보수주의의 마인드*The Conservative Mind*』에서 보수주의를 면밀히 옹호하려고 시도했다. 커크는 자신의 시작점을 알렉산더 해밀턴과 같이 보수주의 정신을 지닌 건국의 아버지들(1787년 필라델피아에서 미국 헌법을 제정한 인물들이다—옮긴이)이 아니라, 자신이 열정적으로 동경했던 에드먼드 버크의 저술에서 취했다. 그는 버클리가 『내셔널 리뷰』를 창간할 때 도왔으며, 그도 결국 가톨릭으로 개종했다. 1981년 로널드 레이건은 "한 세대에 영감을 주었다"며 커크에게 찬사를 보냈다.

커크의 기본 태도는 아마도 헨리 애덤스의 태도를 요약해 놓은 그의 저술에 가장 잘 정리되어 있을 것이다. 초기 보수주의자인 헨리 애덤스의 의견은 커크의 의견과도 일치했기 때문이다. "인류의 활동이 가장 강렬한 지점에 이르렀던 때는 십자군 원정을 떠나고 성당들을 건축했던 중세였다. 그 이후 인류의 참된 생명력은 급속히 약해져 왔다."[6] 그는 1906년에서 1911년 사이에 영국에서 이루어진 자유주의적 정부 개혁을 "사회적 권태의 병적 증상"이라고 여겼다.[7]

하지만 중세에 대한 향수만 가지고 커크가 존경받는 보수주의 사상가가 된 것은 결코 아니다. 당시에는 많이 주목받지 못했지만, 그의 재능은 미국에서 부활한 보수주의 프로젝트에 이데올로기적 응집력을 부여하게 된다. 그는 이렇게 선언했다. "우리는 정직하고 고귀하게 반동적이어야 한다." 그리고 "문명인에게는 재산권이 생명권보다 더 중요하다."[8] 그는 자본주의도 좋아하지 않았다. "벤담과 밀의 열망이 실현된 것이 … 공산주의다. 록펠러와 마르크스는 동일한 사회 세력의 두 대리인이었을 뿐이다."[9]

유산자 엘리트들의 권위주의적 통치에 대한 설득력 있는 논리를 발견하거나 발명하는 것이 과제가 됐다. 결국 이 논리는 대중들의 무능력과 적의에서 찾을 수 있었다.

> 개인적으로 너무 많은 노력을 들일 필요 없이, 소진되지 않는 공유 자금에서 이제 자신들의 몫을 취하기만 하면 된다고 너무 쉽게 생각해버린(1940년대 영국에 대한 언급) 부도덕하고 이기적인 대중들은 … 적절한 세속적 전망들을 넘어서, 아니면 실제로 그들의 지적 능력을 넘어서 교육받았지만 재산도 없고, 종교적 신앙도 없고, 조상이나 유산도 없이 권력을 발휘하여 자신들의 외로움과 이름 모를 허기를 충족시키려 한다.[10]

이것은 공들여 만든 캐리커처처럼 읽히지만, 사실은 매우 진지하게 의도된 것이다. 그는 "여가야말로 지도력을 얻기 위해 꼭 필요한 준비 과정"이라고 주장했다.

커크는 반동적 가치들이 재천명되기를 원했다. 그리고 거기에서 오는 이득을 대중들이 제대로 알기만 하면 이를 환영할 것이라고 진지하게 믿었던 것 같다. "(사람들은) 종교적 위안과 가족의 사랑, 재산과 영속성이 대중들에게 회복될 때까지 사회적 권태의 고뇌 속에서 몸부림칠 것이다."[11] "문명의 구원은 무언가 원죄 교리와 같은 것의 부활에 따라 부수적으로 일어난다."[12] '은총 교리'는 문명의 핵심이 되어야 한다. 지배 엘리트가 될 자들은 지도력을 갖추기 위한 한가로운 준비 과정을 통해 원죄의 짐에서 벗어나거나, 아니면 적어도 그것을 보다 가볍게 느끼게 될 것이다.

영국과 오크숏

영국은 무언가 완전히 달랐다. 에벌린 워(영국의 소설가—옮긴이)가 영국의 보수주의가 지닌 문제점은 단 1분도 시계를 뒤로 돌린 적이 없었다는 사실이라고 불평했지만, E. H. 카는 "어떤 전형적 영국 보수주의자의 겉껍질을 벗겨봤더니 75퍼센트는 자유주의자였다"라고 썼다.[13] 보수당은 1945년 선거에서 대패했지만 당명을 바꿔야 할 필요성은 전혀 느끼지 못했다. 나치에 협력했다는 (이 경우에는 나치에 대해 유화적이었다는) 치명적인 낙인은 전쟁과, 전시 지도자로서 처칠이 행한 역할에 의해 적절히 씻겨 나갔다. 하지만 이것만으로는 일시적 선거 참패에서 보수당을 구해내는 데 충분치 않았다. 사회입법의 물결을 타고 적당한 때가 됐을 때에야 (다수 득표를 하진 못했지만) 다시 집권할 수 있었다. 집권한 뒤에도 보수당은 계속해서 사회입법을 적용했으며 그것을 해체하기 위한 노력도 거의 하지 않았다. 재산과 특권의 대표이자 수호자이긴 했지만 보수당은 19세기 후반부터 현재에 이르기까지 사회적으로 진보적인 세력으로서 개혁적인 전통을 충분히 익혀왔다.

보수당은 1950년대 노동조합 운동과도 좋은 관계를 지속했고, 노동계급 유권자들의 많은 지지를 유지했다. 또한 상대 노동당이 상당히 많은 가치와 이데올로기를, 특히 대영제국에 대한 헌신과 강력한 반공주의를 공유하고 있다는 사실은 보수당에 큰 도움이 됐다. 실제로, 북대서양조약기구의 창립을 촉진하는 데 주도적 역할을 맡은 것은 노동당 외무장관인 어니스트 베빈이었다. (그의 과도함은 비슷한 생각을 가지고 있던 사람들마저 깜짝 놀라게 했다.)

영국의 제국주의 및 반공주의 정책의 지속성을 보여주는 악명 높은 한 가지 사례는 처칠이 성립시킨 정책을 노동당이 정확히 그대로 고수한 경우였다. 처칠은 해방된 그리스에 왕정을 복귀시키고 공산주의자들이 주도한 저항운동 조직인 그리스인민해방군ELAS을 파괴했다. 왕정에 반대하던 그리스인민해방군이 의심할 바 없이 절대적 다수의 지지를 받았기 때문이다. 오랜 시간 격렬하게 이어졌던 내전을 거쳐 들어선 정권은 극보수주의 정권이었으며, 지도자급 인물들, 특히 군사 지도자들은 1940년에서 1944년 사이 적군에 부역한 이들이었다. 여기서 반동 세력은 그들의 의도가 옛 질서를 회복하는 것임을 솔직히 드러냈다. 반공의 깃발을 흔들며 소련의 침략을 겪고 있다고 꾸미는 것 말고는 다른 정당화 작업도 필요하지 않았다. 이 경우에는 사회자유주의의 계산된 조치를 포용하는 방책도 요구되지 않았다.

마이클 오크숏 역시 그런 생각은 하지 않았다. 오크숏은 당대 영국의 주요 보수주의(비타협적인 의미에서) 사상가였다. 커크보다 오크숏이 더 깊이 있는 이론가이긴 하지만, 둘 사이에는 공통점이 많이 있었고 커크는 허락을 받아 그를 인용하기도 했다. 1932년 나치가 정권을 인수하기 전날 밤, 오크숏은 이렇게 썼다. "민주주의, 의회제 정부, 진보, 토론 그리고 그럴듯한 생산성의 윤리는 ―모두가 로크의 자유주의와 분리될 수 없는 것들인데― 이젠 반대 의견조차 불러일으키지 못한다. 부조리하지조차 않은, 타파된, 재미없는 개념들이다."[14] 그리고 1940년에 그는 "협의된 정부에 관한 쓸모없는 이야기"란 말을 언급하고 있었다.[15]

그럼에도 그는 제2차 세계대전 때 군대에 갔다. 가장 잘 알려진 저서 『정치 속 합리주의*Rationalism in Politics*』(1962)에 실린 한 각주가 그의 태도를 드러내고 있다.

> 전시에 군대는 훈련받은 자와 교육받은 자의 차이점을 관찰할 수 있는 특히 좋은 기회를 주었다. 총명한 민간인도 군사적 지휘와 명령의 기술을 습득하는 데는 별 어려움이 없다. 그러나 (『젊은 장교들을 위한 조언*Advice to Young Officers*』 등 자습서들이 제공되는데도) 평범한 장교와 견주어보아도 언제나 불리한 입장에 놓였다. 장교는 자신의 직업 기술들은 물론 느낌과 감정에 대해서도 교육받은 인물이었던 것이다.[16]

오크숏이 정치 속 '합리주의'라고 이름 붙인 것을 통해 그가 의미하려던 것에는 가장 온건한 시도까지 포함하여 사회 개선을 겨냥한 정치적 시도라면 무엇이든 포함됐다. 실제로 그에게 그것은 검은 짐승bête noire이었다. 1945년 선거에서 노동당이 승리하자 보수당 전통주의자들 사이에서 일었던 공황을 그 역시 느꼈다. 한 귀족 미망인은 이렇게 훈계했다고 한다. "**그들이** 노동당 정부를 선출했지만 **나라는** 절대 그것을 옹호하지 않을 것이다!" 오크숏은 그녀의 정서를 공유했다. 다만 보다 세련된 언어로 표현했을 뿐이다. 1947년 그는 이렇게 썼다.

> 노동당은 전제 정권이 될 **유인 동기**를, 전제 정권이 될 수단을 그리고 … 를 가지고 있다. 노동당은 전제 정권이 될 의도를 … 일당 체제와 일당 체제에서 떼어놓을 수 없는 노예제를 무력이 아니라 속임수를 통해 수립하려는 단순한 음모를 가지고 있다.[17]

오트숏이 말하는 '정치 속 합리주의'에는 위계와 관습과 전통으로부터 멀어지려는 모든 움직임이 포함됐다. 그리고 그는 그러한 움직임을 다음과 같은 관점에서 비난했다.

열린 외교 프로젝트 … '개인적 능력 외에 어떤 자질도 갖추지 않은' 공무원들로 구성된 정부 행정 프로젝트, 자의식적으로 계획된 사회 프로젝트, 베버리지 보고서(1942년 합리성이 결여된 영국의 사회보장제도를 재점검하고 개선책을 권고한 정부 보고서—옮긴이), 1944년 교육법(중등교육 체계를 혁신적으로 바꾸고 학생에 대한 복지를 늘린 법안—옮긴이), 연방주의, 민족주의, 여성 투표권, 음식 배달업 임금법, 오스트리아헝가리제국 붕괴 … 모두 다 같은 합리주의Rationalism의 자손이다.[18]

정치에 대한 오크숏의 태도는 본질적으로 미학적인 것이었다. "지배적 심상은 문학적 취향이나 음악적 기술의 심상이다."[19] 더 좋은 것은 정제된 감수성을 지닌 신사들 사이에 배타적으로 진행되는 대화다. "오크숏은 논쟁하는 일을 낯설어 했다. 그는 대체로 어떠하든 논쟁을 피하려 들었다. 그의 해설이 논쟁보다 나을 것은 하나도 없다. … 그의 해설은 수사修辭다.—매혹의 예술에서 꾸준히 유지되는 활동이지, 대화는 아니다."[20] 오크숏이 사용한 은유 중 가장 잘 알려진 것은 정치를 대양 위에 떠 있는 배라고 한 것이다. 행선지도 없고 아무런 목적도 없이 떠 있는 이 배에서는 배를 평형으로 안정되게 유지하는 것만이 직원들이 해야 할 책무다. 이 은유에 대한 자명한 반박은 어떤 승객이 그런 배에 탈 마음이 들겠느냐는 것이다.

커크와 오크숏은 모두 ―모더니즘 시들을 고려했을 때 T. S. 엘리엇까지 포함하는 버크 이후의 보수주의자 대부분처럼― 본질적으로 낭만주의자였다. 그들은 자신들의 상상 속에 있는 과거라는 환상의 세계에 살았다. 이 세계는 정중한 기사와 우아한 귀부인, 고결한 성직자와 솜씨 좋은 장인 그리고 충성스런 농노로 이루어졌다. 기아와 역병, 대량 학살과 이단 화형, 잔혹한 노역과 남의 피를 빠는 이들은 모두 일소됐다. 두 사람은 환상 속에 살았지만, 그들이 현실에 끼친 영향은 시대가 변해가면서 더욱 커지고 무거워졌다.

보수주의 정권들

여전히 직접 식민 통치를 받는 일부 지역을 제외하고 전 세계에 있는 많은 정권이 보수주의 범주에 넣을 수 있는 형태로 존재했다. 여기에는 미군 점령군 당국이 형성하고 실행시킨 일본 정권도 포함되어 있다. 미국은 일본에서 전쟁 종료 불과 몇 주 전에 개전을 선언했던 소련만 제외시킨 것이 아니라, 전쟁을 추진하는 데 뒤로 물러나 있던 영국까지 배제했다. 미국이 기획한 일본 헌법[21]은 확실히 자유주의적인 것이었다. 일본의 정치체제는 입헌군주의 승인 아래 있었으나, 실제적인 지배 세력은 보수주의 정당으로 미국 중앙정보국으로부터 자금을 지원받았으며, 이름은 자유민주당(자민당)이라고 했다. 이에 상응하는 이탈리아 정당과 마찬가지로 자민당은 범죄 조직과 상당한 관련을 맺고 있었다. 하지만 자민당은 일본 경제를 지배하는 거대 자본가 기업들의 이익을 확대하기 위해 시장에 간섭하고 지휘한다는 점에서 보수주의 정당의 표준 모델에서 벗어났다. (오스트레일리아의 보수주의 정당 역시 자유당이라고 불렸지만 사실상 그 이름은 아무런 가치도 없었다.)

남대서양에 닿아 있는 라틴아메리카 국가들, 즉 카리브해와 중앙아메리카 및 남아메리카 지역 국가들은 모두 사회적으로 (어떤 경우에는 인종적으로) 양극화된 사회였다. 모든 국가에 자유주의적 양식의 헌법들이 존재했지만 몇몇 나라를 제외하곤, 헌법이란 그저 과두정 통치자들을 가려주기 위한 장식에 지나지 않았다. 이들 통치자들은 (압도적일 만큼 농민들이 다수를 차지하는) 국민들을 가혹하게 착취해서 지주와 상인과 광산 소유자들의 이익을 늘렸다. 기성 정당들은 과두정 통치자들의 파벌들을 대표할 뿐이었다. 서로 경쟁하는 파벌들끼리는 가끔씩 서로 동의하여 권력을 교체하기도 했다.

이러한 상황은 전통과 그리스도교 그리고 물론 반공이라는 기치 아래 정당화됐다. 세 지역 전체에서 자유주의 헌법을 실현할 수 있는 실제적 수단을 지닌 국가는 우루과이와 코스타리카뿐이었고, 나머지는 명백한 독재국가들이었다. 멕시코는 예외적인 경우였다. 오직 최소한의 선거 부정이 있었을 뿐인데도 (하지만 부패는 심각했다) 수십 년 동안 일당 지배가 이어졌다. 지배 정당이 진정한 혁명적 뿌리를 지니고 있었기 때문이다. 하지만 석유산업을 국유화한 것 말고는, 기성 엘리트의 권력을 유지하는 데 여타 국가와는 다른 수사를 사용했을 뿐 멕시코의 경제와 사회는 모두 보수적이었다.

마지막으로, 터키, 파키스탄, 한국 그리고 레반트에서 아프가니스탄에 이르는 이슬람 군주정들도 보수주의 정권 목록에 추가되어야 한다. 다만 멕시코와 같이 터키의 상황과 역사적 발전 과정은 다른 보수주의 및 극단적 보수주의 정권들의 일반적 형세와 비교할 때 특이한 것이었다.[22] 하지만 이들 국가들은 모두 어떠한 이데올로기적으로 혼미한 상황 속에 있었는지와 상관없이 엘리트의, 엘리트에 의한, 엘리트를 위한 정부를 대표했다. 시민들에게 양보된 이익은 (있더라도) 아주 적었다.

파시즘

1945년 파시즘은 가장 침체되어 있었다. 제3제국의 참상이 드러나자 파시즘은 정치적으로나 이데올로기적으로 오장육부가 모두 제거됐다. 그리고 프랑스에서 소련 국경에 이르는 지역까지 파시즘을 유지했던 국가 권력은 전복되어 흔적도 없이 지워져버렸다. 그럼에도 파시즘은 유럽에서도, 유럽 대륙 너머에서도 절대 죽지 않았다. 실제로 1951년에는 유럽의 14개 나라에서 온 파시스트들이 스웨덴 말뫼에 모여 '유럽사회운동ESM' 결성을 선언했다. 선언문의 열 개 항목 가운데 가장 앞에 있는 두 항목은 "공산주의에 맞선 서구 문화 수호"와 "유럽 제국 창설"이었다. 그리고 마지막 열 번째 항목은 "인간, 사회, 국가의 정신적 갱생"이었다.[23]

파시즘 정권들

보통 제2차 세계대전에서 중립을 유지했던 유럽의 두 강대국은 파시즘 범주에 드는 나라로 묘사됐고, 그러한 판단은 합리적일 수도 있었다. 스페인은 추축국에 우호적인 중립국이었다. 당시 스페인 정권은 추축국과 함께 몰락할 것으로 예상됐다. 확실히 프랑코의 정부 운영 방식들은 파시스트 정치체제의 모든 특성을 갖추고 있었다. 그리고 유일한 합법적 정당이었던 팔랑헤당은 명백한 파시스트 정당이었다. 그러나 의구심이 들게 하는 한 가지 사실은 팔랑헤당은 집권 여당이 아니었다는 점이다. 즉 프랑코 정부는 팔랑헤당의 지도자들로 구성되지 않았고, 오히려 팔랑헤당이 정부에 종속되어 있었다. 이 정권에는 고전 파시스트 정당들이 반공주의 수사 외에, 실제 지니고 있거나 목표로 삼았던 포퓰리즘 차원의 흔적도 결여되어 있었다. 이 점은 바로 그 이웃 나라 정권에서도 마찬가지였다.

포르투갈에서는 공개적으로 파시즘을 드러낼 만한 요소가 전혀 없었으며, 스페인보다 더욱 순수하게 중립이 유지됐다. 정치적 반대 세력은 불법화되고, 공개 행사로 간헐적으로만 허가된 선거는 가짜였으며, 정치체제 역시 이웃이자 동맹인 스페인의 것과 다르지 않았다.[24] 포르투갈 정권은 보다 정확하게 말하자면 극단적으로 보수주의적인 통합주의 독재라고 할 수 있다. 어찌 됐든, 노동자들과 그들에게 의존하는 자들은 이베리아반도의 두 나라 모두에서 엄격한 압제와 착취를 겪었다.

한 가지 특이한 측면에서 포르투갈과 스페인은 극적인 차이를 보였다. 포르투갈은 여전히 광대한 식민 제국을 소유하고 있었다. (제국은 포르투갈의 일부라고 공식 법령에 따라 선언됐다.) 이전에 다른 열강들이 누가 포르투갈 제국의 어느 부분을 차지해야 하는지 결정하지 못한 데 따른 결과였다. 반면에 스페인은 옛 제국을 거의 모두 잃었다. 포르투갈은 유럽 국가들 중 식민지에서 노예제를 가장 마지막에 폐지했지만, 실제적인 의미에서는 폐지한 적이 없었다. 포르투갈의 식민지 행정은 1920년대 독재 정권이 들어서기 전부터 야만성의 전형으로 알려졌다. 다른 어느 곳보다도 포르투갈 정권의 안정성은 아프리카와 아시아의 식민지 영토에 대한 극도의 착취에 의존하고 있었다.

1950년대에 이르면, 남아프리카의 백인 우월주의 정권이 극단적 보수주의라는 이름을 대표한다. 극단적 보수주의는 파시즘으로 규정하는 것이 합당하다. 그것이 겨냥하는 목적은 다수의 흑인 인구를 엄격히 분리하고 최소한의 권리만을 부여하면서 값싼 노동력의 공급처로 유지하는 것이었다. 전쟁이 끝났을 때 남아프리카를 통치한 것은 영어 사용 공동체의 정치 지부라고 할 수 있는 연합당이었다. 하지만 1948년 총선에서 승리한 것은 아프리카너Afrikaner(남아프리카에서 네덜란드어가 변형되어 발달한 아프리칸스Afrikaans 언어를 사용하는 사람을 가리키는 말—옮긴이) 유권자들이었다. 이들은 본래 네덜란드어를 사용하던 정착민의 후손들로, 이들을 대표하는 국민당은 브뢰더본트Broederbond(형제애, 박애라는 뜻의 아프리칸스어 어휘—옮긴이)라는 비밀단체에 기초하고 있었다.

권력을 잡은 뒤에도 국민당은 선거구를 조작하는 방법을 써서 정권의 잉여자들을 위해 이 비밀단체를 유지했고, 아파르트헤이트apartheid라는 이데올로기를 적용했다. 번역하자면 '떨어져 있음 aparthood'이라는 뜻의 이 이데올로기가 지배하는 가운데 완전한 흑백 분리가 이루어졌고, 혼혈이나 인도인과 중국인도 백인으로부터 분리됐다. 흑인에게는 어떠한 정치적 권리도 주어지지 않았다. 정부 홍보 관련 문제들을 생각하여 정권의 지도자들은 인종적 우월성이라는 이데올로기를 공식적으로 선포하지 않고 —그들은 그것을 확실히 믿었고, 그들의 추종자들은 그것을 공개적으로 드러내고 있었지만— 다만 문화적 우월성과 차이에 대해서만 이야기했다. 이들은 ('반투'라고 불리는) 아프리카인들이 그들의 영토 안에서 독립적이며 자유롭다고 주장했지만, 아프리카인들에게 주어진 영토는 전체 국토의 10분의 1도 되지 않았으며, 그나마 가장 덜 매력적인 시골 지역에 있었다. 이 영토 바깥에 있는 아프리카인들은 공식적으로 단기 거주자와 이민자로 분류되어 엄격하게 통제됐으며, 노동 목적에 한해서만 체류가 허용됐다. 남아프리카 정권은 보수주의 정권의 한 형태로, 파시즘의 경계를 넘어섰다고 보는 것이 합당할 것이다. 실제로 이 정권의 많은 지도자는 전쟁 이전에 나치를 열광적으로 동경한 이들이었다.

이 국가는 사실상의 파시스트 정권이 어떻게 해서 가짜 의회 민주주의의 틀 안에서 존재할 수 있었는지를 보여주는 전형적인 사례였다. 국외자들에게 이것이 정당화될 수 있었던 두 가지 근거는 첫째 공산주의의 위협, 둘째 아프리카 주민들의 복지였다. 아프리카인들은 그들 문명의 저급한 수준, 즉 폭력과 나태로 기우는 성향에 맞춰 적절하게 다루어지고 있다고 이야기됐다. 북쪽에 있는 로데시아와 케냐에서는 백인 정착민들이 형식적으로 영국의 통치 아래에 있으면서 내부 사안에서는 사실상 독립해 있는 정치체제를 지배했다. 그리고 이 정치체제들은 남아프리카의 정치체제를 모방하길 열망했다.

운동과 이데올로그

이러한 정권들이 어떻게 분류되는지와 상관없이, 유럽의 파시스트 잔당들과 네오파시스트 집단들은 이들을 분명히 동경하고 있었다.

이들의 이데올로기들은 무엇보다 반공주의에 기반을 두고 있었으며, 나소간 정도의 차이는 있었지만 과거 영광에 대한 향수와 인종주의를 토대로 했다. 터키, 아랍, 파키스탄, 인도, 카리브해에서 온 다양한 이민자들이 유대인의 자리를 대신하고 있었다. 파시스트들은 할 수 있는 한 전후 자유주의 정부의 실패들과 사회 하층의 무질서를 이용하여 권위주의 정부를 주창했다.

독일의 경우 연방공화국(서독)에서 연합국 점령군의 정책이 계속 유지되면서 나치즘을 옹호하는, 이를테면 나치의 뒤를 이은 정당을 결성하거나 불법화된 나치의 상징들을 공개적으로 드러내는 사례들이 이어졌다. 히틀러를 암살하려던 '7월 20일 음모'를 제압하는 데 중요한 역할을 했던 오토 레머와 같은 전前 나치 퇴역 군인들이 나치를 계승한 정당들을 창설하려 했으나 모두 폐쇄됐다. 바이에른 지역은 히틀러의 강력한 근거지였던 만큼 네오나치들의 거점이 됐다. 결국 이런 종류의 정당 하나가 성공적으로 설립됐다. (그리고 여전히 존재한다.) 사용하는 수사의 형태에 주의를 기울이고, 암호화된 메시지들로 자신들의 진짜 이데올로기를 감싸는 방식을 통해 가능했던 일이다. 특히 '민주주의'라는 마법의 단어를 당명에 사용했던 것이 주효했다. 1960년대에 정치가 갈수록 요동치는 상황에서, 이 정당은 선거에서 상당한 표를 얻었고 독일과 바깥 세계를 모두 두렵게 할 만큼 충격을 주었다.

이탈리아의 네오파시스트들은 이탈리아사회운동MSI을 결성했다. 이 과정을 이끈 발레리오 보르게제는 독일이 공수부대를 파견해 무솔리니를 구조한 뒤 (무솔리니는 1943년 실각하여 북부 산간지방에 연금되어 있었다—옮긴이) 이탈리아 북부에 세운, 무솔리니의 마지막 망명 정부 이탈리아사회공화국(살로Salò 정권. 살로는 이탈리아 북부의 소도시로 이탈리아사회공화국의 수도였다—옮긴이)에서 장관직을 맡았던 인물이다. 이탈리아 사회운동은 선거에서 상당한 기반을 확립했고, 특히 부패하고 범죄 조직이 들끓는 이탈리아 남부를 기반으로 성장하여 이탈리아 의회에도 지역구 의원을 확보할 수 있었다. 원래의 파시스트들과는 달리 공개적인 폭력 사용과 관련해서 어느 정도 점잖게 행동했지만, 당의 주변부에는 잔혹한 테러 활동을 공개적으로 주창하고 탐닉하는 부류들도 있었다. 이들이 노리는 것은 의회 민주주의 정권을 동요시킨 뒤 군대의 지원을 받아 파시스트 정권을 수립하는 것이다.

율리우스 에볼라

이탈리아와 관련하여, 율리우스 에볼라는 언급될 가치가 충분한 인물이다. 시칠리아의 귀족 출신으로 다다이스트였던 그는 당원은 아니었고, 또 당이 지닌 포퓰리즘 측면을 싫어했지만, 파시스트 정권에 그리고 나치 친위대에 긴밀하게 협조했었다. 또한 심령술, 신비주의, 비의秘儀종교, 비전秘傳신앙 등 반유대주의의 '영적' 버전까지 포함하는 온갖 미신에 심취했다. 아무튼 그가 정신이상이었다는 데는 의심의 여지가 없다. 전쟁 이후 그는 이탈리아뿐 아니라 유럽의 파시스트들에게 이데올로기적으로 참고할 기준 같은 존재가 됐다. (그렇게 되기에 충분히 적당한 인물이었다.) 프랑코 페라레시에 따르면 "에볼라의 사상은 20세기에 가장 급진적이며 일관된 반평등, 반자유, 반민주, 반민중 체계들 중 하나라고 생각할 수 있다."[25]

에볼라의 신념은 마초적 귀족 통치의 '영구한 전통'에 대한 믿음이었다. 현세의 문제들을 초월적 영역과 연결하는 이 전통은 근대성에 의해 모멸당해왔다. 그의 저시들 중에는 『근대 세계에 맞선 반란 *Revolt against the Modern World*』이란 제목의 책도 있다. 그 자신의 말에 따르면 "우리는 반부르주아적이다. 부르주아 양식은 프롤레타리아 양식보다 우위에 있지만 군인-영웅과 영성-사제의 체제보다는 열등하기 때문이다." 그는 자신의 일관된 생각을 따라 유럽 통합에 찬성했으나, 부르주아적 유럽은 원하지 않았다.

> 유럽의 절대지배권Imperium은 유럽을 구성하는 부분들보다 높은 위계에 속해야 한다.
>
> …
>
> '유럽 문화'에 관한 한, 유럽은 오늘날에 실용주의적 유럽인, 자유주의적 인본주의 지식인이 즐겨 자주 찾는 곳이 됐다. … 그의 '유럽 문화'란 … 사실 졸부의 옷, 성공의 상징이다. … 따라서 계몽주의에서 공산주의에 이르기까지 유럽은 명확하게 유럽적인 모든 것을 파괴하기 위해 활동하는 바로 그 세력들의 온상이 됐다. … 공통의 영적 정체성도 없고 방향감각도 상실한 채 통합된 유럽은 단지 또 하나의 권력 블록이 될 것이다.
>
> …
>
> 유럽은 세계의 서구화를 향한 한 단계가 아니라 그것에 반대하는 움직임, 즉 근대 세계에 맞서 보다 더 고귀하고 더 높고 더 참되게 **인간적인** 것을 지지하는 반란이 되어야 한다.[26]

영국

영국에서 되살아난 파시즘은 지금 논의하고 있는 시대에 별다른 영향을 끼치지 못했다. 그러나 파시스트들은 지하에서 활발하게 활동하며 전략을 논하고 그 조직과 구성원들을 재구성했다. 오스왈드 모슬리가 연합운동(정식 이름은 영국파시스트연합—옮긴이)이라는 이름 아래 길거리 정치를 부활시키려 했던 시도는 그의 집회장에 닥친 반파시스트 활동가들에 의해 중단됐다. 그럼에도 그는 1950년대까지 계속해서 백인 국가들(특히 유럽과 남아프리카)의 연맹을 주창하고 선전했다. 그리고 아프리카는 백인과 흑인 시민들이 나누어 가질 것을 제안했는데, 백인은 아프리카의 해안 둘레를, 흑인은 내륙을 차지하면 된다고 했으나 그 면적이 얼마나 되어야 할지는 기술하지 않았다. 이와 동시에 반反이민자 정서는 모슬리뿐 아니라 백인보호연맹이라는 단체에서도 이용했다. 비정치조직이라고 하는 이 인종주의 단체는 "영국을 계속 백인의 것으로!Keep Britain White!"라는 슬로건을 내걸었다.

보다 성급한 이들은 국가사회주의운동NSM이라는 이름의 공개적인 나치 조직을 만들었다. 이들의 경쟁자들은 아주 조금 더 신중하게 영국운동British Movement이라는 이름을 택했다. 국가사회주의운동의 지도자는 기술 교사 콜린 조던이었고, 존 틴덜이 그를 보조했다. 국가사회주의운동은 군복과 비슷한 기괴한 유니폼을 탐닉했고, 공중화장실에 철십자와 함께 "유대인은 거짓말 기계, 히틀러가 옳았다!Despite the Jewish Lie Machine HITLER WAS RIGHT!"라는 슬로건이 적힌 스티커를 붙이고 다녔다. 이들의 우스꽝스러운 선전 활동은 결국 경찰에 의해 끝이 났고, 조던과 틸던은 감옥에 갔지만 출옥하자마자

파시스트 활동을 재개했다.[27]

공개적으로 파시스트적 성격을 드러내지는 않았지만, 제국지지자연맹LEL도 같은 무리에 속했다. 이 단체의 지도자 A. K. 체스터턴은 한때 모슬리의 부관이었던 술꾼으로 1960년대에는 개인적인 증오 편향 소식지 『캔더*Candour*』를 출간했다.[28] 이 연맹의 공식적인 존재 이유는 영국 식민지 제국의 붕괴에 저항하려는 것이었으며, 선호하는 선전 수단은 소동을 일으켜 보수당 회의를 방해하는 것이었다. 1967년에는 대체로 체스터턴의 개인적 노력에 힘입어 다양한 집단들이 불편한 결합을 이루어 국민전선National Front을 형성했다. 이 단체는 10년간 계속되며 주목할 만한 반향을 일으켰다.

미국

미국에는 신생 파시즘에 물을 댈 수 있는 저수지가 마련되어 있었다. 오랜 세월 동안 인종차별 테러를 벌여온 KKK가 있었고, 존버치협회와 같은 조직들도 많았다. 존버치협회는 1958년 창립됐으며, 중국 공산주의자들에게 살해된 것으로 보이는 미국 선교사 존 버치의 이름을 딴 조직이었다. 이 협회에서는 아이젠하워 대통령조차 '공산주의 음모'를 의도적으로 후원하고 있다고 보았으며 정부가 공산주의자들의 '작전 통제' 아래에 있다고 주장했다. 버클리가 이 협회와 관계를 끊는 데는 오랜 시간이 걸렸지만, 결국 1965년 완전히 관계가 정리됐다.

1950년대 미국에서 파시즘을 공개적으로 선언하는 경우는 거의 보이지 않았다. 경제적으로 안정되고 사회경제적 여건이 개선되고 있었기 때문에 다수의 백인들은 파시즘에 호의적이지 않았다. 그리고 당시 미국 문화를 흠뻑 물들여 놓은 망상적 반공주의에 냉전 자유주의가 적절히 양분을 제공하고 있었다. 기존 파시스트들 가운데에서도 가장 비타협적인 부류들이 조지 링컨 록웰의 지도 아래 미국 나치당을 창립하도록 촉발한 것은 1960년대 아프리카계 미국인들의 봉기였다. 이들은 아프리카계 미국인의 '블랙 파워'의 개념을 뒤집고자 '화이트 파워'라는 슬로건을 내걸고 활동했다. 그렇게 해서 어느 정도 유명해지긴 했지만, 중요한 영향을 미치지는 못했다.

시테 카톨리크

이 시기에 등장한 파시즘 세력들 중 가장 중요한 것은 정당이 아니라 '시테 카톨리크'라는 조직을 중심으로 연결된 느슨한 조직망이었다. (가톨릭교회는 시테 카톨리크를 인정하지 않았다.) 이 조직은 찰스 모라스의 비서였던 장 우세가 1946년에 설립한 것으로 성비오10세회와 연계되어 있었다. 우세는 『마르크스레닌주의*Le Marxismeléninisme*』에서 사탄의 세계 음모라는 생각을 전개하면서 이에 맞서 싸우려면 "깊은 신앙, 성부聖父를 향한 무한한 순종, 교회 교리에 대한 완전한 지식"과 함께 반혁명적 전쟁과 체계적 고문도 사용해야 한다는 것을, 신학에 근거해서 정당화했다.

시테 카톨리크는 프랑스 군대 안에 있던 파시스트 조직으로 당시에는 알제리에서 명분 없는 전쟁을 벌이고 있던 비밀군사조직OAS과 연계하여, 신학과 고문이 뒤섞인 독극물을 만들어냈다. 이 독극물은 1970년대 라틴아메리카의 미래에 쏟아 부어진다. 1950년대 말과 1960년대 초, 특히 이 비밀군사조직이 해체된 뒤 시테 카톨리크의 많은 활동가가 아르헨티나로 떠났고 그곳의 군대 및 교회 고위층과 결탁했다. 이를 통해 그들이 끼친 영향에 대해서는 다음 장에서 논의하겠다.

평가

1960년대에 베르톨트 브레히트가 히틀러를 풍자하여 쓴 희곡 『아르투로 우이의 출세*Der aufhaltsame Aufstieg des Arturo Ui*』가 영어로 번역되어 나왔는데, 그 마지막 대사는 "놈을 낳은 그 암캐가 다시 발정이 났단 말이지"였다. 이 대사는 당시로서는 과장된 것이었다. 독일국가민주당NPD이 공포감을 일으키고 있긴 했지만, '장기 호황'의 여건과 안정된 서구 정치체제들 속에서 파시스트가 부활할 심각한 가능성은 전혀 없었다. 좌익 학생 시위와 미국의 도시지역 폭동 및 방화조차도 파시스트 조직들이 전면에 등장하도록 추동할 만큼의 공포를 일으킬 수는 없었다. 베트남전쟁이 진행되고 있었음에도, 아무튼 냉전의 강도는 잦아들었고 소비에트 블록의 위협은 이전보다 감소된 듯 보였다. 따라서 반공주의가 일으킨 공포 역시 사라지고 없었다.

그럼에도 서구 전역에서 파시스트 집단들이 없어지지 않고 계속 존재한 것을 보면, 파시즘이라는 이데올로기의 씨앗들이 여전히 땅속에 흩어져 있었으며, 경제적 여건의 변화와 정치적 위기가 발생하면 이 씨앗들이 다시 자라날 기회가 주어질 것임을 알 수 있다.

제3부

위기, 1973~1991

제11장

경제 및 사회 여건

미국과 세계

전후의 장기 호황이 끝난 시점이 언제인 지는 정확히 말할 수 있다. 그것은 1973년 가을이었다. 아랍과 이스라엘 사이의 욤키푸르전쟁에 대응하여 석유수출국기구는 원유 가격을 갑자기 매우 높게 올렸다. 이것이 빗나간 돌멩이 하나를 움직여 커다란 산사태를 일으켰다. 다른 때였다면 석유 가격이 상당히 올랐다고 해도 이같이 극적인 결과를 몰고 오지는 않았을 것이다. 하지만 장기 호황의 경제구조는 이미 지난 10년 동안 침식되어 있었다.

하지만 위기는 마른하늘에 날벼락 치듯 찾아온 것이 아니었다. 지난 25년 동안 미국은 분명하게 국제수지 적자를 기록해왔다. 1972년까지 수출상품 및 서비스 부문에서는 흑자가 유지되고 있었지만, '자유세계'의 경제, 정치, 군사 분야에서 미국의 지배력을 유지하는데 달러가 유출되면서 엄청난 '적자'가 발생했다. 1965년 미국 상무부 장관이 한 연설은 이 사실을 적시했다.

> 실제로 해외에 나가 있는 미국 기업들이 미국이 세계에서 유지하고 있는 막대한 존재감과 영향력과 위신에 의존하고 있는 정도를 수량화하는 것은 매우 어렵긴 하지만, 과대평가하는 것도 불가능합니다. 어려움에 처한 기업들에게 경제적 원조를 제공하고 자유의 최전선을 수호하기 위한 우리의 헌신으로부터 해외에 있는 미국의 민간 기업들이 혜택을 입는 정도를 과대평가하는 것도 불가능합니다. … 사실 우리가 자유의 최전선을 포기하고 우리의 원조를 중지하는 경우를 고려해본다면 … 제가 궁금한 것은 미국의 민간 기업을 위한 기회들이 사라질 것인가 하는 것이 아니라, 기회들이 사라지는 데 얼마나 걸릴까 하는 것입니다.[1]

게다가, 베트남전쟁 때문에 미국의 국공채가 급증했고 이로 인해 시장이 교란되고 준비금이 말라갔다. 그 결과 유례없이 많은 양의 금이 반출되자 1971년 8월 닉슨은, 외국의 달러 보유자들이 달러를 금으로 상환할 수 있게 하여 환율을 고정시켰던 금본위제를 포기했다. 이에 따라 시장에는 부정적 영향이 파급되고 불확실성이 높아졌다. 그리고 주로 미국에 이득을 가져다주긴 했지만, 세계경제 안정화에도 크게 기여해왔던 브레턴우즈 체제마저 붕괴됐다. 하지만 미국의 입장은 '유럽-달러' 시장이 새로 만들어지면서 더욱 강화됐다. 유럽 은행의 단기 예금은 유럽의 여타 통화보다 달러가 주를 이루었다.

하지만 1971년까지 달러 유출은 다른 나라들에 대한 미국의 축적된 부채가 견딜 수 없는 수준에 이르도록 하는 결과를 초래했다.

이에 대해 닉슨 정부가 취한 조치들 때문에 『뉴욕 타임스』에서는 미국이 "세계에서 미국의 재정적 입지를 복구하는 데 필요한 고통스러운 조치들을 다른 나라들이 취해왔다는 사실에 만족"[2]하고 있음에 틀림없다고 선언했다. 이는 미국 정부의 이데올로기적 시각에 대한 깜짝 놀랄 만한 폭로였다.

서구에서 케인스주의 정책들은 1945년 이후 시장의 경기 변동을 안정화하는 데 전반적으로 만족스레 작동해왔었다. 그러나 한 가지 심각한 단점이 있긴 했다. 즉 인플레이션을 발생시키는 경향이 있었다. 이것은 '공공 차입/지출은 나쁘고 개인 대출/지출은 좋다'고 하는 어리석은 믿음이 옳았기 때문이 아니라, 강력한 노동운동이 완전고용과 결합되면서 임금 인상 요구의 근거가 형성됐고 이에 고용주는 상품 가격을 인상함으로써 응할 수밖에 없었기 때문이다.

석유 가격 상승에서 비롯된 갑작스런 기업의 비용 증가는 1929년의 공황과 같이 큰 규모의 공황을 일으키지는 않았지만, 미국과 서구 경제는 일반적으로 깊은 불황 속에 빠졌고, 여기에 맹렬한 인플레이션까지 동반됐다. 전통적으로 경기후퇴는 물가하락을 불러왔으므로, 반대로 물가가 상승하는 것은 이례적인 일이었다. 시장경제에서 약간의 인플레이션은 경제성장에 반드시 필요한 전제 조건이지만, 일정 수준 이상이 되면 앞으로 일어날 문제를 나타내는 지표가 된다.

통화 인플레이션은 의도한 것이든 우연한 것이든 언제나 소득 재분배의 수단이 되어왔다. 소득을 잃는 사람은 상대적으로 고정된 수입을 가졌거나 현금 적금을 든 사람들이다. 임금과 복지수당이 이러저러한 수단에 의해 물가상승률보다 낮게 유지될 수 있다면, 소득은 상위 계층을 향해 재분배된다. 1970년대에서 1980년대까지 계속해서 세계경제를 지배한 환경 때문에 자본의 압력을 받은 정부는 대체로 실업을 발생시키거나 여타 수단을 동원하여 임금 인상을 억제할 수 있게 됐으며, 마찬가지로 복지 삭감을 강제할 수 있게 됐다.

바로 이 시기에 그러한 전략을 정당화하는 이론들도 등장했다. 이 이론들은 주로 케이스주의의 문제들에 대한 경제적 분석에 기초했으며, 위기에 대한 적절한 해답으로 규제 없는 자유시장과, 노동시장에 대한 강력한 규제라는 노동자에게는 불리한 방책을 제시했다.

레이건과 대처 그리고 서유럽

1980년 선출된 미국의 레이건 행정부와 영국의 대처 정부는 이 두 나라에서 그러한 정책들이 시행될 수 있는 정치적 틀을 제공했다. 미국 행정부는 복지 축소 프로그램과 노동조합에 대한 공격에 착수하면서 동시에 기업과 자본에 대한 규제를 해제했다. 이로써 자본은 점점 더 범죄 조직과 같은 방식으로 움직이기 시작했고, 이윤이 나오는 곳이라면 전 세계 어디든 휘젓고 돌아다니게 됐다.

영국에서 정부가 처음 취한 금융 조치들 중 하나는 환율에 대한 통제를 제거하고, 나라 안팎으로 들고나는 자본의 이동을 무제한으로 허용하는 것이었다. 주식거래에 대한 규제 완화도 곧 뒤따랐다. 복지 지출은 매우 혹독하게 삭감됐으며, 거지들이, 때로는 아주 젊은 나이의 거지들까지 도시의 거리에 다시 등장했다. 정부 정책에 의해 실업이 급증함에 따라 노동시장의 성격도 완전히 변했다. 수십 년 동안 불가능하다고 생각됐던 것들이 결국은 가능한 것으로 입증됐다.[3] 강력한 규제들이 노동조합의 활동을 옥죄었고, 정부가 개입하여 주요 파업들을 좌절시켰다. 1984~1985년 광부들의 대규모 파업이 분쇄되자, 석탄산업도 곧이어 붕괴됐다.

황폐화된 것은 산업만이 아니었다. 실제로 그때까지 존재해온 영국의 산업 기반은 완전히 폐허가 됐고, 서비스산업, 그중에서 특히 금융 서비스 분야가 국가 경제의 중추를 이루게 됐다. 그러는 사이, 수익성이 좋은 공공서비스들 즉 통신, 전기, 가스, 수도, 석유, 항공이 공공 소유에서 제외되어, 대폭 인하된 가격에 민영화됐다. 이렇게 해서 자본의 수익성이 복구됐다. 하지만 자본의 구조는 10년 전과는 매우 달라져 있었다. 영국 정부가 이러한 조치들을 추진하면서도 사회적 대혼란을 일으키지 않을 수 있었던 것은 운 좋게 북해에서 발견된 유전에서 엄청난 수입을 얻었기 때문이다.

영국과 같은 규모는 아니었지만 다른 서유럽 국가들도 기본적으로 비슷한 방향을 향해 움직였다. 1940년대 이래 대부분의 국가에서 추구되어온 사회복지 정책들이 자본의 요구에 따라 모두 기각됐다. 이 일이 가장 확연하게 드러난 곳은 프랑스였다. 1981년 선거에서 공산주의자들도 작은 역할을 맡아 참여한 좌익 정부가 구성됐지만 경기 확장과 사회복지 혜택 증진 계획은 자본의 이익이라는 명령 앞에 반대로 뒤집히고 말았다. 덜 극적인 상황이긴 했지만 서독에서도 경제적 힘의 균형점이 자본 쪽으로 이동했다. 반면에 이탈리아는 부패와 약탈로 얼룩진 정부가 수렁으로 점점 더 깊이 빠져들고 있었고, 그 중심에는 사회민주당의 베네데토 크락시가 있었다.

사회민주주의의 거점이었던 스칸디나비아 국가들 역시 예외가 아니었다. 이들 나라 모두가 복지 지출의 증가를 억제해야 했으며 시장에 대한 규제 정도를 완화해야 했다. 특히 시장에 대한 규제 완화는 노르웨이를 제외한 모든 나라가 유럽공동체EC에 가입하면서 현실화됐다. 유럽경제공동체에서 출발한 유럽공동체는 이후 유럽연합으로 전환되는데, 이곳의 주된 소관은 회원국에서 시장화의 규모를 늘리고 공기업을 좌절시키는 것이다.[4] 이와 별도로 스웨덴에서는 기업 소유권과 지배권에서 노동자의 몫을 늘리려던 루돌프 마이드너 플랜Rudolf Meidner Plan이 철회됐다.

> 이 실험이 실행됐더라면, 스웨덴에 있는 수익성 좋은 기업들에 대한 사실상의 지배권이 노동자와 공공 조직에 넘어갔을 것이다. 그러나 사회민주당원들은 이에 관해 대중을 교육시키려고도 하지 않았고, 이에 대한 대중의 지지를 얻으려고 노력하지도 않았다. 8년 동안 스웨덴의 기업가들은 이 실험에 대해 꾸준히 욕을 해댔다.[5]

이런 일들이 전개되는 과정에서 국제금융 기구들이 했던 역할을 주목해야 한다. 국제통화기금과 세계은행은 미국이 지배했으며 사실상 미국 금융 수도의 두 팔처럼 기능했다. 1976년 영국에 자금을 제공했던 것처럼 두 금융기관이 자금을 제공할 때면 언제나 정부 지출을 삭감해야 하는 조건이 따라붙었고, 지출 삭감은 가급적이면 노동시장을 유연화할 수 있도록 복지 혜택 분야를 겨냥해서 이루어졌다. 그리고 이들 기관은 가능한 분야는 무엇이든 민영화하고 민간 금융의 범위를 더 늘릴 것을 주장했다. 대체로 서구 전역에서 사회의 최상위와 최하위 사이의 소득 격차가 더욱 커졌다. 소득 격차는 엄밀한 소득액 차이에서도 커졌을 뿐 아니라, 이와 동시에 감소된 '사회임금social wage'(노동자가 실업급여, 보육지원금, 기초노령연금, 건강보험 등

사회적으로 얻는 수혜를 말한다—옮긴이)을 고려할 경우 더욱 벌어졌다. 서유럽 전역에서 경제성장은 전반적으로 계속되긴 했으나 더 느리고 불안정해졌다. 그리고 전후 사반세기 동안 이루어낸 사회적 소득이 소멸되는 일이 벌어졌다.

이베리아반도의 두 나라에서는 1970년대에 독재 정부가 전복됐다. 포르투갈에서는 혁명이 일어났고, 스페인에서는 독재자가 사망했다. 몇 달 동안 포르투갈에서는 혁명이 공산주의 권력에 의해 계승될 것처럼 보였지만 곧 제지당했다. 혁명이 중단된 것은 독일사회민주당이 포르투갈공산당PCP과 경쟁하던 사회민주주의자들에게 원조와 지지를 보내어 실제로 하룻밤 사이에 포르투갈 사회주의 정당이 결성됐던 탓이다. 한편 스페인에서는 민주주의가 실시됐을 때는 강력해 보이던 스페인공산당PCE이 금세 쇠퇴하여 결국 여러 파벌로 쪼개지고 말았다. 오래지 않아 두 나라 모두 유럽의 이웃 나라들과 비슷한 경로를 밟게 됐고, 그리스와 함께 유럽경제공동체에 가입했다. 그리고 두 나라의 사회주의 정당들이 유권자들에게 제시했던 매력적인 약속들은 모두 잊혔다.

공산주의 국가들

이러한 사건들이 계속해서 일어났으니 지구 전역에서 '실제로 존재하는 사회주의'의 매력은 훨씬 더 증가했어야 했다. 하지만 현실에서는 정반대의 현상이 벌어졌다. 확실히 소비에트 블록은 1970년대가 지나가는 동안 외교와 해외 정책에서 여러 번 성공을 거두었고, 그 결과 영향권이 확장됐다. 가장 주목할 만한 사건은 베트남에서 미국이 전쟁에 패하면서 미국의 꼭두각시 정부가 사라졌다는 것이다. 에티오피아와 앙골라 그리고 궁극적으로 (그리고 숙명적으로) 아프가니스탄에서도 같은 일이 벌어졌다. 더욱이 1975년 헬싱키 정상회담에서는 동유럽에서 30년 전에 이루어져 계속 유지되어온 정치적 합의를 서방에서 인정한 것과 더불어 만족스러운 결과가 도출됐다.[6]

소비에트 블록

그러나 이 모든 일은 기만적인 것이었다. 명령경제 구조의 토대는 썩어 있었고, 오직 몇몇의 매우 예민한 해석가들만이 이를 깨달았다. 일반적으로 말해서 흐루쇼프의 수사법에서 나온 밝은 약속들은 색이 바랬지만, 이들 국가들의 경제는 거의 모든 관찰자에게 완벽하게 건강해 보였으며 그런 상태가 무한정 계속될 듯 보였다. 사회구조는 아무튼 좀 더 문제가 있어 보였다. 그리고 일반대중의 불만이 이러저러한 방식으로 표출될 것 같았다. 옛 기관원들이 사라지고 보다 기술적인 관료들이 그 자리를 차지하면서 헝가리의 노선을 따라 자유화의 움직임이 조금씩 일어날 가능성도 있었지만, 총체적 사회 전복이 일어날 기미는 보이지 않았다.

중앙에서 계획된 명령경제의 실상은, 소련에서든 '인민민주주의'에서든 점증하는 거대한 비효율성에 병들어 있었다. 소비재 산업들은 특히 병이 깊었다. 품질 관리가 안 되는 것이 주된 문제였다. 소련에서 공휴일 전날 만들어진 (제품에는 제조일자가 찍혀 있었다) 소비 내구재를 구입하는 것은 권할 만한 일이 못 됐다. 노동자들이 휴일 수당을 보전하느라 서둘러 물건을 만들기 때문에 부품을 끼워 맞추는

데 주의를 기울이지 않았을 가능성이 높기 때문이었다. 보다 많은 자원이 새 기계의 생산보다 헌 기계의 수리에 투입된다는 점도 지적됐다.[7] 이 모든 상황은 농담 한마디에 집약될 수 있었다. "우리는 일하는 척하고 당신들은 우리에게 돈을 주는 척한다."

일반 시민의 관점에서 볼 때 최악이었던 것은 소비재 필수품들이 부족했다는 것과 그것들을 얻기 위해서는 끝도 없이 줄을 서야 한다는 것이었다. 이러한 부담은 대체로 여성 시민들이 짊어져야 했다. 다양성이 부족하다는 것은 또 다른 문제였다. 냉전이 완화되어 서유럽 관광이 확대되고, 특히 서유럽 국가들과 국경을 맞대고 있는 지역에서 서유럽 텔레비전 방송 수신이 증가하면서 이 문제 또한 점점 더 두드러졌다.

오락 활동까지 포함해 모든 종류의 집단 활동을 국가가 감시하면서 강제하는 문화적·지적 순응도 불만의 또 다른 근원이 됐다.[8] 프라하의 봄을 반겼던 대중들의 환호는 바로 그 숨 막힐 듯한 순응성에 대한 반발을 드러낸 것이었다. 폴란드에서는 소비재 부족으로 폭동이 일어나 정치 지도자들이 사임하기도 했다. 하지만 별다를 바 없는 다른 지도자들이 비워진 공직을 다시 채우는 일이 반복되다가, 결국 1980년에서 1981년 사이 정치적 지향을 지닌 '연대'라는 이름의 노동조합이 자발적으로 형성되어 극적으로 부상했다. 그러나 이는 소비에트가 지원하는 군사 정변만 초래했다.

이러한 현실에서도 (1970년대가 흘러가는 동안 출간된 통계자료집은 경제와 복리 증진의 역량이 소실되는 것을 감추기 위해 점점 얇아졌지만) 소비에트 블록 대부분의 지역에서 공공복지 향상이 천천히 진행되고 있었다. 그리고 소련에서는 '침체의 시대'로 상징되는 흐루쇼프의 정권이 다가올 미래에서 보기에는 잃어버린 아카디아(목가적 이상향—옮긴이)로 느껴지게 될 참이었다.

그러나 크렘린의 최고위 지도부에서는 문제가 심각하다는 것을 잘 알고 있었고, 1982년 브레즈네프가 죽은 시점부터는 이 문제들을 다루려고 노력했다. 브레즈네프의 후계자 유리 안드로포프는 무시무시한 인물이었으며, 부패 척결을 자신의 개혁 프로그램의 핵심으로 삼았다. 브레즈네프의 가족 또한 금세 개혁의 표적이 됐을 정도였다. 하지만 안드로포프는 이미 병이 심했고, 결국 몇 년밖에 더 살지 못했다. 임시방편적인 보잘것없는 인물이 지도자의 자리에 잠시 머물다 떠나자, 1985년 공산당 정치국에서는 개혁가로 알려진 미하일 고르바초프를 새 지도자로 선출했다. 안드레이 그로미코는 고르바초프를 지명하면서 그의 외모는 사랑스럽지만 '강철 이빨'을 가지고 있다고 말했다. 그것은 정말 사실이었다.

고르바초프가 추진한 개혁 프로그램의 표제어는 **글라스노스트**glasnost와 **페레스트로이카**perestroika였다. 이 장에서 다루는 관심사는 후자인 페레스트로이카다. 페레스트로이카는 거칠게 번역하자면 '개혁'이란 뜻으로, 명령경제에 효율성을 제고하려는 시도를 나타냈다. 간단하게 말하자면 시장의 기제를 도입하겠다는 것이었다. 이를테면 협동조합이 직판장을 설치할 수 있도록 허락하는 것과 같은 인센티브를 도입함으로써 국영 판매장이나 식당에서 겪는 상품 부족 문제를 완화해보자는 식이었다.

이것은 순전히 경제적 개념만은 아니어서 '경제와 정치와 사회에서 상호 연결된 변화들의 역동적 과정'을 포함했다.[9] 하지만 글라스노스트(개방)와 결합됐을 때 이 역동적 과정은 정권에 치명적인 것이 되어 나타났다. 이 과정에서 소외된 주민들이 적지 않았고 그들 사이에서 불만이 일기 시작했다. 특히 고질적인 음주 문제를 해결하려는 시도에서 주류 공급을 엄격하게 제한했을 때 주민들이 크게 반발했다. 20세기 초 미국의 금주법이 가져온 결과를 염두에 두고 주류 공급을 전면적으로 금지한 것은 아니었는데도 와인 한 병도 사기가 힘들었다. 결국 가정 내 주류 생산이 급증하면서 의료적인 위험도 증가하는 한편 원재료를 이런 활동에 돌려쓰는 문제까지 발생했다.

보다 심각한 문제는 행정 관료들이 국가 경제를 붕괴시켰다는 사실이다. 개혁의 과정이 자신들의 이익에 역행하자, 관료들은 가능할 때면 언제든 개혁을 방해하는 방법들을 취했다. 결국 경제는 혼란에 빠지고 상품은 더욱 부족해졌다. 이제 정치적 불만도 표출될 수 있게 되자, 사회적 동요가 일었다. 1991년 전통주의 강경파에서 고르바초프에 맞서 쿠데타를 시도했으나, 곧 이어 정권이 붕괴되고 소련은 해체됐다.

이런 일이 소련에서 일어나기 훨씬 전에, 응당 일어나야 할 결과들이 동유럽 위성국가들을 덮쳤다. 이들 정권이 지닌 장점이 무엇이었든, 이웃 서방 국가들이 보여주는 화려한 소비사회의 장관들과 국민들이 미국에 대해 믿고 있던 사실들에 맞서 이들 정권이 공개적으로 경쟁해서 이길 가능성은 전혀 없었다. 결과적으로, 소비에트의 보호막이 —고르바초프가 분명하게 말했던 대로— 걷히자마자 1989년 '벨벳 혁명'이 연이어 일어났다. 다만 루마니아에서는 혁명이 그다지 벨벳처럼 부드럽게 일어나지 않았고, 정권이 전복되는 과정에서 많은 피를 흘렸다.[10] 혁명이 일어난 뒤 프라하의 봄을 모델로 하는 '인간의 얼굴을 한 공산주의' 정권이나 스칸디나비아 양식의 사회민주주의 정부가 들어서리라는 희망은 결국 환상이었다는 것이 금세 드러났다. 소련이 붕괴되기 이전에 벌써 규제되지 않는 시장 정권들은 옛 정권의 자리에 들어서 있었다. 때로는, 침몰하는 배를 버리고 떠난 이전의 공산당 기관원들이 새로운 정부를 지배하기도 했다.

중국과 동아시아

중화인민공화국은 다른 경로를 걸었지만, 어떤 면에서는 비슷한 부분들도 있었다. 그리고 그곳에서는 변화의 과정이 훨씬 더 일찍 시작됐다. '4인방四人幇'(문화대혁명 기간에 무소불위의 권력을 휘둘렀던 네 사람 즉 마오쩌둥의 부인 장칭江靑, 야오원위안姚文元 정치국 위원, 왕훙원王洪文 부주석, 장춘차오張春橋 국무원 부총리를 가리킨다—옮긴이)이라 불린, 마오쩌둥이 지명한 후계자들은 그의 극좌익 정책들을 계속해 나가려 했으나 금세 권력에서 떨려났다. 그리고 권력은 다시 문화대혁명 때 피해자가 된 최고위 지도부에서 살아남은 덩샤오핑鄧小平의 손으로 넘어갔다.

역설적이게도, '자본주의 노선을 따른다'는 마오쩌둥의 비난이 전적으로 정당화됐다. 그것이 바로 덩샤오핑과 그의 동료들이 한 일이었기 때문이다. 이들의 지도 아래 중국은 점점 더 자본주의 방향으로 움직였다. 농업 분야에서 농민이 중심이 된 시장 세력들의 해방을 시작으로 경제의 다른 분야들로 연이어 옮겨갔다. 이 과정에는 레닌의 신경제정책과 유사한 점들이 있었고, 특히 농업과 관련해서 더욱 그러했다. 하지만 중국의 경우 어마어마하게 더 멀리까지 나아갔다. 외국 자본의 수입이 적극 장려됐고, 해안 지역을 따라 (하이난섬海

南島 전체까지 포함하여) '경제특구'들이 건설됐으며, 그 안에서는 자본주의 원칙들과 방법들이 지배했다. 결과는 매우 성공적이었다.

사회주의 시장경제, 즉 '중국적 특성을 지닌 사회주의'가 도래할 것이라 기대됐으나, 거기에는 사회주의적 요소는 거의 없었다. 덩샤오핑이 "사회주의란 공유된 가난을 의미하는 것이 아니다"라고 선언했을 때, '병영 사회주의'를 경멸했던 마르크스를 인용하고 있었던 것인지도 모른다. 하지만 이것이 현실에서 실제로 의미하게 된 것은 많은 이가 여전히 가난한 채로 남아 있는 반면 다른 이들은 엄청난 부자가 됐다는 사실이다. 자연스레 이러한 현실은 사회적 차별과 빈곤을 낳았으며, 유연하지 않은 정치체제와 결합되어 —이곳에서는 페레스트로이카만 있을 뿐 글라스노스트는 없었기 때문에— 정치적 자유화를 요구하는 1989년의 대규모 시위를 불러일으켰다.

1989년의 시위는 유혈 사태로 번지며 철저하게 탄압됐지만 만개한 자본주의 체제를 향한 추동력은 여세를 몰아 앞으로 계속 나아갔다. 하지만 중국공산당은 이러한 과정의 본성과 그것을 떠받치는 사회질서에 대한 통제력을 강하게 유지했다. 수많은 주요 측면에서 중국공산당은 옛 소련과 동유럽의 공산당 지도자들과 같은 방식으로 행동했다. 하지만 그들이 쉽게 차를 갈아탄 반면 중국공산당은 이름과 상징과 구조까지 모두 그대로 유지했다.

중국의 이웃 공산국가인 북한은 전혀 다른 경로를 걸었다. 김일성 숭배와 비교하면 스탈린 숭배는 오히려 정상으로 보일 정도로, 북한의 스탈린주의 정부체제는 풍자만화처럼 보일 만큼 터무니없는 모습을 취했다. 한국전쟁 때 철저히 파괴된 상태에서 회복하여 한동안 북한 경제는 상대적으로 번성하기도 했었다. 이런 상황이 완전히 뒤

바뀌게 된 것은 사용 가능한 모든 자원이 군사력에 투입되고 민간 경제는 극도로 축소되면서부터였다. 그 결과 끊임없이 정치적으로 동원되는 주민들은 기아 직전까지 몰렸으며 모든 활동 영역은 정부의 법령과 감시에 가장 세세한 부분까지 통제당했다.

동유럽 정권들 중 어느 정권이 이러한 변화에 가장 강력하게 저항할 수 있을지를 물었다면 분명 누구나 한때 중국의 동맹국이었던 알바니아라고 대답했을 것이다. 또 한 명의 극단적 스탈린주의자 엔베르 호자의 지배 아래 있던 알바니아는 '수정주의적' 탈스탈린화의 경로를 거부하고 호자가 죽을 때까지 호자의 멘토가 제시한, 숙청으로 완성되는 정치 원칙들을 그대로 유지했다.

그러나 알바니아에서는 속성速成으로든 진정으로든 어떠한 종류의 산업화도 시도되지 않았다. 나라는 고립된 상태에서 의도적으로 가난한 채 유지됐으며, 유럽의 기준에서 보면 '낙후'되어 있었다. 그렇게 해서 사회적 안정성은 유지됐고 공산주의의 올무에 갇힌 채 전통문화, 특히 종교가 변함없이 이어졌다. 이런 상황이었음에도, 루마니아의 차우셰스쿠 정권이 격렬한 폭력 사태 속에 붕괴된 반면 알바니아의 정권은 거의 아무런 소리도 내지 않고 역사 속으로 사라졌다. (아마도 호자가 살아 있었더라면 상황이 매우 다르게 전개됐을지도 모른다.) 그리고 알바니아인들은 장점과 단점이 가득한 자본주의 소비사회에 재빨리 유도됐다.

제3세계의 참사

이 시기에 제3세계의 어떤 제한된 지역들에서는 글로벌 시장에 운 좋게 참여한 덕분에 자본주의 경제가 번성했다. 타이완, 한국, 홍콩(여전히 영국령), 말레이시아, 싱가포르가 바로 여기에 해당하는 지역들로, 소비수준과 생활수준 전반이 향상되어 일본이나 서구 수준에 도달했다. 하지만 이들 지역의 정치체제는 말레이시아만이 부분적으로 예외이고, 사실상 모두 독재였다.

제3세계의 다른 지역들에서는 빈곤과 공포의 장면들이 생생하게 펼쳐졌다. 아시아를 돌아보면, 1965년의 군사 정변과 공산주의자 살육이 벌어진 인도네시아에서는 우익 독재 정권이 들어섰고, 군인 통치자들과의 근접한 관계를 바탕으로 성장한 해적 자본주의가 환경을 파괴하고 주민들을 갈취했다. 버마와 필리핀은 똑같은 예외의 변종들이었다. 버마는 미국의 동맹도 아니고 세계시장에 통합되지도 않았다. 필리핀은 공식적으로는 문민 민주주의국가였지만, 정부의 교체가 일어나고, 잠재적으로 혁명적인 정부가 들어서는 경우에도 달라지는 것이 아무것도 없었다. 인도는 실제로 (인디라 간디의 독재 정부가 잠시 들어서기도 했지만) 문민 민주주의국가였다. 그러나 부와 삶의 기회 격차는 극심했고, 정부는 중앙이나 지방이나 극도로 부패했으며, 미신이 만연했다.[11]

인도에서 한참 서쪽에 있는 이란에서는 시아파 이슬람 혁명이 일어나 정치적으로나 이데올로기적으로 중대한 결과를 가져왔으나, 경제적 측면이나 사회 일반 여건에서는 통치 집단을 교체한 것 말고는 별다른 변화를 일으키지 못했다. 이 혁명이 이란 국민에게 끼친 주요한 영향은 문화에 관한 것이었다. 혁명의 결과 종교적 행동 규칙과 복식 규정이 엄격하게 강제됐으며, 이에 주로 영향을 받은 것은 여성이었다. 하지만 사우디아라비아와 비교하면 이란의 경우는 오히려 자유로웠다. 이란의 새로운 정치체제 역시 대부분의 이웃 나라에 비하면 아주 많이는 아니더라도 좀 더 민주적이었다.

이란과 국경이 닿아 있는 아랍 국가들은 상대적으로 부유했다. 걸프만 연안의 소형 국가들은 주로 석유 생산 덕분에 상당히 부유했다. 이들 국가의 부를 보여주는 한 가지 징표는 상당수의 외국인 노동자를 수입해온다는 사실이었다. 이들 국가의 사회, 정치, 문화는 (특히 사우디아라비아에서) 극도로 보수적이었다. 개발독재 정권이 들어서서 표면적으로나마 복지시설에 투자했던 이라크만이 예외였다. 이 시기가 끝날 무렵까지 이라크 정권은 다른 이웃 국가들과 마찬가지로 미국의 동맹이었으며 1980년대에는 미국을 위해 이란과 전쟁을 벌이기까지 했다.

다시 더 서쪽으로 이동하면 요르단, 시리아, 이집트에 들어선 권위주의적 정권들이 빈곤에 빠져 있었다. 특히 이집트는 과도한 인구 증가로 고통을 겪었다. 여러 문화가 다양하게 섞여 있던 레바논에는 상업과 금융 분야에서 활동하며 상대적으로 부유해진 (우익) 그리스도교 인구가 상당수 존재했지만 1980년대에 이스라엘이 침공하고 내전이 발발하자 피폐해졌다. 지중해 연안의 리비아는 적은 인구에 석유 매장량이 풍부한 덕분에 상대적으로 풍요로웠다. 튀니지는 권위주의적 정부의 통치를 받긴 했지만, 레바논과 마찬가지로 상업을 통해 어지간히 잘살았다. 여느 이슬람 국가보다 문화적으로 느슨했던 튀니지에서는 이후에 히잡 착용을 금지하기까지 했다. 알제리와 모로코는 물질적 부의 수준에서 완전한 대조를 이루었지만 두 나라 모두 사실상 독재 정부의 통치를 받았다. 알제리에는 군부독재가, 모로코에는 군주정이 성립됐다.

사하라사막 이남 아프리카와 라틴아메리카

세계적 경기후퇴의 영향이 가장 참혹하게 나타나고 정치에도 심각한 결과를 일으킨 곳은 사하라사막 이남 아프리카와 라틴아메리카였다. 사회 불만이 증가하자 혁명이 촉발됐고, 혁명의 결과는 에티오피아에서처럼 독재와 혼돈으로 이어지거나, 남아메리카의 남쪽 원뿔꼴 지역(브라질, 파라과이, 우루과이, 아르헨티나, 칠레로 이루어지는 지역—옮긴이)에서처럼 강력한 군사적 압제('더러운 전쟁')를 낳았다. 1974년 혁명 이후 포르투갈의 통제로부터 벗어난 앙골라와 모잠비크에는 급진적 정권들이 들어서자 남아프리카의 대리인들이 경제 기반 시설들을 파괴해버렸다. 혁명적 정권이 들어선 니카라과에서는 미국의 대리인들이 같은 일을 저질렀다.

최악의 사태를 면한 곳에서조차 세계시장의 상품 가격이 급락하면서 재정이 붕괴되고, 국제통화기금과 세계은행의 개입이 이어졌다. 이 두 국제기구는 정부에 대출을 해주는 대가로 내수시장을 개방하고 사회보장제도를 해체하며, (종종 상당히 비효율적이고 부패한 것으로 인정된) 공기업과 배급기관을 민영화하는 구조조정 프로그램들을 실시하라고 요구했다.[12] 이러한 조치들은 예외 없이 공공복지를 위축시키고 빈곤을 창출하는 결과를 낳았다. (물론 정부의 세입을 절약하고 시장 기회를 창출하는 것과 별개로, 이전보다 더 적은 임금을 받고도 힘들게 일하고자 하는 예비 노동자들을 만들어내는 유용한 부작용도 있었다.)

마이크 데이비스(현존하는 미국의 정치 활동가이자 저술가—옮긴이)가 말한 '슬럼의 행성'으로 향하는 경향이 수십 년 동안 계속되면서 제3세계 시골 지역에서 밀려나거나 도시에 이끌려온 주민들이 주요 도시 외곽의 기반 시설이나 공공 설비가 부족한, (언어에 따라 다르게 부르는) 판자촌이나 파벨라favela(포르투갈어로 브라질의 빈민촌을 이르는 말—옮긴이), 또는 바리오barrio(원래 스페인어에서 도시의 한 구획을 이르는 말이었으나 미국 도시에서 스페인어 사용자들이 몰려 있는 지역을 가리킨다—옮긴이)에 쌓여갔다. 할 수 있는 한 최선의 생활을 확보하려 하거나, 자신들이 처한 여건을 개선해보겠다는 먼 희망을 지닌 가족들과 개인들이 이들 지역에 몰려들었다. 1970년대와 1980년대 경제 상황은 이러한 경향을 훨씬 더 가속화했다. 신자유주의 환경 속에서 도시화가 의미하는 것이 바로 이것이었다. 여기서 논의하고 있는 시대를 지구적 차원에서 특징짓는 것은 가난한 이들로부터 부유한 이들에게 자원과 소득이 어마어마하게 이동해갔다는 사실이다.

1973년에서 1991년에 이르는 시기에는 20세기 경제의 역사적 변동이 이루어졌으며, 이 변동은 대공황과 두 차례의 세계대전만큼이나 정치와 이데올로기에 지대한 영향을 끼쳤다. 실제로, 이 시기에 일어난 변화가 단지 '짧은 20세기'를 결론지은 것이 아니라 프랑스혁명으로 시작된 세계사의 한 국면을 종결시켰다는 주장이 강력히 제기됐다.

제12장

자유주의와 보수주의의 유착

신자유주의와 신보수주의

20세기의 주요 이데올로기들 중에서 자유주의야말로 위대한 생존자로 남았다. 자유주의는 자신의 적수였던 파시즘과 공산주의를 압도하고 물리쳤으며, 경쟁자였던 보수주의를 흡수해버렸다. 적어도 이런 측면에서는 후쿠야마의 논지[1]가 잘못됐다고 생각할 수 없을 것이다.

이 장에서 주로 다룰 측면은 바로 자유주의가 다른 이데올로기들을 물리치고 흡수하여 살아남게 된 과정이다. 이런 과정은 이미 '신자유주의'와 '신보수주의'라는 용어에 잘 반영되어 있다. 자유주의 이데올로기는 그것의 대변자들과 정치인들의 수사에서 표현된 것처럼 사회자유주의로부터 보수자유주의로 방향을 틀었다. 그리고 사회민주주의 정당들과 기관들을 자신의 편으로 끌어들였다.

케인스주의에 대한 합의는 흐트러지기 시작했지만, 그것이 미국을 점령하고 있던 시기에도 자유방임 경제의 주창자들은 사라지지 않고 살아남았었다. 그들에게 기회가 찾아온 결정적 계기는 1973년에 시작된 경제 위기였다. 미국의 경우 고려할 사항들이 더 많이 있는데, 그중에서도 가장 중요한 것은 1960년대 미국의 전통적인 가치들과 미신들을 포괄적으로 공격한 청년들의 반란이었다. 공포에 질린 전통주의자들은 청년들의 반란을 고약한 악덕일 뿐 아니라 범죄로까지 이어진다고 여겼다. 그들이 생각하기에 게토에서 벌어지는 폭동과 웨더먼Weathermen(1969년 미시간대학에서 조직된 좌익 학생 전투 조직—옮긴이)의 테러 활동이 이를 증명하는 것이었다. 찰스 맨슨과 그의 동료들(찰스 맨슨이 히피들 사이에서 조직한 맨슨 패밀리라는 사교邪敎 범죄 집단은 1960년대 후반 잔혹한 방법으로 35명 이상을 살해한 것으로 악명 높다—옮긴이)이 저지른 끔찍한 살인들까지도 그 근본 원인은 모두 청년들의 반란이라고 보았다. 이후에 한 우익 역사학자가 한 말에 따르면 "이 새로운 투사들은 사실 혁명가들이었다. 아프리카계 미국인 극단주의자들이 백인들의 동맹에 가담하여 사회의 근간을 공격했다."[2]

사회 및 문화가 격변하고 있는 와중에 베트남전쟁에 대한 격렬한 반전운동이 함께 엮여들었다. 반전운동은 그때까지 일반적으로 용인된 냉전에 대한 믿음에 의문을 제기하고, 1945년 이후 미국이 저질러온 부정행위들에 대한 폭로와 연결됐다. 그리고 풀뿌리 민중에서부터 다양한 분야의 지식인들과 작가들이 목소리를 높여 참여했다. 점점 더 많은 수의 시민들이 군사 문제와 해외 정책에 대한 정부의 발표들을 신성불가침한 것으로 수용하길 거부하고 있었다. 이러한 사실은 전통주의자들의 심기를 몹시 불편하게 했다. 그들이 보기에

이건 마치 자신들이 사랑한 미국에 침을 뱉는 것과 다름없었다.[3] 게다가 1960년 아프리카계 미국인들의 민권운동이 성공을 거두어 미국 사회의 가장 수치스럽던 현실이 제거되자 전통주의 보수주의자들의 주요 골칫거리도 사라졌고, 결국 우파들끼리 유착할 수 있는 길이 열렸다.

스트라우스의 곡조

레오 스트라우스(1899~1973)의 글과 가르침은 이러한 과정에서 의미심장했다. 페리 앤더슨에 따르면 그것은 "가장 독특하고 강력한 미국 보수주의 학파를 이제껏 양성해온 체계적 정치 독트린"[4]이었다. 독일에서 보낸 청년 시절에 스트라우스는 시오니즘 운동 중에서도 가장 우익 분파에 해당하는 제에브 야보틴스키의 수정주의자들 무리 속에서 활동했는데 이들은 무솔리니를 동경했다. 1933년 5월 카를 뢰비트(유대인 출신의 독일 철학자—옮긴이)에게 보낸 편지에서 그는 히틀러를 막을 수 있는 길은 아마도 그의 연립정부에 있는 보수주의자들에게 호소하는 것이라고 했다. 그리고 보수주의자들에게 호소할 때는 바이마르 헌법에 근거해서는 안 되고, "파시스트이고 권위주의적이며 제국주의적인" 이탈리아 파시즘을 나치즘에 대한 대안으로 제시해야 한다고 했다. 스트라우스는 카를 슈미트의 도움으로 독일에서 탈출한 직후 슈미트에게 편지를 보내 자신을 모라스에게 소개해달라고 청했다. (이후에 그는 R. H. 토니(영국의 경제사학자이자 사회비평가—옮긴이)와 해럴드 라스키(영국의 정치 이론가이자 경제학자로 노동당 대표를 지내기도 했다—옮긴이) 같은 사회주의자들과도 개인적 관계를 맺기도 했다.) 1930년대 말에 그는 미국으로 이주했고, 마침내는 시카고대학의 학장이 됐다.

스트라우스의 분야는 철학과 정치이론이었지만—

> 그 자신이 정계의 사안들에 대해 자신의 이름으로 목소리를 낸 적은 거의 없었다.
>
> …
>
> 그는 거의 탈무드 연구와 같은 해석적 연구서를 쓰면서, 마키아벨리가 로마의 역사학자 리비를 매우 자주 인용했던 것과 같이 마키아벨리의 현실정치realpolitik 원칙들에 관해 실질적 논의를 하기보다는 의문을 제기하는 데 더 많은 공간을 할애했다.[5]

그럼에도 스트라우스는 열렬한 반민주주의자였으며 엘리트 찬미자였다. 물론 조악한 방식으로 그러했던 것은 절대 아니었다. 플라톤을 동경했던 그는 플라톤의 엘리트주의를 사람들이 오해했다고 생각했다. 그가 생각하기에 철학자들은 종종 박해에 대한 두려움에서 자신이 진짜로 믿는 것을 감추어 비의적으로 기술하기 때문이다.

> 정치 이론에 대한 스트라우스의 접근법은, 단순한 의견보다 진리와 지식에 관심을 쏟는 정치철학자들이 체제 전복적이라는 이유로 박해받지 않기 위해 언제나 그들의 사상을 위장해야 했다는 전제에서 시작된다. 따라서 이런 정치철학자들은 … '비의적' 방식을 채택하여 글을 썼으므로 읽는 해석자들은 행간을 읽어야 한다. … 스트라우스를 따르는 학자들은 정치철학의 참된 의미에 접근하는 데 자신들이 특권적이며 배타적인 동인회同人會를 이루고 있다고 여긴다. 그들

은 거대한 해석의 자유를 취하면서, 다른 학자들이라면 거의 택하지 않을 방법들을 사용해 원문 텍스트로부터 멀어져간다.[6]

스트라우스는 오크숏이 상당히 동경했던 17세기 반민주주의자 토마스 홉스를 완전히 거부했다. 홉스는 모든 인간을 (아니면 적어도 모든 남성을) 태생적으로 평등하다고 보았고, 그런 이유로 모두가 절대군주에게 절대적으로 종속되어야 한다고 주장했기 때문이다. 반면에 스트라우스는 불평등이 자연의 법칙이라 여겼으며 이는 사회질서에도 반영되어야 한다고 보았다. 민주주의는 대중들이 예속성을 수용하도록 유도하는 데 사용된다면 그 나름의 쓸모가 있을 수 있겠다는 것이 그의 생각이었다.

스트라우스의 보수주의에는 보기 드물게 엉켜 있는 부분이 존재했다. 그의 내적 믿음들에는 사르트르의 실존주의와 유사한 부분이 있었던 듯 보인다. 그것은 "우주적 무질서의 훨씬 더 끔찍한 현실들, 즉 신적 권위의 부재, 공통의 도덕이라는 기만, 지구와 그 종種들의 무상함 —종교에서는 부인해야 하고 사회에서는 견더낼 수 없는 모든 통찰"[7]이다. 이들은 "치명적 진리들deadly truths"이다. 오직 철학자들만이 이러한 진리들을 발굴해낼 수 있다. 그리고 오직 철학적 능력이 있는 엘리트만이 그 진리들을 견더낼 수 있다. 나머지 사람들, 즉 아테네의 반민주주의 귀족들이 호이 폴로이hoi polloi(고대 그리스어로 부정적 의미에서 일반대중을 부르던 말—옮긴이)라 일컫던 자들 그리고 에드먼드 버크가 '돼지 같은 군중'이라 부른 자들에게는 플라톤의 '고귀한 거짓말'이라는 안전한 보호막이 제공되어야 한다. 종교나 '전율하며 경외하는 신들', 또는 그에 상응하는 것이면 충분할 것이다.

이런 보호막이 제공되지 않는다면 사회는 해체되고 말 것이다. 신은 죽었을지 모르지만, 여전히 쓸모가 있다.

스트라우스가 늘 정치에 관한 직접적 언급을 피했던 것은 아니다. 적어도 사적으로는 정치적 언급을 할 때가 있었다. 스콧 호턴(미국의 안티워Antiwar 라디오 프로그램 진행자로 여러 정치인, 언론인, 전문가와 인터뷰를 했다—옮긴이)이 2009년 7월호 『하퍼스 매거진*Harper's Magazine*』에 기고한 바에 따르면 찰스 퍼시(역설적이게도 중도 공화당원)가 1964년 대통령 선거 출마를 고민하고 있을 때 스트라우스가 다음과 같이 조언했다고 한다.

러시아가 공산주의를 포기할 때까지, 즉 러시아가 공산주의의 전제 위에서 행동하기를 멈출 때까지 모두스 비벤디modus vivendi(서로 다른 입장이나 태도를 지닌 사람들 또는 국가들이 다투지 않고 살아가기 위해 맺는 협정—옮긴이)란 있을 수 없다. 러시아인들이 자유세계가 여기에 계속 존재하리라는 것을 확신하고 그 확신에 따라 행동한다면 그들이 공산주의를 향해 계속해서 말뿐인 상찬을 늘어놓느냐 마느냐는 우리와 나머지 비공산권 세계 모두에게 아무런 관심도 끌지 못한다. 이러한 정신적 변화를 일으키기 위해서는, 공산주의자들이 서방에 대해 잔인하게 굴었던 만큼 필요하다면 서방에서도 잔인하게 구는 척이라도 해야 한다. 서방에서는 어떤 오류의 가능성도 용납하지 않는 말과 행동을 통해 공산주의자들이 세계 공산 사회 설립을 영원히 연기해야 함을 입증해야 할 것이다.

그리고 그는 더 나아가 다음과 같이 선언했다.

> 내가 생각하기에 다음 사항들은 지적된 적이 없으며, 있더라도 사람들이 충분히 들은 적은 없었다. … 흐루쇼프가 이해할 수 있는 유일한 표현을 써서 이야기하자면, 우리에게 쿠바는 그들의 헝가리와 같다. 우리가 우리의 뒷마당 쿠바의 문제들을 신경 쓰고 있는 한, 우리가 그의 뒷마당인 헝가리에서 최소한의 움직임도 일으키지 않았던 것처럼, 그 역시 쿠바에서 최소한의 움직임도 일으킬 수 없고 일으키려 하지도 않을 것이다.[8]

스트라우스의 옛 제자들 중 많은 이가 1970년대에 마련된 우익의 역습을 위한 이데올로그나 공무원들이 됐으며, 레이건 행정부에서 권력을 잡고 1990년대를 관통하여 21세기까지 권력을 유지했다.

신보수주의자들과 이데올로기 공세

2005년 머리 프리드먼(유대인 출신의 미국 역사학자—옮긴이)은 『신보수주의 혁명: 유대인 지식인들과 공공 정책의 형성*The Neoconservative Revolution: Jewish Intellectuals and the Shaping of Public Policy*』이란 책을 출간했다. 이 책의 부제목은 다소 불길한 것이었다. 이 소제목은 한편으로는 반유대인 포퓰리즘에 빌미를 제공했으며, 다른 한편으로는 신보수주의에 대한 어떤 비판이나 그 단어를 사용하는 것까지도 반유대주의를 암시한다는 비판의 근거를 마련했다는 점에서 그러했다. 하지만 이 책 자체는 유익한 정보를 제공하고 흥미로운 사실을 드러냈다. 문제는 그것이 저자가 의도한 방식대로 이루어지지 않았다는 점이다. 프리드먼 자신은 (전적으로 무비판적이진 않았음에도) 신자유주의 진영에 속해 있었다. 그는 소비에트의 공격적 의도들과 '소련 붕괴의 필요성' 그리고 워싱턴이 지닌 세계 통치의 신성한 권리라는 개념을 더 이상 논의가 필요 없는 당연한 사실로 받아들인다. 그는 소련이 이란혁명과도 모종의 관련이 있었음을 암시하는 데까지 나가고 있다.[9] 여기서 떠오르는 한 가지 사항은, 논의되고 있는 지식인들이 원칙보다는 개인적 고민거리에, 아니면 적어도 그 두 가지의 혼합된 사안들에 추동됐다는 점이다. 이 지식인들은 우연히도 유대인들이었는데, 반드시 유대인이 아니고 차별받는 어떤 소수자 지식인을 논했어도 괜찮았을 것이다. (하지만 피들러에 따르면 "전후 미국 사회의 이행과정에서 새로이 강조된 평등주의를 가장 크게 이용한 인종 집단은 바로 유대인들이었다.")

> 전후 시기에 뉴욕의 젊은 지식인 다수가 그들을 소외시켜온 사회와 점차적으로 화해했다. 한 역사학자는 1960년대에 신보수주의가 감사할 줄 모르는 자녀 세대에 맞서 역逆저항을 시작했다고 주장했다. 하지만 이 자녀 세대의 뿌리는 이 시기보다 앞섰다.
>
> …
>
> 성공을 거둔 유대인 지식인들과 작가들이 늘어남에 따라 이들이 미국식 생활과 더 빨리 화해하게 됐다는 데는 의심의 여지가 없다.[10]

어빙 크리스톨은 신보수주의자를 '현실에게 강도당한 자유주의자'라고 정의하기도 했는데, 이런 증거에 근거하면 수용受容과 금전金錢에게 강도당했다고 하는 것이 더 적절하게 보일 것 같다.

신보수주의자들은 원래 상당히 좌파에 경도되어 있었으며, 대체로 일종의 트로츠키주의에 속했다. (따라서 스탈린주의에 대한 극심한 증오도 습득했다.) 의도적이었든 아니든, 프리드먼은 이러한 관점의 근원이 기성 지성계와 학계로부터 느낀 그들의 소외감이었다고 제시한다. 그러나 냉전이 닥쳐오자 이들이 반스탈린주의를 이용해 경력을 쌓을 수 있는 기회가 생겼다. 그래서 그들은 수용이란 걸 알게 됐고, 일단 한 번 그것을 알게 되자 미국 사회와 그 정치체제의 미덕들 또한 발견하게 됐다. 그들은 지적 여정의 다음 단계에서 냉전 자유주의자들이 됐으며, 달라지는 환경에 맞추어 자연스레 신보수주의자로 변신했다. "사실 불만이 많은 이 자유주의자들은 맥거번(1972년 민주당 대선 후보)의 추종자들이 자신들의 당을 납치했으며 자신들이 알고 있던 자유주의를 폐기해버렸다고 확신했다." 다시 말하자면, 극단적인 냉전 태도들을 합체했다는 것이다.[11]

베트남전쟁 패배와 경제 위기 그리고 워터게이트 사건이 터지면서, 1945년 이후 계속된 냉전 자유주의는 수세에 몰렸다. 미국식 방법론을 완강히 지지하는 자들은 보다 확고한 응답을 요구했으며, 어빙 크리스톨과 윌리엄 버클리 같은 노장들은 그들 사이의 차이점들을 해소해버리고 새로운 세대의 열렬한 반동 세력들과 한 팀을 이루었다. 보수주의자들과 냉전의 투사들이 스트라우스의 영향을 받아 새롭게 그려낸 밑그림은 —'레오콘Leocon'(스트라우스의 이름 레오와 보수주의자conservative의 합성어. 신보수주의의 별칭 네오콘neocon과도 비슷하게 들린다—옮긴이)이라 불리며 조롱당하기도 했지만— 신보수주의라 이름 붙은 신자유주의 혼합물을 만들어냈다. 그리고 이들의 이데올로기적 적수들인 좌파 자유주의자들과 공산주의자들을 향해 그리고 그들과 동일시되는 모든 이를 향해 군사, 경제, 정치 방면에서 공격했다. 이와 더불어, 일부는 국가로부터 격려 받고 일부는 자발적으로 일어난 이데올로기적 공격이 1970년대 이후부터 계속 진행됐다.

미국에서는 자유주의 (또는 점점 더 신자유주의라는 이름으로 알려지게 된) 경제학이 통제받지 않는 순전한 시장을 찬양하면서 이러한 이데올로기적 공격의 토대를 이루었다.[12] 자유주의 경제학은 저소득층으로부터 부유층에게 부를 이동시키려는 의도를 실현시키는 도구에 지나지 않았지만, 이를 노골적으로 드러내지 않기 위한 조치도 당연히 취했다. 신자유주의 경제학은 진취성을 북돋우고 그에 맞는 보상을 주며, 자본의 최대 활용을 보장하고, 모두에게 일자리를 제공하는 데 반드시 필요한 메커니즘이라고 광고됐다.

대중들에게 강조됐던 것은 '낙수' 효과라는 현상이었다. 이는 최상층의 수입이 증대되면 똑같은 비율로는 아니더라도, 하위 계층의 수입도 꾸준하게 증가한다는 주장이었다. 실업은 언제나 자발적인 것이라는 19세기 초의 개념도 되살아났다. 실업자가 분발하기만 하면 일자리는 언제든 있다는 것이었다. 노먼 테빗(1980년대에 주로 활동한 영국 보수당 출신의 정치인으로 노동부 장관을 역임했다—옮긴이)의 말대로 "그들의 자전거를 타라"는 식이었다. 일자리가 늘 있다는 것은 분명한 사실인데, 늘 있는 일자리란 마약 거래, 강도, 매춘, 포르노그래피 등의 분야에만 있다. 이런 일자리는 신자유주의 경제학의 지지자들이 염두에 둔 일자리는 아니었다.

자본주의에 대한 보다 온화한 시각을 지향하는 네오콘neocon(신보수주의자neoconservative를 줄여서 부르는 말—옮긴이)의 핵심은 경제학보다는 자본주의와 개인적 자유의 연결 고리에 놓여 있었다. 실제로 네오콘들이 느끼기에 시장경제란 민주주의의 본질을 제공해 주는 것이었다. 크리스톨은 「자본주의, 사회주의, 민주주의Capitalism, Socialism and Democracy」에서 자본주의는 인간의 자유와 보다 폭넓은 물질적 복지에 불가분하게 연결되어 있다고 하는 자신의 강력한 느낌을 요약해 놓았다. 그는 이렇게 선언했다. "인류 역사 전체에서 자유시장 체제에 기초하지 않고 정치적 자유가 보장됐던 사회란 존재한 적이 없다. 자유시장 체제란 사유재산에 기초한 체제로서 상호 동의하는 성인들 사이에서 이루어지는 상업적 거래로 정상 경제활동이 구성되는 체제를 말한다. 이에 기초하지 않고 정치적 자유를 보장하는 사회는 존재한 적이 없다. 예외조차 없었다." (역사는 크리스톨이 잘 알고 있는 분야가 아니었다.)[13]

앨런 블룸(미국의 철학자로 주로 서양 고전 철학을 연구했으며 보수주의자로 알려져 있다—옮긴이), 폴 월포위츠(전 세계은행 총재였으며, 미국 조지 W. 부시 대통령 행정부에서 국방부 장관을 지낸 신보수주의의 대표 인물—옮긴이), 해리 자파(미국의 역사학자로 미국 보수주의 형성에 큰 영향을 끼쳤다—옮긴이), 아브람 슐스키(미국의 신보수주의 정치학자—옮긴이)와 같은 새로운 세대의 이데올로기 주창자들 중에서 어떤 형태로든 마르크스주의 배경을 지닌 이는 거의 없었다. 이들은 골드워터의 선거 캠프를 둘러싸고 형성됐으나 골드워터가 선거에서 참패한 이후에도 사라지지 않고 계속 유지된 보수 이익단체들과 조직망 출신이었다. 이들은 세계정세에서 반드시 미국이 우위를 차지해야 한다고 더 요란하게 강조했다. 미국은 군사력은 물론 경제적 지배력과 외교적 영향권에서부터 이데올로기적 침투에 이르기까지 모든 분야에서 우위를 차지해야 한다. 이는 곧 "전 영역 우세full spectrum dominance" 라는 말로 알려지게 됐다.

그보다 앞서 있었던 냉전 자유주의자들은 이들의 요란한 마차가 굴러가는 데 도움을 주었다. 그들이 지닌 트로츠키주의 배경 때문에, 아니면 『코멘터리*Commentary*』라는 저널('독자들에게 미국 사회에서 그릇된 것보다는 옳은 것을 말해준다고 신뢰받았다')[14]과 제휴하고 있었던 탓에, 그들은 다수가 참여했었던 린든 존슨(케네디 대통령의 부통령이었다가 대통령직을 승계한 후, 골드워터를 꺾고 36대 대통령 선거에 당선됐다—옮긴이)이 벌인 '위대한 사회Great Society' 프로젝트(가난과 인종차별을 일소하는 데 중점을 둔 린드 존슨 정부의 국내 정책—옮긴이)의 결과에 실망했다. 그들 중에는 네이선 글레이저[15]와 심각할 정도로 매력이 없던 노먼 포드호레츠 같은 인물도 포함되어 있었다. 레이건을 유약하다고 보았던 포드호레츠는 숨겨진 사실들을 폭로하는, 제목도 직설적인 자서전 『성공하기*Making it*』, 『대열을 흐트리며*Breaking Ranks*』, 『옛 친구들*Ex-Friends*』을 쓴 것으로 주목할 만하다. 프리드먼조차도 온건하게나마 이들에 대해 비판적이다. (우디 앨런은 포드호레츠의 『코멘터리』와 의사擬似좌파 『디센트*Dissent*』는 '디센터리Dysentery'(이질痢疾이란 뜻—옮긴이)라는 표제 아래 하나로 통합되어야 한다는 농담을 하기도 했다.) 1960년대에 미국의 냉전 정책들을 자세하게 폭로하는 글을 썼던 데이비드 호로위츠와 같은 좌파 변절자들 역시 그들 무리에 참여했다.

다수의 전통 보수주의자들, 곧 '구舊보수주의자paleoconservative(네오콘이라 불린 신자유주의자들과 대별되는 의미에서 팔레오콘이라 불린다—옮긴이)'이라 불린 자들은 이렇게 갑자기 끼어들어 유명해진 이들이 미국 보수주의를 위해 목소리를 낸다고 주장하는 데에 전혀 열광하지 않았다. (여기서 버클리는 중요한 예외였다.) 커크는 그들을 혹평했다. 그는 신보수주의자들이 "종종 예리하긴 하지만 절대 현명하지 않"으며 "인간조건에 대한 이해와 문명의 축적된 지혜에 대한 식견"이 부족하다고 일갈했다. 잘 알려지지 않은 스티븐 톤서는 비판에 있어 훨씬 덜 조심스럽다. "읍내의 창부가 종교를 갖고 교회에 다닌다면 그건 멋진 일이다. 때로 그녀는 성가대를 훌륭하게 지휘하기도 한다. 하지만 그녀가 목사에게 일요일 설교에서 무슨 말을 해야 하는지 이야기해주기 시작한다면 너무 멀리까지 나간 것이다."[16] 훨씬 나중에 스스로를 구보수주의 자유의지론자自由意志論者라고 말한 이가 2009년 9월의 어빙 크리스톨의 사망에 대해 다음과 같이 썼다.

> 어빙 크리스톨은 보수주의 운동을 과격한 반反국가주의로부터 떼어내어 공격적인 간섭주의 대외정책이라는 도덕적 의무에 거의 배타적일 만큼 집중하도록 전환하는 데 중요한 역할을 했다. 어찌 됐든, 이것이 어빙 크리스톨이 남긴 영속적 유산이다. 이 유업을 이은 그의 추종자들과 후예들은 『위클리 스탠더드*Weekly Standard*』의 전쟁광들과 림보와 해니티(러시 림보와 션 해니티 모두 미국의 대표적인 보수주의 방송인이자 정치평론가다—옮긴이) 같은 무지한 우파들이다. 이들은 미국의 권력—정부 권력—에 대한 제약을 인정하는 것을 모두 '배신'이라고 본다. 하지만 이것은 확실히 비非보수주의적인 —반反보수주의적이기까지 한— 시각이다. 이런 시각은 겉과 속이 뒤집힌 트로츠키주의와 가장 비슷한 급진주의의 한 형태일 뿐이다.[17]

신보수주의 이데올로기가 트로츠키와 자코뱅의 뿌리를 가지고 있다는 것은 이들과 타협할 수 없는 '구舊보수'들이 자주 사용하는 비유다. 그러나 이 전통주의자들은 결국 주변부로 밀려났고, 여성혐오와 동성애혐오와 같은 그들의 편협한 편견 몇 가지를 신보수주의자들이 취하는 데 만족해야 했다. 1980년대에서 1990년대 초까지 미국의 구보수주의자들은 팻 뷰캐넌의 주변에 결집했고, 뷰캐넌은 대선 출마를 시도했으나 실패했다. 그는 명백히 인종주의와 반유대주의를 지닌 인물이었고 (그는 이를 부인하려 시도했으나 설득력이 없었으므로) 이런 사실은 득이 될 게 전혀 없었다. 커크와 같은 인물로 대표되는 통합주의는 신자유주의에 자리를 내주고 주변으로 밀려나, 다만 소수의 핵심 전통주의자들 또는 광적인 우파거나 사실상 파시스트인 사람들 사이에만 남게 됐다. 개인주의에 강박적으로 집착하는 미국에서는 통합주의에 호의적인 환경이 형성된 적은 한 번도 없었다.

스크루테이프의 편지*

이 시기 영국에서는 커크와 오크숏의 후계자라고 할 수 있는 로저 스크루턴이란 인물이 등장했다. 법정 변호사인 그가 원래 전공한 분야는 우연치 않게 미학이었다. 그가 보수주의 이데올로기 속으로 과감히 뛰어든 것은 1980년 『보수주의의 의미*Meaning of Conservatism*』를

* 『스크루테이프의 편지』는 유명한 그리스도교 저술가인 C. S. 루이스의 작품으로, 여기에 등장하는 악마의 이름이 스크루테이프Screwtape인데, 저자는 스크루턴Scruton의 이름을 대입해 스크루테이프Scrutape라고 썼다.(옮긴이 주)

출간하면서부터다. 이 책의 머리말에서 그는 (자기자신의 용어를 이용하여) "이것은 철학 책이 아니라 교리 서적이다"라고 강조했다.[18] 2년 뒤에는 계속해서 보수주의 이데올로기를 선전하기 위해 19세기 토리당 출신의 영국 총리였던 솔즈베리 경의 이름을 딴 『솔즈베리 리뷰*Salisbury Review*』를 창간했다. 이를 두고 『선데이 타임스*Sunday Times*』에서는 익명의 칼럼니스트가 "지적 테러리즘"이라 불렀다.

스크루턴은 자신의 이데올로기(혹은 도그마)의 핵심을 다음과 같이 요약했다. "정치에서 무엇보다도 통치체제를 우선 추구하며, 어떤 시민도 통치받아야 할 의무를 넘어서는 자연권을 소유하고 있다고 보지 않는다."[19] 그리고 "보수주의자는 이상적 권위를 통해서 정치 세계를 경험한다."[20] "보수주의는 권리보다 의무를 우선시한다."[21] 스크루턴은 "민주주의는 전염병"이라 말하며 (한 장章의 제목으로 사용하면서) 민주주의를 '질병'[22]으로 묘사했지만, 그럼에도 민주주의에 —소비에트 블록에서의 민주주의에— 호의적이었으며, 실제로 소비에트 블록의 반체제 지하 세력들을 적극적으로 돕고 있었다. 폴란드의 연대자유노조는 "여기에서 권고된 방향대로 움직인 운동"이었다. 하지만 그 권고는 설득력 있는 확실한 권고는 전혀 아니었다. 그는 보수주의의 목적이 권력을 유지하는 것임을 대략 인정하고 있다. "그러므로 중립적인 관점이 아니라 이데올로기적 관점에서 세계를 설명하는 것은 보수주의 도그마의 일부가 되어야 한다." 그리고 그 결과, "플라톤과 같이 보수주의자는 '고귀한 거짓말'을 옹호해야 할 것이다."[23] 대중들은 너무나 어리석고 무지해서 국가의 사안들을 숙고할 수 없기 때문이다.

모든 보수주의자와 마찬가지로, 스크루턴은 사유재산권에 상당히 집착하지만 신보수주의자들이 선포한 것처럼 절대적 의미에서 그러한 것은 아니다. 그는 특히 모든 조세는 절도라고 하는 로버트 노직의 주장에 반대한다. 조세는 당국이 필요로 한다면 합법적일 수 있다. 그러나 누진과세는 그렇지 않다. 누진과세는 "국가와, 국가의 보다 성공한 시민들 사이의 유대를 위협"하기 때문이다.

충분히 예측할 수 있듯이, 스크루턴의 책에서 관련된 장들은 노조에 대한 증오로 가득 차 있다. 노조는 국가와의 잠재적인 경쟁 관계를 드러내기 때문이라고 한다. 그는 비공식적 파업에 호의적이기까지 한데 그 이유는 그것이 노조의 **기반을 약화시키기** 때문이다.

> 백성들 위에 군림할 권력을 지니는 것은 국가의 절대적 의무다. … 국가는 부모의 권위와 책임과 전횡을 지닌다. … (그렇지 않다면) 정부는 무지한 대중들 사이에 권력을 분산시키게 된다. … (노조의) 활동은 법적으로 승인됐다 해도 반역에 상응하는 것이다.

보편 교육은 사람들에게 자기 신분을 넘어서는 이상을 갖게 한다. 군주정이야말로 정부의 "가장 합리적인 형태"며, "권력을 합리화하는 데 귀족 작위들을 통한 것보다 나은 방법은 없다."[24] (그는 이전에 세습 원칙에 환호를 보냈었다.)

그러나 카나유canaille(하층민을 경멸조로 부르는 프랑스어—옮긴이)에 대해서 스크루턴은 이렇게 말한다.

> 사람들은 바로 그런 믿음을 갖고 있을 때에야, 자신들의 가장 강력한 불만 사항들을 주어진 환경을 바꾸려는 파괴적 희망으로부터 멀

리 돌려놓는다. 그리하여 환경을 바꾸어야 할 필요로부터 구원될 수 있다는 평화로운 희망을 향할 수 있게 된다. … 그러한 속박을 섭리 Providence의 표현으로 봄으로써 사람은 그 속박을 받아들일 마음가짐이 생길 것이다. … 여성과 남성 사이에는 심오하고 신비로우며 은혜로운 차이가 존재한다.[25]

스크루턴과 '다양한 염세가들과 문화적 비관주의자들'은 강경파 보수주의 전통주의자들의 '기이한 무리'[26]를 이루었다. 따라서 그는 대처의 신보수주의와는 거리를 유지했다. (그는 포클랜드전쟁에 대해, '동족'을 위해 사심 없이 진취성을 발휘한 업적이라며 찬사를 보냈지만 대처로부터 어떤 예우도 받지 못했다.) 그리고 그는 '현대 자본주의에 대해 조건부 승인'[27]만을 해줄 수 있었다. 하지만 서슴없이 현대 자본주의에 직접 손을 댔다가 그가 사용한 방식이 세상에 알려지자(스크루턴은 이전에 일본담배산업주식회사JTI로부터 돈을 받고 흡연을 옹호하는 글을 언론에 기고해온 것이 드러나 비난받았다—옮긴이) 오히려 자신의 사생활이 침해됐다고 주장했다.

본질적으로 모라스적 통합주의 사상인 이들 보수주의 사상들이, 상업과 금융의 광기가 지배하는 시대를 겪고 있는 사회에서 지배적 역할을 할 수 있으리란 희망은 거의 없었다. 문화적으로 이들 사회는 머독의 미디어 제국(오스트레일리아 출신의 루퍼트 머독이 소유한 뉴스코퍼레이션은 주요 신문, 잡지, 출판, 방송을 아우르는 세계 최대 미디어 복합 기업이다—옮긴이)이 퍼뜨리는 반동적 포퓰리즘에 지배당하고 있었기 때문이다. 따라서 그러한 이데올로기는 신보수주의자들에 의해 사용될 수 없었으며, 사용되는 경우에도 매우 선택적으로 사용됐다.

그럼에도 그런 이데올로기 자체는 중요했다. 그것이 스트라우스의 철학과 연결되어 있었고, 서구 엘리트들 사이에서 점차 팽배해져가던 사상의 한 흐름을 반영했기 때문이다. 이들 엘리트들은 자신들이 하고 **싶어** 하는 일을 고려하면서도 그 일의 즉각적인 비현실성을 인지하고 있었다.

프랑스

유럽에서도 새로운 자유주의와 새로운 우파가 등장했다. 프랑스가 그 중심지가 됐으며 반공주의가 그 초점을 이루었다. 프랑스 문화에서 지적 담론은 다른 유럽 나라들에서는 명확히 드러나지 않는 방식으로 진지하게 다루어져왔으며, 새로운 세대의 이데올로그들은 인쇄 매체와 방송 매체 모두에서 상당한 존재감을 드러낼 수 있었다.

전에 비시 정부 밑에서 활동하며 나치에 부역한 혐의로 1947년부터 1952년까지 투옥됐던 로베르 에르상이 프랑스 신문의 5분의 1을 차지하는 언론 제국을 창립하면서 이러한 상황에 일조했다. 1975년과 1976년에 각기 에르상의 수중에 떨어진 『르 피가로*Le Figaro*』와 『프랑스 수아르*France Soir*』 두 신문은 새로운 이데올로그들이 대중에게 최대한 노출될 수 있도록 기회를 제공했다. 그중에서도 세간의 관심을 많이 끈 인물들로는, 이전에 마오주의자이며 알튀세르의 제자인 앙드레 글뤽스만과 이러한 배경을 공유하고 있는 베르나르앙리 레비가 있었다. 레비는 거대한 부를 가지고 있었을 뿐 아니라 거대한 자아도 가지고 있었다. 한 비평가는 그에 대해 "야망이 있지만 양심은 없다"고 묘사했으며, "글뤽스만의 사상을 이해한 뒤 그것을 바로크적으로 잔뜩 부풀려진 자신의 산문에 간간이 끼어 넣기 위한 슬로건으로 삼았다"고 말했다.[28] 레비는 자신이 놀라울 정도로 지식이 많다고 단언했지만, 힘러가 뉘른베르크에서 재판받았다고 공표하는 것과 같이(나치 지도자들 중 하나였던 하인리히 힘러는 연합군에 체포된 후 자살했으므로 뉘른베르크 전범 재판을 받지 않았다—옮긴이), 놀라울 만큼 사실에 어긋난 오류를 저지르는 것으로 악명이 높았다. "레비의 역사 감각은 가장 약하게 말한다 해도 모호할 따름이다."[29]

'신新철학자들'이라 불리는 집단이 등장했다. 레비가 만들어낸 이 명칭을 신철학자들 중 일부는 수용하고 다른 일부는 부인했다. "프랑스에서 정치 담론을 지배하고 있던 좌파의 지위는 점점 더 흔들리고 있었으므로, 신철학자들은 준비된 청중을 확보했고, 그런 청중은 특히 출판 편집자들과 텔레비전 제작자들 중에 많았다."[30] 그들은 의견이 서로 달랐지만 공통점도 있었으니, 소비에트 블록(그리고 프랑스공산당)과 마르크스주의에 대한 강렬한 증오였다. 소비에트 블록에 대한 증오는 이들이 마오주의자였을 때부터 품은 것이며, 마르크스주의에 대한 증오는 1968년의 대사건들의 환멸적인 여파와 그보다 조금 더 오래가다 끝나버린 유토피아적 희망들 뒤에 생긴 것이다. 프랑스어 번역본으로 출간된 솔제니친의 『수용소 군도*Gulag Archipelago*』는 이들의 정치적 반전反轉에 좋은 구실을 주었다. 조지 로스는 이를 두고 '인간의 얼굴을 한 신자유주의'라고 불렀다.

> 5월 이후 우리는 혁명이 가능하다는 것뿐 아니라 우리가 혁명을 일으키고 있는 중이라는 절대적 확신을 가지고 살아왔다. 마오주의 활동가들의 머릿속에 있는 것이 바로 이런 것이었다. 즉 혁명은 만들어질 수 없는 것이지만, 실제로 혁명은 진짜로 잘 만들어지고 있는 중

이었다. 정말 그러했기 때문에, 모든 것이 무너져내렸을 때에는 혁명의 가능성 자체에 대한 질문이 다시 우리에게 남겨졌다. 그리고 그 결과 행동주의에 관한 물음은 그 타당성을 잃었다.[31]

"처음에는 그러한 비전으로는 세상을 감당할 수 없다는 분노가 일었다가, 다음엔 1970년대 전통적 정치 프로그램과 수단들을 이용하고 있는 프랑스인들의 불만을 기회로 삼아 '고지식한' 좌파에 대한 격분이 일었다."[32]

신뢰를 잃은 '전체주의'라는 개념을 부활시킨 글뤽스만에 따르면 "마르크스주의는 과학적 역설들뿐 아니라 집단수용소도 창출해낸다." 그리고 레비에 따르면 "수용소 없는 사회주의도 없고, 공포정치 없는 무계급 사회도 없다." '신철학자들'의 해석들은 철학적 의미에서는 이상주의적이었다. 그들은 현대라는 시대의 재난들을 그릇된 사고의 결과물이라고 보았다. "현대의 모든 패권은 근본적으로 형이상학적이다. … 현실이 그러하듯, 역사는 그저 존재하지 않는다. … 세계는 없으며 담론만 있을 뿐이다."[33] 그들이 내린 처방은 세계를 있는 그대로 받아들이고 즐기되 약간의 인본주의를 던져 넣으라는 것이었다. "그들은 정치 대신에 윤리, 즉 선악善惡 사이의 결정에 기초하여 세계를 관조적으로 판단할 것을 제시했다."[34] 그러나 더 이상 그들이 하나의 아이콘으로 지니지 않게 된 마오주의 정권 대신 글뤽스만과 레비가 찾아낸 대체물은 이스라엘 정권이었다.

짐 울프리스는 도미니크 르쿠르의 『범인凡人정치: 1970년대 중반 이후 프랑스 철학*The Mediocracy: French Philosophy Since the Mid-1970s*』에 대한 서평에서 다음과 같이 르쿠르를 인용하고 있다.

세계는 "가련한 원거리 광경이 되어 그 안에 갇히기로 스스로 허락한 사람들을 병적으로 흥분하게 만들고, 그 게임에 동조하길 거부한 사람들을 잔인한 무관심 속에 처넣는다." 화면에 등장하는 셀 수 없을 만큼 많은 다양한 피해자의 운명이 하나의 숙명으로 제시되는 동안 "한 줌의 사회 활동가들은 … 감사해하는 비참한 대중에게 축복을 내려준다." 선과 악의 관점에서 그려진 상황 묘사에 의해 규모와 책임의 문제들은 흐릿해지며, '폭정을 잉태한' 정치를 불러일으킨다.[35]

프랑스에만 특이하게 존재하던 두 가지 여건이 우익 경향을 가속화하는 데 도움을 주었다. 그중 하나는 비록 낮은 직위이긴 했지만 1981년 미테랑 정부에 공산주의자 장관이 두 명 존재했다는 사실이다. 이는 1970년대 중반 프랑스공산당이 빠른 성장을 이룬 덕이며, 1989년의 프랑스대혁명 200주년과도 연관된 것이었다. 이 두 장관은 1947년 이후 주요 서유럽 국가 정부에 등장한 최초의 공산주의자 장관이었다. 특히 이들은 미테랑 정부에서 시작했으나 결국 무산된 프로그램과 짝을 이루어 우파에 겁을 주었으며, 이데올로기적 공격을 심화시키는 추동력을 제공했다. 공산주의 정권들이 저지른 범죄들이 전례 없이 전시됐으며, 이는 소비에트 블록이 붕괴된 이후에도 수그러들지 않고 계속 이어졌다.

프랑스대혁명 200주년은 다른 각도에서 공격하고 사상들을 퍼뜨릴 기회를 주었다. 유럽 전역에서 이 행사에 주목하고 있었기 때문이다. 요컨대, 프랑스대혁명은 아무 의미도 목적도 없었던 유혈 사태로 묘사됐고, 이러한 해석은 프랑스대혁명이 사회적 변화를 의도적으로 일으켰다는 생각의 신뢰도를 떨어뜨렸다. 이런 관점에서 보면 의도적인 사회 변화란 끔찍한 결과들로 끝났기 때문이다. 계몽주의는 마르크스주의와 함께 거부됐다. "1989년에 200주년이 되자 … 계급 갈등이나 혁명과 같은 개념들은 완전히 좌파의 정치적 담론과 지적 담론에서 사라져버렸다."[36] 물론 부르봉 군주정이 스스로 개혁을 진행하고 있었으며, 프랑스는 혁명의 방해를 받지 않고 영국과 비슷한 경로를 거쳐 발전했을 수도 있었다는 것이 우익 자유주의의 해묵은 이야기였다. 이러한 가정이 이제 되살아나서, 그것이 가치를 지닐 수 있는 곳이라면 어디에서나 씨를 뿌렸다. 프랑스에서 이런 움직임의 선두에 있던 인물은 프랑수아 퓌레였다. 영어로 이를 대중화한 사람은 사이먼 샤마였으며, 그의 저서 『시민*Citizens*』은 베스트셀러가 됐다.

포스트모더니즘

공산주의와 그 혁명 사업에 대한 쓰라린 환멸은 또 다른 지적 차원, 즉 포스트모더니즘이라는 개념에서 드러났다. 이 개념은 포스트구조주의와 긴밀하게 연결되어 있는데 (하지만 완전히 동일하지는 않다), 포스트구조주의란 본질적으로 언어와 의식에 관한 이론이다. 포스트모더니즘이 일축해버린 것, 특히 장프랑수아 리오타르와 미셸 푸코를 통해서 묵살해버린 것은 역사적 진보라는 개념, 달리 말하면 오랜 시간의 흐름에 걸친 역사적 발전의 과정을 이해할 수 있는 능력이었다. 이는 역사가 이해 가능한 단계들을 거쳐 인간 조건의 향상을 향해, 아니면 적어도 향상될 가능성을 향해 전개되어 나간다는 마르크스주의의 역사적 유물론을 그 뿌리에서부터 잘라내는 것이었다.

포스트모더니즘이라는 배경이 '신철학자들'에게 어느 정도 공유되어 있긴 했지만, 주도적인 포스트모던 사상가들은 좌파적 맥락 속에 남아 있었다. 아나키즘적 좌파-포스트모더니즘조차 우파에게는 잘 부합되는 교의가 아니었다. 그러나 프레드릭 제임슨이 포스트모더니즘을 가리켜, 가장 잘 알려진 그의 책 제목처럼 '후기 자본주의의 문화논리'라고 부른 것은 틀리지 않았다. 포스트모더니즘의 주도적 주창자들은 자주 1968년의 대사건들에 관련되곤 했었으며 그들 중 서넛은 마오주의나 마오주의와 관련된 배경을 지니고 있었다. 이와 비슷한 방향성을 지닌 인도의 포스트모더니즘 학파의 창립자들도 그러했는데, 포스트식민주의라고 알려진 이들 학파 또한 서구에서 선택되고 모방됐다.

시카고 보이즈

시카고대학은 우익 사상의 강력한 추진 기관이었음이 드러났다. (옛 대학원생 하나는 시카고대학을 가리켜 "도덕적 시궁창"이라고까지 했다.) 1950년에서 1962년까지 그곳에서 일했던 하이에크는 이 시기에도 여전히 그 주변에 존재했으며 그의 명성도 커지고 있었다. 세계경제 일반과 특히 서구 산업경제를 어렵게 만들고 있던 문제들은 케인스주의의 처방들이 실패한 탓으로 돌릴 수 있었다. 케인스주의의 처방들은 자유시장의 핵심적 작동 원칙과 규칙을 위반했었기 때문이다. 물가 상승과 경기 침체가 피할 수 없는 결과로 나타났다. 정부는 (적어도 노동자나 소비자 편에서) 경제활동에 간섭해서는 안 됐다. 정부는 간섭을 멈추어야 한다. 정부는 최소한의 역할만을 담당하고, 노조의 권력은 폐기되며, 공공사업은 민영화되고, 상업 활동은 가능한 한 규제를 받지 말아야 한다.

두뇌 집단들과 돈이 많은 언론 매체에 의해, 특히 미국과 영국에서 이러한 대책들이 마련됐다. 이러한 관점에서 특히 적극적이었던 루퍼트 머독의 미디어 제국에서는 일하기 싫어하는 노동자들과 복지 제도에 기생하는 빈민들을 죄악시했다. 그곳의 언론인들은 온갖 종류의 사회악에 대한 원인으로 낙인 찍혀 비난받는 희생자들을 발굴해내는 데 특화되어 있었다.

이 당시에 나이가 많았던 하이에크와 더불어, 가장 눈에 띄고 요란한 이데올로기 주창자로서 이러한 처방들을 제시한 사람은 시카고 대학의 밀턴 프리드먼이었다. 그와 그의 젊은 조수들은 이후에 '시카고학파'라고 알려졌다. 위에서 언급한 신자유주의의 다른 측면들과 더불어 이들이 강박적으로 집착했던 것은 통화 공급과 정부 지출이었다. 그들은 정부가 이 두 가지를 단단히 통제하고 규제해야 한다고 보았다.

시카고학파는 단지 이론적 논의에만 머물지 않고 기회가 있을 때면 어디에서나 그들의 이야기를 들어주는 정부에 조언을 했다. 그중에서도 가장 악명 높았던 사례가 바로 1973년 급진적인 아옌데 정부를 전복시킨 극우 쿠데타가 일어난 뒤의 칠레였다. 시카고학파의 충고는 통화를 안정시키고 경제활동이 건전한 토대 위에 서도록 하기 위해서는 임금 삭감과 복지 정책 폐지를 통해 생활수준을 현격히 낮추라는 것이었다. 이런 목적을 달성하기 위해 사용된 공포정치와 고문 기술들도 이들이 조언을 했는지는 기록되어 있지 않다.

칠레의 예는 신자유주의와 보수주의가 조우하는 바탕을 잘 설명해준다. 규제가 풀린 시장에는 자제력이 없으므로 대중의 불만과 적대를 낳을 게 분명하다. 하이에크는 이 사실을 완벽하게 인지하고 있었고, 그래서 시장구조에 대한 민주주의의 간섭을 차단하는 합헌적 구조를 설립하라고 충고한다(제7장 우파 자유주의 참조).

그러나 이렇게 동경할 만한 상태 또는 그와 비슷한 경지에 이르려면 그것이 촉발시킨 대중의 저항이 제압되어야 한다. 대부분의 경우 유럽연합과 그 전신들이 택한, 살라미 소시지를 얇게 저미는 듯 문제들을 제거하는 방식은 적절치 않다고 간주됐다. 강제력을 동원해 반대 세력을 쳐부술 능력과 의지가 있는 '강력한 국가'가 요구된다. 보수주의나 초보수주의, 또는 파시스트 스타일의 정권은 이런 방식으로 채용될 수 있다.

레이건과 대처

미국에서는 무엇보다도 규제가 풀린 시장과 노조화되지 않은 노동자 및 강력한 인종주의적 태도들에 기초한 자유주의와 극단적 보수주의의 혼합체가 이전에 남부연합에 속한 대부분의 주에서 오랫동안 지역적 현상으로서 존재해왔다. 이 장에서는 백인들의 일반적 투표 경향이 민주당에서 공화당으로 옮겨갔던 시기를 다룬다. 이 시기는 공화당 대선 후보 배리 골드워터가 대작代作을 출간했던 1960년대까지 거슬러 올라간다. 영국에서는 마거릿 대처가 첫 총리직 임기 동안에 고전적 영국 보수주의자(또는 보수당원)보다는 19세기 자유주의자(또는 자유당원)처럼 행동한다는 언급이 여러 차례 나왔다.

실제로, 두 나라 모두에서 정치적 위계의 높은 자리에 있던 옛 보수주의자들은 뒷전으로 물러났다. 미국에서는 넬슨 록펠러 같은 인물이 그리했고, 영국의 경우에는 마거릿 대처가 초기에 내각에 들일 수밖에 없었던 이른바 '웨츠Wets'(눅눅하게 물렁해졌다는 의미에서 중도파 보수주의자들을 말한다—옮긴이)가 그러했다. 하지만 로널드 레이건과 아버지 부시 그리고 마거릿 대처 어느 누구도 경제를 탈규제화하고 공공복지 사업을 해체하는 과업을 완수할 수는 없었다. 그러한 과업은 그들의 뒤를 이어 정권을 잡은 민주당과 '새로운 노동당'에 남겨졌다.

그러나 그들은 각자 최선을 다했으며 억제되지 않는 경제적 세계화라는 멋진 신세계의 토대를 마련했다. 레이건은 주빌레이션 T. 콘폰(뮤지컬로도 공연될 만큼 유명한 미국의 풍자만화 「릴 애브너Li'l Abner」에 나오는 인물인데, 남북전쟁 당시 남부의 용맹한 영웅으로 기념되지만 사실은 재난에 가까울 만큼 무능했던 군인—옮긴이)이 현실에 등장한 듯한 인물이었다. 그는 부정직한 방법을 동원해 백악관에 입성했다. 그가 사용한 방식은 아들 부시가 2000년에 사용한 것보다 (아주 살짝 덜 뻔뻔하긴 했지만) 더욱 사악한 것이었다. 이란의 미국 대사관 인질 사건이 발생했을 때 레이건의 대리인들은 비밀리에 이란 혁명가들을 매수하여 문제 해결을 지연시켰다. 이는 1980년 대선에서 레이건의 상대 후보였던 당시 현직 대통령 지미 카터의 신뢰도를 떨어뜨리기 위한 것이었다. (그런데 바로 이점을 프리드먼은 뚜렷한 이유도 없이 무시했다.)

임기 동안에 레이건의 연설문 작성자가 사용한 수사법은 '미국을 다시 위대하게America great again'라는 표현으로 요약될 수 있다. 여기에는 '베트남전쟁 증후군'을 파묻고 세계의 초강대국으로서 미국의 지위를 확고히 다지려는 결연한 태도가 담겨 있었다. 이는 해외에서 몰염치하게 공격적인 자세를 취함으로써 성취될 수 있었다. 레이건이 파견한 국제연합 대사 진 커크패트릭(놀랍게도 한 논설에서 '이중 잣대'라는 칭호를 붙인 인물)은 '전체주의적'(즉 반미) 정권들과 '권위주의적' 정권들을 구분했다. 권위주의적 정권들은 부정축재를 일삼는 친미 독재 정권들을 말하는 것으로, 프리드먼이 고상하게 표현한 것처럼 "때로는 이 원칙(자유와 민주주의)에서 탈선하기도 하"는 정권들을 말한다.

국내에서는 도덕적으로 약화된 케인스주의 경제학을 폐기함으로써 신보수주의 프로젝트가 진전됐다. '위대한 사회'의 사회적 원칙들은 복지 의존도를 부채질한다고 여겨진 탓에 공격받고 거부됐다. (하지만 민권운동의 성과들은 건드릴 수 없었다.) 1970년대 이후 이러한 프로그램들에 맞선 캠페인이 지속적으로 전개됐었으며, 빈곤을 공격한다면서 저질러진 오류와 과잉은 하늘에 닿을 듯 큰 소리로 알려졌다.[37] 이는 남북전쟁 이후 흑인 해방 프로그램에 맞서 남부의 인종차별주의자들이 벌인 이데올로기적 캠페인을 연상시키는 것이었다.

최고 부유층에 대한 과세를 낮추고, 그들의 활동 제한 요소를 제거하며, 사회복지를 삭감하려는 시도가 시작됐다. 가능한 곳에서는 어디에서나 노동조합 운동에 대한 끊임없는 적대적 태도가 표출됐고, 노조원들은 방해를 받았다. 대결은 어쩔 수 없이 일어났다. 1981년 항공 관제사들은 파업을 일으켰으나 금세 제압당하고 노조는 패배했다.

마거릿 대처의 정부도 본질적으로 비슷한 경로를 따랐고, 또 비슷한 수사적 전략들을 구사했다. 영국과 미국의 두 지도자는 이데올로기적으로 가까웠을 뿐 아니라 개인적으로도 친밀해서 서로 칭찬을 늘어놓는 관계가 됐다.[38] 대처는 세 번이나 선거에서 승리했고, 그중에서도 뒤의 두 번은 압도적으로 승리했다. 그럼에도 일반 선거에서 과반 이상 득표한 적은 없었으며, 스코틀랜드와 웨일스에서는 대처의 당이 선거 때마다 매번 크게 거부됐다. 하지만 대처는 일반대중의 의식을 사로잡는 데 성공했다. 그것이 흠모든(이 경우에 루퍼트 머독이 제공한 조력은 절대 무시할 수 없다) 증오든 처칠 이후 대중으로부터 이처럼 강렬한 반응을 경험한 총리는 대처밖에 없었다.

이러한 현상은 '대처리즘'이라 불렸다. 스튜어트 홀(영국 사회학자이자 문화이론가—옮긴이)은 이 용어를 처음 만들어내면서 다른 어떤 해설가보다 먼저 대처리즘이 향했던 방향을 예측했다. 그가 지적한 대로 대처는 명시적인 것이든 암시적인 것이든 영국이 처한 딜레마의 본질을 일관적으로 해석하여 분명하게 표현하는 데 성공했다. 그리고 영국의 딜레마란 영국의 문화적 영혼에, 특히 영국 남부 지역에서 깊이 뿌리내린 오래된 편견들에 작용한 것으로, 여기에는 외국인에 대한 혐오와 의심, 성적 소수자들에 대한 증오와 경멸, 대영제국의 전성기에 대한 향수, '관료제'와 조세제도에 대한 편견이 포함됐고 지방정부에 대한 편견과도 연결됐다. 대처리즘은 대신 개인주의적이고 시장화된 방식으로 물질적 야망이나 사회적 포부를 장려했으며, 이러한 방식은 노골적인 뇌물 수수로 타락할 수 있었다. 또한 대처리즘에서는 지방의 공공주택 사업을 매각하고 악명 높았던 '시드Sid' 광고 캠페인(영국의 국영 가스회사를 민영화하면서 사람들에게 이 회사의 주식을 사도록 부추긴 광고 시리즈—옮긴이)을 이용해 공기업들을 민영화했다.[39]

이러한 수단을 통해 대처는 성공적으로 '헤게모니 블록'을 형성하고, 지난 40년 동안 보수 우익이 꿈꾸기만 했던 일들을 이루었다. 그녀는 치밀한 작전을 통해 1982년에는 아르헨티나 군대와, 1984년에서 1985년까지는 광부 노조와, 그 이후에는 중앙정부에 반항하는 지방정부들과 차례로 싸워 결정적이고도 확실한 승리를 거두었다. 그리고 1990년에야 그녀는 총리직에서 물러났다. (악의적이고 자의적이며, 점점 더 비합리적으로 변해가는 그녀의 행동을 더 이상 참을 수 없게 된 동료들이 그녀를 몰아냈다.) 그녀는 자신의 정권이 이룬 가장 큰 업적으로 '신노동당New Labour(1990년대 제3의 길을 주창하고 나선 토니 블레어가 이끈, 우경화된 노동당을 말한다—옮긴이)'(대처 자신이 직접 사용한 용어)이 존재하게 된 것을 꼽았다.

군사 공격

같은 시기에 레이건 행정부는 국내 정책과 더불어, 전 세계에 걸쳐 소비에트 적대자들을 공격하기 시작했다. 레이건은 헬싱키 회담과 협정으로 대표되는 긴장 완화와 상호 친목의 시대가 지나가버렸음을 분명히 했다. 전 세계에서 소비에트 블록은 그 이데올로기적 신뢰도가 모두 증발해버렸음에도 꾸준하게 이데올로기적 지지를 얻고 있었으므로, 미국은 더 이상 이를 인내할 수가 없었다. 이러한 흐름을 막고 뒤집기 위해서는 미국이 힘을 써야만 했다. 소비에트가 먼저 양보하지 않는 한 더 이상의 협상은 있을 수 없었다. 레이건은 소비에트 블록을 '악의 제국'이라 부른 것으로 유명했다. 이미 임기 후반기의 지미 카터 역시 1979년 소련의 아프가니스탄 침공 이후부터 적대적인 방향으로 움직였다. 당시 소련은 미국과 파키스탄이 지원하는 반군으로부터 위협받고 있던 아프가니스탄 정부를 지원했으며, 같은 해 폴란드에서는 연대자유노조 운동을 분쇄하기 위해 군사 쿠데타를 지원했다. 소련의 이러한 행동에 미국은 1980년 모스크바 올림픽 보이콧 운동을 주도하며 즉각 응수했다.

레이건 (또는 레이건을 조종한 사람들) 휘하에서 소비에트 블록에 대한 압박은 엄청나게 커져갔다. 소련의 레이더 방어막을 피해 날아갈 수 있는 신세대 크루즈 미사일들이 유럽에 전진 배치됐다. 이는 소련과 동유럽을 모두 위협하는 것이었다. 모스크바는 이에 대응하기 위해 추가적인 자원을 동원해야 했으므로, 삐걱대고 있던 경제에 더 많은 제약을 가해야 했다. 그리고 이런 사실은 다시 미국에 유리하게 작용했다. 게다가 레이건은 대중적으로 '스타워즈Star Wars'라는 이름으로 알려진 미사일 방어막 계획을 세우고 있었다. 이 계획은 전적으로 비현실적이었지만, 그럼에도 위협적이었다.

미국은 적국에 호의적이라고 간주되거나, 워싱턴이 요구하는 관점에 따라 사안들을 바라보지 않는 국가와 정부를 향해, 세계 전역에서 직접전이든 대리전이든 끊임없는 공격을 가했다. 이런 공격의 몇몇 예로는 앞서 언급했던 중앙아메리카의 니카라과를 들 수 있다. 니카라과는 특별한 희생자였다. 1979년 니카라과에서는 사회적으로 급진적인 운동 조직인 산디니스타스Sandinistas(정식 명칭은 산디니스타 민족해방전선FSLN—옮긴이)가 소모사 가문의 부패하고 무자비한 폭정을 무너뜨리고, 쿠바의 원조를 받아서 개혁 프로그램을 시작했었다.

워싱턴에서는 이러한 니카라과의 상황을 용납할 수 없다고 보았고, 공산주의와는 거리가 멀었던 산디니스타스를 공산주의자들로 낙인찍었다. (사실 니카라과 공산주의자들은 산디니스타스와 대립했다.)

산디니스타스가 일반적인 독재의 경로를 따라가지 않고 미국의 비난을 인정해버리자, 더욱 심기가 불편해진 워싱턴에서는 온두라스 국경에서 파괴적인 대리전을 개시했다. 미국의 공식 담화문은 니카라과의 혁명 세력들이 미국에 군사적 위협을 가하고 있음을 정신이 나간 듯 장황하게 설명했으며, 이러한 가정에 기초해서 만들어진 영화까지 나올 정도였다.

같은 해에 (1947년이 1차 냉전이라면, 이해는 '2차 냉전'이라고 선언됐다) 베트남은 이웃 나라 캄보디아를 침공했다. 크메르루주 정권은 국내에서 집단 학살을 벌였을 뿐 아니라 국경을 넘어 야만적 습격을 가하고 있었기 때문에 베트남인들이 고통을 겪었다. 베트남은 이에 대한 정당한 보복 수준을 넘어 캄보디아를 공격해 크메르루주 정권을 전복했으며, 그 잔당들이 태국 국경에 은신처를 마련하고 계속해서 파괴적인 습격을 감행한 탓에 베트남군을 캄보디아에 남겨두고 새로 들어선 정권을 지원하도록 했다. 베트남의 이러한 조치는 용인할 수 없는 침략이며 점령이라는 거센 비판을 받았다. 미국은 크메르루주 정권을 유지하도록 국제연합에 압력을 가했다. 베트남에는 가능한 모든 형태의 제재가 가해졌고, 끔찍한 평판을 얻고 있던 크메르루주 정권에는 그럼에도 외교적 지지와 물질적 지원이 이어졌다.

이것이 전부가 아니었다. 이 이전에 워싱턴은 1965년 인도네시아에서 전후에 벌어진 것 중 가장 큰 규모의 집단 학살을 조직했었다. 그로부터 대략 10년 뒤에 포르투갈 제국이 무너졌고, 그 일부를 이루던 티모르섬의 동쪽 절반에서는 좌익 정부가 권력을 잡았다. 당시 미국의 국무장관이었던 헨리 키신저는 인도네시아 군대를 부추겨 티모르를 침공하게 한 뒤 동티모르의 저항에 맞서 인종학살적 공격을 감행하도록 했다. (하지만 인도네시아의 공격은 결국 성공을 거두지 못했다.) 인도네시아에서 일어난 일도 결국 베트남과 크메르루주의 관계에서 일어난 것과 같은 패턴이었다. 신을 경외하는 자유세계의 지도자는 자유세계의 경건한 미덕을 실천으로 드러냈다.

동남아시아에서 진행되고 있던 일들이 베트남에 압박을 가하고 그 자원을 말려버리겠다는 의도로 기획된 것이었다면, 아프가니스탄에는 더 강력한 조직적 활동이 투입됐다. 미국은 소비에트에 의존하는 공산주의 정권이 매우 취약하다는 점과, 그 정권에 맞서 싸우고 있던 아프간 게릴라들이 붉은 군대에 심각한 타격을 가할 수 있다는 점을 정확히 인지하고 있었다. 이에 따라 미국은 파키스탄을 경유하여 아프간 게릴라들에게 막대한 원조를 제공했고, 이를 통해 게릴라들은 그들의 환경에 잘 맞는 첨단 무기들을 공급받았다. 1950년대 『리더스 다이제스트』에 떠돌던, 이슬람 세력이 반공 투쟁에서 서방을 돕는 데 동원되리라던 생각이 마침내 현실이 되어가고 있었다. 하지만 그 결과는 전혀 예측하지 못한 것이었다.

'2차 냉전'이란 명칭은 당시 국제관계에 전적으로 적절한 이름이었다. 스탈린 사망 이후 이때까지 일어난 모든 사건에 미국 정부와 언론들은 공산주의를 변함없는 주적으로 묘사하면서 자신들이 취하고 있는 공격을 정당화하는 수사를 더욱 심화시켰다.

1980년대 말에 이르러 레이건과 고르바초프가 따뜻한 우정을 만방에 드러내며 레이캬비크에서 정상회담을 한 것은 명백한 역설에 지나지 않았다.[40] 미국은 이 정상회담이 오직 모스크바의 양해에 기초해서, 혹은 양해를 약속한 데 기초해서만 열릴 수 있음을 분명히 했었고, 실제 회담이 열렸을 때는 더 많은 양해를 얻어냈다. 고르바초프는 불리한 자신의 입지와 무너져가는 소비에트의 경제와 정치 체계를 지나치게 의식한 나머지, 자신에게는 아무런 선택지도 남아 있지 않다고 느꼈다.

물론 회담이 한 방향으로만 흘렀다는 느낌을 주지 않기 위해 미국 측에서도 무언가를 약속해주어야 했지만, 양보한 것보다 훨씬 더 많은 것을 얻어냈다. 소련은 실제로 여러 가지를 양보했으나, 미국은 북대서양조약기구를 소련의 국경 쪽으로 더 확대하지 않겠다는 것과 같은 약속들을 했을 뿐이었다. 물론 그 약속들을 지키지도 않았다. 만약 고르바초프가 미국에 대한 기록과 미국의 외교적 관행들을 역사적으로 더 많이 알고 있었더라면 훨씬 덜 수용적이었을 것이다. 그러나 유일 정당이 독점하면서 토론과 정보 유통을 제한하는 소비에트 체제의 문제점들 중 하나가 바로 시민들은 물론 최고위층 인사들조차 국제정세에 대해 심각할 정도로 잘 모른다는 사실이었다. 마틴 매컬리가 요약했듯이, "고르바초프의 국내 정책은 실패한 반면 그의 해외 정책은 놀라운 성공을 거두었다고 하지만, 이것은 어디까지나 서구의 관점에서 나온 평가다."[41]

이라크

미국의 국가 이데올로기의 특성과 국제 전술을 이해할 수 있는 간접적 정보는 이라크 및 이란과의 관계에서 분명히 드러난다. 이라크의 독재자 사담 후세인은 끔찍한 인권 관련 기록에도 1980년대 내내 미국의 동맹으로 남아 있었다. 그가 이라크의 공산주의자들을 거의 다 몰아냈기 때문이다. 한편, 미국은 이라크의 이웃 나라 이란이 1979년 혁명을 통해, 서방의 믿음직한 동맹이었던 옛 정권을 전복하고 미국을 '거대한 사탄' 취급하며 모욕한 것을 절대 용서하지 않았다.

미국은 사담 후세인이 이란에 군사적 공격을 가하도록 부추겼다. 사담 후세인의 입장에서는 이를 통해 이란 정부를 사라지게 할 수 있으리라는 전제가 깔려 있었다. 또한 이라크의 전투기가 미국 해군 함정을 공격했던 실수를 금세 용서받을 수 있으리라는 기대도 있었다. 하지만 이라크의 이란 원정은 성공하지 못했고 이란의 역공을 불러와 결국 전쟁은 교착상태에 빠지고 말았다. 이로써 사담 후세인은 자신의 임무를 수행하는 데 실패했고, 이라크는 미국에게 쓸모없어진 속국이 되고 말았다.

1990년 사담 후세인은 손상된 자신의 신뢰도를 회복하고 걸프 지역의 석유 생산을 통제하고자 미국의 격려를 등에 업고, 아니면 적어도 미국의 방해를 받지 않고 작은 군주 국가인 이웃 나라 쿠웨이트를 점령했다. 괴물 폭군이라는 비난이 즉각 그에게 쏟아졌으며, 이전에 그가 저질렀으나 무마됐던 사악한 행위들이 곧장 주요 언론들의 주목을 받았다. 결국 미국 주도의 원정군이 1991년 초 파견되어 대규모 살육을 벌이며 사담 후세인의 병력을 쿠웨이트에서 몰아냈다. 내부의 군사 쿠데타를 통해 사담 후세인이 정치적으로 몰락할 것이라고 예상됐지만, 결국 이러한 기대는 옳지 않았던 것으로 판명됐다. 샤디아 드러리는 나중에 이렇게 논평했다. "미국의 신보수주의자들이 자유와 민주주의의 이름으로 세계를 정복하기로 결심했다는 것은 아이러니다. 그들은 사실 그 두 가지 중 어느 것에 대해서도 별 관심이 없다."[42]

대안 없음

특히 마거릿 대처와 연관된 슬로건은 “대안은 없다There's No Alternative”였다. 세계적 시장화의 불가피성은 특정한 시기에 특정한 개인과 집단에 의해 내려진 특정한 결정의 산물이기보다는 자연의 순리인 양 묘사됐다. ‘현대화’라는 용어가 빈번히 사용됐지만, 사실 이 용어가 의미하는 것은 19세기 자유방임주의의 원칙을 뒤집는 것이었다. 물론 그것이 정말로 전면적인 시장의 자유를 의미하는 것은 아니다. 이를테면 향정신성 약물을 취급하는 자유시장은 존재하지 않고, 국제적 경계들을 넘나드는 노동의 자유시장도 존재하지 않는다. 그리고 미국과 유럽 모두 세계무역기구WTO에 가입되어 있으면서도 관세를 적용하고 있으며 자국의 경제에 유리한 기제들을 (주로 제3세계의 희생을 바탕으로) 지원하고 있다. 게다가 엄격한 규제들이 다른 어느 곳보다도 바로 미국에서 강제되어, 엔론(미국의 대표적 에너지 및 물류 회사였으나 2001년 회계 부정이 드러나 파산하면서 이른바 엔론 사태라는 엄청난 파장을 일으켰다—옮긴이)의 임원들과 이후에 콘래드 블랙(캐나다 출신 언론 재벌로 거액의 횡령 혐의에 유죄 판결을 받고 투옥됐다—옮긴이)이 저지른 일들에서 드러난 것처럼, 기업들과 자산가들의 서로에 대한 이익을 보호해주었다.

새로운 시대가 본질적으로 의미했던 것은 공공재와 공기업을 사적 이익을 획득하기 위한 원천으로 전환하는 동시에, 일시적으로나 장기적으로 노동시장 바깥으로 밀려난 이들에게 제공되는 공공복지의 수준을 낮추는 것이었다. 이는 노동시장 안에 머물고 있던 이들을 보다 격렬한 경쟁으로 내몰면서 이들에 대한 집단적 보호조치들은 감소시켰다. 이 모든 것을 제시하는 데 사용된 수사적 도구들은 이러한 전개 과정을 긍정적으로 해석했던 과거의 사회자유주의에서 물려받은 것이었다. 이는 선택을 강화함으로써 공급자들이 소비자들에게 보다 많은 주의를 기울이도록 만들고, 산업과 상업을 활성화하여 경제성장을 돕는다는 것이었다. 그리고 약탈자들과 게으름뱅이들이 처신을 바로 할 수 있도록 하겠다는 것이었다.

자조自助가 시대의 명령이 됐으며, 마거릿 대처의 격언집 제목으로 쓰인 "우리의 자녀들이 성장하도록 내버려두십시오let our children grow tall"라는 말이 다시 인용되곤 했다.[43] 결국 B급 영화의 서툰 배우였거나(로널드 레이건은 할리우드 배우 출신이었다—옮긴이) 그만그만한 재능을 지닌 화학과 학생이었던(마거릿 대처는 옥스포드대학에서 법학과 화학을 전공했다—옮긴이) 인물들이 그들 자신의 노력에 의해 각국가의 정상에 오를 수 있었다. 그런 뒤에 누구나 마음먹고 노력하며 빅토리아 시대의 미덕들을 행하기만 한다면 재정적 안정과 번영에 닿을 수 있다는 세상이 도래했다.

신보수주의적 신자유주의가 수레를 이끌고, 사회자유주의와 사회민주주의는 그 뒤에서 끌려가는 형국이었다. 소비에트 블록이나 중국에서 일어나고 있던 일과는 상관없이 세계 정치는 우익 쪽으로 움직였고 이데올로기의 지형도 그에 따라 변화했다. 워싱턴과 런던에서 이루어지고 있던 상황이 실제로 불가피하며 필수적인 것으로 받아들여졌다. 민주당과 그 대변인들은 점차적으로 공화당 행정부의 전제 사항들과 가치들을 수용하는 쪽으로 옮겨갔으며, 이는 대중들의 분위기에 상응하는 것이었다. 린든 존슨의 위대한 사회는 해체되어 가는 중이었다. 물론 프랭클린 루스벨트의 뉴딜 정책은 말할 것도 없었다. '최하층계급'에 속한 사람의 수가 늘고 있었고, 이들은 새로운 사회의 요구 조건들에 맞게 적응할 수 없었다. 이에 따라 교도소 수감 인원이 늘었고, 급진적 변화의 시기에 중지됐던 사형 집행도 다시 실시됐다.

1979년 노동당이 실각하고 대처 행정부가 시작되자, 노동당은 이전보다 훨씬 더 급진적인 좌익 성향의 정책과 구조를 채택했다. 하지만 이것은 잠깐 동안의 막간극에 불과했다. 1980년대에는 보다 명백하게 자유주의적인 부류들이 자유당의 분파로 넘어가면서 노동당과 결별하는 일이 벌어졌고, 노동당의 주류에서 분별 있는 의견으로 여겨지던 것들이 한층 강화됐다. 당의 의제에 대한 급진적 약속들이 하나씩 부정됐고, 명시적으로든 암시적으로든 정부를 수용함으로써 노동당은 변질되어갔다.

이러한 현상에 관련된 것은 다만 앵글로색슨 국가들만이 아니었다. 유럽 전역의 사회민주주의 운동 조직들도 그 정도는 다르지만 마찬가지로 영향을 받았다. 미테랑 정부가 경제 및 사회 정책을 포기한 것은 다만 가장 극적인 사례였을 뿐이다. 아마도 스웨덴에서 이탈리아에 이르기까지 사회민주주의자들과 그 유권자들은 크게 열광하지 않고 변화를 받아들였지만, 그들의 태도는 무기력한 체념에 가까웠다. 아무튼 사회자유주의와 사회민주주의는 한 노선을 걷게 됐다. 야심찬 계획들은 폐기됐고 이데올로기는 현실에 맞게 조정됐다. 공산주의 중국에서의 자본주의 재도입과 동유럽의 붕괴 및 소련의 혼란 뒤에 특히 강조됐던 문제는 사회적으로 규제가 풀린 시장에 대한 어떠한 대안도 존재하지 않는 듯 보였다는 점이었다.

미국의 주도적 신보수주의자들이라고 만족하고 있었던 것은 아니다. 한 역사학자가 "미국 정치의 편집증적 형태"라고 이름 붙인 바를 매우 그럴듯하게 드러내고 있던 크리스톨은 1993년 다음과 같이 썼다.

> 나에게 '냉전 이후'란 없다. 자유주의적 사조가 각 영역을 하나씩 무자비하게 타락시켜 나가면서, 나의 냉전은 끝나기는커녕 오히려 더욱 심해져만 갔다. 이제 다른 하나의 냉전이 끝났으니, 진짜 냉전이 시작됐다. 우리는 이전에 공산주의의 세계적 위협에 맞선 전쟁에서 승리했을 때보다 이 진짜 냉전에 덜 준비되어 있으며, 적에게는 훨씬 더 취약해져 있다.[44]

제13장

공산주의

1968년의 결과

1956년의 사건들에 뒤이어 일어난 세계 공산주의 운동에 분열과 소란이 초래된 것은 1968년 바르샤바조약군의 체코슬로바키아 침공 때문은 아니었다. 하지만 1968년의 체코슬로바키아 침공은 확실히 소련의 이데올로기가 신뢰를 잃는 데 결정적 계기가 됐다. 위장할 수 없었던 한 가지 사실은 12년 전의 헝가리와 비교할 때 1968년의 체코슬로바키아에서는 어떤 반란도 일어나지 않았고, 바르샤바조약에서 탈퇴하겠다는 위협도 없었으며, 일당 체제[1] 정부를 폐지하겠다는 어떤 계획도 없었다는 점이다. 모스크바에서는 서독의 보복 정책 때문에 체코슬로바키아의 사회주의가 위험에 놓였다고 공식적으로 주장했다. 그리고 진행되고 있는 사태에 대해 무지한 청중들이나, 소련 정부는 잘못될 수 없다고 믿는 공산주의 전통주의자들 말고는 미국의 제국주의를 심각하게 받아들일 사람은 아무도 없었다.

동유럽 블록의 지배층과 모스크바에서 이해하고 있던 사회주의가 어떠한 것이었는지는 눈과 귀가 있는 사람이라면 누구나 알 수 있을 만큼 분명했다. 그들에게 사회주의란 공산당 안팎에서 일어나는 솔직한 토론 및 논쟁을 억압하는 것이었으며, 시민사회 기관들을 당의 통제와 지휘로 엄격히 구속하는 대신 아예 감금해 버리는 것이었다. 그것은 체코슬로바키아 침공에 참여하기를 거부한 루마니아에서조차 그러했다. '브레즈네프 독트린'은 소비에트 블록의 다른 국가들의 사회주의적 정통성을 판단하겠다는 모스크바의 허세를 드러내면서 상처에 모욕을 더해주었다. 또한 사회주의에서 정치국이 의미하는 바가 무엇인지 —소련을 지배하고 있던 신新스탈린주의 체제— 역시 명백히 보여주었으며, (루마니아의 스탈린주의가 외교적으로 독립해 있던 것과는 다른) 프라하의 봄과 같은 사건들이 다른 대중들이 흉내내고 싶어 할지 모를 나쁜 사례를 남겼으리라는 두려움도 드러냈다.

여기서 제기되는 의문은 '인간의 얼굴을 한 사회주의'가 실행 가능한 형태의 정치 및 사회조직이 될 것이었는가, 아니면 초기의 휴일 같은 분위기가 지난 뒤 내부의 제약들 때문에 결국 침몰하여 더욱 권위주의적인 정권으로 돌아가거나 완전한 자본주의 체제로 나갈 것이었는가 하는 것이다. 브레즈네프는 미국인들이 이 사태를 그저 내버려두지만은 않을 것이라고 확신했다는 점에서만큼은 옳았던 것 같다. 어쩌면 체코슬로바키아는 정말로 보다 사회주의적인 스웨덴이 될 수도 있었겠지만, 그러한 일이 일어났을 가능성은 적어 보인다.

중국 공산주의자들은 체코슬로바키아 침공을 비난했으나, 서방의 공산당들이 비난했던 것과는 그 이유가 달랐다. '문화대혁명'이 절정으로 치닫고 있던 상황에서 중국은 체코슬로바키아가 향해가던 방향을 전적으로 탐탁찮게 여겼다. 하지만 소련이 체코슬로바키아를 침공한 것은 해외 공산당들에 자국의 의지를 관철시키려 한 강대국의 행위라며 통탄했다. 소련이 이번 침공을 정당화했던 것과 같은 논리가 중국에도 언젠가 적용될지 모른다는 사실을 염려했기 때문이었을 것이다. 이번 사태가 중국의 지도자들에게 이전의 원수였던 미국과의 관계를 반드시 개선해야 한다고 설득하는 데 도움이 됐을 가능성이 높다. 하지만 이러한 행동은 이전에 중국이 소련을 가혹하게 비판한 이유이기도 했었다.

그럼에도 1970년대 중반까지 소비에트 블록은 (중국과의 쓰라린 관계 절연과 폴란드의 격변 그리고 인도네시아,[2] 이라크, 수단, 칠레의 공산당들이 겪은 참변에도 불구하고) 실제로 매우 강건해 보였으며, 부상하고 있던 신보수주의자들은 이러한 현실에 크게 겁을 먹었다. 1975년 베트남 민족해방전선NLF과 북베트남인들은 베트남전쟁에서 거의 승리하고 있었다. 포르투갈의 공산주의자들은 결국 성공하진 못했으나 권력에 아주 가까이까지 접근했었으며, 명예롭게 투쟁을 지속하면서 강력한 정치 세력으로 남았다. 노쇠한 프랑코 정권은 절룩거리며 종말을 향한 내리막길을 걷고 있었고, 프랑코 이후의 스페인에서 공산주의자들의 밝은 미래가 펼쳐지리라는 기대가 유지됐다. 크렘린의 시각에서 보기에 가장 중요했던 것은 아마도 서방이 긴장 완화 프로젝트에 착수했으며, 1945년 이후 형성된 동유럽의 국경들을 헬싱키 협정을 통해 인정했다는 사실이었을 것이다.

이데올로기적 자아상

같은 해에 소련의 노보스티 통신사는 당시 이데올로기적 공식 입장을 요약해 놓은 보리스 레이브존의 95쪽짜리 팸플릿 『오늘날의 공산주의 운동*The Communist Movement Today*』을 여러 언어로 번역 출간했다. 이 팸플릿의 핵심 내용은 볼셰비키와 소련공산당은 언제나 옳았으며 (스탈린의 시대는 건너뛰고) 여전히 계속해서 옳다는 것 그리고 공산주의자들은 때묻지 않은 순순한 혁명가들로 남아 있다는 것이었다. 마오주의자들과 트로츠키주의자들은 '자본주의 체제에 아무런 현실적 위협도 되지 않는' 존재라는 의미에서 극좌파라는 이유로 판에 박힌 듯 비난받고 있다. 하지만 저자의 논쟁 중 많은 부분이 겨냥하고 있는 대상은 '수정주의자들'이었다. 이들은 공식적 마르크스레닌주의의 여러 측면과 더불어 공산당의 구조와 관행에 대해 정체되어 있으며 기계적이라고 비판해왔다. 팸플릿에서 프랑스의 공산주의자 로제 가로디와 오스트리아의 프란츠 마렉이 특별히 언급되어 있는데, 이중 후자는 "혁명 투쟁은 부르주아 민주주의로 대체될 수 있다"고 주장한 탓에 비판받았다.

아무리 축소해서 말하더라도, 팸플릿에 담긴 특별히 이데올로기적인 주장들은 영향력이 컸다.

> 마르크스레닌주의 이론 덕분에, 당에서는 만화경 같은 일상의 세계를 관통하면서도 일관된 정책 기조를 세울 수 있다. 그리고 완전히 전개된 사건들뿐 아니라 여전히 초기 단계에 있는 사건들까지 올바르게 평가할 수 있다.

게다가 레이브존은 **모든** 공산주의자에게 어디에서나 **소비에트**에 대한 충성을 보이라는 요구를 강력하게 재천명하고 있다. 그는 1938년에 디미트로프가 한 말을 인용한다.

> 누가 노동계급과 사회주의의 대의의 **친구**인지 **적**인지를 판단할 때 그리고 누가 민주주의와 평화의 지지자인지 반대자인지를 결정할 때, 그 사람의 소련에 대한 **태도**보다 **더 확실한** 기준은 있지도 않고 있을 수도 없다.(강조는 원문대로)

노보스티 통신사는 한동안 『사회주의: 이론과 실천*Socialism: Theory and Practice*』이라는 '이론과 정치적 언론의 월간 다이제스트'를 발간하기도 했다. 1975년에 나온 제7호에는 당시 정치국의 이론 분야 공식 대변인이었던 M. A. 수슬로프의 논설이 실렸는데, 이 논설에서 그는 다음과 같인 선언했다.

> 인민에 대한 이타적 헌신을 통해 당은 사랑과 감사와 신뢰를 얻어 왔다. 인민들 사이에서 당의 명망은 한계가 없다. … 우리의 당은 언제나 끊임없이 모든 구성원의 일치를 강화시킨다. 이를 통해 당은 강력한 무적의 존재가 되어 어떠한 문제라도 해결할 수 있는 능력을 갖춘다.

그는 "공산주의의 구성이 … 단점, 오류, 법률 및 원칙 위반, 오산誤算, 관료적 형식주의, 보수주의, 부실한 관리, 태만으로부터 자유롭(지 않음)"을 기꺼이 인정한다. 하지만 이 모두는 마르크스레닌주의를 올바르게 실천하면 극복될 수 있다. 일리야 두딘스키가 쓴 「세계 사회주의 체제 발전의 모순들에 대하여Apropos of Contradictions in the Development of the World Socialist System」에서는 사회주의 국가들 사이에서 '분쟁 상황'이 발생할 수 있음을 인정하고 있다.

> 이러한 종류의 모순들은 수정주의 민족주의적 입장으로 옮겨간 데 따른 결과다. 여기에는 사회주의 체제가 기형으로 변해갈 위험이 가득하다. 그러한 국가와 그 국가의 정치적 경로 내부의 정세는 다른 사회주의 국가들의 공통 이익 및 전체 사회주의 공동체의 이익과 격심한 모순 관계에 들어설 수 있다.

저자가 체코슬로바키아를 염두에 두고 있음은 의심의 여지가 없다. 소련은 언제나 옳다.

유로코뮤니즘

체코슬로바키아에서 일어난 사건들만이 1970년대에 유로코뮤니즘이라고 알려진 현상의 모티브가 된 것은 아니지만, 그런 방향으로 나가는 데 주요한 디딤돌이 됐음은 확실하다. 유로코뮤니즘이라는 명칭 자체가 내포하고 있듯이 이러한 형태의 공산주의 정치는 서유럽의 여러 공산당에 영향을 주었다. 이탈리아에서와 같이 어떤 공산주의자들은 이를 열렬히 포용했지만, 프랑스에서는 마지못해 수용했고, 포르투갈에서는 전적으로 아무런 영향도 받지 않았다.

아마도 다소 놀라운 일이었지만 이베리아반도에 있는 두 이웃 나라의 세계관과 극우 정권들의 유사성을 고려했을 때 유로코뮤니즘의 깃발이 먼저 공개적으로 걸릴 수 있었던 곳은 스페인이었다. 1977년 스페인 공산주의 지도자 산티아고 카리요가 책을 출간하면서, 중간에 줄표를 넣고 따옴표를 치긴 했지만, 유로코뮤니즘란 말을 책의 제목에 사용했다.

카리요는 자신이 사회민주주의의 입장으로 회귀할 것을 제안하고 있음을 부인하면서도, 지배계급이 그런 입장에 대한 민주적 평결을 거부할 경우에 일어날 무장봉기를 계속해서 정당화한다. "다른 한편으로, 나는 자본주의가 발달한 선진국에선 프롤레타리아 독재가 노동자들의 헤게모니를 성립하고 확고히 하는 데 성공할 수 있는 방법이 아니라고 확신한다."[3] 사회주의는 "사회에 대한 어떠한 전체주의적 개념도 부정하는 것"이어야 한다. 자본주의에서 공산주의로의 어떠한 이행 과정에서든 필연적으로 프롤레타리아 독재가 수반된다는 레닌의 주장을 '반쪽만 옳은' 것으로 규정하며 거부한다. 그러면서 그러한 이행 과정은 불가피하게 "다양한 정치형태"를 취한다고 했던 레닌의 언급을 이용하여, 그 다양한 정치형태에 반드시 프롤레타리아 독재가 필수적이지 않은 형태들까지 포함되어야 함을 주장한다.

핵심적으로 유로코뮤니즘이 한 일은 레닌의 관점들을 명백하게 포기했다는 것이다. 사실 서유럽 공산당들은 형식적으로만 레닌의 관점들을 유지하고 있었을 뿐, 1930년대는 아니더라도 1940년대 이후로 모두 포기했었다. 서유럽 공산당들은 '부르주아 민주주의'의 현실과 타협했고, 이를 그들이 계속해서 그들의 목표로서 주장해왔던 사회주의 사회의 영구적 특성으로 인정했다. 카리요는 소련의 스탈린주의를 명백히 비판하면서 스탈린의 정권 아래 세워진 국가는 "파시스트 독재국가들과 비슷한 형식적 특징들"을 지닌다고 확언했다.[4] 그것은 "자본주의 선전 활동에 광범위하게 이용당한 전체주의의 한 형태"였으며, 그러므로 서구 공산주의자들의 신뢰도를 약화시키는 것이었다.

소련의 반응

당연히 소련공산당은 심기가 불편해졌다. 소련공산당의 관점을 표현한 한 논설에서는 카리요를 "반제국주의 세력들의 단결을 해체하고 공산주의 운동을 분열시키고 약화시키는" 자라고 비난했으며, 한 해 전에 그가 유로코뮤니즘 같은 것은 존재하지 않는다고 했던 사실을 독자들에게 상기시켰다. 이보다 더 나쁜 것은 카리요의 사상이 군사 블록으로 나뉜 유럽의 상황을 영구히 고착시키며, '공격적인 북대서양조약기구 진영'[5]을 강화시켜주리라는 점이었다.

> 최종 분석에 따르면 이 모든 설명은 매우 단순한 한 가지 사안으로 압축된다. 그들이 원하는 것은 서유럽의 공산당과 노동자당의 정당들이 공산당이기를 그만두고, 마르크스와 엥겔스와 레닌이 창립한 과학적 공산주의에 맞서 일어나는 것 그리고 —이보다 더욱 중요한 것은— 유럽의 사회주의 국가들의 공산당과 노동자당의 정당들과 맺었던 유대 관계를 모두 끊고 그들과 대결하는 것이다.

"'유로코뮤니즘'에 대한 카리요의 해석이 공격과 반동의 세력들, 즉 제국주의의 이익에만 부합한다는 데는 의심의 여지가 있을 수 없다"라고 이 논설은 선언했다. 카리요는 '이 신사분들'이 공산주의 운동 조직을 하나의 교회로 보고 자신들은 마치 그 교회의 교황청인 양 믿고 있다고 응수했다. 그는 이 논설에서 스페인의 북대서양조약기구 가입을 자신이 옹호했다며 비판했지만 실제로는 그런 적이 없다며 부인했다. 하지만 그는 스페인에 미국 공군기지가 계속 주둔하는 데 대해 스페인공산당이 반대하지 않은 것을 승인했다. 그리고 그 이듬해 스페인공산당은 스페인의 유럽경제공동체 가입을 승인했다.

이에 스페인의 유로코뮤니스트들이 저항하고, 소련공산당은 그들의 1978년 회합에 형제애적 환영 인사를 보냈는데도, 아무튼 소비에트 당국에서는 유로코뮤니즘은 반마르크스주의 및 반소비에트주의와 같은 것이라는 확신을 그대로 유지했다. 그 논설에서는 프랑스의 유로코뮤니스트이면서 소비에트의 현실을 비판한 장 엘렌스타인을 언급하면서 그의 정치학을 "19세기 말에서 20세기 초에 이르는 국제적 기회주의의 영광스럽지 못한 역사를 저속하게 반복하는 것 … 변절apostasy의 논리"로 특징지었다.[6] 엘렌스타인의 언어는 공식적으로 유로코뮤니즘인 프랑스공산당에게도 지나치게 강력한 것이었으므로 1980년 프랑스공산당은 그를 축출했고, 그를 비판하던 소비에트의 비평가들은 이에 무척 기뻐했다.

확실히 유로코뮤니즘은 유연한 개념이었다. 그것을 이론화한 사람들은 그람시에게 호소했으며, '제도를 관통하는 대장정long march through institutions'(1960년대 독일 학생운동의 대표적 인물이었던 루디 두치케가 주장한 혁명 전략으로, 중국공산당이 물리적 대장정을 했듯, 여러 제도 안으로 침투하는 대장정을 통해 사회를 전복시킴으로써 혁명을 일으킬 여건을 형성하는 것을 말한다—옮긴이)이라는 표현을 직접 사용하지는 않았어도 그러한 전략에 호소했다. 적어도 공산주의자들은 자본주의 국가를 이용하는 법을 배워야 (그리고 복수 정당 체제에서 치러지는 선거에 개방되어야) 할 것이다. 레닌은 자본주의 국가를 파괴하는 것이 공산주의자들을 특징짓는 절대적 핵심이라고 했으며, 그렇지 않은 이들은 사이비 사회주의 변절자들이라고 간주했었다. 그러므로 레닌의 핵심적 기본 원리를 이렇게 거부하는 것은 전통주의자들이 보기에 당연히 받아들일 수 없는 것이었다. 그 결과, 유로코뮤니즘 정당 내에서 다양한 비율을 차지하고 있던 이 전통주의자들이 이탈하기 시작했고, 스페인의 경우에는 당 자체가 분열됐다.

전통주의자들

서유럽 바깥 지역을 보자면, 미국공산당은 분명 유로코뮤니즘 진영에 속하지 않았다. (하지만 일본공산당은 유로코뮤니즘에 속했다.) 1956년 '자유주의적' 막간이 지나간 뒤 전통주의자들이 다시 자신들의 우세를 확고히 한 이후로, 미국공산당은 공산주의 운동의 소수 분파들 사이에서 가장 확고한 신스탈린주의 분파로 —그리고 가장 죽어갈 듯한 분파로— 남았었다. 그러던 미국공산당이 1960년대 말 잠시 생기를 되찾을 수 있었던 것은 아프리카계 미국인 활동가들 중 하나였던 안젤라 데이비스가 국가로부터 핍박을 받고 장기 투옥이나 사형에 처해질 위협을 당하면서 국제적으로 주목받았기 때문이다.

미국공산당은 회생하지 못했다. 1991년 전당대회에서는 소련 붕괴의 의미가 당이 레닌주의를 거부해야 한다는 것인지를 두고 토론

이 벌어졌다. 여기서 대다수의 당원이 고전적 마르크스레닌주의 노선을 재확인함에 따라, '사회민주주의' 분파는 당을 버리고 떠나서 '민주주의와 사회주의를 위한 연락위원회CCDS'(미국 독립혁명 당시 영국에 대한 대응 방안을 조율하고 계획을 공유하기 위해 당시 13개 주 각각에 설치됐던 그림자 정부의 이름(연락위원회Committees of Correspondence)을 따왔다—옮긴이)를 결성했다.

라틴아메리카의 공산당들도 미국공산당보다 특별히 더 의미 있을 것은 없었다. 그러나 모스크바를 지향하는 공산당들이 이끄는 혁명 활동이 아직 소멸되지 않은 곳들이 있었다. 베트남을 제외하더라도, 1979년 4월 아프가니스탄에서는 교육받은 군 장교들 사이에 깊이 뿌리박은 지지 세력 덕분에 공산주의 쿠데타가 성공할 수 있었다. 그로부터 두 달 뒤, 실권을 장악하고 있던 국무총리 대리 하피줄라 아민은 쿠바 저널리스트들과 인터뷰를 하면서 이렇게 선언했다. "우리나라에서는 아무런 위험도 보이지 않는다. 대중들이 혁명을 강력히 지지했기 때문이다." 하지만 "제국주의 무리들과 그들의 하수인들이 봉건 영주들의 지원을 받아 광적인 종교 지도자들을 부추길 가능성이 높다."[7]

그해가 다 가기 전에 그는 미국이 지원하는 무장 이슬람주의자들에 의해 정권이 전복되지 않도록 모스크바에 구조를 요청했다. 소련에서는 이에 응했지만 아민까지 처형해버렸다. 그가 사용한 잔인한 방식들 때문에 민중의 지지가 소원해졌으므로, 소련에서는 그가 문제를 해결하기보다 문제를 일으키는 인물이라고 판단했던 것이다. 아프가니스탄공산당은 '대중'과 '깃발'(또는 '현수막')이라 불리는, 절대 화해할 수 없는 두 개의 경쟁 분파로 쪼개졌다. 이 두 분파는 둘 사이의 차이점들을 해소하기 위해 결판이 날 때까지 내각의 탁자를 둘러싸고 총격전을 벌일 정도였다. 이것이 심각한 위협에 놓여 있던 혁명을 수호하기 위한 가장 효과적인 방법이었을 리 만무하다.

1980년에 이르러서는 혁명 활동가 대부분이 모스크바식 공산주의를 무시할 수 있게 됐다 해도, 쿠바, 터키, 남아프리카를 비롯하여 식민주의에서 벗어나고 있던 아프리카 국가들에는 예외도 많았다. 1975년 사우디아라비아에서는 소비에트를 지향하는 공산당이 실제로 창립되기도 했다. (하지만 소련이 붕괴된 후에 해체됐다.)

마오주의

그동안에 마오주의는 종결 단계에 진입하고 있었다. 마오쩌둥이 사망한 이후 그의 정책들은 모두 파기됐으며 —1978년 『인민일보人民日報』에 따르면 "린뱌오林彪와 4인방은 한 무리의 가짜 마르크스주의자들이었으며, 정치 및 이론의 협잡꾼들이었다." 이것이 의미하는 바는 세계 전역에서 마오주의 이데올로기 영감의 원천이 이미 사라졌다는 것이었다. 하지만 쿠바인들은 베이징-워싱턴 관계가 향상되는 것을 두고 "거대한 배신"이며 "혐오스러운 연합"이라 불렀다.

인도의 공산주의가 둘로 쪼개질 때 마오주의에 경도됐던 반쪽이 보다 크고 보다 중요한 부류를 이루고, (마르크스레닌주의) 인도공산당이란 이름을 붙였다. 마르크스레닌주의에 괄호를 친 것은 마오주의 성향을 명시하는 암호였다. 이들은 서벵골에 거점을 갖게 됐다. 그곳에서 이들은 지역 정치를 압도적으로 지배했으며, 선거에서 항상 다시 당선되어 정부를 구성했다. 하지만 이즈음에 (마르크스레닌주의) 인도공산당은 뚜렷했던 마오주의의 특성을 잃었다.

1970년대 초 프랑스의 마오주의자들은 한동안 국가에 의해 금지되어야 할 만큼 위험한 존재로 여겨지는 명예를 얻었다. 하지만 1970년대 후반에 이르자 그들은 증발하듯 사라졌고 그들의 이데올로기 주창자들은 우파로 향하거나 포스트모더니즘 또는 훨씬 더 기이한 이데올로기 개념들로 넘어갔다. 서유럽에서 이에 관한 일들을 골동품처럼 모으는 이들 외에 다른 사람들의 관심을 끌 만한 일들은 없었다. 북아메리카에서도 대체로 상황은 마찬가지였다. 정치 및 사회적 중요성이 부족하긴 했지만, 미국에는 몇몇 소규모 마오주의 집단이 있었으며, 특히 캐나다에는 더 많았다. 자신들의 영감이 되어준 중국인에 대한 환멸을 느끼고 나자 그들 중 어떤 이들은 한동안 극단적으로 스탈린주의적인 알바니아 정권으로 고개를 돌렸으며(영국에도 그러한 인물이 한 명 있었다), 이후에는 해체되어 완전히 주변부로 밀려났다.

남아메리카에서는 문제가 다소 달랐다. 마오주의 조직 하나가 중요한 충격을 일으키는 데 성공을 거두었기 때문이다. 페루의 센데로 루미노소Sendero Luminoso(빛나는 길)라는 조직이었다. 이 조직의 게릴라들은 거의 정부 세력을 패퇴시키고 국가를 장악할 뻔했다. 실제로 이 조직은 자신들의 통제하에 들어온 지역들에서 마오의 선례를 따라 사회 개혁을 실시했으나, 너무나 잔인한 수단들을 동원한 나머지 그 반대자들뿐 아니라 추종자들에게까지도 엄청난 공포를 안겨주었다. (이 조직의 지도자는 체 게바라를 '플레이보이'라 부르며 묵살했다.) 결국 페루 정부가 다시 이 조직을 누르고 복귀했다.

소련

원칙적인 어떤 이유에서보다는 아마도 기운이 약해진 탓에, 소련에 불만을 표현하는 것에 대한 당의 통제도 1970년대 후반부터는 느슨해졌다. 지도부는 서방에서 진지하게 여길 거라고 전혀 예상하지 못한 채 헬싱키 협정에 응하여 언론의 자유에 지각없이 동의했다. 그 결과 지식인들을 침묵시키려 했을 때 장애가 발생했다. 체코의 반체제 인사들은 특히 77헌장(헬싱키 협정의 인권 조항을 준수할 것을 촉구하는 헌장으로, 1977년 체코슬로바키아의 반체제운동에서 발표됐다—옮긴이)을 빈번히 언급했다. 정부에서는 여전히 금서가 공개적으로 출판되는 것을 막을 수 있었지만, 사미즈다트samizdat(옛 소련과 동구권에서 비밀리에 출간되는 금서들을 이르는 말—옮긴이) 비평서들은 상대적으로 자유롭게 유통됐다.

가부장적 전통에 강한 애착을 지니고 있던 알렉산드르 솔제니친은 사실상 아무런 해도 끼치지 못할 반동주의자였지만, 정부는 그를 더 이상 참을 수 없는 짜증처럼 여겼다. 그는 총살이나 장기 투옥 또는 정신병원 감금을 당하지 않고 추방만 됐다. 조레스 메드베데프와 로이 메드베데프 형제 그리고 보리스 카가리트스키 같은 비평가들은 괴롭힘을 당하긴 했지만 계속해서 비판 활동을 할 수 있었다. 하지만 정부에서는 이들의 비평물을 해외에서만 출간하도록 함으로써 자신들의 잘못을 오히려 더 악화시켰다. 이 비평물들은 레닌주의 담론의 틀 안에 있던 것으로 소비에트 체제의 근간에 도전하는 것이 아니었다. 이런 사실이 한때는 오히려 이 비평가들에 대한 의혹을 배가시키기도 했다. 그들의 행동이 마르크스주의와 역사 해석에 대한 당의 독점권에 도전이 됐기 때문이다. 이전에는 당의 해석으로부터 벗어난 해석들은 모두 용서받을 수 없었다.

지적인 면에서 공식 담론은 숨이 막힐 만큼 억압적이었다. 공인된 권위를 지닌 최고 이데올로기 주창자였던 미하일 수슬로프는 당의 기관원들 중에서도 가장 상상력이 떨어지는 부류의 인물이었다. 소비에트 블록의 나머지 지역에서도 상황은 더 나을 게 없었다. 폴란드는 정치적으로나 사회적으로 소요가 일긴 했지만, 블록 내에서 표현의 자유를 가장 많이 허용하는 정권이라는 평판을 얻었다. 그런데 이것이 정말 사실이었다면, 이는 다른 나라 정권들이 어떻게 해야 하는지에 대한 단호한 논평을 나타내는 것이었다. 정권의 언어문화는 대중의 이데올로기를 조종하며, 조작된 언어는 조지 오웰이 말하는 전체주의의 특성에 부합했기 때문이다. 칼 타이의 「폴란드공산당의 어투Partyspeak in Poland」[8]라는 글에는 이에 관한 예가 여럿 제시되어 있다. 사소한 예로, 그들은 다른 나라 국가명을 언급할 때 약자를 사용하지 않았다. UK나 USA와 같이 한 국가를 약자로만 언급하는 것은 경멸적인 것으로 여겨졌기 때문이다. 하지만 독일민주공화국이나 소련은 절대 약자로 언급되지 않았던 반면에 독일연방공화국은 폴란드어 약자 NRF로 언급됐다.

1977년 소련에서는 기본법Fundamental Law이라고 하는 새로운 헌법을 반포했다. 이는 소비에트 역사에서 반포된 네 번째 헌법으로 1936년 반포된 스탈린의 헌법을 교체하는 것이었다. 흐루쇼프 시대 이후부터 준비해온 헌법의 서문에서는 여전히 흐루쇼프의 '전 인민의 국가'라는 개념을 그대로 유지하면서 소련이 "진정한 민주주의, 즉 모든 공공 사안에 대한 효과적 관리를 보장"하며 "공공 사안들에 대한 노동자들의 보다 적극적인 참여를 보장하는 정치체제"임을 강력히 주장했다. 그러나 이 새로운 헌법의 제6조는 당이 "인민을 위해 존재하며 인민을 섬긴다"[9]라고 기술하면서 소련공산당의 정치적 독점권을 되풀이하여 강조했다.

한 내부 비평가는 다음과 같이 지적했다.

> 이 헌법에 있는 대부분의 조항은 구체적인 법률 규범보다는 선언문의 형태로 작성됐다. … 법, 즉 법적 토대로서 지녀야 할 특성들이 결여된 탓에 이 문서는 —잠정적으로 불가결한 중요성을 띠게 될 이 문서는— 과장된 자랑만 늘어놓는 선언문으로 변형됐다.[10]

중국공산당은 당시에 포스트마오주의 국면에 들어서 있었지만 소련의 새 헌법에 대해 "관료주의적 독점 자본주의자들과 그들의 사회제국주의 정책들로 이루어진 파시스트 독재를 기본법(으로 성문화하는 것)"[11]이라며 묵살했다.

고르바초프와 소련의 붕괴

소비에트 공산주의의 이데올로기적 소진은 브레즈네프 사망 당시 지도부의 노쇠한 모습에서 그 징조가 보였다. (급진적으로 새로운 경제정책에 착수한 중국 지도부도 본질적으로는 마찬가지 상황이었다.) 브레즈네프는 매우 병약한 사람이었으며 기술적인 죽음으로부터 회생한 바 있었다. 브레즈네프의 사망 이후 공산당 정치국에서 선출한 후계자는 (브레즈네프의 뒤를 이어 1982년 유리 안드로포프가 소련공산당 서기장 자리에 오르지만 2년도 채 되지 않아 사망한다—옮긴이) 전임자보다 젊었고 정치적으로 활기가 넘쳤으며 부패 박멸에 전념했다. 죽음을 목전에 두고도 꾸준히 활동했지만 그가 의도한 개혁들은 단지 기술 지배적이고 행정적인 것에 불과했다. 그가 곧 죽고 후계자 자리에 오른 콘스탄틴 체르넨코는 이미 무미건조한 농담에 가까운 인물이 되어 있었다. 그는 늙고, 죽을 만큼 병들었을 뿐 아니라 '자질이 없는' 사람이었다. 만약 경제적 곤경이 악화되고 미국인들이 공격적인 자세를 취하려고 하는 상황에서 정치국이 의도적으로 시간을 낭비하기 위한 방법을 찾고 있었던 거라면, 이보다 더 적당한 인물을 선택할 수는 없었을 것이다.

1985년 마침내 미하일 고르바초프가 당의 지도자로 지명됐을 때 그는 더 나은 미래를 약속할 수 있을 것처럼 보였다. 법학을 공부한 55세의 지도자는 그 직위를 맡기에는 민망할 만큼 젊어 보였다. (하지만 러시아혁명 당시 레닌은 47세였으며, 트로츠키는 40세였다.) 그는 확실히 자신의 생각들을 갖고 있었고 그 생각들이 실현되는 것을 줄곧 지켜볼 수 있을 만큼 오래 살 수도 있었다. 그러나 그의 생각들은 대범한 것이었는지는 몰라도 이데올로기적으로는 엉망이었다. 게다가 레닌의 세계혁명에 대한 희망이 거의 완전하게 좌절됐다는 것은 불가피한 기정사실이 되어 있었다. 고르바초프는 스탈린주의 이후의 마르크스레닌주의자였으며, 그가 정치와 경제구조에서 일으킨 모든 혁신은 다만 만성화된 위기를 더 악화시키는 결과만을 가져왔다.

당연히 그는 레닌에게 호소했으며, 그의 정책은 레닌의 사상을 전개한 것으로 제시됐다. 그러나 실제 발생한 효과는 레닌의 명망마저 약화시키는 것이었다. 글라스노스트 개혁 덕분에 레닌의 역할과 기록에 대한 공개적 논의가 가능해졌고 이러한 논의들은 점점 더 비판적 성격을 띠었다. 더욱 불길했던 것은 혁명 이전의 러시아에 있던 이데올로기적 특성들 중 가장 좋지 않았던 것들이 다시 경쟁하기 시작했다는 사실이었다. 무엇보다도 반유대주의가 되살아났다. 결국 이러한 과정의 끝에서 글라스노스트는 정권 자체를 파괴했다.

글라스노스트는 결국 양날의 칼이었음이 입증됐다. 사회가 궁극적으로 어떻게 기능해야 하는지에 관한 레닌의 사상에 글라스노스트가 원칙적으로 반대되는 것은 아니었지만, 혼돈과 분열의 상황에서 추천할 만한 것이 못 된다는 것은 확실했다.

페레스트로이카는 앞서 지적한 것처럼 큰 성공을 거두지 못했다. 페레스트로이카 때문에 역풍을 맞은 당의 기관원들이 저항하고 훼방을 놓았기 때문이었다. 이데올로기적으로 페레스트로이카는 비非레닌주의적이거나 아니면 소비에트 경제체제가 이제까지 결국 실패한 것임을 고백하는 것이었다. 그것은 소비에트 경제의 단점들을 보수하기 위한 시도로 시장의 규칙들을 경제에 도입한다는 것을 의미했기 때문이다. 레닌이라면, 당 내부와 외부의 압박을 더욱 견고하게 하면서 시장의 규칙들을 일시적인 응급조치로서 수용할 수 있었겠지만, 그 목적을 달성한 후에는 즉각 폐기했을 것이다.

혁신 조치들 때문에 역풍을 맞은 소련 내부의 이익집단들이 단호하게 개혁에 저항하고, 개혁을 사회주의 국가가 의미했던 모든 것을 포기하는 것이라 간주한 것은 놀라운 일이 아니었다. 이들은 개혁의 결과가 사회 및 문화의 혼돈으로 드러나고 주변부 공화국들의 독립 요구로 분출하자, 자연스레 자신들의 비판이 검증된 것으로 보았다.

소련의 여성운동

완전한 양성평등은 공식적인 소비에트 이데올로기의 내용 중 하나였다. 혁명이 어떻게 소비에트의 여성들을 해방시켰는지, 특히 수백 년 동안 예속 상태에 있던 아시아 지역 공화국들에서도 어떻게 그러한 해방이 일어났는지에 관한 이야기는 빈번히 자랑스레 거론됐다. 하지만 선호되는 성 역할들을 이론적으로 수용하는 것마저 배제한 것은 아니었다. 예를 들어 학교 교사들이나 의료계 종사자들 중에는 여성이 압도적으로 많았다. 동성애는 수용 불가능한 것이었으며, 남성 동성애는 범죄행위로 남아 있었다.

선언된 양성평등은 사실 허구에 지나지 않았다. 러시아 문화와 소비에트 문화를 관통하여 여성혐오의 혈류가 깊숙이 흘러갔다. 강간, 매춘, 낙태를 비롯해 성관계에 관한 사안들은 일반적으로 공개적 논의에서 금기시됐다. 콘돔이 생산되기는 했지만 사람들은 '덧신'이란 이름으로 부르길 선호했으며, 당연히 별 인기가 없었다. 1985년 여성들은 전체 노동인구의 51퍼센트를 차지했지만 정치와 행정의 모든 고위직은 몇몇 상징적 예외를 제외하곤 남성들이 독점했다. 소비에트 정치국에서 근무한 여성의 수는 한 손의 손가락만으로 꼽을 수 있을 정도였다. 여성들이 거의 보편적으로 유급 직장에 나가면서 동시에 가사와 자녀 양육을 전담해야 하는 구조는 특히 불공평한 것이었다. 마틴 매컬리가 언급한 것처럼, 비효율적인 배급 체계에 맞춰 줄을 서는 데 엄청난 인시人時(한 사람이 한 시간에 일하는 양—옮긴이)가 소진됐는데, 인시보다는 '차라리 여시女時'가 소진됐다고 하는 게 맞을 것이다.

페레스트로이카의 도입도 이미 심각할 정도로 불공정한 소비에트 여성들의 상황에 전적으로 호의적이지 않았다. 시장의 원칙을 도입한 개혁은 여성들이 일자리를 잃을 위험이 더 높아졌음을 의미했다. 소비에트들—지방과 공화국과 연방 전체의 소비에트들—에서 여성 쿼터를 폐지함으로써 여성 대표의 수와 비율이 극적으로 줄어들었다. 하지만 글라스노스트 덕분에 불평을 표현하고 문제를 제기할 수 있는 영역이 크게 넓어졌으므로, 억압이 있었음에도 허가된 경계들은 꾸준히 확장되고 있었다.

공식 기관인 소비에트여성위원회에서조차 불만이 터져 나왔다. 1987년 이 위원회의 퇴임 의장 발렌티나 테레시코바는 "우리는 소비에트 사회의 여성 지위를 근본적이고 이론적으로 깊이 있게 연구한 적이 없다"고 선언했다.[12] (이 말을 보도한 메리 버클리가 언급하지는 않았지만, 발렌티나 테레시코바는 1963년 우주를 유영한 최초의 여성이기도 했다.)

버클리는 또한 자율적 여성운동이 소련에서 천천히 전개되고 있다는 점에 주목하기도 했다.

재빨리 형성된 민중 전선은 수많은 참가자를 끌어모으고 대담하고 폭력적이기까지 한 요구들을 내세웠던 반면, 천천히 성립되기 시작한 여성 단체들은 규모도 작았고 정치에 강력하게 개입하지도 못했다. 실제로 어떤 여성 학자들은 수년 동안 직장과 가정에서 여성들의 종속적 지위에 대해 조사하고 개인적으로는 성역할을 변화시키는 데 전념했지만 1989년의 인터뷰에서조차 기존 관점을 되풀이했다. "여성운동을 조직하는 것은 시기상조다. 사회는 아직 그럴 준비가 되어 있지 않다."[13]

1990년이 되어서야 다수의 소규모 여성 단체들을 결집하여 보다 확장된 운동 조직을 꾸리려는 시도가 이루어졌다. 이 조직의 창설자들 중 하나인 올가 리포브스키야는 레닌그라드에서 철필등사판으로 인쇄하여 나온 『젠스코에 치테니예*Zhenskoe Chtenie*』라는 저널의 편집자였다. 이 저널은 서구 페미니즘 저술들을 발췌한 뒤 번역하여 싣는 데 집중했다. 이 저널에 「남자보다 오이가 좋은 이유」라는 제목의 해학적인 글 한 편이 실린 적이 있었는데, 그 이유는 다음과 같다.

오이에 대해 알게 되는 것은 어렵지 않다.

오이와 함께 살면 세탁기 안에서 더러운 양말을 발견할 일도 없다.

오이는 절대 당신의 돈으로 구입한 생일 선물을 당신에게 주지 않는다.

오이는 당신 눈에 눈물이 흐르게 하지 않는다.

그럼에도 버클리는 이렇게 결론내리고 있다. "남성들을 주요 과녁으로 삼아 고립시키는, 직설적인 급진 페미니즘은 … 소련에서는 대체로 알려져 있지 않다."[14] 실제로, 리투아니아의 민족주의적 여성운동 조직 사유디스Sajudis에서는 성역할을 **강화**하길 원하는 듯 보였다. 한 활동가는 소련에선 여성들이 '완전한' 존재일 수 없다고 강력히 주장했다. 가정과 가족의 중요성이 경시되기 때문이라는 것이다. 버클리가 기술한 바에 따르면, 여기서 드러나는 명백한 메시지란 "여자는 여자고 남자는 남자이길 원한다. 우리는 페미니즘 운동 조직이 아니다"라는 것이었다.[15] 탁아소와 유치원은 아이들이 '두뇌 위축'을 앓게 만든 억압적인 러시아 문화의 병폐로 일축됐다. 버클리에 따르면 "사유디스의 여성들은 리투아니아의 독립에 대한 전망을 광범위하게 지지한다고 선언한다. … 이는 자녀와 교회와 주방(독일어로 3K(Kinder, Kirche, Küche)라고 하는 여성들의 전통적 역할을 가리킨다—옮긴이)을 찬양하는 것이다."[16]

총체적 붕괴

마틴 매컬리는 소비에트 역사에 대한 예리한 분석[17]을 통해 스탈린 시대에 뿌리를 두고 있고 이후 국가의 역사를 관통하면서 걷잡을 수 없이 악화된 문제를 규명한다. 이는 사회정치 구조가 경제의 지배구조를 반영한다고 하는 마르크스의 금언을 사실로 확정하는 것이었다. (투박하게 말하자면, 토대와 상부구조의 관계를 이룬다.) 독점적인 유일 정당이 지휘하는 중앙집중화된 명령경제는 매우 전문화된 여건, 즉 최초의 5개년계획과 그에 뒤이어진 전면전이라는 환경에서만 성공할 수 있었다. 그러한 여건에서조차 생산 및 정치적 관리자들을 복속시키는 데에 지리적으로나 제도적으로나 상당한 권위가 하향 분산되지 않고서는 명령경제가 효과적으로 기능할 수 없었다. 두 가지 측면 모두에서, 공식적 권위는 그렇지 않다 해도, 권력은 중심에서 변방으로 유출되는 경향이 있었다.

이러한 문제를 예리하게 지각하고 있던 스탈린은 반복적인 숙청을 통해 문제를 바로잡고자 했으며, 그렇게 해서 기관원들을 영속적인 공포 상태에 잡아둠으로써 그들이 공동체적 정체성을 발전시키지 못하게 막고자 했다. 하지만 스탈린조차 전적으로 성공을 거두지는 못했다. 스탈린 이후 시대에 이루어진 주요 개혁은 공포정치를 거두고 행정 관료들에게 개인의 신변과 직업의 안전을 보장해주는 것이었다. 이는 자연스레 개혁 과정에 속도를 더했으며, 보다 큰 소비자 만족을 향한 변동 역시 그러했다. 여기에는 경제와 '인적人的 관리'에서 복잡성이 증대되는 결과가 수반됐다. 신성한 군주와 그의 궁정이 통치하기 위해서는 반드시 영지를 지닌 영주들의 동의와 협력이 있어야만 했던 중세 봉건주의의 반향이 일었다.[18] "이익 단체들의 네트워크는 매우 촘촘했고, 지역주의는 너무나 강력했기 때문에 모스크바는 자신의 의지를 관철시킬 수 없었다."[19]

> 이데올로기로서 마르크스레닌주의는 변화하는 환경에 창조적으로 대응하는 능력이 무척 떨어진다는 것이 입증됐다. 모든 학생의 의무 과목인 이데올로기가 지적 내용이 결여된 경직된 과목으로 남아 있었다는 것이 놀랍다. … 당은 출세주의자들로 가득하다. … 1991년 현재 (대략) 80퍼센트의 당원들이 … (그러나) 이데올로기에서조차 총체적으로 일치 조정되고 있지 않았다.
>
> 당에서는 주민들의 문화 수준 향상이 당의 신빙성 감소를 의미한다는 것을 인식하지 못했다. … 역설적이게도 연방제인 소비에트 국가는 레닌에 의해 민족주의와 지역주의를 극복하도록 설계됐지만 오히려 그것들을 육성했다. 소련이 미국이나 사우디아라비아만큼 부유했다면 국가는 유지될 수 있었을 것이다. 그러나 관료적 시장에서 비롯된 불가피한 결과로 경제는 침체됐고, 침체된 경제가 결국 국가의 운명을 결정짓고 말았다.[20]

'명령경제'라는 용어조차 다소 오해의 소지가 있었다. 시장 원칙들 위에 기초하지 않고서 소비경제가 되려고 하는 경제란 어마어마하게 복잡한 것이어서, 실제로는 초소형 명령경제들이 혼란스러운 관계를 이루며 무리지어 있는 것과 더 비슷했다. 이를테면 자전거 체인 생산은 라트비아에 집중되어 있었는데, 그곳이 방해받게 되면 소련 전체에서 제대로 된 자전거가 공급될 수 없었다.

군대 또한 그다지 행복하지 않았다. 여기에는 크게 두 가지 이유가 있었다. 우선은 군비 감축이 군인들 개인에게도 영향을 끼쳤으며 그들의 애국심을 상하게 함으로써 소비에트 군대의 전투태세에 위험요소가 되고 있었다. 마찬가지로, 동유럽에서 철수함으로써 방어진지들을 포기하려는 정부의 의지는 아무런 대가도 받지 않고 적에게 어마어마한 양보만 하겠다는 정책을 나타냈다. 정부는 굴욕적으로 아프가니스탄을 포기한 것은 말할 것도 없고, 미사일의 표적들을 새로 조정하고 공산주의 블록 국가들로부터 방어막을 거두어들이기까지 했다. 서구의 해설자들은 군사 쿠데타가 일어나 고르바초프의 개혁 과정을 반전시킬 가능성을 점쳤지만, 민간 권력에 대한 군대의 복종이라는 전통이 너무나 깊이 박혀 있었기 때문에 그러한 현실적 전망은 실제로 일어나지 않았다.

붕괴

1991년이 되자, 발트해 연안 공화국들은 반란 상태에 있었고 아르메니아와 아제르바이잔 사이에는 실전이 벌어지고 있었다. 이런 상황에서 보리스 옐친이 대중에 의해 선출된 러시아연방 최초의 대통령이 됐다. 그해 8월에 있었던 강경파 전통주의자들의 쿠데타 시도는 지켜보는 이들에게 그리 놀라울 것이 없었다. 이를 모의한 이들에게는 그들이 지지받으리라는 희망을 품지 못할 이유도 없었다. 무질서와 범죄와 국제적 굴욕이 점차 늘어나고 있었으므로 노멘클라투라 nomenklatura(명부名簿를 뜻하는 라틴어에서 파생되어 소련의 기득권 세력을 가리키는 말이 됐다—옮긴이)뿐 아니라 많은 일반 시민도 불안과 공포를 느끼기 시작했었다. 고르바초프를 별로 좋아하지 않았던 노멘클라투라에서는 단순히 자신들의 목적을 선언함으로써 민중의 묵인을 얻어낼 수 있으리라고 기대했던 것 같다. 그리고 흑해 연안의 별장에서 휴가를 보내다 그곳에 감금된 고르바초프가 그들의 요구 앞에 무릎을 꿇으리라 예상했었다.

하지만 쿠데타를 기획한 이들은 상상할 수 없을 만큼 서툴렀다. 그들은 민중의 지지가 중요한 곳에서조차, 이를테면 군대 병영 같은 곳에서조차 아무런 예비적 단계들을 취하지 않은 채, 그들의 명령을 따르는 비공식 무장 세력을 조직한다든지, 통신 센터의 통제권을 장악하거나 가장 위험한 적들을 무력화시키려 했다. 그들은 권력 장악 방법에 대한 마르크스의 분별 있는 조언조차 읽어보지 않았던 것 같다. 마르크스의 조언은 "무엇보다도 혁명을 가지고 놀아서는 안 된다"라는 말로 시작되지만, 그들이 했던 일이란 게 정확히 그것이었다.

고르바초프가 기꺼이 협력하지 않을 것이란 게 분명해지고, 아직 비폭력적이긴 했지만 전투적 저항이 모스크바 거리에서 일어난 데다 군부 역시 고개를 돌리자, 혁명가가 되려고 했던 (관점에 따라서는 반혁명가가 되려고 했던) 이들 음모가들은 겁을 먹고 숨어들었다. 살아 있는 주검들의 반란은 재빨리 끝나버렸다. 그들 중 일부는 당시에 술에 취해 있었다는 주장이 나왔을 정도였다. 승자들은 굳이 그들에게 가혹한 벌을 내리려고도 하지 않았다.

영웅으로 추대된 옐친은 구출되어 돌아온 고르바초프를 완전히 가려버렸다. 옐친이 (전적으로 불법이었지만) 공산당을 진압하고 당의 자산을 몰수하겠다고 선언했을 때, 당이 텅 빈 껍데기에 불과하다는 사실만이 잔인하게 폭로됐다. 분노한 민중들이 밀어닥쳐 소련공산당을 인사불성 상태로 몰고 갔다. 그들은 당의 조직을 파괴하고 재산은 몰수했으며 상징물을 훼손하면서 인민의 적출嫡出인 척하는 당의 가식적 주장들을 무화시켰다. 폭동이 일어나는 동안 당은 그렇게 수동적이었으며, 사태가 진전되어가는데도 어떠한 일관된 대응도 하지 못한 채 중앙위원회를 열기 위한 정족수마저 채우지 못했다. 옐친의 선언이 나온 뒤에는 계급의식이 있는 어떠한 대중들도 당을 방어하기 위해 몰려나오지 않았다. 결국 소련공산당은 1917년의 차르 정권만큼이나 쉽고도 완전하게 무너졌다. 이후에 재건된 러시아'공산당'은 극단적으로 민족주의적이고 파시즘에 닿아 있는, 이름 말고는 이전 공산당과 아무런 공통점도 없는 정당이었다.

한 해 전에 국제공산주의의 마지막 흔적인 『세계 마르크시스트 리뷰*World Marxist Review*』(러시아어 표제는 '평화의 문제와 사회주의')라는, 프라하에서 출간되지만 소련공산당이 통제하던 저널마저 폐간되고 관련 부동산은 가톨릭교회에 넘어갔다.

동아시아

마오쩌둥이 사망하고 그의 장래 후계자들이 투옥된 뒤 중국에서 일어난 사건들은 정권의 전개 과정에서 드러나는 모순적 특성을 두드러지게 보여주었다. 표면적으로 보기에 중국의 상황은, 1920년대 소련에서 스탈린이 아니라 부하린이 권력을 잡고, 신경제정책이 집산화와 5개년계획에 의해 분쇄되지 않고 오히려 강화됐더라면 상황이 어떻게 진행됐을지를 상상한 시나리오처럼 보일 수도 있었다. 하지만 이러한 생각은 심각한 오해의 소지가 있다. 볼셰비키 지도자들은 그들이 실제로 무엇을 하고 있었든, '일국사회주의'에 민중을 끌어들인 요소가 무엇이었든 국제주의적 사고방식을 견지하고 있었다. 그들은 코민테른을 예속시키고 남용하기도 했지만 그것과 상관없이 코민테른의 존재를 고려하고 있어야 했으며, 소비에트 정권의 담론은 국제적 개념들로 포화되어 있었다. 스탈린은 자신의 의식 깊은 곳 어딘가에 그 개념들에 대한 신념을 지니고 있었다. 어찌 됐든, 정책상의 이유들 때문에 스탈린이 자신을 레닌의 후계자로 설득력 있게 제시해야 했다면 그는 국제주의를 포기할 수는 없었을 것이다.

이와 대조적으로, 중국의 지도자들은 문화대혁명을 끝내고 난 뒤 혹은 그 이전부터 국제주의적 가식들을 버리고, 20세기의 맥락 속에서 강력한 민족주의로 변질된 그들 국가의 배타적이고 제국적인 유산에 다시 빠져들었다. 마오쩌둥이 살아 있는 동안에도 중국은 철천지원수로 여겨지는, 세계 제국주의의 가증스러운 대표자와 함께 울타리를 정비했었다. 실제로 중국은 미국과 비공식 동맹 관계를 맺었었다. 나치-소비에트협정에 서명할 때도 스탈린은 히틀러를 데리고 (또는 그의 대리인 리벤트로프를 데리고) 러시아의 명소를 구경시켜 줄 만큼 멀리 나가지는 않았었다. 따라서 처음에는 농업, 그다음에는 산업과 서비스 분야에서 자본주의를 장려함으로써 극적으로 고무적인 결과들을 낳게 되자, 커다란 이데올로기적 장애물은 사라지고, 더 빨리 더 멀리까지 자본주의의 도로를 건설하게 됐으며, 국가가 지원하던 기본적 양식과 복리후생의 '철밥통'마저 깨부수기에 이르렀다.

이 모든 과정이 결국 소득 격차를 벌리고 불가피하게 공존하는 사회적 긴장들을 증대시키는 결과를 낳았다. 그리고 대개가 그렇듯이 불만을 분명히 표현한 이들은 가장 능력 있고, 표현의 동기가 부여된 사회적 부류, 즉 교육받은 청년들이었다. 1989년 톈안먼天安門사건으로 가장 잘 알려지게 된 시위대들이 정권의 민주화를 요구하며 터져 나온 그 근저에는 바로 이러한 현실이 있었다. 본질적으로 청년들이 요구한 것은 상충된 이해관계들이 자유롭게 논의될 수 있고 경찰국가의 제한 바깥에서 영향력을 행사하기 위해 투쟁할 수 있는 개방된 체제였다.

중국공산당 지도부에서는 양보와 진압 사이에서 길고도 열렬한 토론이 벌어졌다고 한다. 결국 그들의 전통에 의지하여 그리고 점점 더 어지러워지는 소련의 정세를 분명히 의식하여, 군대를 동원한 야만적 진압이 결정됐다. 이후로도 희석되지 않은 순수 자본주의로의 복귀 여부는 이데올로기적 선전 도구로 민족주의를 활용하는, 여전히 강력하게 권위주의적인 국가[21]의 통제 아래 놓여 있음이 분명해졌다. 국가에서는 중국공산당의 상징들과 절차들을 그대로 유지했으나, 이전에 이데올로기적 특성을 이루고 있던 모든 요소는 폐기해버렸다.

베트남, 캄보디아, 북한

공산주의가 거둔 마지막 큰 승리는 10월 혁명 이후 60년 만에 찾아왔다. 1975년, 두 해 전에 미국을 물러나게 했던 민족해방전선과 북베트남 군대는 사이공을 점령하고 미국이 남겨두고 떠난 정권을 전복시켜 국가를 재통일했다. 베트남은 중국에 가까웠음에도, 아니 어쩌면 중국에 가까웠기 때문에 이데올로기적 분쟁이 이는 동안 소비에트 진영에 속해 있었다. 중국은 수백 년에 걸쳐 베트남의 전통적 주적이었다. 중국은 베트남을 제국의 일부라고 주장해왔기 때문이다. 베트남인들은 여러 세기에 걸쳐 독립을 지키기 위해 싸워야 했다. 그럼에도 베트남전쟁이 진행되는 동안에는, 중국 정부가 소련의 무기 공급을 방해했을지는 몰라도, 두 나라 사이에 올바른 관계가 유지됐었다.

캄푸치아로 개명된 캄보디아의 크메르루주 정권 역시 같은 해에 권력을 잡았다. 이는 전적으로 전쟁 때문에 일어난 결과였다. 전쟁 동안 미국의 폭격으로 나라 전체가 폐허가 됐었다. 크메르루주 정권의 특성은 극단적으로 마오주의적이라는 것이다. 이 정권이 자국 국민에게 저지른 잔혹 행위들은 규모는 더 적었으나 다른 모든 면에서 스탈린과 마오쩌둥의 학살을 능가했다. 물론 이들이 이데올로기를 제시한 방식은 서로 달랐다. 크메르루주의 지도자 폴 포트가 1979년 다소 그의 환심을 사려는 듯한 유고슬라비아 저널리스트들과 나눈 희귀한 인터뷰 자료를 보면, (당연히 집단 학살에 대한 언급은 없지만) 그는 정권의 모든 정책이 민중의 요구에 따라 결정된다고 부드럽게 주장했다. 그가 강력히 주장하길, 즉각적으로 위급한 현실적 우려들 때문에 도시를 비우고, 학교와 화폐와 교역망을 폐지하는 것이라고 했다. 또한 혁명적인 이웃 나라에 대해서는 "우리가 베트남 사람들의 노예가 되는 것은 받아들일 수 없는 일이다. … 우리 국민과 군대는 그것을 용납할 수 없다"고 했다.[22]

극단적으로 민족주의적이며 실제로 인종차별적인 이 정권은 중국에서 영감을 받았던 탓인지 자국 영토에 살고 있는 베트남 사람들을 학살하기 시작했으며 베트남의 영토를 요구하며 국경을 넘어 기습 공격을 감행했다. 이에 베트남이 응수하여 캄보디아를 침공하고 크메르루주를 전복하자, 중국은 이를 구실로 베트남에 군사 공격을 가했다. 중국 측에서 말한 대로라면 "그들에게 교훈을 가르쳐"주려는 것이었다. 하지만 중국 인민해방군의 신병들은 경험 많은 베트남 군대의 상대가 되지 못했다. 베트남은 재빨리 중국의 공격을 물리쳤다.

동남아시아에서 벌어진 이러한 사건은 서방에 남아 있던 공산주의 운동 조직의 잔당들을 전율케 했다. 크메르루주는 실패한 악당이었으며, 중국-소련의 이데올로기 분쟁은 좋지 않은 것이었다. 그런데 진짜임이 증명된 두 개의 사회주의 국가가 군사적으로 대립하고 있었던 것이다. 어떻게 이런 일이 일어날 수 있단 말인가? 공산당 내부의 민족주의는 문화적 자긍심과 반제국주의 정서의 표현에 불과할 뿐이어야 했다. 민족주의가 국제 정책에 영향을 주어서는 절대 안 됐다. 무엇보다도 형제와 같은 공산주의 정권들 사이에서는 그런 일이 일어나지 말았어야 했다. (하지만 소련이 카리요를 공격한 구실 중 하나는, 소련이 강대국의 욕망을 가지고 있음을 그가 암시했다는 것이다.)

이러한 분쟁의 관점에서 보자면 1980년대와 그 이후에 베트남이 중국과 비슷한 경로를 따라가며 자국의 공산주의 경제구조를 해체하면서 이를 시장구조로 교체하고 해외 자본이 진출할 수 있도록 경제를 개방했다는 사실은 더 놀라운 일이었다. 시장이 주도하는 경제성장의 매력들은 너무나 강력해서 저항할 수가 없었다. 특히 소련이 더 이상 원조를 해줄 수 있는 입장이 아니었을 때는 더욱 그러했다.

하지만 북한은 다른 경로를 택했고, 북한 주민들에게는 참으로 극적인 결과를 가져왔다. 북한 정권은 크메르루주의 사이코패스와 같은 행동을 따라 하지는 않았지만, 거의 조지 오웰의 『1984년』을 모델로 삼은 것처럼 보였다. 이 모두는 미국이 북한의 국경에 가하고 있는 심각한 군사적 위협 때문이기도 했고 (이 때문에 북한은 모든 것을 국가 방위에 집중하고 있었다), 최고 지도자 김일성의 과대망상적 성격 때문이기도 했다. 북한과 비교하면 중국의 권위주의 정권은 차라리 느슨하고 자유롭게 보일 정도였다.

결론

한 평론가가 "세기의 환상the illusion of the century"이라 부르기로 했던 것이 이렇게 끝이 났다. 그러나 그 부고를 전한 이들은 대부분 수억 명이 그 환상의 매력에 끌렸으며, 그 환상이 인간의 요구를 충족해주리라 믿었던 이유를 규명하는 데 실패했다.

공산주의를 하나의 종교와 동일시하는 대중적인 허위 보도가 잘못 유포되어왔다. (개인의 타락으로 잘못 이해되는) 해로운 사회구조가 제거될 수만 있다면, 일신교의 어떤 요소들은 (다른 종교들과의 비교는 거의 성립되지 않는다) 사회생활과 생산 활동에 내재된 가능성들에 관한 비과학적 시대의 원시적 기대라고 보는 것이 훨씬 더 적절하다.[23]

따라서 그러한 가능성들이 실제 의제로서 등장했을 때, 일관된 하나의 세계관을 추종하는 사람들이 그 가능성들을 성취하도록 유도되어 종교에 상응하는 열정과 헌신을 보여주는 것은 놀랄 일이 아니다.

공상적 이상주의는 종교와 매우 가깝게 연결되어 있는 사상의 갈래이며, 마르크스주의도 의심할 바 없이 그러하고 공산주의는 아마 더욱 그러할 텐데, 여기에는 강력한 공상적 이상주의의 성분이 포함되어 있었다. 마르크스는 공상적 이상주의를 경계하라고 경고했으며, 마르크스와 엥겔스는 함께 '공상적 사회주의'[24]라 이름 붙인 것으로부터 떨어지기 위해 주의를 기울였지만, 그것은 거의 피할 수 없는 것이었다. 자신을 마르크스주의자라고 여긴 윌리엄 모리스는 공상적 이상향을 그린 소설을 썼다. 소비에트의 출판사들이 내놓은 출판물들 역시 미래의 전망에 관해 숙고한 것들이라면 무엇이든, 그 특성상 공상적 이상주의를 명백히 지니고 있었다.

발전된 경제에 있는 공산주의자들의 경우 그들의 목적은 '자본의 차꼬를 부수는 것' 그리고 공익을 도모할 수 있는 현대 과학과 기술의 가능성들을 허용하는 것이었다. 하지만 대체로 농업경제에 머물고 있던 제3세계 공산주의들의 목적은 사뭇 달랐다. 타당한 때에 외세로부터 해방되는 것과 더불어, 지주, 세관원, 고리대금업자, 신병新兵 징발자에게 정치적 보복을 가하는 것이 급선무였다. 이 문제를 논하면서 레닌주의의 관점에서 저술했던 마르셀 리브만(벨기에의 마르크스주의 사학자—옮긴이)은 이들 기생 집단이 무력한 농민들의 가정을 돌며 저질렀던 끔찍한 행위들을 이야기한다.[25] 물론 이들 지역의 공산주의 지도자들은 장기적 전망들도 가지고 있었다. 그들에게 공산주의란 서구를 따라잡기 위한 발전 전략으로 여겨졌던 것이다.

확실히 공산주의는 그 열망과 전망에 따라 평가되어야 한다. 즉 국가의 통제권을 장악했을 때 공산주의가 이룰 업적이나 가하게 될 공포만이 아니라, 그것이 방출하고 연결하는 거대한 사회적 에너지의 관점에서도 판단되어야 한다. 공산주의가 등장한 이래 첫 40년 동안 완수한 것들은 참으로 거대했으며, 그 이후에도 어떤 경우와 장소에서 성취한 것들은 결코 대단치 않은 업적이 아니었다.

공산주의 국가들의 존재는 다른 곳에서 공산당들이 연약하고 하찮은 존재였을 때조차 그 자체로 매우 중요한 의미를 지녔었다. 러시아혁명이 일어나지 않았다면 그리고 뒤이어 소비에트 국가가 살아남지 못했다면, 이전의 식민지 세계에 있던 대부분의 국가는 여전히 식민지로 남아 있을 것이며, 중국 역시 반半식민지 상태로 남았거나 조각난 제후국들의 집합이 되어 있을 것이다. 게다가 냉전 기간 서유럽 주민들에게 공산주의가 호소력을 지닐 수 있다고 하는 위협 덕분에, 그런 위협을 중화시키기 위해 자본의 포식적 본능을 견제하고 노조의 세력을 용인하며 적절한 복지 체계에 자금을 지원하여 복지국가를 제대로 작동시킬 수 있었다.

물론 공산주의 이데올로기에도 깊은 결함이 있었다. 그럼에도 실패의 원인을 물질적 현실과 압력이 아니라 전적으로 이데올로기의 내재적 불완전성 탓으로만 돌리는 것은 실수다. 이것은 미국 옹호자들이 쿠바 경제의 모든 문제를 국가가 통제하기 때문이라고만 하고 미국의 경제제재에 대해서는 아무런 말도 하지 않으면서 저지르는 실수보다 더 정교한 형태의 실수라고 할 수 있겠다.

그렇다면 우리는 소련과 소비에트 블록과 세계 공산주의 일반이, 국제적 적수들이 가하는 가차 없는 공격과 위협에 종속되지 않았더라면 그리고 그로부터 공산주의를 방어하는 데 그토록 많은 자원을 쏟아붓지 않았더라면, 정세가 상당히 달라졌을 거라고 가정해볼 수 있을까? 세부적으로는 그럴 수 있겠지만, 본질적으로는 그럴 수 없을 것이다. 어떤 종류의 시장경제가 세계의 나머지 지역에서 계속 작동해왔었음을 상정한다면 말이다. 그러한 경우 평화로운 장기적 공존의 가능성은 그 자체로 유토피아적이다. 10월 혁명이 그와 비슷한 세계혁명이나 유럽 혁명을 촉발시킬 가능성은 하나도 없었다. 그것이 레닌의 근본적 오류였다. (공정하게 말한다 해도, 레닌은 그것을 합리적으로 예견할 수 없었을 것이다.) 그가 강조했던 것처럼 자본주의는 일단 살아남게 되면 한사코 공산주의에 적대적일 것이었다.

그럼에도 이것조차 가장 중요한 문제는 아니었다. 문제는 특히 레닌이 『국가와 혁명』에서 주장했던 바, 자본주의가 창출한 경제 행정 체계가 쉽게 인수되어 —몇 주 또는 몇 달 만에도!— 사회적으로 조직되고 인도적인 사회 목적에 적용될 수 있으리라고 한 이데올로기적 가설이었다. 당시 현실에선 어떠한 혁명가도 사회적으로 소유되고 작동되는 경제가 어떻게 성공할 수 있는지에 대해 아주 희미한 생각조차 갖고 있지 못했다. 이러한 생각을 조금이라도 했던 사람들은 영국의 길드Guild사회주의자들(직능별 자치단체를 전국적으로 연결하여 노동자들에 의해 생산과 소비를 관리하려는 사상—옮긴이)과 페이비언협회(영국의 사회주의 운동 단체로 혁명적 방법보다는 계몽과 개혁을 통한 이념 실천을 활동 방법으로 택했다—옮긴이) 회원들밖에 없었다. 하지만 이들은 진정한 사회주의자가 아니라, 레닌이 정확하게 알아보았듯이 숨겨진 자유주의자들이었다. 결국 명령경제라는 딜레마를 해결하기 위해 채택된 방식은 장기적으로는 실행 불가능한 것이었으며, 앞에서 언급한 것과 같은 압력들이 없다 하더라도 결국에는 장기적으로 실행할 수 없다는 것이 입증됐을 것이다. 이것이 바로 20세기 공산주의의 핵심적 약점이었다. 공산주의는 이에 대해 아무런 해답도 가지고 있지 못했고, 어떠한 해답도 찾아낼 수 없었다.

제14장

파시즘

1945년 이후 공개적으로 드러나는 일은 적었지만 지하에서는 다양한 종류의 파시스트 이데올로기가 유지되어왔다. 1973년 이후 경제적 환경이 나빠지고 정치적 불안이 커지면서 신보수주의자들에게 기회가 왔듯이 파시스트들에게도 새로운 기회가 주어졌다. 새로운 여건의 조합은 두 세계대전 사이의 기간만큼 극단적이지는 않았지만 그 이전 시기와 비슷한 양상을 보였다. 불확실한 경제, 인플레이션의 압박, 노동자들 사이에서 커져가는 호전적 기운이 —영국에서는 정부를 타도하기까지 했는데— 1960년대에서 물려받은 문화적 불안에다, 소수민족 민족주의자들과 투쟁적인 여성 및 동성애자와 같은 새로운 집단들의 위협까지 결합했다. 공산주의는 (결국 드러난 결과에서 보듯 호도된 것이긴 했지만) 국제사회에서 꾸준히 성장하는 듯 보였고 정통적인 정부들과 정당들은 이러한 사안들을 효과적으로 다룰 능력이 없는 듯 보였다.

이런 식의 불안이 세계반공연맹WACL과 같은 조직의 인지도 상승을 불러일으켰다. 이 조직은 공식적으론 파시즘을 부인했겠지만 조직 안에는 파시스트 활동가들이 많았고, 조직 자체도 명백한 파시스트 경향을 보였다. 이 조직이 시작된 것은 1960년대였다. 조직의 설립을 발기한 이는 타이완의 장제스와 한국의 억만장자 교주인 문선명이었는데, 문선명은 어떤 출처에 따르면 '동양의 L. 론 허버드'(미국의 신흥종교인 사이언톨로지의 창시자—옮긴이)라고 불렸다. 이 조직에서 탈퇴한 한 인물은 세계반공연맹에 대해 "대체로 나치, 파시스트, 반유대주의자, 위조물품 판매자, 사악한 인종주의자, 부패한 이기주의자의 집합"이라고 묘사하기도 했다. 이 조직의 미국 지부 의장 존 싱글로브는 열렬한 극우파에 속하는 인물이었는데, 1970년대에 명령불복종을 이유로 지미 카터 대통령에 의해 해직당한 퇴역 장군이었다.

내가 알고 있는 한, 오래 됐거나 새로 생긴 단체들 중 실제로 파시스트를 이름에 사용한 단체는 한 곳도 없었다. 대체로는 미국에 한정되어 있긴 하지만 몇몇 단체가 '나치' 또는 '국가사회주의'라는 이름을 계속 사용했다. 이들 단체는 매우 작은 규모를 유지하면서 더 광범위한 영향을 끼치겠다는 어떤 기대도 없이 자신들의 환상을 계발하는 데 만족하는 소집단들이었다.

반유대주의가 파시즘의 의제로 매우 크게 남아 있었고 지금도 여전히 그러하지만, 그것은 위신을 잃었고 유럽에는 상대적으로 적은 수의 유대인만이 남아 있었으며, 나치의 학살 수용소에 대한 끔찍한 기억 때문에 유럽에서는 그리고 유대인 인구가 상당히 많은 미국에서조차[1] 더 이상 대중을 선동하는 데 초점이 되지 못했다. 증오의 대상은 이제 유대인에서 이민자로 대체됐다. 유럽과 미국 양쪽 모두 이민자가 크게 증가했다. 독일에는 터키와 유고슬라비아 출신의 '손님 노동자Gastarbeiter'로 불리는 이주노동자가, 프랑스에는 알제리인이, 영국에는 서인도제도와 파키스탄 및 인도에서 온 사람들이, 네덜란드에는 인도네시아 사람들이, 미국에는 라틴아메리카 사람들이 많았다. 그리고 그들은 증오의 대상이 됐다.

그러나 비공식적인 인종주의와, 그것을 의식적인 파시스트 활동으로 잇는 것은 별개의 문제였다. 1970년대 경제 불황이 끼친 영향으로 파시스트들은 인종주의와 물질적 불만이라는 두 사안을 보다 효과적으로 연결할 수 있게 됐다. 불황 때문에 이전에 없던 새로운 구성원들이 파시즘에 가담했다. 불만에 찬 노동계급의 실업자 청년은 (실업 상태에 있기 때문에 노동운동과 노동운동의 전통 및 공식적인 반인종주의 입장과도 접촉할 수 없게 됐으므로) 폭력적 통치를 찬양하는 파시즘을 흡수할 준비가 되어 있는 셈이었다.

유럽

파시스트 전통이 특정 지역들을 중심으로 여전히 강하게 남아 있을 뿐 아니라 1960년대에도 활발한 모습을 드러냈던 유럽은 파시스트 재성장의 주요한 축을 이루었다. 실제로 1973년에는 파시즘에 고취된 것으로 보이는 정권이 세 나라에 들어서 있었다. 하지만 이들 정권의 명칭은 모호했고 유럽의 다른 지역에서 진행되고 있던 상황과는 거의 아무런 관련도 없었다. 스페인의 정권은 이전에 공산주의와 프리메이슨으로부터 스페인을 구했다는 자부심에 기초하여 그 적법성을 계속 유지했으나 1970년대 초반에 이르러서는 비틀거리며 종말을 향해 다가갔다.

프랑코가 사망하고 나면 아마도 군주정이 복구되리라고 —어떠한 공식 발표도 없었지만— 이해되고 있었다. 그러나 프랑코 정권을 대체할 새로운 정권의 성격에 대해서는 어떠한 암시도 없었으며, 프랑코는 정권 내 강성 실력자인 해군 장군 루이스 카레로 블랑코를 후계자로 지명하여 미래의 군주를 통치하고 정권의 본질이 유지되도록 보장하게 했다. 적어도 1973년까지는 이것이 계획이었다. 하지만 그해에 바스크 분리주의 게릴라들이 프랑코의 분노를 폭발시키자 계획은 무너졌다. 프랑코는 당시에 노쇠하여 치매를 앓고 있었다. 팔랑헤당은 역사에서 지워졌지만, 1991년 소련공산당이 해체될 때보다 고통은 덜했다. 몇 년 뒤 프랑코의 옛 근위대원이 쿠데타를 시도했으나 한바탕 희극적 소동으로 쉽게 진압됐다. 포르투갈의 가짜 민주주의 정권은 프랑코가 죽기 몇 년 전에 좀 더 볼 만한 장관을 이루며 이미 전복됐다. 이로써 이베리아반도의 정세에서 중요한 요인이었던 극우 세력은 사라져버렸고 한동안 예측 가능한 미래에도 등장하지 않았다.

1967년 그리스의 대령들이 일으킨 쿠데타는 1940년대 반공 내전에 뿌리를 둔 극우 보수주의자들의 일화로 해석될 수 있겠다. 그들이 쿠데타를 일으킨 것은 자연스레 공산주의의 의도를 가지고 있다고 비난받고 있던 급진적 좌파 정부가 선출되는 것을 막기 위한 것이었지 (비슷한 계획들이 이탈리아에서도 준비되어 있었다), 구체적으로 파시스트적인 기획을 가지고 있었던 것은 아니며, 어떠한 의미 있는 파시스트 조직과도 연관되지 않았던 것이 확실하다. 그럼에도 이 쿠데타에는 명확히 파시스트적인 요소가 관여되어 있었다. 그리스 본토보다는, 그리스와 긴밀하게 연결되어 있으며 그리스어를 사용하는 키프로스공화국의 상황은 더욱 그러했다. 키프로스에서는 대중적 인기를 얻으며 단단하게 자리 잡은 공산주의 정당인 노동자진보정당AKEL(노동당이라고도 한다—옮긴이)이 대주교 마카리오스의 정부를 지지하고 있었다. 키프로스는 1950년 대영제국으로부터 분리됐는데, 이는 대체로 극우 민족주의 운동 조직인 에노시스Enosis의 게릴라 활동 덕분이었다. 에노시스는 원래 키프로스와 그리스를 통합하려는 목적을 가지고 있었지만, 영국은 자신들의 체면을 살리는 동시에, 그러한 통합에 열렬히 반대하는 터키어 사용 소수민족을 만족시키고자 독립할 것을 요구했다.

키프로스에 있던 파시스트들은 그리스의 군사정권에 영감을 얻고 이 섬이 '지중해의 쿠바'가 될 것을 두려워한 헨리 키신저의 인정을 받은 상태에서 저널리스트 니코스 샘슨의 주도 아래, 그동안의 소망이었던 그리스와의 재통일을 성취하고자 마카리오스 정부에 맞서 쿠데타를 감행했다. 하지만 계획은 며칠 만에 깨지고 말았다. 터키인 소수집단이 집중되어 있던 키프로스 북부에 터키 정부가 쳐들어와 그곳에 별도의 국가 수립을 선포했던 것이다. 쿠데타는 실패했다. 이제 그리스에서는 신뢰를 잃은 대령들의 정권도 무너져내렸고 그리스 우파는 내부의 더럽혀진 부분을 스스로 세탁해버렸다.

이탈리아

이 기간에 이탈리아는 유럽 대륙에서 가장 많은 파시스트가 있었던 곳이다. 앞에서 언급했던 이탈리아사회운동이 가장 두드러졌는데, 이들은 무솔리니의 당을 재건하려고 시도했다. 하지만 이들은 존경받을 만한 위신이 없었을 뿐 아니라, 스스로 정계의 주변부에 머물고자 했다. 이 당시에는 파시스트의 유산이 너무나 강력했던 탓에 이탈리아사회운동이 무언가를 달성하리라곤 상상조차 할 수 없었기 때문이다.

이와 동시에 훨씬 더 공격적인 다양한 파시스트들이 지하에서 활동하고 있었다. 이들 중 일부는 이탈리아사회운동과 비밀스러운 연결고리가 있었을 수도 있고 그렇지 않았을 수도 있다. 이들의 목표는 테러 전술, 즉 볼로냐 기차역에 폭탄을 폭파시킨 것과 같은[2] '긴장 전략'을 사용하여 국가를 동요시키고, 군대와 보안국 내부에 있는 동조자들의 지원을 받아 파시스트 정권이 들어설 수 있는 길을 예비하는 것이었다. 이러한 본질을 담고 있는 계획들이 실제로 존재했으며, 글라디오Gladio(양날 검劍이라는 이탈리아어—옮긴이)라고 불리는 비밀조직과도 연결되어 있었다. 이 조직은 (시테 카톨리크와도 관련이 있었으며) 냉전 동안 유럽의 다수 국가들, 특히 이탈리아에서 공산주의 정권이 —민주적이든 아니든— 수립되는 것을 군사 쿠데타로써 미리 막기 위해 서구 열강들에 의해 설립됐다. 만약 그러한 방식이 실패한다면 테러 수단들을 동원하려 했다.

> 어떠한 정치 게임으로부터도 멀리 떨어져 있는 민간인들, 민중, 여성들, 아이들, 무고한 사람들을 공격해야 했다. 이유는 무척 간단했다. … 대중들이 국가에 안전을 더 많이 요청하도록 강제하기 위해서다.[3]

미국 펜타곤의 『야전교범 FM 30-31B』에 따르면 위에 인용했듯이 "미군 정보국은 주재국의 정부와 여론에 반란의 위험이 현실임을 설득시키기 위한 특별 작전을 개시할 수단을 가지고 있어야 한다. … 특별 작전은 엄중히 비밀로 유지되어야 한다."[4] 모험적인 파시스트들이 이러한 지하 네트워크로 통합되는 데는 그리 오랜 시간이 걸리지 않았다.

특히 이탈리아 파시스트 국외자들은 공산주의와 고전 파시즘 사이에서 '제3의 위치'를 찾고자 하는 '제3의 대안주의'(1920년 독일 바이마르공화국에서 처음 나온 용어로 공산주의와 자본주의를 모두 반대하는 과격 민족주의 사상을 총칭하는 정치 운동 및 이론이다—옮긴이)와 연결되어 있었다. 1981년 이탈리아 네오파시스트 회의의 과정이 출간됐는데 그 제목이 '좌우를 넘어서Beyond Right and Left'였다. 로저 그리핀은 『파시즘*Facism*』에서 이것 역시 국제적 경향임을 열심히 강조하면서 영국과 독일의 표현들로부터 나온 자료를 게재했다. 그는 이탈리아어 초록에서 "유럽 문명의 신성한 신화적 뿌리들을 재발견하기"를 열망하며 신화적 인물들을 추구한다.

> **신화적 인물들**은 사회와 문화가 유기적 전체를 형성해온 지난 여러 세기를 관통하며 유럽 문명의 **무**無**시간적**atemporal **전형**으로서 숭고하게 작용했으며 … 세계의 신성함과 실존의 의례를 재발견함으로써 초자연적 공동체를 실제로 결속시키는 데 매우 적절한, 신성함의 표현들 속에서 신성神聖의 근원에 접근할 수 있는 길을 열어준다.[5]

이탈리아에서 실제로 일어나고 있던 일을 해석하는 것은 매우 복잡한 일이 됐다. 표면적으로는 좌익 테러 단체인 '붉은 여단Red Brigades'이 1970년대에 등장했기 때문이다. 이들은 조심스럽고 반혁명적인 정책들에 불만을 품고 공산주의에서 떨어져 나온 분파였다. 또한 이들은 유럽 민주주의국가들에 있는 가장 효과적인 테러리스트들이라는 것이 입증됐다. 고위직에 있는 다양한 인물들을 암살했으며, 마지막에는 총리까지 납치해서 살해했다. 그들이 사실은 극우파의 위장 단체이거나 아니면 적어도 비밀스레 정부 정보국의 지원을 받는 것이 아닐까 하는 의혹이 제기된 것은, 특히 공산주의자들이 그런 의심을 한 것은 자연스러운 일이었다. 이러한 주장이 사실인지 아닌지는 여전히 분명치 않지만, 개연성을 가늠해보면 사실이 아니었다는 쪽으로 기운다. 게다가 그들의 세계관은 19세기 말의 아나키스트들에 가까웠다.

이와 동시에 전시 레지스탕스의 명예훼손과 파시즘에 대한 지적인 세탁이 진행되고 있었다. (전시 레지스탕스는 특히 공산주의자들과 동일시됐다.) 이런 세탁 작업의 중심에는 역사학자 렌조 데 펠리체와 그의 학파가 있었다. 데 펠리체는 엄청나게 두꺼운 무솔리니 전기를 저술하려고 했으나, 완성하지 못한 채 사망했다. (대단히 난해한 문체로 쓰이긴 했지만) 이 전기에는 그의 학자적 박식함이 잘 드러나 있으며, 데 펠리체는 어떠한 파시스트 조직의 일원이 아니었음에도 무솔리니와 그의 정권을 회복시키려는 경향이 보였다.

독일

독일에서는 독일국가민주당이 1970년대에 이르러 상대적으로 별 의미 없는 정당으로 그 존재가 희미해져갔다. 그리고 나치 친위대의 퇴역 대원들이 만든 조직들과 동부 국경 지역에서 추방당한 이들의 극우 조직들 그리고 파시즘의 여타 잠재적 거점이 여전히 번성하고 있었음에도 이 시기에 상당한 존재감을 획득한 파시스트 단체는 한 곳도 없었다. 제3제국에 대한 기억뿐 아니라 일반적으로 우익 성향인 독일의 정치 상황이 이러한 운동 조직들의 활동 공간을 좁히는 데 일조했다. 독일에서 붉은 여단에 해당하는 테러 단체였던 적군파 Red Army Fraction(바더 마인호프Bader-Meinhof)는 극적인 암살 작전을 수행했음에도 더 넓은 지지 기반을 갖지 못했고 국가를 동요시키는 데까지는 가까이 가지도 못했다.

프랑스

프랑스에서는 상당히 다른 이야기가 전개되고 있었다. 1968년 대사건들의 결과에 대한 환멸이 일었고 1970년대 말에는 사회주의-공산주의 동맹이 형성됐으며 1981년 미테랑 정부에서는 공산주의자들이 장관으로 임명되었지만, 그동안에도 비시 정부의 전통은 계속해서 살아남았고 조직적인 면에서나 지적인 면에서 성장하는 파시스트 및 유사 파시스트 환경을 만들어냈다.

포스트모던 감수성의 전형적 대표자들 가운데 옛 마오주의자들이 다수를 이루고 있었음은 앞에서 지적한 바 있다. 그러나 이들 대부분이 공식적인 정치에서는 좌파에 남아 있었고 극우는 말할 것도 없이 우파로 전향하는 경우는 거의 없었다. (있었다 해도, 그럴 경우 포스트모더니즘을 포기한 것이었다.) 무솔리니에게 몰려간 이탈리아 아나키스트들과 생디칼리스트들[6]에 비할 것은 아무것도 없었다. 실질적인 파시스트 정당인 국민전선FN이 등장하게 된 원인들은 다른 데 있었다. 세계경제의 위기에 따른 경제적 불만과 1968년의 기억에서 오는 우려, 재등장한 좌파에 대한 공포가 바로 국민전선의 등장 배경이었다. 게다가 사회적 뿌리가 비시 정권과 세계대전 이전의 극우에 닿아 있으면서 여전히 민주공화국 전통과 화해하지 않은 채 남아 있는 자들도 그 배후에 있었다.

두 세계대전 사이에 프랑스 파시즘의 효율성을 저해했던 문제를 해결하는 데는 한 가지 요소가 더 필요했다. 옛 프랑스 파시즘에서는 카리스마 있는 단 한 명의 지도자가 없어서 지도자 자리에 도전하는 몇몇 경쟁자에 의해 조직이 분열되는 문제가 있었던 것이다. 이제 그러한 인물이 나타났다. 이전에 알제리의 '더러운 전쟁'에서 낙하산 부대원으로 근무했던 장마리 르 펜이라는 거칠고 소란스러운 인물이 등장한 것이다. 그는 태생적으로 분열 번식하는 운동 조직에 뛰어들어 협력을 이끌어내는 데 성공했다. 국민전선은 기존 파시스트 조직인 '신질서Ordre Nouveau'에 의해 설립된 의회 운동 조직으로부터 1972년에 설립됐다. 신질서는 그 초기 지도자들이 비시 정부와 비밀군사조직의 후예들로부터 나온 조직이었다. 이러한 국민전선이 선전한 것은 '본질적인 프랑스다움'이었다. 국민전선은 잔 다르크를 당의 상징으로 삼고 반反이민 선전 활동에 초점을 맞추었다. 그러고는 1960년대 중반부터 선거에서 성공을 거두기 시작했고 특히 프랑스공산당의 퇴조와 맞물려 프랑스 정치에서 영구적 존재로 자리매김했다.

이와는 별도로 지식인 조직이 동시에 활동하고 있었다. 국민전선보다는 파시스트 성격이 덜 노골적으로 드러나긴 했지만, 이들 역시 비슷한 방향을 향해 있었다. ('신철학자들'과 혼동하기 쉬우나 이 둘은 분리된 개별적 경향이다.) 극우의 새로운 버전으로 등장한 이 지식인 조직은 상당히 미디어에 자주 노출되면서, 프랑스어의 그리스와 발음이 같은 그레스GRECE(유럽 문명 연구 조사 단체)라는 머리글자 이름으로 잘 알려지게 됐다. 이 단체에서는 켈트십자가(켈트족 그리스도교인들이 사용한 십자가로, 십자가의 교차부 주위에 원을 둘렀다—옮긴이)를 로고로 사용하기도 했다. 이들이 다루는 핵심 주제는 유럽과 유럽 문명이 다른 어떤 문화보다 우월하다는 것이었다. 명시적으로 드러나지는 않았지만 이 단체가 드러내는 주장과 함의는 인종차별적 특성을 지니고 있었다.

그리핀이 유럽의 신新우파New Right에서 "이제까지 등장한 이데올로그 중에 가장 명망 있는 이데올로그"라고 묘사한 바 있는 (그리고 분명히 지적이기도 한) 이 단체의 주主대변인 알렝 드 브누아는 이렇게 말했다. "우리는 법을 신앙으로, 논리를 신화로 … 이성을 의지로, 개념을 심상으로, 유배를 가정으로 대체하길 원한다."[7]

드 브누아는 다음과 같이 기술하면서 흔한 파시스트 비유를 반복해 보여주고 있다.

> 자유주의와 마르크스주의는 상호 적대적이면서도 기본적으로는 같은 우주에 속해 있으며, 둘 모두 계몽주의 사상을 상속했다. … 거의 모든 측면에서, 자유주의는 집단 정체성과 전통 문화의 근절, 세계의 탈신비화, 생산 체계의 보편화와 같이 마르크스주의와 공유하고 있는 어떤 목표들을 효과적으로 실현했을 뿐이다.[8]

그는 '보편주의적 반인종주의'(즉 진짜 반인종주의—나쁜 것)와, 자신이 고수하는 '차별주의적 반인종주의'(즉 인종주의—좋은 것)를 구별함으로써 인종주의자라는 비난을 피해가고 있다. 그의 말에 따르면,

모든 문화와 민족은 그 나름으로 의미가 있지만 모두 똑같이 의미가 있는 것은 아니며, 각자의 유익有益을 위해 그들 사이에는 분리 정책이 실행되어야 한다. 이와 관련된 부분에는 '인종주의에 반대하며: 차이에 대한 권리를 지지하며'라는 이름이 실제로 붙어 있다. 페미니즘과 민주주의는 인종주의와 같은 방식으로 다루어지고 있다. 즉 그는 험프티 덤프티(『이상한 나라의 앨리스』에 나오는 달걀처럼 생긴 등장인물인데 특정 단어의 의미를 제멋대로 정해서 말한다—옮긴이)처럼 용어의 정의를 바꿈으로써 그 둘을 모두 지지하고 있다고 주장하지만, 실제로는 공격하고 있다.[9]

그레스에 영향을 준 주요 사상가들 중에는 니체와 에볼라가 있다. 그러므로 그레스에서는 자연스레 유대그리스도교 문화를 노예들과 약골들에게나 들어맞는 것이라며 무시한다. 브누아는 이교 신앙에 (또는 이교 신앙의 현대적 개념에) 관심을 쏟고 있다. (그렇다고 그가 고전적 이교 신앙에 고유하게 내재된 동물 희생을 옹호했던 것처럼 보이지는 않는다.) 국제 파시즘 조직들 중에는 이러한 종류의 일을 심각하게 여기고, 에볼라와 같이 기이한 이데올로기적 신비주의 영역에 몰두하거나 그보다 더 나아간 분파들도 있다. 특히 네오나치 록밴드들이 그러한데, 이들은 특히 영국에서 국제 파시스트 주변부의 특징적 존재가 되어왔다.

> 나치 사탄주의자들의 새로운 연맹으로 생각되는 블랙 오더(반그리스도교 조직인 사탄교회의 내부 조직 중 하나—옮긴이)가 최근 남긴 진술은 유럽의 정치적·종교적 각성을 (목표로 하면서) … 문화적 투쟁을 크게 강조하고, 이러한 분석을 제공한다. "유럽의 영혼을 위한

전투에서 가장 중요한 요소들 중 하나는 음악이다. 메탈, 스킨, 인더스트리얼 장르들은 모두 중요한 역할을 하고 있다."[10]

근본주의 프로테스탄트 신자들과 근본주의 가톨릭 신자들 그리고 사탄주의자들이 모두 다 함께 파시즘을 하나의 정치적 이데올로기로 채택할 수 있다라는 생각은 무척 흥미롭다. 정치 활동가들과 구분되는 신우파의 태도는 이런 형태의 정치 운동이 성공하리라는 희망을 가지려면 그 이전에 문화적 반혁명이 반드시 필요하다는 것이다. 그리핀이 표현한 대로 "'우익 그람시주의'의 주제는 '정치철학적인' 문화적 변화가 정치적 변화의 전제 조건이라는 것(이었다)."[11] 어떤 경우에는, 그람시의 정치학은 아니더라도 그의 방법론에 진 빚이 명백히 드러났다. 그리핀은 독일에서 드 브누아에 해당하는 인물인 피에르 크레브스를 아래와 같이 인용하고 있다.

이탈리아의 마르크스주의자 안토니오 그람시는 국가가 정치기구political apparatus에만 한정되지 않음을 최초로 이해한 인물이다. … 다시 말하자면 각각의 정치기구는 시민들의 동의, 대중들의 심리적 지원에 의해 강화된다. … 그러므로 정치권력은 존재하기 위해 대중들 안에 분산되어 있는 문화 권력에 의존한다.[12]

영국

영국에서는, 보다 정확하게 잉글랜드에서는[13] 1970년대에 다시 파시즘이 뉴스거리가 됐다. 영국에서도 프랑스와 마찬가지로 경제적 고통, 이주민, 호전적이고 일시적으로만 성공을 거둔 노동운동이 문제가 됐다. 파시스트 반동을 구현한 조직이 프랑스의 국민전선과 같은 이름을 달고 등장했지만 그만큼 성공을 거두지는 못 했다. 영국의 국민전선은 1967년 명백한 네오나치들, 즉 콜린 조던의 국민사회주의운동과 (콜린 조던은 당시 개인적으로 신임을 잃었다) 다른 인종차별적 파시스트 관련 조직들과 개인들이 결합하여 형성했다. 초기에 이 조직을 이끈 것은 제국지지자연맹의 창립자이자 모슬리의 옛 부관이었던 A. K. 체스터턴이었다. 당시 그가 한 주된 활동은 앞서 언급한 바 있는 증오 편향 소식지 『캔더』를 발행하는 것이었다. 체스터턴은 잠시 동안만 지도자 자리에 머물렀고, 이전에 콜린 조던의 부관이었던 존 틴덜으로 교체됐다. 국민전선은 지지자들을 끌어들였고, 특히 지지자들의 폭력 행위와 관련해서 무척 유명해지기까지 했지만, 이후에 보다 효과적인 영국국민당BNP이 등장할 수 있는 기반을 마련한 것 말고는 중요한 성공을 거두지 못했다. 틴덜은 카리스마 없는 지도자라는 것이 입증됐어도 분파적 술책과 자금 관리에 관한 전문적인 능력을 발휘해 지도자 자리를 유지했다. 더 이상 그럴 수 없게 됐을 때는 조직을 쪼개서 자기자신의 경쟁 파시스트 단체를 만들었다. 악의적인 분파 투쟁이 들불처럼 번졌고, 이는 조직에 커다란 약점으로 작용했다. 결국 좌파 쪽에서 호전적으로 대항해오고, 덜 헌신적이었던 추종자들이 마거릿 대처 시대에 우세해진 우익 보수주의에 끌리게 되면서 1980년대 영국국민당은 상당 부분 소멸했다.

라틴아메리카와 프렌치 커넥션

아마도 1973년 이후 시대에 가장 성공한 파시스트 집단, 보다 정확히 말하자면 가장 성공적인 네트워크는 전적으로 전통주의적이었으며, 영어 사용 세계에서는 잘 알려지지 않은 시테 카톨리크였다. (이 맥락에서 시테Cité(일반적으로는 영어의 city 즉 도시에 해당하는 프랑스어—옮긴이)가 의미하는 것은 성채城砦(citadel)였다.) 이 책의 제10장에서 논의했던 대로, 시테 카톨리크는 모라스와 비시 정부에 뿌리를 두고 있었고, 1946년 악시옹 프랑세즈의 파생물로 장 우세가 창립했다. 오라시오 베르비트스키(아르헨티나의 좌파 저널리스트—옮긴이)의 말을 빌리자면 "시테 카톨리크는 토미즘(토마스 아퀴나스를 계승하는 형이상학적 철학 사조—옮긴이)의 교조주의를 통해 정당화된 반혁명적 전쟁과 고문의 교의를 가져왔다." 그리핀이 이 조직을 논하고 있지 않는데도, 이러한 교리는 분명히 파시스트 성격을 갖고 있으며 분명히 재생palingenesis의 한 형태를 구체화한 것이었다. 시테 카톨리크는 공식적인 제휴 관계는 아니었지만 이후에 마르셀 르페브르의 성비오10세회와도 긴밀한 관계를 발전시켜 나갔다.

이 조직의 역할이 알려진 것은 대체로 오라시오 베르비트스키의 활동 덕분이다. 수상 경력이 있는 아르헨티나의 저널리스트인 베르비트스키는 남아메리카의 '더러운 전쟁Guerra Sucia'(호르헤 비델라 대통령 집권 시절 아르헨티나에서 1976년에서 1983년까지 군사정권이 테러, 조직적인 고문, 강제 실종, 정보 조작을 자행한 시기—옮긴이)에서 지몬 비젠탈(오스트리아 출신이며 나치의 유대인 학살 범죄 연구가로 많은 전범을 추적해 찾아낸 것으로 유명하다—옮긴이) 같은 존재로 여겨지는 인물이다.

우세는 자신의 책 『마르크스레닌주의』에서 오직 "깊은 신앙과 성부聖父께 무한한 순종 그리고 교회의 교리에 대한 완전한 지식을 통해서만 이 적(공산주의)에 맞서 성공적으로 싸울 수 있다"고 기술했다.

시테 카톨리크의 회원인 샤를 라슈루아는 프랑스의 식민지 군대가 1954년 인도차이나에서 패배한 이데올로기적 원인들과 기술적 원인들을 처음으로 숙고한 인물이었다. 또 다른 회원인 로제 트랭키에는 『현대 전쟁*Mordern Warfare*』에서 고문 사용법을 이론화했는데, 이 책은 그 추종자들의 바이블이 됐다.

우세가 모아들인 신입 회원들 중에는 심리전 분야의 주요 전문가인 장 가르드 대령도 있었다. 두 사람 사이에서 전복subversion이라는 새로운 개념이 발전됐다. 이 개념은 변화무쌍한 본질적 원수에 관한 생각인데, 이 원수는 그 행동에 의해 정의되기보다는, 그리스도교 질서, 자연법 또는 창조주의 계획을 전복시키려고 하는 세력으로 간주된다. 이러한 이유에서 우세는 "혁명 기구는 정치적이기 전에 이데올로기적이며, 군사적이기 전에 정치적이다"라고 기술했다. 이것이 그가 정의 내리고자 했던 넓은 범위의 적들에 대해 설명해준다.[14]

그 결과 시테 카톨리크는 알제리의 반동적 군대와 비밀군사조직 사이에서 확고히 자리 잡게 됐다. 이 두 조직은 드골이 알제리에 독립을 양해해줄 것을 분명히 하자 프랑스의 지배를 유지하고 드골을 살해하려고 전쟁 말기에 설립했던 것들이다. 그전에 이미 1958년에도 우세는 시테 카톨리크를 다른 나라들, 특히 아르헨티나로 확장하고 있었다. 그리고 비밀군사조직이 붕괴된 뒤에는 남아 있던 몇몇 조직원이 결국 마드리드를 통한 샛길로 시테 카톨리크에 들어왔다. 그들 중에는 비밀군사조직의 군종 사제였던 조르주 그라세도 포함되어 있었다. 한 조직원은 그라세에 대해 "진정한 군인-수도승이자 맹렬한 반공주의자로서 비밀군사조직의 영적 안내자가 됐다"고 묘사했다.[15]

부에노스아이레스의 대주교이자 추기경인 안토니오 카지아노와 그의 보좌 주교 에밀리오 그라셀리의 지원 아래 그들은 아르헨티나 군대, 특히 해군에 있던 구성원들과 함께 그들의 고문 기술과 그에 수반되는 이데올로기를 가르쳤다. 그리고 이 고문 기술과 이데올로기는 이웃 나라인 칠레, 우루과이, 파라과이로 만족스레 이전됐다. 우세의 책이 스페인어로 번역되어 나올 때 카지아노는 그 머리말을 써주면서 다음과 같이 적었다.

> 마르크스주의는 "그리스도와 그분의 교회에 대한 부정에서 태어나며, 혁명에 의해 실천된다"(라고 그는 썼다.) 그는 우세의 책이 "죽기까지 싸우는 싸움"을 위한 훈련 도구라고 단언했다. "이에 맞서 저항하고 있는 서방세계와 아메리카와 아시아의 모든 민족은 희생자로 몰락할 무겁고 긴박한 위험에 놓여 있다."[16]

고등군사학교에서 공식 강의가 시작됐을 때 강의를 맡은 강사들 중에는 프랑스 비밀군사조직OAS 출신의 망명자들과 카지아노가 선택한 사제들이 포함되어 있었다.

> 강의가 시작됐을 때 고등군사학교의 학장은 우리가 '내부 전투'라고 부를 수 있는, "수단이나 양심의 가책이나 윤리적 원칙들에 대한

염려 없이" 싸울 수 있는 새로운 전투를 다룰 것이라고 설명했다.

> 이 전쟁에는 경계가 없다. 민중 선동, 부도덕성, 모든 종류의 악덕과 줄어든 열정 그리고 '혼란과 모순'을 창출하기 위해 '변증법적인 공산주의 행동을 통하여' 사용되는 모든 것이 우리의 적이다.[17]

이런 일이 벌어진 것은 1960년대였다. 그리고 그 열매가 수확된 것은 '콘도르 작전'이 실행된 그다음 10년 동안이었다. '콘도르 작전'은 남아메리카의 거의 모든 국가를 대상으로 하는 '반反전복적' 프로그램으로 미국 중앙정보국과, 헨리 키신저 휘하의 국무부로부터 전적인 지원을 받았으며, 이탈리아는 물론 프랑스와 스페인에 있던 이탈리아 파시스트 및 국가 비밀요원들을 통해 유럽으로 확장됐다.

고문과 살인은 이들이 선택할 수 있는 무기였다. 정확한 수치는 알려지지 않았지만, 이들은 적어도 6만 건의 살인을 저질렀다. 희생자들 중에는 군사 독재국가들의 시민들만이 아니라 외국인들도 있었으며, 진보적 사제들과 수녀 두 명을 포함하여 좌익 활동에 참여한 이들은 물론 그렇지 않은 이들도 포함됐다. 가장 눈에 띄는 희생자로는 망명 중이던 칠레의 충성스러운 장군 카를로스 프라츠와 역시 망명 중이던 전직 외교부 장관 올란도 레텔리에가 있었다. 레텔리에는 심지어 워싱턴 D. C.에서 암살당했다. 멕시코와 아르헨티나에 있던 쿠바 대사 두 사람 모두 테러의 표적이 됐으나 다행히 테러가 성공하지는 못했다. 그러나 부에노스아이레스에 있던 쿠바 외교관 두 명은 납치되어 고문당하다 살해됐다. 미국 상원 의원이며 이후 뉴욕 시장이 되는 에드워드 코치조차 암살 위협에 시달렸는데, 이는 우루과이의 강력계 경찰들에 대한 미국의 원조를 차단하려는 시도였다. 인도네시아에서도 1965년에 같은 일들이 벌어지지만 결과는 덜 성공적이었다.

라틴아메리카의 정치는 놀라울 정도로 다양하고 복잡했다. 그러나 라틴아메리카를 구성하고 있는 국가들은 어떤 공통된 특징을 가지고 있었다. 그중에서도 극적인 부의 양극화가 가장 뚜렷한 특징이었다. 각 나라마다 중산층의 인구 규모나 풍족한 정도는 달랐으나, 극소수의 부유층이 엄청난 부를 소유하고 있는 반면, 절망적으로 가난한 거대 빈곤층이 도시의 빈곤 지역이나 도시를 둘러싸고 악취를 풍기며 확장 중인 슬럼에 살고 있었다. 모든 나라가 채소와 광물 같은 1차 생산물에 의존하고 있었고, 정도의 차이는 있었지만 쿠바를 제외하곤 모두 미국에 종속되어 있었다.

1960년대 라틴아메리카에는 명백히 드러나는 파시스트 운동 조직들이 거의 없었다. 아르헨티나에서 강한 영향력을 갖고 있던 페론주의자들은 종종 파시스트 범주에 묶이곤 하지만 정말로 그렇지는 않았다. 아르헨티나는 나치 전범들이 선호하는 망명지들 중 하나였었다. 특히 이 망명자들이 만든 나치 운동 조직은 실제로 존재했지만 규모가 작고 중요하지도 않았다.

현실에서는 반항적인 노동계급을 통제하고, 공산주의자들을 제거하며, 불평등한 사회질서를 보존할 파시스트 조직에 대한 요구가 조금 일기도 했다. 일반적으로 군대는, 보다 정확히 말하자면 장교 엘리트들은 미국에서 훈련받는 일이 잦았으며,[18] 가족, 조국, 종교—그리고 반공—의 슬로건 아래 극우파의 역할을 수행했다. 콜롬비아, 베네수엘라, 브라질, 우루과이, 칠레, 아르헨티나의 상황이 모두 이러했다. 칠레에서는 1973년 군사 쿠데타가 일어났고, 아르헨티나에서는 페론주의 조직이 둘로 쪼개지면서 우익과 장군들이 이전에 시테 카톨리크의 격려 속에 배웠던 기술들을 콘도르 작전에 실행할 수 있었다. 아르헨티나에서는 더러운 전쟁들 중에서도 가장 더러운 전쟁이 벌어졌다. 결국 1982년 마거릿 대처가 포클랜드를 다시 침공했을 때 이를 막아내지 못한 장군들이 실각하고 나서야 더러운 전쟁이 멎을 수 있었다.

미국

1970년대 위기 상황으로부터 새로운 활기를 얻은 미국의 파시스트 현상은 놀라울 정도로 다양하고 여러 갈래로 나뉜 복합체를 이루고 있었다. 여기에는 종교적이든 비종교적이든 모든 관점의 스펙트럼이 망라됐으며, 감옥의 폭력단들까지도 포함됐다. 『서치라이트 *Searchlight*』라는 저널에서 사용한, "독실한 반유대주의자, 홀로코스트를 부인하는 사람, 구식 파시스트, 백인 민족주의자, 신앙에 근거한 제3의 대안 주창자, 반민주적 성직자가 득실거리는 글로벌 네트워크"[19]라는 표현은 (다른 맥락에서 사용된 것이긴 하지만) 이런 상황을 잘 요약하고 있다.

여기서는 간략한 개요만 살펴볼 수 있을 텐데, 그 개요 또한 피상적이고 불충분한 것일 수밖에 없다. 누구든 충분히 강력한 정신을 지닌 사람이라면 손쉽게 인터넷을 통해 관련 자료를 검색해볼 수 있을 것이다.

미국에서는 파시즘이 창궐하고 있긴 했지만, 1981년 계속된 레이건 정부의 특성과 이 정부가 소련과의 관계에서 거둔 성공은 우익의 입맛을 만족시키기에 충분했다. 물론 타협 불가능한 이들도 있었다. 미국나치당을 계승한 이들은 계속 존재하고 있었다. 존버치협회를 비롯하여 그와 동등하거나 혹은 그보다 훨씬 더 주변적인 조직들의 무리가 존재해왔던 것이다. 이들 중에는 미국이 악의 세력에 의해 괴멸될 시점에 이르렀다고 하는 피해망상적 생존주의자들도 있었다. 그래서 그들은 광야에 나가 은신처를 차리고는 생존 기술을 익히면서, 때가 오면 점령자들을 게릴라 전술로 공격하기 위해 무기 사용법을 훈련하기도 했다.

민권운동이 성공한 뒤에 백인우월주의자들이 느낀 쓰라림은 매우 큰 저수지를 이루며 미국 문화, 특히 딕시라고 부르는 남부 여러 주에 그대로 남아 있었다. 이러한 현실이 파시스트와 네오파시스트 그리고 나치 조직들을 키우는 양분이 됐다. 그리고 윌리스 카토라는 자가 마치 1945년 이후 미국 파시즘의 대부代父와도 같이 떠올랐다. 반명예훼손연맹反名譽毁損聯盟(Anti Defamation League. 반유대주의에 저항하기 위해 만든 유대인 비정부기구—옮긴이)에서는 그에 대해 다음과 같이 묘사했다.

> 지난 50년 동안 미국에서 가장 영향력 있는 반유대주의 선동자들 중 하나. 1950년대 초 샌프란시스코에서 우익 조직자로 등장한 이래 신나치주의에서 민병대에 이르기까지, 분리주의에서 홀로코스트 부정에 이르기까지 거의 모든 극우 운동과 연관되어왔다. 은둔 생활을 하는 것으로 알려져 있지만, 무대 뒤에서 극심한 편견에 가득 차서 복잡한 조직망을 설립하고 감독해왔다. … 가장 잘 알려진 것이 리버

티 로비Liberty Lobby(2001년 파산했다—옮긴이)였다.[20]

광적인 반유대주의자인 카토는 프랜시스 파커 요키라는 인물과 그의 저술들에 영향을 받았다. 요키가 쓴 대작 『절대 주권: 역사와 정치의 철학*Imperium: The Philosophy of History and Politics*』은 아르투어 로젠베르크의 『20세기의 신화*Der Mythus des 20. Jahrhunderts*』와 친연성이 있으며, '제2차 세계대전의 영웅', 즉 히틀러에게 헌정된 것이었다. 카토는 다음과 같이 썼다.

> 히틀러의 패배는 유럽의 패배였으며 또한 미국의 패배였다. 우리는 어쩌면 그토록 눈이 멀 수 있었을까? … 모든 초인적 능력과 악마적 재주를 가지고 민족들을 영원히 해체하고 파괴하려 한 사탄이 할 수 있었던 최선은 유대인을 만들어낸 것이었다.

리버티 로비는 1958년에 설립되어, 1970년에는 확실히 영향력 있는 단체가 됐다. 카토는 계속해서 스포트라이트를 피하면서, 이 단체가 주류 우익 보수주의 로비 단체인 듯 보이게 하려고 노력했다. 1970년대 초까지 이 단체는 라디오 토크쇼인 「콩그레스Congress」에서 10여 명의 지지자를 확보했으며 그 10년 동안에 타블로이드 신문 『스포트라이트*The Spotlight*』를 발간해서 크게 성공했는데, 1980년에는 주당 판매 부수가 30만 부에 달했다. 1979년 카토는 홀로코스트를 부정하는 것으로 악명 높은 역사검증연구소Institute for Historical Review의 실제적 창립자가 됐다.

1978년 『터너 다이어리*The Turner Diaries*』라는 사이코패스 판타지 소설이 출간됐다. 나치 스타일의 조직이 테러를 통해 미국을 접수하여 아프리카계 미국인, 유대인, 히스패닉, '인종 배신자' 모두를 몰살하고, 정부 권력을 잡자마자 지구 전역에서 '비非아리안'을 전멸시킨다는 내용이었다. '화이트 파워'라는 슬로건과 함께 이 책은 미국의 모든 파시스트에게 고귀한 문화유산으로 남게 됐다. 책을 쓴 저자는 조지 링컨 록웰의 동료였던 윌리엄 루서 피어스였다. 그는 더 나아가서 국가동맹National Alliance을 창립했다. 비록 규모는 작았지만 이 단체는 이런 조직들 중에 가장 규율이 잘 잡혀 있고 대중에게도 가장 잘 알려졌다고 한다.

미국 파시스트들이 힘을 한데 모을 수 있었더라면, 중요한 정치 세력이 될 수도 있었을 것이다. 그러나 모든 파시스트 조직은 분열하는 본성 때문에 어려움을 겪었고, 셀 수 없이 많은 히틀러가 등장해서 경쟁했다. 카토는 싸움을 잘 벌이는 것으로 악명이 높았기 때문에 자신의 모든 프로젝트에서 멀리 떨어져 있었다. 미국 파시스트 조직들에서는 깊이 배어 있는 개인주의와, 미국 우파의 고질병인 국가 정부에 대한 증오가 추가적인 어려움이 됐다. 파시스트 단체들 중 하나인 시민주권운동에서는 어떤 형태의 정부나 집단성에 원칙적으로 반대하기까지 했다.

이 단체들 중 아마도 가장 성공한 것은 보수시민위원회였다. 백인우월주의와 인종분리주의를 추구하는 이 단체는 1950년대와 1960년대에 있었던 백인시민위원회에서 비롯된 것으로, 극우들이 지닌 보통의 인습들을 그대로 가지고서 복지 수혜자, 페미니스트, 동성애자, 총기 규제 지지자 등을 겨냥했다. 보수시민위원회는 미국 파시즘의 '존중받을 만한' 얼굴을 대표했으며 다양한 우익 정치인들로부터 인정과 지지를 끌어내는 데 성공했다. 그 정치인들 중에는 국가적으로 선출된 대표자들도 포함되어 있었지만 대부분이 남부 출신이었다.

어둠의 세력들이 미국과 아메리칸 드림을 파괴하려 한다는 음모 이론은 미국의 유사 파시스트 극우 세력들이 즐기는 이야깃거리였다. 그들은 보통 이런 음모가 빌더버그그룹(1954년부터 미국과 유럽의 정계와 재계의 엘리트들과 언론계 인사들이 모여 개최하는 연례 회의—옮긴이)이나 일·미·유럽 삼자위원회(데이비드 록펠러가 1973년 미국, 일본, 유럽의 상호 협력과 발전을 위해 설립한 민간단체—옮긴이), 또는 프리메이슨과 같은 (심지어는 예일대학 남학생 단체인 스컬 앤 본스Skull and Bones까지 포함하는) 사악한 대행 기관들을 통해 수행된다고 추측했다. 그리고 시대나 취향에 따라 이 대행 기관들에 명령을 내리는 것은 소련이라고도 했다가 국제연합이라고도 했다. 하지만 결국 이 모든 음모가 추구하는 목표는 미국을 사악한 신세계질서에 복속시키려는 것이었다. 가장 피해망상이 심한 이들은 신세계질서가 유대인들에 의해 조종되고 있으며 이미 존재하고 있다고 믿었다.

> 세계적인 음모가 진행되고 있다. 이를 지휘하는 자들은 극도로 강력한 힘과 영향력을 지닌 한 무리의 (적어도 최고위층에 있는 자들은) **유전적으로 연결된 개인들**이다. 여기에는 세계 최고의 부자들과 최고의 정치 지도자들, 기업 엘리트들뿐 아니라, (영국 왕실이 지배하는) 이른바 유럽의 검은 귀족Black Nobility(원래는 교황으로부터 작위를 받은 모든 귀족을 이르는 말—옮긴이)도 포함된다. 이들의 목표는 (파시스트적인) 단일 세계 정부를 창출하는 것이다. 이 정부에는 민족과 지역의 경계가 없으며, 다만 그들이 세운 의제를 따른다. 그들의

의도는 지구상의 모든 인류에게 완전하고 총체적인 통제권을 발휘하는 것이다. 그리고 세계 인구를 55억 명까지 극적으로 감소시키는 것이다.[21]

이런 보석 같은 글의 저자는 켄 아다치(일본계 캐나다인 저술가, 문학평론가—옮긴이)인데, 당연하게도 경쟁자 음모 이론가로부터 신세계 질서의 요원일 거라는 혐의를 받았다.

소련과 아시아

소련은 파시스트의 존재를 기대하기 가장 어려운 곳이었다. 하지만 소련의 마지막 몇 년 동안 경제와 사회의 틀이 흐트러지면서 파시스트 무리가 생겨났다. 모스크바의 10대 청소년들이 극장에서 전쟁 영화가 상영되는 중에 나치의 탱크들을 향해 환호했다는 보도가 있었다. 차르 시절에 있던 반유대주의는 물론 절대 사멸하지 않았으며 스탈린 정권 시절에도 가끔씩 분출되곤 했었다. 반유대주의는 러시아에서 암류로 계속 존재했으며, 1989년 이후부터는 줄곧 밖으로 표출되어왔다.

이런 일이 일어난 것은 팜야트Pamyat 조직을 통해서였다. 팜야트라는 단어는 '기억'을 의미하는데, 이 조직은 원래 전쟁 기념비들을 돌보기 위해 설립된 것이었다. 그러나 이 조직은 금세 악의에 찬 반유대주의자들의 손에 넘어가서 작가연맹과 같은 문화 기관들을 '숙청'하려고 했다. 이들은 작가들의 모임을 망치고, 유대인 작가들을 공격하며, 그들을 건물 밖으로 내던지기까지 했다. 이런 행위가 가능했던 것은 국가의 권위가 무너져내린 상황에서, 고위층 인사들, 특히 국가보안위원회KGB의 비호가 있었기 때문이다.

1973년 이후 파시즘은 앞에서 살펴보았듯이 세계에서 유럽인들이 거주하거나 유럽인 후손들이 지배하고 있는 지역들에 집중됐다. 하지만 그 지역들에만 한정된 것은 절대 아니었다. 민족주의-보수주의 정당인 인도국민당BJP의 부상과 이 정당의 배타적인 '힌두트바Hindutva'(힌두 민족주의를 내세운 인도의 정치 운동—옮긴이) 이데올로기는 인도 대륙에 등장한 파시즘으로 간주됐다. 그리고 이 정당에 연결되어 있으면서 정당을 둘러싸고 반半그림자를 그리고 있는 여타 단체 역시 그 특성상 파시스트가 아닌 다른 것으로는 묘사하기 어렵다.[22] 이 단체들은 물론 인도국민당의 극단적 민족주의 이데올로기를 공유하고 있었지만 준準군사적 분대를 형성하여 엄격한 교련 교육을 시키고 무술을 연마하며 적대 세력에 폭력적 공격을 가하는 한편 힌두교도들을 부추겨 무슬림을 학살하도록 하는 등 파시스트적 입장도 드러냈다. 역사적으로 유비해보자면 그들은 인도 우파의 자유군단이었다.

일본에서도 파시즘은, 또는 그에 상응하는 것은 죽어 없어지지 않았다. 자민당에 의해 우파가 지배하는 일본 정치 상황에서 극우 정치에 남겨진 공간은 그리 많지 않았다. 그래서 파시스트 성향의 집단들은 경쟁 정당보다는 협회와 압력단체의 형태를 취했다. 그들은 특히 두 가지 목적을 추구했는데, 첫째는 일본의 군사 활동에 제약을 가하는 헌법 조항을 제거하여, 일본 자위대를 육군, 해군, 공군으로 이루어진 정규군으로 전환하고 (그 자체만으로도 이미 가공할 국가

기구였지만) 태평양 전역으로 군사 세력을 확장할 수 있도록 하며, 핵무기를 보유하는 것이었다.

두 번째 주요 목적은 1931년 이후 중국에서 벌인 제국주의 캠페인과 태평양전쟁 동안에 있었던 일본의 군사 기록을 세탁하는 것, 이 기간에 일본이 저지른 대량 학살을 부인하는 것 그리고 감히 그러한 문제들을 언급하고 있는 학교 교과서를 제거하는 것이었다. 게다가 이들은 극도의 천황제 옹호자들로 천황이 이전과 같이 신적 지위를 회복하여 사회를 탈민주화하고 재무장시킬 것을 바랐다. 간단히 말해 이들은 과거에 대한 향수에 빠져 제국주의적 과거의 위대한 나날을 재창출하고자 하며, 일본 문화에서 여전히 지속되고 있는 인종주의와 우월주의 경향들에 호소하고 있었다.

평가

20세기에 파시즘은 널리 분산된 정치형태가 됐으며, 20세기 말에도 여전히 그러했다. 파시즘은 처음부터 위기에 의해 발생한 이데올로기였으며 1973년 이후에 달라진 점은 없었다. 상대적으로 빈사 상태에 있던 정치형태를 회생시킨 것은 바로 새로 닥친 위기의 충격이었다. 이 책에서 다룬 파시스트 조직들은 일치하는 점이 더 많긴 하지만, 그들 사이에 상당한 차이점들이 있다. 이러한 차이가 생기는 원인은 다양한 지도자나 지도자가 되려는 이들의 자아가 다르기 때문이고, 개별 정당이나 단체가 논쟁 끝에, 특히 국제적 연결 관계들을 형성하는 과정에서 분열됐기 때문이기도 하다.

파시즘의 공통 특징들은 1920년대 이래로 크게 변하지 않았다. 반공은 여전히 지배적인 주제로 남아 있었으며, 1980년대까지도 파시스트들은 공산주의의 노후 현상을 인정하지 않으려 했다. 심지어 어떤 경우에는 소비에트 블록과 소련이 1989년과 1991년에 실제로 붕괴했다는 사실조차 인정하기를 꺼렸다. 그들은 이것조차 속임수라고 생각했던 것이다.

반공주의에 더하여, 민주주의의 규범들에 대한 경멸도 또 하나의 공통 특징이다. 민주주의의 규범들은 파시즘에는 아예 존재하지도 않지만, 그들은 이러한 사실을 숨기지도 않고 부끄러워하지도 않았다. 하나의 공공 의사 결정 방식으로서 민주주의 그 자체를 거부한 것이다. 총통전권주의Führerprinzip만이 계속 살아남았다. 결국 후기 파시스트들은 두 세계대전 사이의 파시스트들이 남긴 유산에 계속해서 집착했다. 비록 자신들의 위신을 위해서는 이러한 유산을 폄하하는 일도 잦았고, 때로는 이것이 구시대적이라고 생각하는 조직 내부의 추종자들 일부도 의문을 제기하긴 했지만 그 유산이 현실에서 실제로 사라지는 일은 절대 없었다.

제15장

1991년 이후

1991년 12월 소련은 마침내 막을 내렸다. 그리고 이전에 공산주의의 원칙들을 고수했던 거의 모든 국가는 이제 그 원칙들을 포기했다. 같은 해에 미국과 그 종속 국가들이 이라크에 군사 공격을 가함으로써 '신세계질서'의 윤곽이 드러났다. 그들은 사담 후세인 정권의 국제법 위반을 응징하겠다고 했으나, 사실 다른 여건에서였다면 그건 묵과됐을 일이었다. 무엇보다도 중동 지역에서 이웃 나라를 공격하여 그 영토를 점령하고, 대량 살상용 무기를 보유하거나 보유하기를 원하고, 국제연합의 결정을 무시하고 잔인하게 소수민족을 진압한 나라는 이라크만 있는 것이 아니었다.

롤러코스터처럼 요동치는 경기 변화는 멈출 줄을 몰랐다. 이 문제는 1992년 유럽 환율 체제 위기에서 잘 드러났다. 이 위기의 여파로 새로 선출된 보수당 정부의 신뢰도가 땅에 떨어졌다. 1990년대 후반에 동아시아의 주식시장은 거의 붕괴됐다. 그리고 결국에는 서브프라임 대출 위기가 2007년 미국과 영국에서 시작되어 이듬해 세계적인 금융 위기를 불러왔다.

그럼에도 1990년대 초 세계경제는 불안정한 평형상태(또는 안정적인 불안정 상태)라는 상황에 수렴됐다. 세계적 규모로 부의 양극화가 심화됐으며, 복리 후생은 삭감되고, 어디에서나 노동자들이 놓인 여건은 가혹해지고 취업 전망은 줄어들었다. 발전된 세계에서 점차 증가하는 추세는 노동인구에서 천천히 늘고 있는 소득을 보다 쉬운 신용거래와 부채로 대체하는 것이었다. 이것이 바로 2008년의 재앙을 불러온 주요 원인이었다.

자본주의 환경에서 (전 세계가 이제 —상당한 예외가 있긴 하지만— 자본주의 환경이었다) 시장화의 기회들은 특히 중국의 경우에, 어마어마한 전 세계적 성장 동력이 됐다. 1992년 이후 성장은 가속화됐으며, 그때부터 경기후퇴는 끝났다고 선언됐다. 세계화 현상은 한편으로는 16세기부터 존재해왔고[1] 그 이후로 꾸준히 그 영역을 확장해왔다고 말할 수도 있겠지만, 1990년대 들어 확실히 새로운 국면에 접어들었으며 자본, 자산, 재화 그리고 —그 정도가 떨어지긴 하지만— 노동의 이동에서 전례 없는 유동성이 확보됐다.

세계경제와 이데올로기는 이러한 경향들을 반영했다. 미국에게는 더 이상 위험한 경쟁자가 존재하지 않았다. 다른 나라들이 가장 많이 열망한 것은 자국의 사회질서나 정치체제 또는 문화를 보호하는 것이었다. (하지만 이것조차 매우 어려워서 가장 강력한 나라들만이 성취할 수 있었다.) 보수적으로 굴절된 자유주의는 진정한 승리를 구가했다. 세계 전역의 정부들은 부득이하게 이러저러한 신자유주의 경제정책들을 채택했다. 만약 정부에서 그런 정책을 채택하길 꺼려할 경우 국제경제기구들로부터 심한 재촉을 당해야 했다. 대중들의 태도 또한 일정 역할을 담당했다. 지구상에서 가장 가난한 지역들은 예외로 하더라도, 자유주의화된 경제학이야말로 소비자들의 천국으로 향하는 관문처럼 보였으며, 세계화된 미디어는 그런 식의 터무니없는 광고를 퍼뜨렸다.

역사의 종언

신세계질서가 시작되자마자 1992년 프랜시스 후쿠야마는 자유주의적 자본주의의 승리를 축하하고자 『역사의 종언과 최후의 인간*The End of History and the Last Man*』을 출간했다. 이 책은 포스트모던 텍스트로 다루어짐으로써 내용뿐 아니라 형식에서도 현대적인 것으로 간주된다. 후쿠야마는 1989년에 우익 저널인 『내셔널 인터레스트*The National Interest*』에 자기 논문의 밑그림을 게재한 바 있었으며, 우익 싱크탱크들과 신보수주의 단체들과도 가까운 제휴 관계에 있었다. (하지만 언제부터인가 보다 현실정치realpolitik 쪽으로 자신의 관점을 수정하고 신보수주의를 포기한 듯 보인다.)

후쿠야마의 주장은 헤겔의 분석에 기초하여, 기본적으로 역사가 미국의 맥락에서 이해될 수 있는 자유민주주의 정치와 자유자본주의 경제에서 절정에 이르렀다는 것이었다. "역사의 끝에서는 자유민주주의와 경쟁할 어떤 심각한 이데올로기도 존재하지 않는다."[2] 이것은 보편적 사회가 여러 세대에 걸쳐 열심히 추구해온, 대체로는 무의식적으로 추구해오다가 최근에 이르러서야 의식적 의도를 가지고 추구하게 된 이상향이었다. 이제는 다행히도 그 이상향이 승리를 거두었다. 아직 이 이상향의 축복을 누리지 못하고 있는 지역들도 머지않아 곧 그렇게 될 것이다. 이보다 더 나은 것은 어떤 것도 떠올려볼 수 없기 때문이다.

확실한 것은 후쿠야마의 책이 상당히 피상적이라는 사실이다. 이를테면 그는 전체주의라는 개념이 히틀러와 스탈린을 특징짓기 위해 발명된 것이며 (무솔리니는 책의 색인에 등장하지도 않는다), 볼셰비키는 "완전한 인간 평등에 기초한 사회를 창조하려 했다"고 상상하고 있다.[3] 또한 현상태에 안주하려는 태도도 있다. 서구 열강들이 벌이는 범죄와 대량 학살은 재빨리 피해간다. 경제사는 물론 정치사에 대한 그의 이해는 매우 친절하게 말해도 너무 허술하다. 그는 역사를 추동하는 주요한 힘이 티모스thymos, 즉 자신의 인격 그리고/또는 우월성을 인정해달라는 요구라고 주장하고 있다.

그러나 후쿠야마의 책에 온통 승리주의만 행사된 것은 아니다. 지적인 지각들도 들어 있으며, 특히 티모스에 관한 내용들은 그 내용을 지나치게 과장하고 있긴 해도 지적인 지각들이 많다. 그는 어느 헤겔주의자나 그러하듯이 세계가 다다른 행복한 상태에 있는 모순과 변증법적 긴장을 의식하고 있다. 그는 책 제목에 쓴 '최후의 인간'(니체의 표현)이란 말이 암시하듯이 목적이 결여된 아노미 상태를 인식하고 있다. 이러한 상태는 아무런 도전도 받지 않는 풍족한 자유주의적 자본주의 사회를 전복시킬지도 모른다. 하지만 그는 광인 예언자의 더욱 거친 선언들에 다소 과도한 무게를 싣고 있다. 후쿠야마는 또한 환경적 위협을 날카롭게 의식하고 있다. 이에 대해 그는 서너 차례 언급하며 "중심 이슈"라고 묘사한다. 그러나 기술적 해결책들을 통해 그에 대응할 수 있으리라고 지나치게 확신하고 있다.

그럼에도 이 책의 제목은 오늘날 그렇게 들리는 것만큼 어리석은 것은 아니었다. 1992년에는 자유주의적 자본주의에 도전할 이데올로기는 존재하지 않는 듯 보였기 때문이다. 1990년대 중반까지도 신자유주의 경제학이 60억 세계 인구를 상호 교환 가능한 노동과 소비의 단위로 균질화하지는 못 했다 해도, 이전에 소비에트 블록이었던 지역 전체에서 가장 큰 승리를 구가하며, 틀림없이 그러한 방향으로 난 길을 잘 가고 있다고 보였을 것이다.

포스트공산주의

체제가 전복됐다고 해서 그 체제 아래 살았던 모든 주민이 그 체제를 전체적이고 보편적으로 거부했다고 결론짓는다면, 그건 확실히 실수다. 아마도 1990년대의 보다 놀라운 측면들은 근거지를 잃은 정당들이 얼마나 잘 살아남았는가 하는 것이다. 예를 들어 불가리아인들은 어찌나 지각이 없었던지 전혀 개조되지 않은 공산당을 선거에서 다시 선출했을 정도였다. 그러고는 오류를 수정하기 위해 또 다른 선거를 치렀다.[4] 그러나 소련과 동유럽 국가들의 대중이 이전 정권들의 어떤 측면들을 잃게 된 것을 아쉬워했다고 해서 이전 정권들을 특징지었던 물질적 궁핍과 국가의 간섭 그리고 공공 담론의 일당 독점으로 회귀하고 싶은 마음을 품은 것은 절대 아니었다.

그 결과, 이전의 동유럽 공산당들은 모두 이름을 바꿨다. 서방의 공산당들 역시 대다수는 실제로 스스로 해체하지는 않았어도 당명을 개정했다. '공산주의'라는 표제가 골칫거리로 인식됐던 것이다. 이전의 공산당들은 훨씬 더 멀리까지 나아가서 과거와 결별하고, 정치와 경제 양쪽 측면에서 모두 자유민주주의와 시장경제의 우월성을 수용했다.

체코공화국과 같이 (체코슬로바키아는 둘로 쪼개졌다) 혜택받은 몇몇 지역을 제외하곤 자유시장으로 이행한 결과, 일반적으로 주민 다수의 생활수준이 낮아지고 일부 신흥 부유층만 엄청난 부를 축적하게 됐다. 이들은 대부분 이전의 노멘클라투라였으며, 깡패 자본주의의 도입에서 이득을 챙길 수가 있었다.

이러한 현상은 옛 소련에서 가장 심하게 나타났다. 약탈할 자산이 훨씬 더 많았기 때문이다. 이러한 환경에서 공산당이 잠시 동안의 압제로부터 다시 등장하여 대중적 지지를 끌어모았다. 실제로 공산당은 활동에 여러 제약이 있었고, 옐친과 그가 선택한 후계자 푸틴이 선거 기반을 확보하기 위해서라면 어떤 식으로든 정당을 만들어내는데도 공산당은 선거를 통해 제2정당이 됐다. 후임 공산당(러시아연방공산당)은 이름을 그대로 유지하고 어떤 표현들은 똑같이 사용했지만, 사실 다른 모든 측면에서 전임 공산당과는 전혀 달랐다. 사회적 이슈들을 무시하지는 않았지만, 후임 공산당에서는 주로 과거에 일어났던 일들에 대한 대러시아인의 민족적 분노에 호소했다.[5]

소련공산당 휘하에 있었을 때 당의 단점이 무엇이었든, 소련은 강대국이었고 서쪽의 국경지대와 캅카스 지역을 병합했으며 동유럽 위에 군림했었다. 그 지도자들은, 다른 이가 그들에 대해 어떻게 생각하든 적들이 소련공산당을 두려워하고 존중하도록 만들었으며, 전세계 급진적 운동 조직들이 희망과 동의로 소련공산당을 바라보게

끔 했다. 이제 여러 세기 동안 러시아제국의 일부를 이루었던 주변부 영역들이 독립해 나갔다. 공산당은 이전의 적수들에게 무시당하며 걷어차였고, 생활수준은 참담할 만큼 악화됐다. 1996년 대통령 선거에서 공산주의 지도자 주가노프는 친서방 인물인 보리스 옐친을 거의 꺾을 뻔했다. 선거 조작만 없었더라면 실제로 그가 선거에서 승리했을 것이다. 선거 이후 그의 당이 기울기 시작한 것은 아마도 푸틴 정권이 민족주의적 이데올로기라는 옷가지를 상당 부분 줄곧 훔쳐간 것과 관련 있을 것이다.

이전 소련의 시민들이 신자유주의 경제가 가져온 눈보라의 가장 극적인 희생자가 되긴 했지만, 그들이 유일한 희생자는 아니었다. 세계 전역에서 신자유주의 경제 프로젝트가 실시되어 노동력의 가격을 포괄적으로 낮추고 (하지만 유리한 위치에 놓인 일부 노동자들이 얻는 이득까지 막은 것은 아니었다), 현금 수입과 사회 임금을 모두 공격했다. 공산주의의 붕괴 또는 폐기가 공산주의 지배 아래 있던 주민들에게 무엇을 의미했든지, 공산주의 바깥에 있던 이들에게는 분명 나쁜 소식이었다. 자본의 실질적 경쟁자가 사라짐으로써 자본의 탐욕스러운 본능에 대한 제약들이 제거될 것이기 때문이었다. 현재 자본에 대한 제약은 1914년 이래 그 어느 때보다 자본에 유리하게 설정되어 있다.

서구 공산주의 조직의 잔해들로부터 포르투갈과 프랑스에서 정당이 하나씩 살아나왔다. 이들 정당은 각 나라에서 소수이긴 하지만 중요한 세력으로 존재하고 있다. 다른 나라의 공산당들은 그 성격을 개조하거나 (가장 성공적인 사례는 통일된 독일이다) 무가치한 향수에 빠져들었다. 그 밖에 남아프리카와 인도의 공산주의자들은 정치적으로 의미 있는 존재로 남았던 반면, 신자유주의의 현실을 수용해야만 했다.

일극(一極) 세계에서 일어난 정치적 결과 및 이데올로기적 결과

세계화된 시장에서 모든 자본은 이론적으로 동등하다. 그러나 어떤 자본은 확실히 다른 자본들보다 더 동등하다. 가장 동등한 자본들은 강력한 국가가 뒤에서 지원해주는 자본이다. 가장 강력한 국가는 미국이었고, 미국은 자신이 다른 나라들에 강요한 경제수준과 똑같이 맞추어 살아야 한다고는 전혀 느끼지 않았다. 미국은 계속해서 온갖 방법을 동원해 자국의 생산자들을 경쟁으로부터 보호했으며, 보조금을 지급해 그들을 지원할 수단들을 찾아냈다. 세계화는 세계 모든 지역에 동등하게 영향을 끼치는 국가 중립적 과정하곤 거리가 멀었다. 그것은 특정한 중심, 즉 미국으로부터 추동된 것이었으며, 그것의 주요 수혜자도 미국이었다. 20세기 말/21세기 초에 이루어진 세계화가 미국을 위해 한 역할은 19세기에 자유무역이 영국을 위해 했던 역할과 똑같다.

새로운 미국의 세기를 위한 프로젝트가 1990년대에 우익 엘리트들에 의해 시작됐고 ―이 프로젝트의 공동 창시자 윌리엄 크리스톨은 냉전 시대 베테랑 근본주의자인 어빙 크리스톨의 아들이었다― 그들은 "미국의 지도력은 미국에도 좋고 세계에도 좋다"라고 선포했다. 이름이 암시하는 것처럼 이 프로젝트가 선언한 목표는 세계 헤게모니, 아니면 그들이 한 구절로 표현했듯 "전 영역 우세"를 성취하는 것이었다. 여기에는 군사력, 경제력, 외교적 통제력, 문화적 우월성 그리고 싱크탱크의 조수들을 위한 행정부의 직위들까지 포함된다. 이 프로젝트의 창립 문서에 서명한 이들 가운데는 플로리다에서 2000년 선거를 조작한 젭 부시도 있었다.

이 프로젝트와 미국의 극우 세력은 일반적으로 동방의 떠오르는 별인 중국을 고려해야 한다는 점을 잊지 않았다. 중국에서는 어떤 노동자나 다른 반체제 인사도 재빨리 분쇄할 수 있는 능력을 지닌 강력하고 권위적인 정부의 틀 안에서 자본주의로의 이행이 주도됐다. 그 덕분에 중국에서는 경제성장이 장관을 이루었으며 점점 더 그렇게 되어갔다. 중국은 핵무기로 무장한 강력한 국가여서, 분명 하찮게 볼 수 없었다. 이보다 더욱 중요한 것은 중국이 미국을 자국에 재정적으로 의존하게끔 만들었다는 사실이었다. 중국은 급증하는 미국 국채의 상당 부분을 매입해왔다. (그에 비하면 훨씬 더 적긴 하지만, 미국의 개인 자산도 상당 부분 사들였다.) 그 결과 그것을 시장에 한꺼번에 풀어버리면 재앙적인 결과를 가져올 수 있게 됐다. 간단히 말해, 중국은 21세기 초에 이르러 정말 필요하다고 생각되면 미국 국가를 파산시킬 수 있는 위치에까지 올라온 것이다. 중동 지역의 전쟁과 중앙아시아의 외교적 조치들은 중국과 미국의 궁극적인 충돌을 준비하는 예비적 움직임이라 볼 수도 있겠다. 이 문제들에 대해서는 이와 같은 논의가 공개적으로 진행됐다.

정체성 정치학

1990년대와 21세기의 신세계질서는 세계화된 자본주의와 미국의 권력에 반대하는 기존 지표들을 깨끗이 대체해버렸다. 그와 동시에 신세계질서에 직접적으로 반대되지는 않지만, 극단의 시대에 양극화된 세계에서는 제한됐던 여러 형태의 이데올로기들을 풀어놓았다.

그러한 이데올로기들 중에 지금까지 가장 가공할 만한 것은 공격적인 민족주의다. 민족주의는 지난 200년 동안 그 힘이 크게 변해왔지만 언제나 중요하게 남아 있었던 일종의 정체성 정치학이었다. 냉전이 진행된 몇 십 년 동안은 양쪽 진영 모두 민족주의를 자기 쪽에 유리하게 이용하기 위해 온갖 노력을 다했었다. 개별적인 공산주의 조직들이 붕괴되거나 변형되기 훨씬 전에 국제 공산주의 조직이 동요하기 시작하자 민족주의의 힘이 다시 느껴지기 시작했었다.

1940년대까지만 해도 해체된 유고슬로비아 정권은 공산주의 이데올로기에 관한 문제들만큼이나 민족적 기반 위에서 국민들에게 소비에트의 지배에 맞서 자신들을 지지해달라고 호소했었다. 1950년대 폴란드의 반체제 인사들이나 헝가리의 저항 세력들도 마찬가지였다. 민족주의적 신뢰를 받지 못했다면 카스트로의 정권은 아마도 쿠바에서 버텨내지 못했을 것이다. 중국의 혁명 또한 공산주의 혁명이었던 것만큼이나, 처음에는 일본에 맞섰다가 뒤에는 미국에 맞서 진행된 민족주의 혁명이기도 했다. 베트남의 경우에도 마찬가지였다. 1960년대 중국은 민족주의적 수사를 동원하여 소련에 대항했다. 북한 정권은 민족적 정서에 호소하여 병영 사회주의 요새 국가를 건설했다.

1970년대에 이런 경향은 더욱 심해졌다. 크메르루주는 사이코패스 살인자들이었을 뿐 아니라 사이코패스 민족주의자들이었다. 크메르에 맞지 않는 행동은 말할 것도 없이 그러한 태도를 조금이라도 비치면 자동적으로 사형시켰다. 1979년 베트남이 캄보디아를 침공한 것도 크메르루주의 대량 학살 때문이 아니라 강렬한 반反베트남 행위 때문이었다. 1990년대부터 민족주의 이데올로기는 어디에서나 중심적인 판단 기준이 됐다. 다만, 다른 형태의 정체성 정치학이 민족주의와 결합되어 민족주의를 가리게 된 일부 지역만이 예외였다.

1990년대 유고슬라비아에서는 공산주의 정권이 무너져내리자 민족주의의 사악한 기운이 가장 먼저 최고조로 발휘됐다.[6] 국가가 여러 민족 구성단위들로 나뉘자 유고슬라비아 민족주의란 원래 신화적으로 가공된 것이었음이 금세 입증됐다. 경제적 발전 정도의 차이와 역사적 전통 및 되살아난 민족-종교의 구분이 (언어는 나뉘지 않았더라도) 더욱 중요해지면서 나라의 대부분이 피투성이 혼돈 속으로 빠져들었다.

유고슬라비아 국가는 제1차 세계대전의 결과로 탄생된 인위적 창조물이었다. 유고슬라비아의 원래 이름은 세르비아크로아티아슬로베니아왕국이었다. 사실 대大세르비아가 건설된 것은 세르비아 군주의 야망을 실현한 것이었다. 유고슬라비아 공산주의자들은 국가를 개혁하고자 노력했으며 다소 복잡한 연방 체제를 만들어냄으로써 국가를 이루고 있는 민족들의 열망을 충족시키고자 했다. 1989년 이후 일반적인 정치 불안, 사회 해체, 경제 붕괴가 결합되어 나타나자 국민들은 민족적 정체성을 중심으로 뭉치기 시작했다. 게다가 이 민족적 정체성은 서로 다른 종교와 동일시됐다. 이에 각 민족 단위[7]에서는 연방으로 분리되는 쪽으로 투표한 뒤, 독립국가로 떨어져 나오는데 성공했다. 북쪽의 슬로베니아와 남쪽의 마케도니아는 커다란 어려움 없이 연방에서 분리됐다. 하지만 옛 유고슬라비아의 나머지 부분들은 폭력과 학살의 커다란 함정 속으로 빠져들었다.[8] 이러한 참사를 추동한 주요 이데올로기는 세르비아 민족주의였다. 결국 외부 세력이 개입한 결과, 싸움이 가장 치열했던 보스니아는 국제연합의 (실제적으로는 미국의) 보호령이 됐다.

보스니아에서 일어난 것과 흡사한 사태가 실제로 세르비아의 한 부분이었던 코소보에서도 전개됐다. 그러나 발칸 지역의 혼합된 민족 구성과 20세기의 영토 구획 탓에 코소보에는 알바니아어를 사용하는 사람이 압도적으로 많았으며, 과거에 이를 인정한 티토 정부는 어느 정도의 자치권을 허락하기도 했었다. 결국 이곳에서 일어난 최종적 결과 역시 외부 세력의 군사개입이었다. 하지만 이번에는 미국이 직접 개입하여 국제연합/미국 보호령을 설립했고, 마케도니아와 맞닿은 국경에는 거대한 미군 기지가 들어섰다.

종교

유고슬라비아의 경우, 종교적 관점에서 민족성을 정의한다는 것은 상당히 인위적이었다. 종교적 신앙에 대해 정말로 진지한 사람들은, 가톨릭이나 정교회나 이슬람이나 매우 소수에 불과했다. 종교란 대체로 문화로 통용됐고 그렇기 때문에 민족을 구분하는 표지가 됐다. 그럼에도 종교적 이데올로기가 전 지구적으로 부활하면서 20세기 말의 한 가지 현상이 됐으며, 시간이 지날수록 더욱 강해져서 오늘날 전개된 상황들 중에 가장 놀라운 것이 되어버렸다. 미국의 정치에서 종교적 이데올로기는 늘 존재해왔다. 모순적이긴 하지만 헌법에는 엄격한 정교분리가 명시되어 있는데도, 1960년대의 준準혁명적 사건들뿐 아니라 유례없던 워터게이트 스캔들이 터진 1970년대부터 종교적 이데올로기의 중요성이 꾸준히 확장됐다. 1976년 대통령에 선출된 지미 카터는 거듭난 그리스도인으로서 자신의 종교적 신념을 몹시도 강조하고 싶어 했다. 하지만 미국 백인 그리스도교 신자들을 동원하는 데 성공한 것은 레이건의 팀이었다. 이는 압도적일 만큼 우익적인 현상이었다. 이들이 자신들의 대선 후보 뒤에서 매우 성공적으로 형성해 놓은 보수주의 블록은 어떠한 진지한 대선 후보도 감히 공격할 수 없었다.

에릭 홉스봄은 『극단의 시대』에서 1979년을 중요한 전환점으로 규명했다. 그해에 이란에서 종교/정치혁명이 일어났고, 이는 무슬림 세계에 큰 영향을 끼쳤다. 그리고 같은 해에, 소련에 점령된 아프가니스탄에서는 종교에 고취된 저항군이 그 존재감을 드러냈다. 1990년대에는 이 저항군이 승리를 거두었으나, 정통 교리에 극도로 집착하는 탈레반에 의해 대체됐다.

무슬림 세계 전역에서 세속 정부들이 사회적으로나 정치적으로 실패했기 때문에 근본주의적 정통 종교가 세를 넓혀 나갔으며, 세속화된 터키까지 포함하여 무슬림 정부에서는 이들에게 더 넓은 활동 공간을 허락해주었다. 레바논에서는 종교에 고취된 민병대가 주요 전투 대원들을 모아들여 내전을 벌였다. 정치화된 종교는 알제리에서 훨씬 더 포악한 내전을 촉발시켰다. 결국 세속 정부가 겨우 승리를 거두긴 했으나 어마어마한 대가를 치러야 했다. 또한 이라크에서는 미국이 주도하여 침공과 점령이 이루어졌지만, 그 뒤에 남겨진 끔찍한 파괴의 현장에서는 서로 경쟁하는 종교적 민병대들이 등장하여 쿠르드 외곽 지역의 민간인용 국가 기반시설을 장악했다.

스리랑카에서는 불교도와 힌두교도 사이에 종교적으로 정의된 민족주의가 지속적으로 내전을 일으켰다. 인도에서도 종교는 인도국민회의의 주요 경쟁 상대인 우익 민족주의의 핵심을 이루었다. 유대교 또한 정치화된 종교라는 이 거룩한 가마솥에 빠져서는 안 될 재료다. 이스라엘이 벌이는 행위는 종교적 정체성이 커지면서 중동 정세의 핵심적 문제가 되고 있으며, 이스라엘은 미국과의 공생 관계 및 미국 내 유대인들의 강력한 종교적 정서에 근거하여 세계정세에도 영향을 끼치고 있다.

해설가들은 세계화된 현대 세계에서 종교에 대한 애착 관계가 이토록 극적으로 부활한 것을 놀라워하며 그것이 세속화라는 주제를 논박하는 것이라고 지적했다. 하지만 이것이 그리 놀랄 만한 일은 아니다. 세계는 대다수의 시민에게 여전히 무서운 곳으로 남아 있으며, 주로 사회주의가 제시했던 세속적 희망들이 모래 속으로 사라져서, 이러저러한 미신이 사회주의의 가능한 대체물이 될 수도 있기 때문이다.

게다가 미국, 로마, 사우디아라비아, 파키스탄에서는 매우 부유하고 강력한 개인들과 조직들이 그들만의 편향된 종교를 홍보하기 위해 열심히 활동하고 있다. 이제까지 그들의 홍보 효과는 대부분 유럽 바깥에서 느낄 수 있었을 뿐, 유럽은 상대적으로 영향을 받지 않은 채로 남아 있었고, 발칸 지역조차도 그러했다. (무자헤딘은 보스니아에서 봉사 활동을 제공했지만 환영받지 못했다.) 러시아에서는 동방정교회가 회복됐으며, 그리고 이루 말로 표현하기 어려운 왕실의 마지막 부부가 성인품에 올랐다. (라스푸틴은 뚜렷한 이유 없이 누락됐다.) 그러나 동방정교회가 정치나 정부의 결정에 중요한 영향력을 행사한다는 증거는 어디에도 없다.

테러리즘

'약자들의 무기'라고 하는 테러리즘은 19세기 이래 분노와 좌절의 배출구를 달리 찾을 수 없었던 박해받는 소수자들이 자주 이용해온 방편이었는데, 20세기 들어 부활하여 중요하게 등장했다. 테러리즘은 광범위한 지지를 얻고 정치적 여건이 올바를 경우 성공을 거두기도 한다. 1940년대 말 시오니스트들이 그렇게 해서 성공했고, 1970년대 이후 북아일랜드에서도 테러리즘은 제한적이긴 하지만 어느 정도 성공을 거두었다. 자살 폭탄 테러 전술은 스리랑카의 타밀일람해방호랑이LTTE(타밀 반군)가 처음 시도한 것이었다. 그들은 환생을 믿었으므로, 그런 식으로 죽은 테러범은 다음 세상에 더 나은 존재로 태어난다고 생각했다.

강고한 무슬림들도 자살 폭탄 테러를 채택했다. 무슬림 테러범들은 이를 통해 영광스러운 내세의 삶에 들어갈 수 있다고 믿었다. 사실 이러한 방식은 테러범의 적들에게도 매우 유용한 것으로 드러났다. 테러가 발생하면 이들은 자신들의 행동이 야기한 테러범의 분노는 일축해버리면서, 모든 형태의 반대 세력들을 비폭력적인 것까지도[9] '테러리스트'라고 낙인찍거나 그 비슷한 것으로 묶어버릴 수 있는 좋은 구실을 찾았기 때문이다. 게다가 이전에는 생각할 수도 없었던 방식으로 이들을 억압할 방법들을 강화할 수도 있게 됐다.[10]

파시즘

정체성 정치학의 한 형태로서 파시즘 또한 1991년 이후 재등장했다. 근본주의 종교와 마찬가지로 파시즘은 이데올로기적 의식 속에 집어넣어 가공할 수 있는 원재료들을 물질적 불만 상황에서 찾아냈다. 제2차 세계대전 종전 이래로 반反이민자 편견은 가장 일관되게 지속되는 주제들 중 하나였다. 유럽에서는 유럽연합이 확장된 덕분에 국경이 더 넓게 열렸지만, 유럽연합 회원국 출신이 아닌 시민들에게는 공식적으로 국경이 개방되지 않았다. 그러나 급증하는 분쟁 다발 지역의 난민들이 국경을 밀어붙여 뚫고 들어오고 있다.

모든 종류의 이민자들에 대한 배제와 희생양 만들기의 수사법이 파시스트 정당들과 단체들에 다시 활기를 불어넣었다. 이탈리아, 네덜란드, 오스트리아에서 파시스트들은 내각에 진출하는 데 성공했다. 하지만 이탈리아의 경우 파시스트들은 어느 정도 폭발 가능한 결합체를 이루고 있었다. 무솔리니 전통주의자 집단은 이탈리아 남부 지역에 기반을 두었던 반면에, 새로운 북부연맹은 경제적으로 더 발전한 북부 지역에 설립되어 분리 독립을 원했기 때문이다.

그러나 이 세 나라의 경우 어느 곳에서도 파시스트가 기존 정부를 독재 정부로 바꿀 수는 없었다. (그들은 모두 파시스트라는 이름을 거부했다. 이탈리아의 이탈리아사회운동은 그 조상을 부인할 수 없었는데도 파시즘 포기를 선언했다.) 네덜란드의 경우 카리스마 있던 지도자 핌 포르튀인이 암살당하자, 성공을 거두었던 파시스트 정당은 금세 해체되고 말았다. 다른 강력한 파시스트 운동 조직은 르펜의 국민전선이다. 확고하게 기반을 잡은 국민전선은 2000년 대선의 1차 투표에서 사회당을 물리치기도 했다. 하지만 2차 투표에서는 쉽게 패배를 당했다.

영국국민당과 같은 소형 파시스트 운동 조직들도 유럽 전역에 걸쳐 선거에서 입지가 향상됐다. 그리고 조직을 이루지는 않았지만 파시스트에 동조적인 소외된 거리의 불량배도 많았다. 특히 독일 통일

이후 저소득층이 거의 아무런 보상도 받지 못했던 이전의 동독 지역에 많았다. 이주민 희생자들을 개별적으로 살해하는 것이 이들의 특기였다. 이전에 공산주의였던 동유럽 국가들은 모두 어느 정도 파시스트가 부활하는 데 일조했다. 이들 지역에서는 소수집단인 집시들이 희생양으로 선호됐다. 루마니아에서는 철위대가 향수를 불러일으키는 중요한 기억으로 남아 있었다. 몇몇 사람은 철위대를 다시 설립하려는 시도까지 했다. 러시아에서는 파시스트 정당인 '자유민주주의자들'이 사라지는 동안 팜야트가 계속 번성했다. 하지만 팜야트는 지도자가 죽자 곧 추동력 일부를 잃었다. 미국에서는 나치와 네오나치 단체들이 계속 번성했고 그들 중 다수는 불가피하게 종교와 연결되어 있었다.

반세계화

1990년대와 21세기 초에 반세계화 운동은 상당한 영향을 끼쳤다. 반세계화 운동은 국제적으로 많은 지지자를 동원했으며 국제통화기금, G7, 세계무역기구와 같이 세계화를 고무하는 단체들의 회합에서 인상적인 시위를 전개하기도 했다. 세계화에 대한 이들의 비판은 세계화가 가져온 해로운 결과들과 피해자들이 놓인 운명에 초점을 맞추었다. 반세계화 운동의 대변인들은 자신들의 저술이나 세계사회포럼과 같은 회의들을 통해 이러한 사실들을 설명했다. 반세계화 운동의 주장들은 모두 예리하면서도 적절한 것들이었다. 그러나 이 운동의 무정형적無定形的 본질과 구조의 결여는 어떤 면에서 장점이 됐지만 다른 면에서는 심각한 약점이 됐다. 한편으로는 이러한 사실이 분파주의와 신학적 유형의 논쟁을 잦아들게 했지만 다른 한편으로는 시위 이상의 것을 성취할 수 없음을 의미했으며, 실제로도 구체적인 결과물은 거의 나오지 않았다. 이 때문에 참가자들은 이 운동에 환멸을 느끼지는 않더라도, 어쩔 수 없이 탈진하는 경험을 할 수밖에 없었다. 또한 이 운동에서는 자신들이 공격하고 있는 체제에 대한 이렇다 할 대안 체제를 가지고 있지 않았다. 이들의 비판은 부정적인 소극적 비판이었다.

라틴아메리카에서는 최근에 대중의 지지를 받는 정권들이 등장했다. 이들 정권은 세계화의 영향에 반대하는 입장을 취했으며, 전통적인 좌파의 특성이 드러나는 방식을 채택했다. 베네수엘라, 에콰도르, 볼리비아에서 카리스마 있는 지도자들이 등장하여 이러한 정권들을 이끌었다. 경악할 만한 일은 지역 자본과 국제 자본이 이들 정권을 전복시키려고 최선을 다했다는 사실이다. 하지만 이 책을 쓰고 있는 현재 시점까지도 자본의 이러한 시도는 성공을 거두지 못하고 있다. 베네수엘라에서 수행한 사회 프로그램이 글로벌 시장에 의해서만 가능할 수 있었다는 사실은 상당히 역설적이다. 베네수엘라 정부는 석유를 팔아 번 돈으로 사회 프로그램에 자금을 댔고, 이 때문에 베네수엘라는 미국의 주요 석유 공급원이 됐다.

환경문제

멈추지도 않고 제한되지도 않는 경제성장이 환경에 끼치는 위협은 이미 수십 년 전에 감지됐다.[11] 1980년대에 이르러서는 중요한 걱정거리가 됐지만, 1990년대가 되어서야 정치의 핵심 사안으로 떠올랐다. 자유주의에서는 환경이 특별한 문제를 의미했다. 이것이 자본주의와 긴밀하게 묶여 있었기 때문이다. 자본주의는 생존을 위해 지속적인 성장을 요구하며 성장이 빠를수록 더 좋다. 정체된 경제는 자본주의에 아무 쓸모가 없다. 공산주의 국가들 또한 산업의 팽창을 강조했으며, 환경과 관련해서는 전적으로 비참한 기록만을 남겼다. 그러나 명령경제는 원칙적으로 무한정한 팽창을 요구하지는 않았으며 이론상으로는 정체 상태에 머무를 수도 있었다. 1991년 이후 살아남은 소비에트 블록에서 환경문제를 다룬 방식은, 검증되진 않았지만 중국보다 훨씬 나을 것 같지 않다. 자본주의 소비경제로 급격하게 이동한 중국은 나라 전체의 환경을 가장 심각하게 파괴했으며 지구온난화에 엄청나게 기여해왔다.

마음이 내키지는 않지만, 반박할 수 없는 증거 때문에 대부분의 정부가, 최근에는 미국 정부까지도 억지로 문제가 존재한다는 사실을 인정해야 했다. 하지만 그들의 태도는 변함없이 최소한의 개입만 하고 물러나려는 것이었고, 전적으로 적절치 못한 조치들만을 제안했다. 어리석고 자기만족적으로 기후변화를 부인하는 이들에 대해서는 말할 필요조차 없다. 결과적으로 위기는 가속화됐으며, 다가올 재앙을 향해 나가고 있다. 이에 대한 대응으로, 반세계화 의제와 맞물려 녹색운동이 세계 전역에 등장했다.

녹색운동 단체들 중에 가장 눈에 띄는 단체들은 한 가지 사안에 집중하는, 그린피스와 지구의 벗 같은 압력단체들이다. 하지만 녹색당은 초기 단계에서부터 정치조직으로 설립됐다. 1970년대 중반 영국에서 생태당이 창립됐다가 점차적으로 진화하여 적절한 성공을 거둔 녹색당이 됐다.[12] 녹색당이 설립되면서 독일에서는 더 멋진 발전 과정이 전개됐다. 독일 녹색당은 의회에서 상당한 의석을 차지했으며 지방과 중앙에서 연립정부 내각에 참여하기도 한다. 이전에 보여준 눈에 띄는 탁월함이 줄어들긴 했지만 이 책을 쓰고 있는 현재 시점에도 녹색당은 독일 정치에서 여전히 한 세력을 이루고 있다.

녹색당이 환경 위기에 초점을 맞추고 있는 것은 적절한 일이지만 이 운동은, 특히 이 운동 조직의 정당은 정치에 참여하는 이상 불가피하게 좌파 편에 설 수밖에 없다. 자유주의와 신자유주의의 경제체제가 위기를 만든 정치적 전형들이었기 때문이다. 녹색당의 문제는 환경 의제와, 소비사회의 또는 소비사회를 지향하는 사회의 소비자들의 지지를 이끌어낼 수 있는 위치 사이에서 균형을 잡는 일이었다. 독일의 경우 이런 문제가 '레알로스realos'(현실 중시)와 '푼디스fundis'(근본 중시) 사이의 대립과 분열로 드러났다. 이들의 이름이 보여주듯이 한쪽은 실용주의 정책들을 주장하고, 다른 한쪽은 불가피하게 즉각적으로 소비자 이익에 피해를 입히게 되는 극적인 조치들을 강하게 요구한다.[13]

녹색당의 적들이 반反과학, 반反현대화, 반反테크놀로지라는 이유로 녹색당을 비난하는 것 또한 불가피한 일이다. 어떤 이들은 실제로 그렇기도 했고, 종교적 요소만 뺀 아미시(프로테스탄트 종파의 하나로 현대 문명을 거부하고 외부 세계로부터 격리되어 전통적 생활양식을 고수한다—옮긴이)의 방식대로 최소한의 농경 생활로 돌아가길 기대하기도 할 것이다. 하지만 보다 극단적인 사례는 동물 권리 운동에서 나왔다. 어스 퍼스트Earth First!의 미국 버전과 같은 '심층 생태계deep ecology'의 지지자들은 인류의 멸종을 환영한다. 이들의 웹사이트에 실린 내용에 따르면 "모든 살아 있는 것에 내재된 본질적인 신성한 가치를 영적이고 감정적으로 인식하는 것"이 핵심 원칙이다. 여기에 해충이나 병원균까지도 포함되어야 하는지는 구체적으로 명시되어 있지 않다. 그러나 주류 녹색운동 단체들의 주요 취지는 현대화를 통해 얻은 혜택들을 보존하면서 거기에서 비롯된 치명적인 결과들은 최소화할 수 있는 수단들을 제안하는 것이었다. 매우 어려운 기획일 수밖에 없다.

결론

의식적으로 분명하게 표현된 모든 이데올로기는, 정치적인 것이든 다른 것이든 어떤 의미에서 해방을 약속한다. 가장 엄격한 복종을 요구하는 이데올로기들조차 그러한 약속을 제시한다. 그러한 복종을 포용하면 그것을 믿는 이는 주관적인 해방을 경험하리라는 것이다. 가톨릭 전례에 나오는 "예속은 완벽한 자유"라는 구절은 바로 그러한 논지를 드러낸다. 이 책에서 다룬 네 개의 이데올로기도 비슷한 희망을 제공한다.

자유주의에서는 해방의 약속이 개인의 자유와 자율성이라는 관점에서 표현되어 있다. 합리적 근거에 따라 정당화되지 않은, 개인이 할 수 있고 될 수 있는 것에 대한 자의적 제약들을 제거함으로써 이를 성취할 수 있다. 더욱이 여기에는 법의 지배를 통한 개인과 재화의 안전이 포함된다. 그리고 권위에 의문을 제기할 수 있는 합헌적 권리도 어느 정도 수반된다. 자유주의가 현실에서 실현될 때는 다양하게 변형될 수 있는 범위가 넓다. 그 범위의 한쪽 끝에는 자유방임 정권이 있다. 여기에서는 선거권은 제한되고, 자본의 자유에는 아무런 제한이 없으며 사회보장 조항은 하나도 없다. 이런 정권 아래에서 약자들은 궁지에 몰리게 된다. 다른 쪽 끝에는 사회민주주의 복지국가가 있다. 여기에서는 중요한 사회적 소유권이 동등한 민권을 뒷받침한다.

보수주의가 제공하는 해방의 약속에서는 자유주의가 말하는 개인의 자유와 자율성을 환영幻影으로 취급한다. 그리고 그 대신 조직이라는 대안을 제시한다. 이데올로기적 관점에서 개인들은 본질적으로 평등하지 않다. 명백한 생물학적 의미에서만이 아니라 개인들의 능력과 지위 그리고 허용된 열망의 정도에서도 그러하다. 그럼에도 누구나 사회의 위계에서 자신에게 부여된 역할을 수용함으로써 자기를 실현할 수 있다. (위계 안에서 이동할 수 있는 여지도 다소 존재할 수 있다.) 그리고 모든 사람은 자신보다 우월한 이들에게 **그들의** 의무를 상기시켜주기 위해 공손하게 말할 수 있는 권리가 있다. 무엇보다도 보수주의자들은 이 이데올로기를 수용한 개인들 그리고 가정이나 종교와 같은 기관들이 사회적 지각변동에 의해 표류하지 않도록 보호해준다. 극단의 시대에는 자유주의와 보수주의가 상당할 정도로 상호 침투될 수 있으며, 서로의 모습으로 변형될 수 있는 가능성이 드러났다.

공산주의 이데올로기도 자유민주주의의 전통을 상속받았다. (하지만 그 이데올로그들은 종종 이러한 사실을 잊곤 했다.) 공산주의의 약속도 개인의 해방에 관한 것이다. 하지만 이것은 자유주의적 수단들에 의해 얻어지는 해방이 아니라, 자율과 열망이라는 의미에서 말하는 해방이다. 그 대신 이것은 집단의 혁명적 노력을 통해 성취되어야 한다. 오늘날 핵심적으로 중요한 집단은 바로 산업 노동계급이다. 이들이 다른 착취당하는 계급들을 이끌 것이다. 그리고 궁극적으로는 계급 없는 사회가 달성될 것이다. 이 풍요로운 사회는 기술 발전에 의해 실현될 수 있다.

파시즘이 제시하는 해방에 관한 약속은 보다 거칠다. 하지만 올바른 환경에서라면 효과적일 수 있다. 파시즘이 약속한 바는 대중이 겪는 고통의 원인으로 지목된 희생양들에게 본보기 삼아 복수를 하는 것이다. 노먼 콘(영국의 사학자이자 저술가—옮긴이)의 말을 빌리면 이것은 "부패의 대리인이며 육화한 악이라 상상되는 어떤 종류의 인간들을 전멸함으로써 세상을 정화하는 것"이다. 여기에는 자아를 국가적 집단에 담금으로써 이루어지는 개인의 자기실현이 뒤따른다. 이 국가적 집단은 카리스마 있는 지도자가 이끌며, 이 지도자의 카리스마야말로 그가 그의(언제나 그녀의가 아니라 그의) 직무에 적합하다는 것을 입증한다. 그리고 여기에는 순차적으로 물질적 이득과 경력 기회들도 수반된다. 이는 (남성) 사회 일반을 위한 것이며, 특히 충실한 추종자들을 위한 것으로 전통적 엘리트들을 희생시키기도 한다. 20세기에는 파시즘이 보수주의의 어떤 변형태들에 쉽게 순응할 수 있음이 드러났다. 그리고 상황에 따라 필요하다면 파시즘과 보수주의는 쉽사리 결합될 수도 있다.

오늘날의 세계에서는 지배적인 신자유주의의 틀 안에서 강렬한 이데올로기적 경쟁과 혼돈이 일고 있다. 미래에 대해 내릴 수 있는 유일하게 안전한 결론은 미래가 기대한 것과는 다르리라는 것이다. 적어도 얼마나 큰 환경 위기를 피할 수 있을지를 상상하는 것도 어려운 일이다. 그렇긴 하지만, 개연성을 지닌 궁극적 결과들조차 다른 어떤 것보다 더 많이 예상할 수 있는 것도 아니다.

한 가지 주목할 가치가 있는 사안은 패배한 이데올로기의 유산이 얼마나 끈질기게 지속되는가 하는 점이다. 분명히 마르크스레닌주의의 가정들과 실천 방안들에는 (소비에트 스타일이든 마오주의 스타일이든) 결점이 없으며, 공산주의 정권들이 저지른 끔찍한 사건들에 관한 이야기는 거짓이거나 몹시 과장된 것이고, 그것이 쇠퇴하게 된 것은 악의적인 배신자들 때문이라고 확실히 주장하는 사람들은 그 수가 적고 주변적인 인물들일 뿐이지만, 확실히 존재하고 있다.[14] 덜 거친 형태의 향수가 여전히 팽배해 있다.

그러나 주류를 이루고 있는 것은 이러한 사안을 내버려둘 수 없어 보이는 승리자들이다. 1997년 『공산주의의 블랙리스트*The Black Book of Communism*』가 등장한 데 이어 (이 책은 예리한 비판을 받았을 뿐 아니라, 이 책의 몇몇 저자가 서로를 비난했다), 주류 언론과 여타 미디어로부터 포괄적인 비난이 계속해서 쏟아져 나왔다. 레닌은 언젠가 부르주아 이데올로기의 주창자들이 마르크스주의를 백 번이나 논박했다고 선언하고는 여전히 백한 번째 논박을 계속해 나갈 것이라고 말했었다. 이것이 바로 오늘날 세계에 계속 떠돌고 있는 유령이다.

동시에 공산주의가 이전과 같은 형태로 절대 돌아오지 않으리라는 점은 분명하다. 파시즘 또한 그러할 것이다. 이렇게 말한다고 해서 파시즘의 의미 있는 부활이 불가능하리라는 뜻은 아니다. 실제로 파시즘은 공산주의보다 되살아날 가능성이 더 높다. 파시스트들은 마르크스주의자들이 사용할 수 없는 비합리성의 출처들을 이용할 수 있기 때문이다. 그러나 그런 사건이 일어난다 해도 되살아난 파시즘은 고전적 파시즘과 같지 않을 것이다. 오히려 세탁 과정을 거친 '존경할 만한' 버전이 되어 있을 것이다. 제3제국에 대한 대중의 기억은 너무나 생생하기 때문에 수치를 모르는 네오나치들에게 신뢰도를 회복하는 데 필요한 만큼의 대량 지원이 허락되지는 않을 것이다.

서구에서는 (물론 여기에는 지구의 동쪽과 남쪽도 상당 부분 포함된다), 자유주의 이데올로기가 어디에서나 군림하고 있으며, 보수주의를 총체적으로 흡수했다. 미국만은 예외인데, 미국 보수주의자들은 19세기 자유주의자들과 비교할 때 사회생활이나 공공 사안들에 대한 태도가 크게 다르지 않다. 중국은 물론 다르다. 그리고 중국에 세계 인구의 4분의 1이 있다는 사실을 기억할 필요가 있다. 중국은 현재 관료주의적 독재국가로 남아 있다. (어떤 이유에서든, 공산주의 상징들과 형식들도 보존하고 있다.) 그러나 그 자본주의 경제 기반이 확장됨에 따라 중국 역시 어떤 형태의 자유주의 이데올로기를 향해 이동할 가능성이 높다. (타이완과 한국의 비슷한 예가 시사하는 바가 있을 것이다.) 하지만 마오주의가 다른 소비에트의 변형과도 달랐던 것과 마찬가지로, 중국이 이르게 될 자유주의는 서구의 자유주의하곤 다를 것이다.

자유주의 학자들 사이에서 반복되어 쓰이는 표현이 있다. 공산주의는 종말론적 종교의 한 형태라는 것이다. 참을 수 없는 현세의 종말과 악인들에 대한 응징 그리고 새로운 하늘과 땅의 창조를 약속한다.[15] 아마도 이것을 억압된 집단, 계급, 민족이 지닌 원시적 기대이며 시적詩的 갈망이라고 본다면 보다 정확할 것이다. 이러한 기대와 갈망은 오직 발전된 과학과 진보된 기술에 의해서만 실현될 수 있으며 공산주의 이데올로기는 그것의 실현을 목표로 삼았다.

자유주의에도 천년왕국(종말 때에 그리스도가 재림하여 지상에서 천년 동안 다스린다고 하는 이상적 왕국—옮긴이)과 같은 측면들이 없지 않다. 이런 측면들은 격이 떨어지는 종교적 형태를 띠고 미국의 보수주의자들과 이슬람 근본주의자들 사이에서 특히 무성하게 퍼져 나갔다. 자유주의와 보수주의 사이에서 균형을 잡고 있는 프랜시스 후쿠야마는 실제로 천년왕국이 이미 도래했다고 생각했다. 하지만 공정하게 말하자면 그는 그러한 행복의 경지에 수반될 수 있는 문제들을 의식하고 있었다. 역사적 경험은 위기와 재난이 그러한 희망을 없애버리지 못한다는 것을 보여준다. 오히려 위기와 재난을 통해 희망은 더 강화된다. 오스카 와일드는 유토피아가 표시되어 있지 않은 세계지도란 아무 가치도 없다고 말한 적이 있다. 우리는 와일드에게 인정받을 만한 지도가 계속 사용될 수 있으리라는 기대를 합리적으로 품어볼 수도 있을 것이다.

주 석

서론 : 개념 정의 및 개요

1. Terry Eagleton, *Ideology: An Introduction*, Verso, 1991, p. 2.
2. Jorge Larrain, *The Concept of Ideology*, Hutchinson, 1979, p. 46.
3. 같은 책, p. 15.
4. James Lull, *Media, Communication, Culture*, Polity, 1995, pp. 6–7.
5. 이언 커쇼가 폭력적인 시대를 유발했다고 주장하는 다른 두 개의 이데올로기는 식민주의와 사회주의다. "War and Political Violence in Twentieth-Century Europe", *Contemporary European History*, 2005; 14: pp. 107–123.
6. 제임스 2세에 맞섰다 실패한 1685년 봉기에 참여한 죄로 처형당하기 직전에 리처드 럼볼드가 한 말에 따르면, "안장을 자기 등에 지고 이 세상에 나온 사람은 아무도 없다. 그 사람 등에 올라타기 위해 장화를 신고 박차를 달고 나오는 사람도 없다." 원문 출처는 a collection of State Trials published in 1816. 다음 URL에서도 볼 수 있다. http://www.bartleby.com/268/3/15.html (2010년 7월 마지막 접속).
7. 존 그레이에 따르면, 이 용어를 정치적 의미로 처음 사용한 것은 1812년 스페인 정당 '리베랄레스(Liberales)'였다. John Gray, *Liberalism*, 1986, University of Minnesota Press, p. ix.
8. C. B. Macpherson, *The Political Theory of Possessive Individualism: Hobbes to Locke*, Oxford University Press, 1961.
9. 같은 책, p. 205.
10. 이에 상응하는 같은 부류의 사람들이 미국에서도 같은 시도를 했다. 대통령 선거에서 일반 국민의 직접투표가 아닌 선거인단의 투표를 규정하고 있는 미국 헌법은 2000년에도 반(反)민주적 결과를 낳았다.
11. Albert O. Hirschman, *The Rhetoric of Reaction: Perversity, Futility, Jeopardy*, The Belknap Press of Harvard University Press, 1991 참조.
12. 로버트 필이 지주 출신이 아니라 제조업 출신이었다는 점은 주목할 만하다.
13. 예를 들어, 버크는 노동자들이 임금 삭감을 방지하기 위해 전통적인 법적 수단을 사용하려는 시도를 강하게 비난했다.
14. 로자 룩셈부르크에 관해서는 유명한 전기 Peter Nettl, *Rosa Luxemburg*, Oxford University Press, 1966 참조.
15. J. Arch Getty and Oleg V. Naumov, *The Road to Terror: Stalin and the Self-*

Destruction of the Bolsheviks, 1932-1939, Yale University Press, 1999.

제1부 대참사의 시대, 1914~1945

제1장 경제 및 사회의 새로운 국면들

1. 체코슬로바키아에 있던 주데텐 소수집단(보헤미아 지역에 살고 있던 독일인들—옮긴이)은 가장 악명 높은 사례가 됐다. 포르투갈은 유럽에서 소수민족 집단이 없는 유일한 국가였다.
2. Howard K. Smith, *The State of Europe*, Knopf, 1949.
3. 프랑스의 무기고에서 반란이 일어났다. 동원 해제가 너무 느린 속도로 진행된 것이 불만의 원인이었다.
4. 1914년 독일군의 전진이 저지된 전투 지역의 이름에서 나온 표현.
5. 명백히 유사한 현상들이 2007년과 2008년에도 일어났다. 1920년대에는 '피라미드 판매(pyramid selling)'란 이름으로 알려졌던 현상이다.
6. 농부들은 1923년의 하이퍼인플레이션으로 이득을 얻었다. 덕분에 농부들은 채무를 청산할 수 있었다. 하지만 그 뒤로는 계속해서 대출을 받았다.
7. Franz Neumann, *Behemoth*, Victor Gollancz Ltd, 1942, p. 35.
8. Ian Kershaw, *Hitler 1889-1936*, Allen Lane History series, Penguin, 1998; *Hitler 1936-1945*, Allen Lane History series, Penguin, 2000.
9. Robert Skidelsky, *John Maynard Keynes*, vol. III, *Fighting for Britain 1937-1946*, Macmillan, 2000, ch. 4 참조.
10. 히틀러의 정치적 시각에서 학교 교실은 매우 중요한 요소였음이 분명하다.
11. Fritz Fischer, *Germany's Aims in the First World War*, W. W. Norton & Co., 1967 참조.
12. 아동들이 영양실조로 죽어가고 있었다. 독일은 1919년 베르사유조약에 서명할 때까지 봉쇄당했다.
13. 자유군단은 1920년 카프 폭동(Kapp Putsch. 볼프강 카프가 1920년 바이마르공화국을 전복하려던 쿠데타 시도—옮긴이)이 실패하면서 해체됐다.
14. Stein Larsen, Brent Hagtvet, Jan Myklebust (eds), *Who Were the Fascists: Social Roots of European Fascism*, Universitetsforlaget, Bergen, Oslo and Tromsø, 1980.
15. 같은 책.
16. Arno J. Mayer, *The Furies: Violence and Terror in the French and Russian*

Revolutions, Princeton: Princeton University Press, 2001 참조.

17. Alec Nove, *An Economic History of the USSR 1917-1991*, Penguin, 1993; E. H. Carr, *The Russian Revolution from Lenin to Stalin 1917-1929*, Macmillan, 1979 참조.
18. E. H. Carr, 'Editor's Introduction' to N. I. Bukharin and E. Preobrazhensky, *The ABC of Communism*, Penguin, 1969, p. 23.
19. 전적으로 폐쇄된 것은 아니었지만, 해외무역은 엄격히 제한됐다. 무역 제한은 선택한 것이기도 했지만, 서방의 적대감 때문이기도 했다.
20. 그렇다고 나치 치하의 유대인들처럼 마지막 아이 한 명이 남을 때까지 모두 제거됐음을 의미하는 것은 아니었다. 하지만 그 대신, 집산화 프로그램에 저항했던, 쿨라크가 아닌 자들과 함께 우랄산맥 너머 혹독한 기후의 지역으로 추방당한 채 최선을 다해 살아남아야 했다. 당연히 사망률이 어마어마하게 높았다.

제2장 자유주의

1. Mike Davis, *Late Victorian Holocausts: El Nino Famines and the Making of the Third World*, Verso, 2001 참조.
2. 이에 대한 사례는 끝도 없이 제시할 수 있을 정도다. 그중 하나가 18세기 잉글랜드 공유지에 나타난 인클로저 운동이다.
3. 1918년 2월 11일 하원 연설.
4. 러시아에서 사용된 율리우스력으로는 2월.
5. 발트해 주변 국가들과 폴란드의 동쪽 같은 경우에는 베르사유조약과 상관없이 국경이 획정됐다.
6. 예를 들어, 영국 정부는 오스트리아헝가리제국의 해체를 절대 원하지 않았다.
7. Hugh Purcell, "Paris Peace Discord", *History Today*, 2009; 59: p. 39에 인용되어 있다.
8. 같은 책.
9. Hugh Purcell, "Paris Peace Discord", p. 40.
10. 그렇다고 해서 기존 인물들의 대규모 인사이동이 배제된 것은 아니었다.
11. 그러나 다수의 체코인이 체코 서부의 독일인들과 동부의 슬로바키아인들을 어느 정도 차별했음은 분명하다.
12. Nancy Joan Weiss, *Farewell to the Party of Lincoln: Black Politics in the Age of FDR*, Princeton University Press, 1983, pp. 35-36.
13. 정치적으로 분열된 양쪽 진영 모두를 가로질러 비슷한 태도들이 존재했다. 1880년대 아일랜드 자치 문제를 두고 자유당에서 탈당한 다수의 인물들이 보수연합당(The

Conservative and Unionist Party. 보수당의 정식 명칭—옮긴이)을 창립했고, 당에 자유주의 이데올로기를 상당히 많이 주입했다.

14. Ian Crowther, "Eric Voeglin", in R. Scruton (ed.), *Conservative Thinkers: Essays from The Salisbury Review*, London and Lexington, 1989, p. 261.
15. 그러나 재무장관 필립 스노든은 그렇지 않았다. 그는 자유무역 포기를 두고 사임했다.
16. 전통 산업이 붕괴됐음에도 두 세계대전 사이에 전체 산출량은 실제로 증가했다.
17. 1920년대에는 유명한 사클라발타를 비롯해 몇몇 공산주의자가, 당시에 허용됐던 노동당과 연합을 통해 국회의원으로 선출됐다. 1930년대에는 공산당 국회의원이 한 명 있었고, 파시스트 국회의원은 1920년대나 1930년대에 단 한 명도 없었다.
18. 로자 룩셈부르크와 카를 리프크네흐트가 이끈 스파르타쿠스단(團)은 독일사회민주당에서 떨어져 나온 좌익 분파였으며, 장래에 독일공산당(KPD)의 핵심을 이룬다.
19. Roger Middleton, *Towards the Managed Economy: Keynes, the Treasury and the Fiscal Policy Debate of the 1930s*, Methuen, 1985 참조.
20. Robert Skidelsky, *John Maynard Keynes, vol. II, The Economist as Saviour 1920–1937*, Macmillan, 1992, p. 458.
21. www.firstworldwar.com/source/abdication_ebert.htm (2009년 8월 22일 마지막 업데이트; 2010년 7월 마지막 접속).
22. www.firstworldwar.com/source/germanassembly_ebert1.htm (2009년 8월 22일 마지막 업데이트; 2010년 7월 마지막 접속).
23. 같은 책.
24. 이들은 런던의 직접 통치를 받는 영토들이었다. 사실상 독립해 있는 자치령들(Dominions)과는 달랐다.
25. 예정대로라면 1940년에 총선이 열려야 했지만, 세계대전 기간 중에는 총선이 한 번도 열리지 않았다.

제3장 보수주의

1. 물론 민족자결은 '문명화된' 민족에게만 해당되는 것이었지만, 문명화된 민족 모두에게 해당되는 것도 아니었다.
2. James R. Barrett, *William Z. Foster and the Tragedy of American Radicalism*, University of Illinois Press, 1999, ch. 6 참조.
3. David Canadine, *The Decline and Fall of the British Aristocracy*, Yale University Press, 1990 참조.
4. C. L. Mowat, *Britain Between the Wars*, Methuen, 1959, p. 203에 제시된 사례들 참조.

5. Keith Middlemas, *Politics in Industrial Society*, Andre Deutsch, 1979 참조.
6. Richard Griffiths, *Fellow Travellers of the Right: British Enthusiasts for Nazi Germany 1933-1939*, Constable, 1980 참조.
7. Clement Leibovitz and Alvin Finkel, *In our Time: The Chamberlain-Hitler Collusion*, Monthly Review Press, 1997 참조.
8. 20세기 초에 공개적으로 주장되고 있었다.
9. 옛 미텔슈탄트는 본질적으로 상공인과 농민 중산층이었다. '새로운 미텔슈탄트'는 화이트컬러 노동자들이었다.
10. Roger Griffin, *Fascism*, Oxford University Press, 1995, p. 111.
11. Perry Anderson, *Spectrum: From Right to Left in the World of Ideas*, Verso, 2005, p. 25.
12. Oswald Spengler, in *Prussiandom and Socialism*, 1920에서는 특별히 사회주의를 프로이센의 통합주의(integralism)와 동일시하고 있다.
13. Peter Davies and Derek Lynch, *The Routledge Companion to Fascism and the Far Right*, Routledge, 2002, p. 249.
14. 일례로 *Romanticism and Revolution*, 1922, printed in J. S. McClelland (ed.), *The French Right: from de Maistre to Maurras*, Harper & Row 1970, pp. 239-263의 일관성 없는 서문 참조.
15. McClelland, *The French Right*, p. 226.
16. 같은 책, pp. 254-290.
17. Roger Austin, "The conservative right and far right in France: the search for power 1934-1944", in Martin Blinkhorn, *Fascists and Conservatives*, Unwin Hyman, 1990, p. 179.
18. Jules Archer, *The Plot to Seize the White House*, Hawthorn Books, 1973. 온라인 텍스트는 다음 URL에서 볼 수 있다. http://www.chris-floyd.com/plot/The_Plot_to_Sieze_the_White_House_by_Jules_Archer/ (2010년 7월 마지막 접속).
19. Griffin, *Fascism*, p. 238.
20. Perry Anderson, *Lineages of the Absolutist State*, Verso, 1974 참조.

제4장 공산주의

1. 프랑스혁명과 관련해서 우익 해설자들은 버크와 메스트르의 노선을 따르는 경향이 있었는데, 프랑스혁명이 모두 끔찍한 음모였다는 것이다. '공산주의의 음모'는 미국 매카시즘에서 사용된 대표적 수사였다.
2. 시기에 따라 이름이 약간씩 달라졌다.

3. 완전한 제목은 '무엇을 할 것인가: 우리의 운동에 관한 타오르는 질문들(*What is to be Done: Burning Questions of our Movement*)'이었다.
4. 그럼에도 불구하고 볼셰비키 최고 지도자들이 (그리고 바로 그다음 서열의 지도자들도) 모두 부르주아 배경의 지식인이었던 것은 아니다. 이전 지도자들 중에서도 스탈린은 부분적이긴 해도 노동계급 출신에 가장 가까웠다.
5. 통상 '2차 당대회'라고 한다.
6. E. H. Carr (ed.), N. Bukharin and E. Preobrazhensky, *The ABC of Communism*, Penguin, 1969, p. 62.
7. Bertil Hessil, "Introduction", in Alix Holt and Barbara Holland (trans. and ed.), *Theses, Resolutions and Manifestos of the First Four Congresses of the Third International*, Ink Links, 1980, p. xvi.
8. 같은 책, p. 68.
9. 같은 책, pp. 181–203.
10. Bukharin and Preobrazhensky, *The ABC of Communism*, pp. 176–177.
11. 같은 책, pp. 433–434.
12. 같은 책, p. 82.
13. 같은 책, p. 280. 절(節)의 제목이 '종교와 공산주의가 병립하지 못하는 이유(Why Religion and Communism are Incompatible)'다.
14. 같은 책, p. 118.
15. 같은 책, pp. 118–119.
16. 역설적이게도 스탈린주의자들과 (스탈린주의자들은 여전히 존재한다) 반공주의자들은 서로 반대되는 이유에서 이 문제에 열정적으로 동의한다.
17. Isaac Deutscher, *Stalin*, Oxford University Press, 1961, p. 288.
18. J. Stalin, *Leninism*, Lawrence & Wishart, 1940, p. 113.
19. 1928년 6차 당대회에서 선출된 공산주의 인터내셔널 집행위원회(ECCI)의 집행위원 7명은 1930년까지 모두 그들의 공산당에서 축출됐다.
20. Kevin Macdermott and Jeremy Agnew, *The Comintern*, Macmillan, 1996, p. 88에 인용되어 있다.
21. Vol. VI, Nos 9–10 (English edition).
22. 하지만 주요 피해자들에게 보통 가해졌던 비난은 그들이 체제 전복을 도와주는 대가로 소비에트 영토의 일부를 히틀러에게 넘겨주기로 했다는 것이었다.
23. Moshe Lewin, *Lenin's Last Struggle*, Faber, 1969; and *The Soviet Century*, Verso, 2005, chs 1–2 참조.
24. Central Committee, Communist Party of the Soviet Union (TsK KPSS),

History of the Communist Party of the Soviet Union (Bolsheviks): Short Course, Foreign Languages Publishing House, 1939.

25. A. L. Morton, *A People's History of England*, Gollancz, 1938 참조.
26. Deutscher, *Stalin*, p. 475.
27. McDermott and Agnew, *The Comintern*, p. 249.
28. Deutscher, *Stalin*, p. 491.

제5장 파시즘

1. Plinio Salgado, *Let us Wake Up the Nation*, quoted in Roger Griffin (ed.), *Fascism*, Oxford University Press, 1995, p. 237.
2. 하지만 권력을 잡기 전의 히틀러는 여성들의 표를 상당히 많이 얻었다. 모슬리의 영국파시스트연합(BUF)에는 여성 분과가 있었다. 1923년 영국파시스트당(British Fascisti)을 창립한 사람은 로사 린턴 오먼이라는 여성이었다.
3. 일례로 Aristotle E. Kallis (ed.), *The Fascism Reader*, Routledge, 2003 참조.
4. Roger Griffin, *The Nature of Fascism*, Routledge, 1993, pp. 32-36, et seq. 또한 R. Griffin, (ed.), *International Fascism: Theories, Causes and the New Consensus*, Arnold, 1998; Michael Mann, *Fascists*, Cambridge University Press, 2004 참조.
5. 같은 책, p. 13.
6. 같은 책, p. 35-36.
7. 같은 책.
8. Martin Blinkhorn (ed.), *Fascists and Conservatives: The Radical Right and the Establishment in Twentieth-Century Europe*, Unwin Hyman, 1990 참조.
9. Benedict Anderson, *Imagined Communities: Reflections on the Origin and Spread of Nationalism*, Verso, 1983 참조.
10. 때로 공산주의자들이 그런 별난 특성을 공유하고 있었음을 인정해야 한다.
11. 독일 군대에서는 "시체 같은 복종"이라고 했다.
12. Franz Neumann, *Behemoth*, Victor Gollancz, 1942, p. 378.
13. Joseph Baglieri, "Italian Fascism and the Crisis of Liberal Hegemony: 1901-1922", in Stein Larsen, Brent Hagtvet, Jan Myklebust (eds), *Who Were the Fascists: Social Roots of European Fascism*, Universitetsforlaget, Bergen, Oslo and Tromsø, 1980, p. 328 참조.
14. Denis Mack Smith, *Mussolini's Roman Empire*, Harmondsworth, 1977, p. 1.
15. 이 인용문의 출처는 1936년 브리튼출판협회에서 출간한 영역본(재판)이다. 번역자 빅터 마스덴은 극단적 보수주의 잡지 『모닝 포스트(*Morning Post*)』의 저널리스트였으

며, 영국 왕세자의 친구였다. 1922년 무명의 필자가 쓴 서문에는 "그의(케렌스키의) 후계자들의 지배 아래 있던 소비에트 땅에서 누구든 이 책을 지니고 있다 발각되면 즉시 총살당할 수 있을 만큼 중대한 범죄였다. 이러한 사실 자체가 『시온 장로 의정서』의 진실성을 충분히 입증한다"고 기술되어 있다.

16. Neumann, *Behemoth*, p. 357.
17. 같은 책, p. 377.
18. 같은 책, p. 379.
19. 그의 친척이면서 같은 이름을 지닌 육군 원수와 혼동하지 말 것.
20. Peter H. Merkl, "The Nazis of the Abel Collection: Why they Joined the NSDA", in Larsen et al., *Who Were the Fascists*, pp. 268-282 참조.
21. Carl Schmitt, in Griffin, *Fascism*, pp. 138-139.
22. Franz Neumann, *Behemoth*, p. 57-58.
23. 같은 책.
24. Codreanu, Griffin, *Fascism*, p. 221에 인용되어 있다.
25. F. L. Carsten, *The Rise of Fascism*, Batsford, 1980, pp. 160-169 참조.
26. Griffin, *The Nature of Fascism*, p.214. 인용의 출처는 루터교 목사 엘리아스 시모조키의 연설이다. 그는 카렐리야회(AKS)와 그것을 계승한 애국민중운동(IKL)의 지도자다.
27. Editorial in, *The Lapua Daily Order*, Griffin, 같은 책, p. 213.
28. Speeches in 1942. Griffin, 같은 책, p. 225.
29. 그러나 청의사가 부분적으로 현재 피너게일당의 선조였다는 사실은 아무런 의미도 없다.

제2부 황금시대, 1945~1973

제6장 경제 및 사회 여건

1. 영국의 여건에 대한 해석 논란에 대한 참조, Correlli Barnet, *The Audit of War, The Illusion and Reality of Britain as a Great Nation*, Macmillan, 1986.
2. Robert Skidelsky, *John Maynard Keynes*, vol. III, *Fighting for Britain 1937-1946*, Macmillan, 2000, ch. 12.
3. 이탈리아도 마찬가지였다.
4. 개괄적 이해를 위해서는 Carlo M. Cipolla (ed.), *The Fontana Economic History of Europe: Contemporary Economies 1*, Collins, 1976; Alan S. Milward, *The*

Reconstruction Of Western Europe 1945–1951, Routledge, 1987 (이 책은 보통 마셜 원조계획에 부여되는 중요성에 대해 회의적이다); David W. Ellwood, *Rebuilding Europe: Western Europe, America, and Postwar Reconstruction*, Longman, 1992 참조.

5. 미국이 대여한 배들은 대서양 한가운데에서 되돌아가기까지 했다.
6. 2006년이 돼서야 모두 청산됐다.
7. 전시에도 (질이 좋진 않았지만) 빵은 배급 대상이 아니었는데, 1946년에는 배급 대상이 됐다.
8. 저지대 국가들에서는 기아가 발생했다.
9. 이러한 희망을 지탱하기 위해 스탈린은 서구 공산당들에게 스스로를 낮추라고 명령하고, 처음에는 해방된 동유럽 국가들에 공산주의 정권을 강제하는 것을 삼갔다.
10. 『차이나 리컨스트럭츠(*China Reconstructs*)』라는 화려한 외국어 간행물이 나왔다. 여기에 실린 그림이 미화된 것이란 사실은 놀랍지 않다.
11. Michael Kidron, *Western Capitalism Since the War*, Penguin, 1970 참조.
12. 이 인공위성은 핵무기 장착이 가능했다.
13. Enver Hoxha (edited and introduced by Jon Halliday), *The Artful Albanian: The Memoirs of Enver Hoxha*, Chatto, 1986 참조.
14. Andrew Glynn, with Bob Sutcliffe, *British Capitalism, Workers and the Profit Squeeze*, Penguin, 1972.
15. 하지만 드골은 농업 분야를 예외로 지켜냈다. 프랑스 농촌 지역은 그의 선거 표밭이었다.
16. 콩고자유국(Congo Free State)이란 이름의 이 나라는 1880년대에 흉악한 벨기에 국왕 레오폴트 2세의 사유지로 복속됐다.
17. Conor Cruise O'Brien, *To Katanga and Back*, Simon & Schuster, 1962 참조.
18. 영국 정부는 파병을 회피했다.

제7장 우파 자유주의

1. 윌리엄 베버리지가 주관한 사회보장 보고서(사회보험 및 제휴 서비스에 관한 부처 간 위원회 보고서) 중 완전고용백서와 1944년 버틀러 교육법이 그 지표가 됐다.
2. Daniel Yergin, *Shattered Peace: The Origins of the Cold War and the National Security State*, Penguin, 1980 참조.
3. The Long Telegram, from The Charge in the Soviet Union (Kennan) to the Secretary of State, Moscow, 22 February 1946 —9 pm. Received 22 February 1946— 3: 52 pm. 511. Answer to Department's telegram 284, 3 February 1946.

4. 같은 책.
5. 같은 책.
6. Daniel Bell, *The End of Ideology: On the Exhaustion of Political Ideas in the Fifties*, Harvard University Press, 1988, pp. 72–73.
7. 서독은 이보다 늦게 가입했다.
8. 영국 노동당 정치인 존 스트래치 역시 특별히 언급한 점이다.
9. William Colby, 프랜시스 스토너 손더스의 『문화적 냉전: CIA와 지식인들(*Who Paid the Piper? The CIA and the Cultural Cold War*)』, Granta, p. 42에 인용되어 있다.
10. Saunders, 같은 책, p. 89.
11. 같은 책, p. 199.
12. 같은 책, p. 131.
13. 같은 책, p. 111.
14. Saunders, *Who Paid the Piper?*, p. 249 재인용.
15. 같은 책, p. 253.
16. 같은 책, p. 281.
17. Murray Friedman, *The Neoconservative Revolution: Jewish Intellectuals and the Shaping of Public Policy*, Cambridge University Press, 2005, p. 33.
18. 같은 책, p. 362.
19. Andrew Kopkind, "CIA: The Great Corrupter", *New Statesman*, 24 February 1967, Saunders, p. 409에 인용되어 있다.
20. 공산당, 트로츠키사회주의노동자당, 『먼슬리 리뷰(*Monthly Review*)』처럼 문화에 매우 주변적인 요소들이 살아남았다.
21. Anthony Crosland, *The Future of Socialism*, Jonathan Cape, 1956, p. 37.
22. 같은 책, p. 517.
23. 같은 책, p. 195.
24. Saunders, *Who Paid the Piper?*, p. 199.
25. Bell, *The End of Ideology*, p. 48.
26. 같은 책, p. 305.
27. 같은 책, p. 123.
28. 같은 책, p. 303.
29. 같은 책, p. 296.
30. 같은 책, pp. 109, 180. 색인에 산업조직회의(CIO)는 있지만 중앙정보국(CIA)은 없다.
31. 같은 책, p. 402. '노예의 길'의 의의에 대해서는 아래를 참조.

32. Ludwig von Mises, *Socialism: An Economic and Social Analysis*, Jonathan Cape, 1951, p. 64.
33. 같은 책, p. 70.
34. 같은 책, pp. 457–467.
35. 같은 책, pp. 470–475.
36. 같은 책, p. 485.
37. 같은 책, pp. 476–477.
38. 같은 책, p. 556.
39. F. A. von Hayek, *The Constitution of Liberty*, Routledge and Kegan Paul, 1960, p. 397ff.
40. 같은 책, p. 529, n.2.
41. 같은 책, p. 409.
42. 같은 책, p. 405.
43. 같은 책, p. 400.
44. 같은 책, p. 257.
45. 같은 책, p. 264.
46. 같은 책, pp. 18–19.
47. 같은 책, p. 235.
48. 같은 책, p. 94.
49. 같은 책, p. 509, n.1.
50. 같은 책, p. 269.
51. 같은 책, p. 280.
52. 같은 책, p. 32.
53. Jim Tomlinson, *Hayek and the Market*, Pluto, 1990.
54. E. H. Carr, *What is History?*, Palgrave, 2001, p. 85.
55. Perry Anderson, *English Questions*, Verso, 1992, p. 71.
56 Ramin Jahanbegloo, *Conversations with Isaiah Berlin*, Peter Halban, 1992, p. 71.
57. 이러한 규칙은 과학적 방법론의 기반이긴 하지만 남용될 가능성이 많다. David Stove, *Popper and After: Four Modern Irrationalists*, Pergamon, 1982 참조.
58. Karl Popper, *Unended Quest: An Intellectual Autobiography*, Fontana, 1976, p. 33.
59. 같은 책, p. 107.
60. Francizek Draus (ed.), *History, Truth, Liberty: Selected Writings of Raymond*

Aron, University of Chicago Press, 1985.
61. 같은 책, p. 74.
62. *Monthly Review*, December 1998.
63. Albert Camus, *The Rebel*, Penguin, 1962, p. 218.
64. Draus, *History, Truth, Liberty*, p. 129.

제8장 좌파 자유주의

1. Perry Anderson, "Sweden, Mr Crosland's Dreamland", *New Left Review*, no. 7, January–February 1961, pp. 4–12, (continued in NLR, no. 9). 참조, Donald Sassoon, *One Hundred Years of Socialism: The West European Left in the Twentieth Century*, I. B. Tauris, 1996, pp. 157–158.
2. George Padmore (ed.), *History of the Pan-African Congress*, 1947. Hakim Adi and Marika Sherwood, *The 1945 Manchester Pan-African Congress Revisited*, New Beacon Books, 1995에 다시 게재되어 있다.
3. https://kb.osu.edu/dspace/bitstream/1811/29990/1/1956%20Conference%20 Proceedings. pdf
4. 자의적으로 움직이는 중앙정부가 케랄라의 공산주의 정부를 물러나게 했음에도.
5. 미국 남부의 아프리카계 미국인들에게는 마틴 루터 킹이 말한 "소형 게토에서 대형 게토로" 이동하는 것 말고 다른 선택의 여지가 없었다.
6. Herminio Martins (review of Kenneth M. Stampp, *The Peculiar Institution*), *New Left Review*, no. 25, May–June 1964.
7. Daniel Bell, *The End of Ideology*, p. 426. 이 내용은 1988년판에 나온다. 그는 그 과정의 본성에 대해 말하지도 않고, 그 내용이 초판에 빠진 데 대해 인정하지도 않고는 '민권의 확장'을 언급하고 있다.
8. Carl Oglesby, from the compilation he edited, *The New Left Reader*, Grove Press, 1969, p. 208.
9. Walter Benn Michaels, "What Matters", *London Review of Books*, vol. 31, no. 16, 27 August 2009, p. 12.
10. Desmond King and Stephen Tuck, "DeCentering the South: America's Nationwide White Supremacist Order after Reconstruction", *Past & Present*, no. 194, February 2007, pp. 213–253.
11. Murray Friedman, *The Neoconservative Revolution*, Cambridge University Press, 2005, p. 100.
12. Bell, *The End of Ideology*, p. 427.

13. Simone de Beauvoir, *The Second Sex*, Pan Books, 1988.
14. Sheila Rowbotham, *Promise of a Dream: Remembering the Sixties*, Allen Lane, 2000.
15. Juliet Mitchell, *Woman's Estate*, Penguin, 1971, p. 87.
16. Barbara S. Tischler, "The Refiner's Fire: Anti-War Activism and Emerging Feminism in the Late 1960s"; Gerard J. DeGroot (ed.), *Student Protest: the Sixties and After*, Longman, 1998, p. 199에 인용되어 있다. Daphne Patai, *Heterophobia: Sexual Harassment and the Future of Feminism*, Rowman & Littlefield, 1998 참조.
17. Herbert Marcuse, *One-Dimensional Man: Studies in the Ideology of Advanced Industrial Society*, Beacon Press, 1964.
18. Varda Burstyn, "The New Imperial Order Foretold" in *Socialist Register*, 2005, pp. 1-22.
19. Theodore Roszak, *The Making of a Counter Culture: Reflections on the Technocratic Society and Its Youthful Opposition*, Faber, 1971, p. 149.
20. 이 점은 짚고 넘어갈 가치가 있다. 동거의 이 두 가지 형태는 영국에서는 절대 불법적인 것이 아니었지만, 1960년대 이전까지는 대중들의 정서 때문에 자유분방한 비주류를 제외한 모두에게 생각조차 할 수 없는 것이었다.

제9장 공산주의

1. 1945년 불가리아는 실제로 소련에 가입하라는 제안을 받았지만 불가리아에 소비에트 유형의 입법기관은 생기지 않았다.
2. 예를 들면 국제여단 대원들과 소련에 살고 있는 외국인 공산주의자들.
3. Robert V. Daniels (ed.), *A Documentary History of Communism*, vol. 2, *Communism and the World*, I. B. Tauris, 1985, p. 147에 인용되어 있다.
4. Zhdanov, *Modern Quarterly*, 2/2, Spring, 1947, p. 104에 인용되어 있다.
5. Daniels, *A Documentary History of Communism*, p. 250에 발췌되어 있다.
6. G. F. Hudson et al, *The Sino-Soviet Dispute, The China Quarterly*, 1961, pp. 93-94.
7. Isaac Deutscher, *The Unfinished Revolution: Russia 1917-1967*, OUP, 1967, p. 92.
8. Enver Hoxha (edited by Jon Halliday), *The Artful Albanian: Memoirs of Enver Hoxha*, Chatto & Windus, 1986, p. 232.
9. Deutscher, *The Unfinished Revolution*, p. 93.

10. Adam Westoby, *The Evolution of Communism*, Polity, 1989, p. 258.
11. *Socialist Register*, 1971, pp. 67–71에 다시 게재되어 있다. 『뉴 레프트 리뷰(*New Left Review*)』의 편집자들은 사르트르가 그러했던 것처럼 한동안 호의적 태도를 유지했다.
12. 헝가리와 유고슬라비아에서.
13. 이탈리아 공산주의자들은 이전에 그들의 스탈린주의적 비난을 피하기 위해 그의 저술들을 감췄었다.
14. 호로위츠는 이후에 신보수주의의 추종자가 됐으며, 『내가 자유주의자가 아닌 이유(*Why I'm Not a Liberal*)』, 『군대에 대한 페미니스트의 공격(*The Feminist Assault on the Military*)』, 『노엄 촘스키의 미국에 맞선 지하드(*Noam Chomsky's Jihad Against America*)』, 『자유주의적 인종주의(*Liberal Racism*)』, 『좌파가 미국의 안보를 약화시키는 방법(*How the Left Undermined America's Security*)』을 출간했다.
15. Daniels, *A Documentary History of Communism*, p. 329.
16. 여기에는 독일 파견대도 포함되어 있었는데, 요령 있는 행동은 아니었다.
17. 그해 초, 차우셰스쿠는 체코슬로바키아를 국빈으로 방문하여 따뜻한 환영을 받았다.
18. 엔베르 호자는 브레즈네프에 대해 "그가 마땅히 받아야 할 것을 그에게 주자. 그는 눈썹만 희극적이었을 뿐, 그의 활동은 처음부터 끝까지 비극적이었다"라고 논평했다.
19. *24th Congress of the Communist Party of the Soviet Union March 30-April 9, 1971: Documents*, Moscow, 1971.

제10장 보수주의와 파시즘

1. John Cornwell, *Hitler's Pope: The Secret History of Pius XII*, Penguin, 2000.
2. Julian Jackson, "Homosexuality, Permissiveness and Morality in France and Britain"; Marcus Collins, *The Permissive Society and its Enemies*, Rivers Oram, 2007, pp. 81–82에 인용되어 있다.
3. David Caute, *The Great Fear: The Anti-Communist Purge Under Truman and Eisenhower*, Secker & Warburg, 1978 참조.
4. 인용된 내용의 모든 출처는 www.freerepublic.com/focus/f-news/1205133/posts (2010년 7월 마지막 접속)다. 골드워터에게 호의적인 웹사이트다.
5. 『시녀 이야기(*The Handmaid's Tale*)』는 종교적 근본주의에 지배되는 미국을 상상한 페미니스트 디스토피아 소설이다.
6. Russell Kirk, *The Conservative Mind from Burke to Eliot*, Faber and Faber (amended edition), 1954, p. 317.
7. 같은 책, p. 345.
8. 같은 책, p. 380.

9. 같은 책, p. 386.
10. 같은 책, pp. 401, 407.
11. 같은 책, p. 442.
12. 같은 책, p. 366.
13. E. H. Carr, *What is History?*, Macmillan, 1961, p. 32.
14. Perry Anderson, *Spectrum: From Right to Left in the World of Ideas*, Verso, 2007, p. 6에 인용되어 있는 『캠브리지 리뷰(*Cambridge Review*)』의 존 로크에 관한 에세이에서 인용.
15. 같은 책, p. 7.
16. Jerry Z. Muller, *Conservatism: An Anthology of Social and Political Thought from David Hume to the Present*, Princeton University Press, 1997, p. 310에 발췌되어 있는 Rationalism in Politics 에서 인용.
17. Anderson, *Spectrum*, p. 10.
18. Muller, *Conservatism*, p. 297.
19. Anderson, *Spectrum*, p. 21.
20. 같은 책, p. 27.
21. 일본은 1952년 공식적으로 주권을 회복했다.
22. Perry Anderson, "Turkey", in *The New Old World*, Verso, 2009, pp. 392-472 참조.
23. Roger Griffin (ed.), *Fascism*, Oxford University Press, 1995, p. 342.
24. 1958년 살라자르의 꼭두각시 대선후보에게 진지하게 도전할 만큼 대담했던 움베르토 델가도 장군은 그러한 노력 때문에 살해당했다.
25. Franco Ferraresi, "The Radical Right in Postwar Italy", *Politics & Society*, 1988, vol. 16, no. 1, p. 84.
26. Julius Evola, "The True Europe's Revolt against the Modern World", in Roger Griffin, *Fascism*, pp. 343-344.
27. 조던은 매장에서 여성 속옷을 훔친 혐의로 체포되면서 신뢰를 잃었다.
28 그는 아이히만의 재판을 유대인들의 악의에 의한 것이라며 비난했다.

제3부 위기, 1973~1991

제11장 경제 및 사회 여건

1. H. L. Robinson, "The Downfall of the Dollar", *Socialist Register*, 1973, p. 405.

2. 같은 책, p. 418.
3. 대규모 통계 조작이 실시됐음에도, 극적인 실업률 상승은 감춰질 수 없었다.
4. 공동체 규칙은 공공 소유권을 금지하지는 않았지만, 엄격히 제한했다.
5. Gary Dorrien, Transcript of lecture delivered at Union Theological Seminary, New York, 25 March 2009. 다음 URL에서도 볼 수 있다. http://www.tikkun.org/article.php/may_jun_09_dorrien (2010년 7월 마지막 접속).
6. 그러나 소련 또한 인권을 존중하는 데 동의했으며, 이는 대(對)서방 선전에 이점을 주었다.
7. Hillel Ticktin, "Towards a Political Economy of the USSR", *Critique*, no. 1, 1973. 이 논문의 내용은 같은 저널의 6호와 9호에 실린 추가 소논문들을 통해 더 자세히 논의된다.
8. 이런 측면에서 동독 비밀경찰(Stasi)은 특히 악명이 높았다. 인구의 절반이 다른 절반을 염탐하고 있다는 인상을 줄 정도였다.
9. Mary Buckley, "Gender and reform", in Catherine Merridale and Chris Ward (eds), *Perestroika: The Historical Perspective*, Edward Arnold, 1991, p. 67.
10. 통치자와 그 부인이 성탄절에 처형당하는 것으로 끝이 났다.
11. 서벵골을 통치한 공산주의자들은 정직하고 인기가 많았다. 하지만 양극화된 부와 가난에 변화를 가져오진 못했다.
12. 볼리비아에서는 정부가 붕괴되자 국제적 기업이 물을 사유화하여 시민들이 지붕에서 빗물을 모으지 못하게 하는 시도가 이어지기도 했다.

제12장 자유주의와 보수주의의 유착

1. Francis Fukuyama, *The End of History and the Last Man*, Penguin, 1992.
2. Murray Friedman, *The Neoconservative Revolution: Jewish Intellectuals and the Shaping of Public Policy*, Cambridge University Press, 2005, p. 101.
3. Gore Vidal on John Updike, in *Selected Essays*, Abacus, 2007, ch. 11 참조.
4. Perry Anderson, *Spectrum: From Right to Left in the World of Ideas*, Verso, 2005, p. 9.
5. Catherine and Michael Zuckert, *The Truth about Leo Strauss*, Chicago University Press, 2006. 다음 URL에 길게 발췌되어 있다. www.press.uchicago.edu/Misc/Chicago/993329.html (2010년 7월 마지막 접속). 저자들은 신보수주의자들에 대한 스트라우스의 책임을 면하게 해주고자 시도한다. 저자들의 수상은 재기가 넘치지만 솔직하지 못하고 그다지 설득력이 있는 것도 아니다. Francis Boyle in "My Alma Mater is a Moral Cesspool: NeoCons, Fundies, Feddies and the

University of Chicago", *Counterpunch*, 2 August 2003에서도 어느 정도 과열된 비난이긴 하지만, 강력하게 죄를 묻고 있다.

6. Ellen Meiksins Wood, *Citizens to Lords: A Social History of Western Political Thought from Antiquity to the Middle Ages*, Verso, 2008, p. 5.
7. Anderson, *Spectrum*, p. 9.
8. Scott Horton, "Leo Strauss and the Iraq war", *Harper's Magazine*, July 2009, www.harpers.org/archive/2009/06/hbc-90005094 (2009. 6. 3 온라인 출간, 2010년 7월 마지막 접속).
9. 인도네시아의 대학살이나 크메르루주에 대한 언급은 교묘하게 (그리고 전략적으로) 누락됐다.
10. Friedman, *The Neoconservative Revolution*, p. 31.
11. 같은 책, p. 137.
12. 이런 현상은 영화 「월 스트리트(*Wall Street*)」에 명시적으로 드러나 있다. 하지만 이에 대한 저항이 없었던 것은 아니었다.
13. Friedman, *The Neoconservative Revolution*, p. 179.
14. 같은 책, p. 37.
15. 그 뒤로 글레이저는 신보수주의에서 이탈했다.
16. Friedman, *The Neoconservative Revolution*, p. 135.
17. Justin Raimondo, 21 September 2009, original.antiwar.com/justin/2009/09/20/irving-kristolrip/ (2010년 7월 마지막 접속). 레이문도는 매우 특이한 이데올로그다. 그는 자신이 동성애자임을 공개하고 자랑스러워하면서도, 한때는 공격적인 동성애 혐오자 팻 뷰캐넌을 지지했다.
18. Roger Scruton, *The Meaning of Conservatism*, 2nd edn, Macmillan, 1984, p. 9.
19. 같은 책, p. 16.
20. 같은 책, p. 19.
21. Roger Scruton (ed.), *Conservative Thinkers: Essays from the Salisbury Review*, Claridge Press, 1988, from Scruton's "Introduction" p. 9. 드 메스트르와 보널드의 에세이들에 드 메스트르(프랑스혁명에 반대하여 왕정과 그리스도교를 옹호한 프랑스의 철학자이자 정치가—옮긴이)와 보날드(프랑스 반혁명 철학자이자 정치가—옮긴이)는 포함되어 있지만, 모라스는 빠져 있다.
22. *Meaning*, p. 58.
23. 같은 책, pp. 139–140.
24. 같은 책, p. 168.
25. 같은 책, pp. 170–174.

26. 『마르크시즘 투데이(*Marxism Today*)』에 실린 앤드류 갬블(Andrew Gamble)의 논평이 『컨저버티브 싱커스(*Conservative Thinkers*)』의 표지에 자랑스레 쓰여 있다.
27. Scruton, *The Meaning of Conservatism*, p. 118.
28. Jim Wolfreys, "The disposable heroes of hypocrisy", *International Socialism Journal*, Winter 2002, 다음 URL에 복제되어 있다. www.pubs.socialistreviewindex.org.uk/isj96/wolfreys.htm (2010년 7월 마지막 접속). Gaby Wood's profile, "Je suis un superstar" in the Observer of 15 June 2003에는 호감이 가진 않아도, 깜짝 놀라게 하는 레비의 가정적인 생활양식에 대한 이야기가 실려 있다. 다음의 URL에서 볼 수 있다. www.guardian.co.uk/books/2003/jun/15/society (2010년 7월 마지막 접속).
29. Thomas Sheehan, "Paris: Moses and Polytheism", *New York Review of Books*, 24 January 1980.
30. 같은 책.
31. G. Lardreau and C. Jambet, cited by Wolfreys, "The disposable heroes of hypocrisy", *International Socialism Journal*, Winter 2002.
32. George Ross, "Intellectuals against the Left: the Case of France", *Socialist Register*, 1990, p. 207.
33. Wolfreys, "The disposable heroes of hypocrisy", Winter 2002.
34. 같은 책.
35. 같은 책.
36. Ross, "Intellectuals against the Left: the Case of France", 1990, p. 201.
37. Friedman, *The Neoconservative Revolution* 참조. 프리드먼은 신보수주의 관점에서 서술하고 있다.
38. 영화 「바람과 함께 사라지다」의 포스터를 이용한 한 풍자에서는 클라크 게이블과 비비언 리 대신 레이건이 대처를 안고 있는 모습이다.
39. 사람들에게 "텔 시드(Tell Sid)"하라고, 즉 "시드라고 말해라"라고 열심히 권하는 내용의 광고가 주식 판매 촉진 전략의 일환으로 사용됐다.
40. 이 때문에 일부 신보수주의자들은 일시적으로 레이건에게 짜증이 났다. 그들은 레이건이 허를 찔렸다고 여겼던 것이다.
41. Martin McCauley, *The Soviet Union 1917–1991*, 2nd edn, Longman, 1993, p. 366.
42. Catherine and Michael Zuckert, *The Truth about Leo Strauss*에 인용되어 있다.
43. Margaret Thatcher, *Let our Children Grow Tall: Selected Speches 1975–1977*, Centre for Policy Studies, 1977.

44. Friedman, *The Neoconservative Revolution*, p. 185에 인용되어 있다.

제13장 공산주의

1. 형식적으로 존재하는 '연합된' 정당들은 중요한 의미가 없었다.
2. 그러나 인도네시아공산당은 마오주의 진영에 속했다. 대학살이 있고 난 뒤 열린 소련 공산당 당대회에서 브레즈네프가 표시한 동정은 실제로 매우 사무적이었다.
3. Santiago Carrillo, *Euro-Communism and the State*, excerpted in Robert V. Daniels, *A Documentary History of Communism*, vol. 2, I. B. Tauris, 1985, p. 375.
4. 카리요의 권위주의적 성격은 도움이 되지 않았다.
5. *New Times* (CPSU international journal), "Contrary to the Interests of Peace and Socialism in Europe", June 1977, in Bogdan Szajkowski, *Documents in Communist Affairs*, University College Cardiff Press, 1978, p. 225.
6. Y. Sedov, "Back to Eduard Berenstein? Ellenstein Discards the Mask", *New Times*, May 1978.
7. 같은 책, pp. 169-170.
8. *Our History Journal*, no. 18, November 1991.
9. Szajkowski, *Documents in Communist Affairs*, p. 125
10. Sofia Kallistratova, "Comments on the Draft Constitution", in Szajkowski, *Documents in Communist Affairs*, p. 152.
11. 같은 책, p. 160.
12. Mary Buckley, "Gender and reform", in Catherine Merridale and Chris Ward (eds), *Perestroika: The Historical Perspective*, Edward Arnold, 1991, p. 77.
13. 같은 책, p. 69.
14. 같은 책, p. 73.
15. 같은 책, p. 71.
16. 같은 책, p. 72.
17. Martin McCauley, *The Soviet Union 1917-1991*, 2nd edn, Longman, 1993.
18. 소비에트 형식의 경제들만이 이러한 과정에 종속된 것은 아니다. Anthony Jay, *Management and Machiavelli*, Penguin, 1969 참조.
19. McCauley, *The Soviet Union 1917-1991*, p. xvii.
20. 같은 책, pp. 376-377.
21. 톈안먼(天安門) 사건을 입에 올리는 것조차 금지됐다.
22. Szajkowski, *Documents in Communist Affairs*, pp. 174-185.

23. Norman Cohn, *Cosmos, Chaos and the World to Come: The Ancient Roots of Apocalyptic Faith*, Yale University Press, 1993 참조.
24. 그의 주요 저술 중 하나가 『공상적이며 과학적인 사회주의(*Socialism Utopian and Scientific*)』다.
25. Marcel Liebman, *Leninism under Lenin*, Merlin, 1975.

제14장 파시즘

1. 매카시는 유대인 변호사 로이 코헨에게 일을 맡기는 것이 매우 편리하다고 생각했다.
2. 이때 대략 80명이 사망했다.
3. Chris Floyd, "Sword Play: Attacking Civilians to Justify 'Greater Security'", 29 February 2005에 실린 글라디오 요원 빈센조 빈치구에라의 증언. www.prisonplanet.com/articles/february2005/290205swordplay.htm(2010년 7월 마지막 접속). 스웨덴과 핀란드도 예외는 아니었다. Daniele Ganser, *NATO's Secret Armies: Operation Gladio and Terrorism in Western Europe*, Frank Cass, 2005 참조.
4. 같은 책.
5. Adolfo Morganti, "The European Genius and the Rediscovery of the Sacred", 1983, in Roger Griffin, *Fascism*, Oxford University Press, 1995, pp. 358-359.
6. 그러나 대부분의 생디칼리스트는 공산주의 운동 조직에 가입했다.
7. Alan Berger and Globe Staff, "Russia's bad dream: Zhirinovsky's fascism is not an isolated phenomenon", *Boston Globe*, 19 December 1993.
8. Alain de Benoist and Charles Champetier, "The French New Right in the Year 2000." 다음 URL에서도 볼 수 있다. home.alphalink.com.au/~radnat/debenoist/alain9.html (2005년 11월 마지막 업데이트; 2010년 7월 마지막 접속).
9. 같은 책.
10. Stewart Home, "Danger! Neo-folk 'musician' Tony Wakeford of Sol Invictus is still a fascist creep!", 28 July 2008. 다음 URL에서도 볼 수 있다. www.stewarthomesociety.org/wakeford.html (마지막 접속 2010년 7월).
11. Roger Griffin, *Fascism*, p. 348.
12. 같은 책.
13. 스코틀랜드와 웨일스의 존재감을 확립하려던 노력들은 수포로 돌아갔다.
14. Horacio Verbitsky, *The Silence*, openDemocracy(2000년에 창립된 국제적인 인디펜던트 미디어 플랫폼—옮긴이)의 웹사이트에는 "Breaking the silence: the Catholic Church in Argentina and the 'dirty war'"으로 게재되어 있다. www.

opendemocracy.net/democracy-protest/catholicchurch_2709.jsperbitsky.

15. 같은 책.
16. 같은 책.
17. 같은 책.
18. 고문기술까지 포함하여.
19. Mike Reynolds, "Faith-based fascists bridging the waters", *Searchlight*, June 2004.
20. ADL website, "Extremism in America."
21. Ken Adachi, "The New World Order (NWO): An Overview", *Educate-Yourself*, last updated 2 June 2010. 다음 URL에서 볼 수 있다. http://educate-yourself.org/nwo/ (2010년 마지막 접속).
22. Achin Vanaik, "India's New Right", *New Left Review*, no. 9 Second Series, May/June 2001, pp. 43-67 참조.

제15장 1991년 이후

1. Giovanni Arrighi, *The Long Twentieth Century: Money, Power, and the Origins of Our Times*, Verso, 1994 참조.
2. Francis Fukuyama, *The End of History and the Last Man*, Penguin, 1992, p. 211.
3. 같은 책, p. 304.
4. 1950년대 『리더스 다이제스트(*The Reader's Digest*)』는 그러한 결과의 가능성을 예견했다. 거기서 어떤 해결책을 제안했는지는 잊혀졌다.
5. 옛 소련에서 파시스트 성격을 지닌 민족주의자들은 검은 망치와 낫 대신 오른쪽으로 돌아간 만자(卍字) 모양의 십자가가 그려진, 나치와 똑같은 깃발을 사용했다.
6. 북아일랜드와 바스크 지역에 있는 소수민족들의 민족주의 무장 운동 조직들은 위협적이긴 했지만 억제됐다.
7. 몬테네그로는 몇 년 뒤에 떨어져 나갔다.
8. 독일 정부가 분열을 부추겼다고 추측되어왔다.
9. 유전자 변형 작물 재배에 대한 비판 같은 것들까지도.
10. 마찬가지로, 독일의회 화재 사건은 히틀러에게는 아직 확고하지 않은 정권을 단단히 자리 잡게 만드는 기회가 됐다.
11. Fairfield Osborn's *Our Plundered Planet*, 1948과 Rachael Carson's *Silent Spring*, 1962이 그런 예다.(1953년에 나온 통속 공상과학 소설에서는 '그린스(Greens)'라는 상상의 환경 운동 조직에 대해 기술하고 있다.)

12. 저자는 현재 녹색당 당원이다.

13. 최근이기는 하지만, 독일녹색당은 아일랜드녹색당이 그러했듯이 우익 정당들과 함께 연립정부에 참여했다.

14. 인터넷을 조금만 검색해보아도 드러날 것이다.

15. Norman Cohn, *The Pursuit of the Millennium: Revolutionary Millenarians and Mystical Anarchists of the Middle Ages*, Oxford University Press, 1957.

옮긴이의 말

2016년 하반기부터 올 2017년 상반기까지 윌리 톰슨의 책을 번역하는 동안 한국의 정치 상황은 극적으로 흘러갔다. 대통령을 탄핵하고 새로운 대통령을 뽑게 된 그 몇 개월은 현실이 픽션을 압도하는 시간이었다. 탄핵 이후 대선 과정에서 많은 인물이 등장하여 많은 말을 쏟아냈다. 흥미롭고 감동적이었지만, 시끄럽고 어지럽기도 한 시간이었다. 특정 후보의 당선 여부와는 별개로, 지난 대선 과정이 흥미로웠던 것은 그 과정을 통해 우리나라 정치의 이데올로기 스펙트럼이 조금은 더 넓게 펼쳐졌기 때문이다. 그리고 논쟁의 결 또한 이전에 비하면 조금은 더 섬세하고 정교해진 듯하다.

다만 그 과정이 한편으로 그토록 시끄럽고 어지러웠던 것은 지난 역사의 궤적이 이제껏 자연스레 펼쳐져 흐르지 못했던 탓인 듯하다. 대선 과정에서 한일 위안부 합의, 북한 주적 개념, 사드 배치 등이 주요 논점이 됐다. 성장과 분배, 증세와 복지라는 고전적인 경제 논의도 본격적으로 다루어졌다. 환경문제, 성평등, 동성애를 비롯한 비교적 새로운 이슈들까지 큰 논란이 됐다. 가만히 생각해보면 식민지 시대로부터 냉전 시대를 거쳐 개발독재와 민주화 과정을 통해 현재에 이른 지난 100년의 역사가 흐르지 않고 겹겹이 쌓여 있는 모습이 그대로 드러난 셈이었다. 대선 과정에서 '참된 보수'와 '참된 진보'에 대한 논쟁이 격렬하게 일었지만 그 이데올로기의 가닥들을 명확히 풀어헤치기 어려웠던 것은 그러한 까닭이었다. 20세기 이데올로기의 궤적을 넓게 풀어서 자세히 다루는 윌리 톰슨의 책이 이 시점의 한국 독자들에게 의미가 있는 이유도 바로 그것이다. 그는 20세기의 주요 정치 이데올로기들이 어떻게 시작되고 변화했으며, 어떻게 서로 경쟁하고 연합했는지를 세계사적 차원에서 설명하고 있다. 독자들이 20세기 주요 이데올로기의 의미와 역사를 이해하고 오늘날 한국의 정치 상황을 파악하는 데 도움이 될 것이다.

한국이 대통령 탄핵과 선출 정국을 돌파하고 있던 와중에, 미국에서도 예상치 못한 인물이 대통령이 되어 매일 전례 없는 뉴스를 만들어냈다. 이제는 탄핵 가능성에 대한 이야기가 미국 주류 언론에서도 진지하게 논의되기 시작했다. 프랑스에서는 의석 없이 급조된 신생 정당의 젊은 정치 신인이 언론과 기업의 후광을 업고 대통령이 되어 기존 정치체계를 무력화시켰다. 근대 민주주의의 기틀을 마련했다고 평가받는 두 나라의 상황이 이러하다 보니 대의민주주의가 한계에 이르렀다는 논의는 더욱 힘을 얻는 것 같다. 어쩌면 우리는 세계사적 의미에서 한 시대의 끝에 이르렀는지도 모르겠다. '이데올로기의 종언'이란 결국 자유주의의 승리였을 뿐이라는 윌리 톰슨의 말은 옳다. 하지만 그 자유주의의 승리는 적어도 역사의 종말the End은 아니더라도 한 종말an end이 되지는 않을까 싶다. 물론 단절적이면서도 연속적으로 흘러가는 역사의 미래가 어떠할지는 알기 어렵다. 그러하기에 지난 역사를 명확히 아는 일은 그만큼 더 의미가 있을 것이다.

번역은 쉽지 않은 일이지만, 역사책을 옮기는 일은 더욱 어려운 일인 듯하다. 외국인 역사학자의 글을 따라가며 우리말로 옮기는 과정에선 글에 등장하는 장소, 인물, 사건의 의미를 조사하고 공부하는 데에도 많은 시간과 품이 드는 까닭이다. 특히 윌리 톰슨처럼 방대한 지식을 아무렇지도 않은 듯 풀어놓는 역사학자를 만났을 때는 더욱 그러하다. 번역을 해보니 그건 마치 지뢰밭에서 지뢰를 찾는 일과 같더라. 어느 인터뷰 기사에서 읽었던 유명 소설가의 말이 떠오른다. 작가가 풀어놓은 엄청난 지식의 보석들이 언어가 다른 외국인 독자에게는 넘기 어려운 장애물이 되곤 한다. 할 수 있는 대로 장애물을 걷고 길을 골랐으니 독자들이 조금이나마 편안하게 글의 내용과 흐름을 따라갈 수 있기를 바란다. 행여 남아 있는 장애물이 발에 차인다면 그건 모두 번역자의 탓이다.

푸르른 6월,

뉴욕에서

옮긴이 전경훈

가

나

다

라

마

바

사

아

차

카

타

파

20세기 이데올로기

자유주의 보수주의 공산주의 파시즘, 1914~1991

지은이 윌리 톰슨

옮긴이 전경훈

펴낸이 윤양미

펴낸곳 도서출판 산처럼

등 록 2002년 1월 10일 제1-2979

주 소 서울시 종로구 사직로8길 34 경희궁의 아침 3단지 오피스텔 412호

전 화 02) 725-7414

팩 스 02) 725-7404

이메일 sanbooks@hanmail.net

홈페이지 www.sanbooks.com

제1판 제1쇄 2017년 8월 15일

값 28,000원

ISBN 978-89-90062-77-2 03900